Adolf Waas Die Bauern im Kampf um Gerechtigkeit

ADOLF WAAS

Der Bauernkrieg

Die Bauern im Kampf um Gerechtigkeit

1300 bis 1525

Genehmigte Lizenzausgabe
Panorama Verlag, Wiesbaden

ISBN 3-926642-11-4

Umschlag: Günter Seidel, Wiesbaden

Kapitel I

ALLGEMEINES BILD DES BAUERNKRIEGES

»Da das anonyme Opfer immer zu den stärksten der Geschichte gehört und das tragische Mißlingen großer berechtigter Ansprüche würdigster Gegenstand der Betrachtung ist, bleibt der Bauernkrieg eines der großen Themen der deutschen Geschichte. Seine Bedeutung geht weit hinaus über das schnell beschriebene, zeitlich so kurze äußere Geschehen.« So urteilt Joseph Lortz über den Bauernkrieg von 1525 in seinem Buch: Die Reformation in Deutschland[1]. Diesem Urteil können wir uns voll anschließen, besonders da zu den allgemein menschlichen Gründen noch solche der geschichtlichen Betrachtung kommen. Denn der Bauernkrieg ist bis in das 19. Jahrhundert hinein der einzige innerdeutsche Kampf, der sowohl wirtschaftlichen wie politischen Charakter aufweist und uns deshalb einen Einblick in die sozialen und innerpolitischen Verhältnisse in Deutschland gestattet, von denen die Quellen der Zeit nur wenig verraten. Sicherlich wissen wir auch von anderen inneren Kämpfen in Deutschland, aber ihnen fehlt dieser entscheidende Hintergrund und die über den lokalen Einzelfall hinausgehende allgemeine Bedeutung.

Noch ein Umstand spricht für die Notwendigkeit, sich mit dieser Erhebung zu befassen. Die Berliner Ausstellung »Der große deutsche Bauernkrieg« im Jahre 1955 hat dieses Ringen als Vorbild für kommunistische, klassenbewußte Kämpfer hingestellt, das sie »mit Stolz auf die beispielhaften Taten der revolutionären Bauern, Bürger und Plebejer von 1525 erfüllen« kann »und dadurch alle deutschen Patrioten in ihrem gegenwärtigen schweren Kampf ... ermutigen« sollte[2]. So liegt die Beschäftigung damit für uns doppelt nahe.

Auch scheint die Lage unserer Quellen auf den ersten Blick sehr günstig zu sein. Denn wir besitzen zahlreiche Urkunden, Chroniken und Briefe aus dieser Zeit, die ein lebendiges Bild geben. Von keinem Ereignis der älteren deutschen Geschichte steht ein so reiches Quellenmaterial zur Verfügung. Und doch, sobald wir uns näher mit dem Stoff befassen, stoßen wir auf Schwierigkeiten, auf ernsthafte Fragen, die beantwortet werden müssen, ehe wir ein Bild des Ganzen entwerfen können.

Zunächst einmal die ganz primitive Frage: ist denn das Ganze, von dem uns berichtet wird, eine Einheit, und kann es, nach einheitlichen Gesichtspunkten betrachtet, so beurteilt werden? Ferner: warum stehen die Bauern denn auf? geschieht es aus Not

und Verzweiflung über ihre Lage? oder spielen auch politische Gesichtspunkte eine Rolle? Not allein erklärt ja noch keinen Aufstand, es muß die Erkenntnis der Not und der Wille, sie zu beseitigen, vorhanden sein. Wie kommt es dazu bei den Bauern dieser Zeit? Außerdem: wie ist das Verhältnis der Bauern zur Reformation, die in derselben Zeit das ganze Land erschüttert? sind religiöse Antriebe bei ihnen wirksam? Doch dürfen wir nicht allein nach den Bauern fragen, sondern weiterhin: wer ist der entscheidende Gegner der Bauern? die Ritter, die in ihrer unmittelbaren Nachbarschaft zu Hause sind? oder die Fürsten? was ist der eigentliche Antrieb dieser Gegner? mit welchem Recht konnten sie die Bauern nach deren Niederlage bestrafen, und so grausam bestrafen? Das scheinen mir die dringendsten Fragen zu sein, ohne deren Beantwortung eine Beurteilung nicht möglich ist. Ergänzend ist noch darauf hinzuweisen, daß man neuerdings behauptet hat, die Bezeichnung »Bauernkrieg« sei irreführend, da auch die sozial niederen Schichten der städtischen Bevölkerung am Kampf auf der Seite der Bauern teilgenommen haben.

Diese Fragen neben den oben genannten Tatsachen rechtfertigen eine Untersuchung der Geschichte des Bauernkrieges und der zu der Erhebung und dem Kampf auf beiden Seiten führenden Antriebe.

Wir beginnen mit der Frage nach der Einheitlichkeit aller unter der Bezeichnung Bauernkrieg zusammengefaßten Ereignisse. Dabei stoßen wir zunächst auf lokale Erhebungen in Oberschwaben, im Hegau, am Bodensee, am Neckar, in Franken, im Odenwald, im Elsaß, in der Pfalz, in Baden, Thüringen, Tirol, Kärnten und Österreich, die großenteils in gar keiner Verbindung miteinander zu stehen scheinen. Seit etwa 1500 brechen alle paar Jahre da und dort bäuerliche Unruhen aus, aber nicht immer läßt sich eine ursächliche Verbindung zwischen ihnen feststellen, und oft tragen die einzelnen Erhebungen auch ein anderes Gesicht. Sehen wir die fast immer in Artikeln niedergelegten Beschwerden und Forderungen dieser Bauern an, so ergeben sich zwar manche Übereinstimmungen. Die Forderungen der sogenannten 12 Artikel werden z. B. in die meisten lokalen Beschwerdeschriften seit 1525 aufgenommen, aber nicht in gleicher Weise. Daneben aber stehen immer wieder andere Forderungen, die stark voneinander abweichen. Es gibt Fälle, in denen die in sogenannten »Haufen« zusammengefaßten Bauern einer Landschaft sich bewußt sehr eng auf diese Landschaft oder gar auf das Gebiet einer Herrschaft beschränken wollen, etwa die württembergischen und die Bamberger Bauern, während die meisten Gruppen sich weit über solche Grenzen hinaus zusammenschließen. Sodann: einige Haufen stehen unter der Führung von Rittern, z. B. die Odenwälder unter Götz von Berlichingen, die Rheingauer unter Friedrich von Greiffenklau, die Taubertaler unter Stephan von Menzingen. Die meisten Gruppen haben jedoch bäuerliche Führer, unter denen sich die verschiedensten Elemente finden, wie der friedlich gesinnte Ulrich Schmid aus Sulmingen, der bedächtige Matern Feuerbacher, radikale Draufgänger wie Jäcklin Rohrbach oder der Pfaffe Eisenhut und die eigentümlichste Persönlichkeit von allen, Thomas Müntzer. Das ist eine so widersprechende Fülle von Einzelbildern, daß es unmöglich erscheinen muß, wie das alles zusammen eine einzige einheitliche Bewegung gebildet und wie

Petrarca-Meister: Ein Bauer schlägt den Knecht des Herrenvogts

es ein einheitliches Schicksal des deutschen Bauern in diesem Jahr 1525 gegeben haben soll.

Dennoch ergibt sich bei näherem Zusehen, daß das Ganze des Kampfes einheitlichen Charakter hat und daß allgemeine grundsätzliche Fragen in ihm maßgebend waren, so wenig gerade die Quellen der Zeit, nach denen wir zunächst greifen, die Beschwerde-artikel, welche die Bauern ihren Herrschaften vorlegten, für eine solche Einheitlichkeit zu sprechen scheinen. Denn die meisten dieser Beschwerden bleiben bei der Schilde-rung des tagtäglich auf den Bauern lastenden Druckes in seinen Einzelerscheinungen

Petrarca-Meister: Überfall

haften. Da hören wir von der Höhe bestimmter Abgaben, dem Zehnten, dem Todfall oder vom Umfang der zu leistenden Dienste bei der Ernte, bei der Aussaat usw. oder von den Rechten der Bauern am gemeinsamen Wald und ihren Grenzen, über den Wildschaden oder über die im Dorf zu haltenden Gerichte des eigenen Kreises, und was wir hören, ist so verschieden, daß wir uns kaum vorstellen können, wie die Zusammenfügung von so viel Strichlein ein einheitliches Bild ergeben sollte. Und doch ist es so.

Manche Beschwerden wollen uns auch als richtige Kleinigkeiten erscheinen, die gar nicht in einen ernsthaften Kampf hineinpassen, so wenn man in Bühl in Baden fordert, daß ein Bauer seiner schwangeren Frau einen Fisch aus dem Bach fangen dürfe, oder in Altenburg, daß die Domherren kein fremdes Bier einführen, oder im Saaletal, daß der Pfarrer seine Köchin heiraten darf, oder daß man in Bußmannshausen darüber klagt, daß die Bauern das Holz bis in die Küche des Schlosses tragen und den Abort räumen müssen, oder wenn in Triberg um Bannrechte des Herren gestritten wird, ob es erlaubt sei, im Haus zu waschen oder ob man die Waschküche des Dorfes aufsuchen müsse, oder ob man im Stubenofen backen dürfe oder nur im allgemeinen Backhaus. Das sind natürlich extreme Fälle, aber auch sonst erwecken die Streitigkeiten um die Nutzungsrechte an Wald und Weide, um diesen oder jenen Frondienst den Eindruck, daß man sich hoffnungslos in einem Gewirr von Einzelbeschwerden verlor, denen die große Linie vollkommen fehlte und die zur Beurteilung der Gesamtlage völlig nichtssagend und unwesentlich sind. Trotzdem wäre ein solches Urteil ganz verfehlt. Denn

die Einzelforderungen und die nur lokal zutreffenden Beschwerden können oft als Teilausdruck eines umfassenden Kampfes uns sehr Wesentliches sagen. Auch muß man sich vor Augen halten, daß es den Bauern oft an der Fähigkeit fehlt, das wirklich klarzumachen, was sie bedrückt, daß sie von den realen Einzelheiten nicht zum Wesentlichen, Vereinheitlichten und Grundsätzlichen vorstoßen können und daß darum ihre Schreiben unbeholfen in Äußerlichkeiten steckenbleiben.

Erschwerend für die Gewinnung eines klaren einheitlichen Bildes ist es auch, daß unter den Quellen zur Geschichte des Bauernkrieges sich auch ganz andersartige Zeugnisse finden: vollkommen durchgearbeitete Programme für die Gestaltung des gesamten öffentlichen Lebens in Deutschland. Sie sind meist von Männern bürgerlicher Herkunft, die sich der Sache der Bauern angeschlossen hatten, verfaßt und dann den Bauern vorgelegt worden, oder auch von den Bauernhaufen als ihre Forderungen übernommen worden. Als Beispiel diene der Reformationsplan, den Friedrich Weygandt und Wendel Hipler in Miltenberg den Bauern überreichten. Wir werden später darauf zurückkommen. Viele der primitiven Bauern hätten sicherlich mit diesem Schriftstück nichts anzufangen gewußt, obwohl es nahe daran war, im Krieg eine entscheidende

Albrecht Dürer: Bauer und seine Frau

Unbekannter Meister: Bauer

Rolle zu spielen. Beide Typen von Zeugnissen des bäuerlichen Wollens müssen zusammen gesehen werden, wenn man ein Bild des Bauernkrieges in seiner Gesamtheit gewinnen will. Darum ist es auch so schwer, von der Schilderung des Geschehens in einer bestimmten Landschaft oder von einer zeitlich begrenzten Darstellung aus ein Bild zu bekommen, das dem Ganzen gerecht wird. Alle diese verschiedenen Bilder sind jedoch Stufen eines einheitlichen Ganzen.

Verwirren könnte es auch, daß wir überall neben den bäuerlichen Zeugnissen auf solche bürgerlich-städtischer Herkunft stoßen. In der Tat kämpften auch weite Kreise der unteren Schichten des Bürgertums in diesem zunächst bäuerlichen Ringen mit. Darum haben wir auch oben die Frage gestellt, ob diese Erhebung mit Recht die Bezeichnung »Bauernkrieg« trage oder ob dieser Begriff irreführend sei.

Wenige Jahre vor 1525 waren zahlreiche Städte von sehr heftigen inneren Auseinandersetzungen erschüttert worden: in Aachen, Köln, Worms, Speyer, Regensburg, Lüttich, Neuß, Duisburg, Ulm, Leipzig, Braunschweig, Lübeck u. a. kam es zu solchen

Kämpfen, in denen die in den Zünften organisierten Gesellen und andere Handarbeiter gegen die Patrizier und Herren sich erhoben. Vor allem in Köln hatten die Zünfte damals einen vollständigen Sieg über die bisher herrschenden Schichten errungen. Hier lag also auch der Kampf der sozial tiefer stehenden Schichten in der Luft. Beide Kämpfe lassen sich in gewissem Sinne als eine Einheit betrachten, und es ist deshalb nicht verwunderlich, wenn etwa in Ulm, Augsburg, Nürnberg und Rothenburg die unteren Schichten der Stadtbevölkerung mit den Bauern sympathisierten. Offenbar haben sich dabei die Weber besonders hervorgetan.

Einzelne Städte schlossen sich den Bauern vollständig an. Es sind vor allem kleinere Städte Oberschwabens, Frankens, Thüringens und der Rheinlande. Darum besitzen wir unter den Beschwerdeschriften von 1525 eine ganze Menge, die sich fast nur auf städtische Verhältnisse beziehen, also zu einem Bauernkrieg gar nicht passen wollen. Bei manchen Aufständischen lag sogar die Initiative und die Führung durchaus in den Händen von Leuten der kleineren Städte, so bei dem Taubertaler und dem Bildhäuser Haufen. Andere Städte, wie Frankfurt a. M., Mainz und Rothenburg, führten im Rah-

A. Dürer: Marktbauern

men des Bauernkrieges den Kampf in ihrem Bereich auf ihre eigene Weise und mit ihren eigenen Kräften. Besonders zu nennen ist Mühlhausen in Thüringen, das für den gesamten thüringischen Bauernkrieg den Mittelpunkt darstellt, mit den Bauern zusammen kämpft und sich nicht von ihnen loslöst.

Auf die enge Zusammenarbeit von Bürgern und Bauern bei der Entstehung der Unruhen weist ein Brief des sehr wohl unterrichteten Bürgermeisters von Augsburg und Hauptmanns des Schwäbischen Bundes, Ulrich Artzt, hin. Er schreibt im März 1525: »Es ist keinem mensch denn uns von stetten die schuld zuzumessen ... und wöllt von gott, das mir sollich nit so zu hertzen gieng und beschwerdt mich uss der ursach, das wir von stetten deren aufruren und empörungen ursacher seyen ...«, mit der Begründung, daß die geistige Vorbereitung zum Widerstand von den Städten ausgegangen sei[3]. Auch Friedrich Weygandt, einer der klügsten Köpfe im Bauernlager, bezeichnet es in einem Brief an Wendel Hipler als seine Absicht, »dem armen gemeinen Volke« — Bürgern wie Bauern — »zur Befreiung von auferlegtem Zwange von ersonnenen menschlichen eigennützigen zu christlicher, brüderlicher Freiheit nütze not und dienstlich« zu sein[4]. Die Bürger stellen also ein wichtiges Glied in der Front der Aufständischen dar.

Für manche Städte entstanden durch ihre positive Stellungnahme den aufständischen Bauern gegenüber Konflikte. Dann nämlich, wenn die Städte selbst Herren von Dörfern in ihrer Umgebung waren, deren Bauern nun Forderungen erhoben, die den Säckel der Stadtverwaltungen erheblich zu schädigen drohten. So erleben wir es z. B. in Kempten und Rothenburg. Solche Konflikte konnten unter Umständen die Haltung solcher Städte den bäuerlichen Forderungen gegenüber von Grund auf ändern. Doch das sind Sonderfälle, die das allgemeine Bild der Bereitschaft der Städte oder großer Teile ihrer Bevölkerung, mit den Bauern zu gehen, nicht ändern.

Diese Anschlußbereitschaft der Städte oder zumindest ihrer unteren Schichten muß man sich vor Augen halten, wenn man vom Bauernkrieg von 1525 redet. Trotzdem halte ich es nicht für notwendig und richtig, das Wort »Bauernkrieg« ganz zu vermeiden, wie es Eberhard Mayer in seiner Schrift: Die rechtliche Behandlung der Empörer von 1525 im Herzogtum Württemberg[5], tut. Denn eine so lange eingebürgerte und altgewohnte Bezeichnung sollte man doch nur in dringenden Fällen fallen lassen. Auch der zweite Teil des Wortes ist für manche Teile des Bauernkrieges nicht zutreffend, wie wir im Laufe unserer Untersuchungen zeigen werden. Aber auch das soll uns nicht davon abhalten, bei der Bezeichnung »Bauernkrieg« zu bleiben.

Noch einer anderen falschen Beurteilung des Bauernkrieges von 1525 muß von vorneherein entgegengetreten werden. Er ist letzten Endes keineswegs ein reiner Wirtschaftskampf, sondern ein politischer Kampf. Zwar ist in den Artikeln und Beschwerdebriefen fast ausschließlich von wirtschaftlichen Belangen die Rede: vom Anrecht der Bauern an der Allmende des Dorfes, vom Recht der Herren auf bestimmte Frondienste oder auf Abgaben beim Erbgang der Bauern (Besthaupt) oder vom großen und kleinen Zehnten und anderen Abgaben, doch dahinter steckt die politische Frage, ob die Bauern eine gewisse Selbständigkeit den Herren gegenüber behaupten können oder sich ihnen einfach fügen müssen. Am Beispiel der Streitigkeiten des Abtes von Kempten mit den dem Kloster untertänigen Bauern wird das besonders deutlich. Es gilt aber für die anderen Fälle ebenso, wenn es auch den Bauern selbst vielleicht nicht klar zum Bewußtsein kam. Für die Fürsten unter den Herren ging es um eine Sache von ausschlaggebender Bedeutung, die das ganze öffentliche Leben in Deutschland berührte, um die Frage nämlich, wem es gelingen würde, aus der Summe seiner Herrenrechte einen in sich festgefügten Territorialstaat zu formieren mit einer einheitlichen Untertänigkeit aller derer, die in Stadt und Land der Herrschaft in ihren verschiedenen Formen unterstanden. Der deutsche Staat des Mittelalters war ein reiner Feudalstaat gewesen. Das römische Erbe eines unpersönlichen, anstaltlichen Staates hatte sich verflüchtigt. Ein solcher Gedanke war dem Denken der germanischen Welt ursprünglich fremd, und schon im Reich Karls des Großen waren von jenem römischen Erbe kaum noch schwache Reste erhalten. Zur Zeit der Ottonen und Hohenstaufen erinnerte nur noch der Titel Graf, den manche Herren trugen, an einen auf Beamte gestützten rein öffentlichen Staat, wie es das römische Reich gewesen ist. Jetzt war das deutsche Reich ein kompliziertes Gefüge von Herrschaften größerer und kleinerer Herren, die in einem Stufenbau von Treueverpflichtungen und − wie man es bald vorzugsweise nannte − von Lehensbindungen miteinander verknüpft waren. Die Spitze dieser Lehnspyramide stellte der König und Kaiser dar. Er war der höchste dieser Herren und sollte eigentlich der mächtigste sein. Dies war er aber tatsächlich nicht, und im Laufe des späteren Mittelalters von einem Herrscher zum andern in allerlei Schwankungen immer weniger. An seine Stelle traten in vielen Dingen die mächtigsten Fürsten und Herren, die nun versuchten, ihre ererbten feudalen Herrschaftsrechte in einen wohlorganisierten Territorialstaat umzuwandeln. Es war ein Streben, das ganz Deutschland erschütterte. Denn Deutschland zerfiel damals in etwa 350 Territorien, die sich bemühten, Territorialstaaten zu werden. Es war eine Bewegung, die weit über das Reich hinaus das ganze Abendland ergriffen hatte.

Nicht alle Fürsten Deutschlands waren in gleicher Weise bemüht, diese Umbildung mittelalterlicher Herrschaftsrechte in ein organisiertes Staatswesen durchzuführen. Das hing von der politischen Einsicht und von der Energie der Herrschenden, ebenso aber auch von der besonderen Struktur jeder einzelnen Herrschaft ab. Auch mußten sich unvermeidlich Streitigkeiten dadurch ergeben, daß in vielen Fällen die Rechte der verschiedenen Herren sich aus kleinen und kleinsten Partikeln zusammensetzten, sich häufig überschnitten und daß sogar die Dörfer oft ein Konglomerat von kleinen Rechten verschiedener Herren darstellten. Die Rechte eines Herren waren hier ein Dorf, dort ein einzelnes Bauerngut, hier ein Forst, dort nur eine bestimmte Abgabe oder ein Frondienst. Dazu kam, daß im Laufe der Zeit die in ein Herrschaftsgebiet eingestreuten Burgen, Städte, Klöster und Kirchen an Zahl und wirtschaftlicher Kraft zugenommen hatten, so daß das Gesamtbild dieser bunten Gewebe immer verwirrender und für die Herren die Ausübung ihrer Herrschaftsrechte immer schwieriger wurde. Fast in jedem Dorf lagen Besitzungen und Rechte verschiedener Herren nebeneinander und saßen darum Beamte oder Beauftragte verschiedener Herrschaften.

Aber nicht nur die Herrschaften, sondern mehr noch die Bauern waren unter diesen Verhältnissen die Leidtragenden. Auch sie waren in diese Pyramide eingefügt, wenn auch nicht nach dem Lehensrecht, das nur die Kriegerschicht umfaßte, so doch mit Treueverpflichtungen, die ihrem Wesen nach dem Lehensrecht nahestanden. Will man dieses Verhältnis der Bauern zu den Herren recht verstehen, so muß man von der Tatsache ausgehen, daß im frühen Mittelalter in Deutschland und in den meisten Staaten des Abendlandes keine Staatsgewalt die Macht hatte, einen wirksamen Schutz über alle seine Untertanen auszuüben, so daß etwa der Bauer eine Sicherheit besaß, das auch zu ernten, was er gesät und bearbeitet hatte. Das aber ist selbstverständlich die Voraussetzung für ein ersprießliches Leben des Bauern. Aus diesem Grund war er gezwungen, sich der Schutzherrschaft eines mächtigen und in nächster Umgebung seiner Äcker und Wiesen ansässigen Herren zu unterwerfen. Das Interesse an einem solchen Vertrag lag auf beiden Seiten. Der Herr benötigt landwirtschaftliche Produkte für seinen eigenen Unterhalt und den seiner Leute. Dafür kann er für die Aufrechterhaltung des Friedens, für Sicherheit des Arbeitens und Erntens sorgen, seine Kenntnis des Rechts für die Entscheidung von Zwistigkeiten im Bereich des Dorfes und seine Fähigkeit des Ordnens der wirtschaftlichen Verhältnisse zur Verfügung stellen. Der Bauer braucht Frieden, Ruhe und Rechtssicherheit in seinem Dorf und findet sich daher bereit, sie mit einem gewissen Teil des Ertrags seiner Felder und Wiesen zu erkaufen. So kommt ein Vertragsverhältnis zustande, das auf gegenseitiger Treue und Verläßlichkeit aufgebaut ist und das Leben im mittelalterlichen Dorf ermöglicht. Schutzherr kann der König sein, wenn er gerade in der Nachbarschaft eine Pfalz oder einen anderen Herrschaftskreis besitzt, in den meisten Fällen ist es aber ein Feudalherr, in der Abstufung vom Herzog bis zum Herrn. Auch eine Kirche kann es sein, wenn sie die Schutzherrschaft eines weltlichen Fürsten oder Herren genießt, wenn sie, mit anderen Worten, einen Vogt hat, wie man das damals zu nennen pflegte.

Das hat sich in der Neuzeit zusehends geändert. Der Staat hat durch seine Organe den allgemeinen Friedensschutz, die Sorge für die Rechtssicherheit, die Obhut über die Saaten und Pflanzungen übernommen. Damit wurde dem alten Verhältnis zu den ehemaligen Schutzherren der Boden entzogen. Das waren nicht mehr dieselben Gewalten. Auch dehnte der Staat den Schutz über alle seine Untertanen und deren Eigentum aus, nicht weil ein besonderer Schutzvertrag ihn verpflichtete, sondern weil er sie insgesamt als seine Untertanen betrachtete. Aus diesen politischen Veränderungen mußten unvermeidliche Differenzen entstehen, so daß die Bauern sich nicht verpflichtet fühlten, die vereinbarten Abgaben an Herren oder Fürsten zu zahlen, die den Schutz über ihre Person und ihre Felder nicht mehr wahrnahmen.

Außerdem mußten von der Politik her Streitigkeiten zwischen den Bauern und ihren Schutzherren entstehen durch das Ungleichartige der Schutzvertragsverhältnisse; gab es doch ganz verschiedene Stufen der Abhängigkeit mit verschieden festgesetzten Abgaben und Diensten, eine Unzuträglichkeit, die sowohl Herren wie Bauern zu beseitigen versuchten, ein jeder Teil natürlich seinem eigenen Interesse entsprechend. So bemühte sich schon in den Jahren vor 1423 der Fürstabt von Kempten, eigentlich freie,

Petrarca-Meister: Ständebaum (Bauern im Wurzelwerk und im Wipfel)

wenn auch ihm untertänige und abgabepflichtige Bauern, »freie Zinser« genannt, in den Stand von Leibeigenen hinabzudrücken und sie zu einem einheitlichen Stand von Untertanen zu machen. Doch die Bauern widersetzten sich. Die Tatsache, daß sie dem Abt das bisher geltende Schutzherrschaftsverhältnis aufkündigten und sich dem Grafen von Montfort als Schutzherrn unterstellten, zeigt, wie sie die Sache ansahen. Auf Veranlassung des Abtes verhinderten indes päpstliche und kaiserliche Gebote den Grafen von Montfort, darauf einzugehen. Ebensowenig Erfolg hatte der Versuch der Kemptener Bauern, sich dem Herren Friedrich von Freyberg zu unterstellen. Dagegen legte der Fürstabt von Kempten vor einem Schiedsgericht in Ulm im Jahre 1423 einen angeblichen Stiftungsbrief Karls des Großen vor, demzufolge alle freien Zinser den Leibeigenen gleich zu achten seien. Diese Urkunde war, wie wir heute wissen, eine Fälschung des Klosters Kempten. Sie wurde jedoch anerkannt und machte es dadurch dem Abt möglich, seine Unterdrückungspolitik fortzusetzen, obwohl man weiter Widerstand leistete. Wir wissen von Auseinandersetzungen und Kämpfen in dieser Angelegenheit aus den Jahren 1460, 1462 u. a. bis 1523. In diesem Zeitraum gelang es dem Abt, 1200 Freizinser in die Leibeigenschaft hinabzudrücken[6]. Im Jahre 1524 konnten die Bauern noch 400 solcher Freizinser mit Namen nennen. Alle Arten des Druckes, auch geistliche Strafen wurden angewendet, um auf verschiedenen Wegen das Ziel zu erreichen[7].

Wir haben bei dem Beispiel von Kempten etwas länger verweilt, weil sich hier besonders deutlich erkennen läßt, daß der Bauernkrieg oft einen politischen Hintergrund hat, daß er eine Auseinandersetzung der Bauern und der Bauerngemeinden mit denjenigen Fürsten und Herren darstellt, die sich mit aller Kraft bemühten, einen geschlossenen Landesstaat zu schaffen, dessen Untergebene nach Möglichkeit eine Summe von gleichberechtigten Untertanen bilden sollten. Um dieses Ziel zu erreichen, mußten sie versuchen, die zerstreut liegenden Besitzungen und Herrschaftsrechte so umzugestalten, daß sie geschlossene Kreise bildeten, die sich leichter verwalten ließen, und daß die sozialen Unterschiede aller Untertanen geringer wurden, damit die gleichförmige Masse besser überblickt und kontrolliert werden konnte. Auch war es dann leichter, eine Steuer gleichmäßig von allen Untertanen zu erheben, und Steuergelder benötigten diese neuen Landesstaaten dringend für die Landsknechte ihrer Heere, für ihre Beamten und Rechner u. a. Dabei mußten die Kaiser fast dieselben Anstrengungen machen wie die anderen Fürsten. Denn es kam auch für sie darauf an, ihr spezielles eigenes Land, ihr Hausgut und das »Reichsgut«, wie man sagte, auf die gleiche Weise wie die anderen Staaten auszubauen und abzurunden.

Die Einfügung des Bauernkrieges in die allgemeinen politischen Kämpfe der Zeit, das Ringen der Bauern um ihre Stellung im ganzen politischen Leben macht es unmöglich, die zu Beginn des Bauernkrieges treibenden Kräfte unter den Radaubrüdern der Dörfer oder unter den umherschweifenden, auf der Landstraße beheimateten Elementen zu suchen. Vielmehr wurden schon die dem Bauernkrieg und dem Bundschuh vorausgehenden Auseinandersetzungen der Bauern und Bauerngemeinden mit ihren Herren, von denen die Weistümer uns berichten, oft von wohlhabenden und angesehenen

Die Beschwerden der Untertanen der Fürstabtei Kempten, 1492 (siehe Anhang)

Zum dritten, d aignen leüt haltens vnd ainens so sich besetzunut zaher des nachdem ... gnädig ged von kempten, wand ... ... mit tod abgat, ... die eheste kind hend ... zu plasfert, so tut ir gnädig ged das ab ... aignen vnd ... ... zu ... handen ... wand ... ... beide mit tod abgangen sind, so tut er das gut zu sines handen ... ... auch ... ... aine mit tod abgat, ... die tein als aller gind ... plasfert, so nimpt er ... ... zu sines handen, vnd die ... ... vnd das ander ... auch, das doch ... ... auch vnd ... alt herkomen ist vnd in all landschaft nie erhört ist worden,

Zum vierden so erclagen si sich vnd ... sich besetzunut zaher, ab dem das vor nie ... vnd erhört worden ist, wand an ... ... ain aigne ... ... an ... ... aigen man zu d te nimpt, das er oder ... sich dem aigen nach, auch zu aigen ... müssen, auch tein ... darauf nie gesetzt noch gestanden ist,

Zum fünften, so tut er ... aigen, auch der ... ... das ... aigne gut, die si hand, auf d ... ... mit ... ..., noch auch tein zins vnd gülten, darum mit ... ... noch darein mit ... ..., denn allain den ... das zu ..., zaher, vnd müssen als by ... den ... ... vnd große not leiden,

Zum sechsten so tut er ... aigen ... vnd auch den ..., das ... ... tein noch an tein gemaind oder all an ... noch zu in ... sol ausserhalb der herdschaft,

Item wan amen ain ... ... so vermaint so man sol si das ... lassen so wil der fürst halben ... oder mit alle die werle dar ... lebt

an söliche red mit jr ankeret, als sy das recht dar leitti, vnd
fürgeschlagen hand, er sy nit da von rechtens wegen, vnd
wöll jn auch kains rechtn gestatten, jn auch kain recht
lassen gan, sund er wöl sy zu gehorsame bringen vnnd
kain schwärt vb sy berichti, vnd jre wåld vnd kind zu
witbern vnd waisen machen, auch je spiess miessen je
kirchof vnd frithof sein, da hab d gemain herren
jm, als diser zyt hoptman, das puncti vnd recht angzaigt
ruefft, vnd gebetten, vmb recht, was er thun wolle, wann
er an je stat stünd, da hat er geredt vnd geantwurt, wann
er an je statt stünd, So wolte er jn uff sin er vnd ritterschafft
ratten, das gut jnn namlich der fürstöll, das sy die satz
gebn sollen, wie sy ietz vnd gelegt ist, darvmb von d recht wr
wegen, jn dar ze geben, jn jares frist vnd darvor sol niemand
tröst machen vnd wait von d ennen wegen die sich ver
schriben vnd dem gotzhus vnd jn gnädign herrn von kempte
galupter fellen so gurffen mit das laich nach wirg d
gruoben hand schätzt nach gehalten werden, vnd uff söliche jme wort
hat er wait geredt, wolicz plützin berücht nach
kommen woll d sol sich bis morn wol bedancktn so wol
er jn ain botn schicken, wolicz ab mit gehorsam sin
wöll, das d d fallen woll er zu gehorsam berüefti,
vnd hat jn also ain brief darinn ain galait betreffn
wäre, by ainem botn geschickt, dar man auf je
derlegen mit sin jnhaltung wol vernemen wirdt
vnnd auf die geschrifft sten sy dem abscaid nachkomen
vnd gar behertum gerten, wie dann das d brief so
jn geschickt ist wird auffwaist, vnd ist jn also wort
bie gehalten von fryntspreg wait zugestelt werden hinzu
legt der sachhall fürtzunemen der obgeschriben vnd

all unnd artikel als, die bis uff der landtschafft-
berürun zuuerglitten, und über sölichs, hat er walt
zu den gwaldt, so süllen hinein zühen und der abredung
wie die gestalten so nachkomen, uff das unnd so
hinein komen hon, da hab ghr Hartman von fürst...
spret mait gwaldt, der wert unnd widern spün
schärfel, und ob er die etwas underlihte ader
macht, so selte in das kein nachtail noch schaden
mit brengen, und sölich abschid so uffgelegt und
gesatzt worden, uff das Jerusart des getzlgen komptin
ghr marquar... von stellenberg ghr herman von
fürntsperg und Hans aglster von rathain, alle drey
stitzer, unnd in so auch zugesagt worden, das by
sölich richtung unnd den tagt auch etlich
trawfen sin söllen, unnd so man verhaissen worden
das man kein aim man furohin mit türenen
blocken noch trawfen söl, demm mit racht, unnd
von sölichin abschid, ist unnd gnadig ghr von
Runspurg gewurgen, unnd ob man mainte das
noin andars furgaben demm an pn salbs ist, so
begert in so nit mer, denn den stif unnd fürstyn als
grof zuuerglichen, unnd ob der nind, ader
mer nichet, denn wollten so ernstlich nach
komen unnd laben

Item so vermainen als söl fran mit verbotten sin
das so walen unnd stehunder mügen, wa es ze
nütz land notruxft sy unnd erhaysst

Daniel Hopfer: Bauernschmaus

Männern der Gemeinden oder Täler geführt. Dasselbe läßt sich in den Anfängen des Krieges von 1525 manchenorts beobachten, z. B. deutlich im Rheingau und in der Pfalz. Aber auch die württembergischen Bauern unter Matern Feuerbacher rekrutieren sich aus gutsituierten Schichten. In Rothenburg wandten sich die Aufständischen gerade an die Wohlgestellten der Umgebung, an die »Dorfehrbarkeit«, an die Schultheißen und Bürgermeister. Dort versprachen reiche Männer allen, die sich anschließen würden, einen Karren Brot und ein Faß Wein. Auch in der Ulmer Gegend nahmen gerade die reichen Orte am Aufstand teil, während die armen Dörfer und Bauern sich still verhielten. Leipheim, Langenau, Illertissen u. a. stehen auf, und auch der Führer des Baltringer Haufens, Ulrich Schmid aus Sulmingen, gehört nicht zu den unbemittelten Leuten.

Daniel Hopfer: Bauerntanz

Überhaupt kann, im ganzen gesehen, die Lage des deutschen Bauern gegen Ende des Mittelalters eigentlich nicht als schlecht bezeichnet werden. Denn das ganze Mittelalter hindurch waren der großen Rodungstätigkeit wegen überall ländliche Arbeitskräfte sehr gesucht, und die neugegründeten Dörfer haben es meistens, allerdings mit viel Arbeit und Mühe in der Anfangszeit, zu einem gewissen Wohlstand gebracht. Dieselbe Wirkung hatten die Kolonisation des deutschen Ostens und die Entstehung und Zunahme der Städte, deren Zuwachs sich auch aus den Dörfern des Landes rekrutierte. Dieser Wohlstand wurde im 13. und 14. Jahrhundert durch verschiedene wirtschaftliche Veränderungen noch weiter gefördert. Damals führte das starke Anwachsen der Städte zu einem Steigen der Preise für landwirtschaftliche Erzeugnisse. Das kam den Bauern zugute. Auch fixierte man damals im Zusammenhang mit der aufkommenden

Geldwirtschaft sehr oft die Abgaben der Bauern an ihre Herren in Geld. Da die Preise stiegen und der Geldwert sank, die für die Abgaben festgesetzten Summen aber nicht erhöht wurden, verbesserte sich auch durch diese Entwicklung die Lage der Bauern.

Daraus ergibt sich, daß der Bauernkrieg nicht als Verzweiflungsausbruch einer ganzen Menschenklasse angesehen werden kann, als Revolution des Proletariats um der Unerträglichkeit des täglichen Lebens willen.

Trotzdem dürfen wir nicht vergessen, daß der Bauer des Mittelalters in sehr stark abhängiger, wirtschaftlich gedrückter Lage lebte. Das ist der Ausgangspunkt der ganzen Entwicklung des Bauernstandes, der als bekannt vorausgesetzt werden muß. Um so höher ist die Leistung einzuschätzen, daß es der Bauernschaft gelang, im Laufe der Jahrhunderte zu der Stellung aufzusteigen, die wir im Bauernkrieg und schon vorher beobachten. Das Selbstbewußtsein, das wir hier kennenlernen und das die Auseinandersetzung auf sich nimmt, mußte in langen Jahrhunderten in zäher Arbeit errungen werden. Das Bauerntum am Anfang und am Ende des Mittelalters ist nicht dasselbe.

Dem entspricht auch das Bild des Bauern, das wir aus der Literatur der Zeit und aus landesherrlichen Verordnungen gewinnen. Wir hören vielenorts von Geboten zur Einschränkung des Luxus bei bäuerlichen Hochzeiten[8]. Gerade den Bauern, die wegen ihres Erbrechtes mit dem Abt des Klosters Salem am Bodensee in langjährigem Streit lagen, die sich beschwerten: »Alles, was wir haben, das mindeste wie das meiste, es berühre Freud oder Leid, ist alles zu Strafung des Geldes angesehen, verboten und gesetzt«, gerade denen wird verboten, daß bei Hochzeiten nicht mehr als zehn Schüsseln gereicht werden dürfen, und gesagt, daß der Hochzeitsstaat der Bäuerinnen einen Wert von 16, 20 oder mehr Gulden haben könne[9]. Das sind also sicher keine armen Leute. Und wenn man auch in bürgerlichen Kreisen immer auf den Bauern herabsah, so zeigen uns doch alle Lehrgedichte des 15. Jahrhunderts den Bauern als einen wohlhabenden, selbstbewußten und trotzigen Mann.

Sebastian Brant allerdings zeichnet 1494 in seinem »Narrenschiff« ein unerfreuliches Bild des Bauern seiner Tage und behauptet: »Die Bauern stecken voller Geld.« Er sagt, früher sei der Bauer einfältig und genügsam gewesen, jetzt aber wolle er nicht mehr in Zwilch gehen, sondern nur noch in kostbaren teuren Kleidern, jetzt trinke er Wein und stecke in großen Schulden, wenn er auch seine Produkte teuer verkaufe, er sei der Genußsucht ergeben. Doch das ist sicherlich eine starke Übertreibung. Denn Brant ist es überall darum zu tun, durch Übertreibungen menschliche Untugenden lächerlich zu machen. Doch wäre auch als Satire dieses Bild nicht denkbar gewesen, wenn nicht ein guter Teil der Bauern nicht wesentlich besser gelebt hätte, als man es von früheren Zeiten her von ihnen gewohnt war.

Ein anderer, der Züricher Chorherr Felix Hemmerlin, meint, »es wäre gut, wenn etwa alle 50 Jahre den Bauern Haus und Hof zerstört werde, damit die üppigen Zweige des Übermutes zerschnitten würden«[10]. Aus allem Spott und aller Geringschätzung des Bauern, die wir in der Literatur des 15. Jahrhunderts immer wieder antreffen, tritt uns doch immer dasselbe Bild des Bauern als eines wohlhabenden, trotzigen, derben und

Albrecht Dürer Kalchreut

Hans Baldung Grien   Kaiser Karl V.

Hans Baldung Grien   Kaiser Maximilian I.

Daniel Hopfer Bildnis einer modischen Dame

Hans Sebald Beham: Bauernfest

ungeschickten Burschen entgegen. Aber auch die ältere Literatur des 13. und 14. Jahrhunderts zeigt ein sehr ähnliches Bild. Eines der anschaulichsten ist das des Bauernburschen, der den Ritter nachzuahmen sucht, es aber nur zu einer Karikatur des Rittertums bringt. Dieses Bild hat Wernher der Gartenaere im »Meier Helmbrecht« schon im 13. Jahrhundert gezeichnet.

Die besten Zeiten des mittelalterlichen deutschen Bauern allerdings sind im 15. und 16. Jahrhundert schon vorbei. Sie liegen im 13., 14. und im Anfang des 15. Jahrhunderts, wie wir es oben geschildert haben. Doch der Unterschied zwischen der Lage im 13. und 15./16. Jahrhundert war nicht so groß, daß das oben gewonnene Bild darum wesentlich korrigiert werden müßte. Es bleibt dabei: der Bauernkrieg von 1525 ist kein Verzweiflungsausbruch eines hungernden ländlichen Proletariats, wie man es so oft geschildert hat und heute noch schildert, sondern eine von ernsthaften Bauern und Bauerngemeinden getragene Auseinandersetzung im Rahmen der deutschen Gesamtentwicklung.

Die Versuche der Landesherren, ihre Staaten zu konsolidieren durch Schaffung einer gleichmäßigen scharfen Untertänigkeit aller ihrer Leute, waren es, welche die Verschlechterung im 15./16. Jahrhundert mit sich brachten. Doch dieser Prozeß der Kon-

¶Von vppigklichen dingen/so wil ich heben an/ein abenteür
zu fingé/die ich gesehe han/an einem Pawren tantze/Bey einer
Dorffes pfat/ da sach ich vmbher schwantze/ein Dorff mayd
in einem krantze/her trat fein glat/ein Pawr was frat/treyß
fein parat/in dm Pantzer der krantze/mit jr frey vmbher knat.

¶Zu tantzen het er wollen/vñ das nit gar vmb sunst/zulassen
auß fein grillen/stieß manchen in fein pauft/wo er eine möche
bekumen/den nechsten den er sach/er macht gar vil d' g krum
men/nach/ant vnd weyß der thumen/jm gschach seer gach/
nach vngemach/schleg stich vñ rach/het er jm fürgenumen/
zu übermanig sach.

¶Der zech selbs auff ein reyen/wol zu der selben fart/auff das
er sich möcht zweyen/mit siiner widerpart/zu dem er trug
es grollen/ein stieß er mit gefer/hieß jn damit ein knollen/ein
runcknen vñ ein vollen/er wer nit leer/ein doderer/vñ fluche
jm seer darzu schlug et den trollen/wol nider nach der schwer.

¶Das sach fein Bruder Steffel/der lief jm vndern spleß/vnd sprach du tregst ein scheffel/des haß ich
ein verdileß/thut dich der puckel iucken/so reyß dich her an mich/du mainst vns all zutrucken/fein sey-
bel thet er zucken/hüt dich sag ich/mit hynderstich/kain wort nit sprich/ich schlag dir tieffe lucken/vñ
arß dir vil der stich.

¶ Von ferren tieffe fein vetter/der höret bisen strauß/fürwar feind da nit retter/so wirt ein hader drauß/
als köppisch thu ich schetzen/men. Shem Haymeran/er leßt sich niemandt tretzen/wenn er ist bey der
metzen/kumbt dann all sam/wer fechten kan/labs redlein gan/ee er sich lang leßt tetzen/fecht er ein
iammer an.

Lied von dem üppigen Bauern

solidierung der Landesstaaten war in Deutschland in verschiedenen Teilen des Landes
sehr verschieden weit fortgeschritten. Manche Staaten hatten schon im wesentlichen
erreicht, was sie wollten und brauchten, sie waren zu einer straff organisierten Landesherrschaft geworden. Hier war es zu spät zu einer Gegenwehr der Bauern, wenn sie
auf Erfolg rechnen wollte. Zu ihnen gehörte beispielsweise Bayern. Dort blieb es fast
ruhig, ohne daß daraus auf eine bessere Lage als anderswo geschlossen werden dürfte.
Der Kampf entbrannte vor allem dort, wo kleinere und schwächere, aber willensstarke
Herrschaften um die Formung eines eigenen starken Landesstaates rangen. Die vielen
geistlichen Herren Oberschwabens sind ein deutliches Beispiel dafür. Darum spielen
Kempten, Ochsenhausen, Salem u. a. in der Entstehungsgeschichte des Krieges von
1525 eine so große Rolle. Doch kann man noch einen Schritt weitergehen: solche Gebiete zahlreicher geistlicher oder weltlicher Herrschaften, untermischt mit Reichs-
städten etc., gab es vor allem dort, wo bis zum Interregnum das deutsche Königtum
sich bemüht hatte, geschlossene Territorien aufzubauen. Dort hat sich nur in seltenen
Fällen ein starker Landesstaat entwickeln können. Meistens traten diejenigen Ritter,
die für den König kleinere oder etwas größere Bezirke von Königsgut oder die Schutz-

herrschaft über königliche Bauern in einem solchen Bereich oder über Königsforste ausgeübt hatten, seit dem 14. Jahrhundert die Erbschaft des Königs an, indem sie sich anmaßten, was ihnen nur zur Ausübung, meist zu Lehen, übergeben worden war. Zu diesen Landschaften gehört das Elsaß, wo man von dem Staufenherzog gesagt hatte, er ziehe stets am Schweif seines Pferdes eine neue Burg nach sich. Dazu gehörte der Oberrhein und ebenso der Mittelrhein, wo Kaiser Heinrich V. schon mit Erzbischof Adalbert von Mainz über einzelne Rechte, Burgen und Besitzungen gestritten hatte. Das gleiche gilt von den Königsrechtsbezirken der Wetterau, aber auch vom schwäbischen Unterland mit Heilbronn und Weinsberg, von Oberschwaben mit seinen zahlreichen Klöstern und Städten, die einmal königlicher Herrschaft oder Vogtei unterstanden, von Franken und Thüringen weiter nach Norden. Damit zeichnen sich auch die Landschaften ab, in denen der Bauernkrieg am ehesten Nahrung finden konnte.

Den Streitigkeiten zwischen den Bauern und ihren Herren waren allerdings durch eine ausgeprägte Tradition noch gewisse Grenzen gezogen, solange Ritter als Herren der das Tal, die Dörfer und die Herden schützenden Burgen in alter Weise den Schutz ausübten und dafür Abgaben und Dienste verlangten. Das alte Recht war eine starke bewahrende Macht, solange seine Grundlagen erhalten blieben. Doch das änderte sich. Denn einmal sank vom 13. Jahrhundert an weithin Macht, Ansehen und Wohlstand der Ritter, aber noch wichtiger war, daß werdende Landesherren den Besitz der Ritter ihrem Gebiet einzufügen suchten. Sie bemühten sich, die Herrschaft über Dörfer oder über bestimmte Bauerngemeinden von den Rittern zu kaufen, die sie bisher inne-

Urs Graf: Tanzendes Bauernpaar

27

gehabt hatten, um so ihren Herrschaftsbereich zur Landesherrschaft oder Landeshoheit abzurunden. So ist manches vom König einem Ritter zur Ausübung übergebene Schutz-herrschaftsrecht an den künftigen weltlichen oder geistlichen Landesherrn übergegangen. Von den Bauern wurden diese Veränderungen im Herrschafts- und Schutzrecht oft als Unrecht empfunden, da sie das alte Recht aufhoben. Abgesehen davon, entfremdeten sie Bauern und Herren untereinander. Die Zeiten der alten, persönlich bindenden patriarchalischen Herrschaftsverhältnisse sind nun vielenorts vorbei. Das aber ließ anderseits die Hemmungen der Landesherren in ihrem Bestreben, ihre Untertanen zu einer gleichförmigen Schar von abhängigen Leuten zu machen, schwinden. Man ging nun leichter über das »alte Recht«, d. h. das ererbte Herrschaftsverhältnis außer acht lassend, hinweg zu neuen Formen der Untertänigkeit.

Die Folge war, daß die eigentlichen Gegner der Bauern im Krieg von 1525 nicht die Ritter, sondern die Landesherren waren. Nur so ist es zu verstehen, daß einzelne Ritter, die sich gleichfalls von den kommenden Landesherren benachteiligt fühlten, be-

A. Dürer: Tanzendes Bauernpaar

Petrarca-Meister: Kartenspielende Bauern im Wirtshaus

reit waren, auf die Seite der Bauern zu treten. Ich erinnere nicht nur an Götz von Berlichingen oder Florian Geyer, sondern auch an die vielen Ritter, die sich in allen Landschaften zu den Aufständischen, wenn auch unter Druck, schlugen. Ein besonders wichtiger Anschluß war der von Friedrich von Greiffenklau im Rheingau. Aber auch schon im 15. Jahrhundert erwählten sich, wie wir schon hörten, Bauern in den Streitigkeiten mit dem Fürstabt von Kempten als Schutzvögte zunächst den Grafen von Montfort und dann den Freiherrn von Freyberg.

Dazu kam noch ein zweites, was die Entstehung von Streitigkeiten zwischen Herren und Bauern begünstigte. Solange Ritter und Bauern, Herren wie Knechte, geistliche wie weltliche Herren in gleicher Weise an der Unerschütterlichkeit des von Gott gegebenen und immer wieder geschützten, unveränderlichen alten Rechtes im Glauben festhielten, blieb für solche Differenzen, wie sie immer einmal vorkamen, nur ein verhältnismäßig kleiner Raum. Denn man konnte ein Recht zwar übertragen, verschenken, verleihen oder verkaufen, aber nicht abändern. Das verschenkte Ackerland behielt seinen rechtlichen Charakter, die darauf liegenden Abgaben wurden vom Wechsel des Besitzers nicht berührt. Ebenso blieb die Rechtslage eines verkauften untertänigen Bauern dieselbe unter dem neuen Herren. Ein Streit konnte eigentlich nur darum gehen, was gutes altes Recht gewesen sei und ob dieses noch eingehalten werde. Als dieser Glaube an das alte Recht aber wankte, als man von den Landesherren aus römisches Recht an die Stelle des altererbten zu setzen suchte, und als man von seiten der Bürger und Bauern anfing, das bestehende Recht zu kritisieren, so

H. S. Beham: *Bäuerlicher Brautzug und Kirchweihbetrieb*

wie schon der Sachsenspiegel die Rechtmäßigkeit der Leibeigenschaft àngegriffen hatte, da waren für einen solchen Streit ganz andere Ausmaße, ganz neue Räume gegeben, und da war es auch ganz selbstverständlich, daß sich die Bauern mit ganz anderer Intensität gegen neues Recht, gegen das Verwerfen des »guten alten Rechts« zur Wehr setzten. Dieser Fall trat etwa um 1500 in breiteren Kreisen ein.

Hält man sich nun diesen Gegensatz vor Augen: auf der einen Seite die auf Erhaltung ihrer ererbten rechtlichen und wirtschaftlichen Lage bedachten Bauern, auf der anderen Seite die schon aus Rivalitäts-Gründen mit anderen Staaten um die Ausgestaltung ihres Länderstaates bemühten Fürsten, so war nichts anderes als der Ausbruch heftigster Auseinandersetzungen oder der offene Krieg zwischen beiden Kräften zu erwarten. Denn wenn eine große, angesehene und teilweise recht wohlhabende soziale Gruppe auf deutliche Tendenzen stößt, ihre Lage im Interesse des Ausbaues und der Macht-

Flugblatt mit Bauernregeln

erweiterung eines Staates, an dessen Stärkung sie nur wenig interessiert ist, nieder-
zudrücken, so muß und wird sie sich immer heftig zur Wehr setzen. Und umgekehrt
wird man von einem sich konsolidierenden Staate, der unter seinen eigenen Untertanen auf Tendenzen stößt, die seinem Wachstumsstreben entgegenstehen, annehmen müssen, daß er versuchen wird, die Kraft dieses ihm entgegenstehenden Willens zu brechen. So zeigt es sich, daß der Bauernkrieg von 1525 nicht als das willkür-
liche Werk einzelner Gruppen angesehen werden darf, sondern als eine aus der
gesamten inneren Situation Deutschlands um 1525 unvermeidlich entstandene Auseinandersetzung.
Somit wird auch deutlich, daß dieser Kampf nicht als ein rein wirtschaftlicher betrachtet
werden kann. Denn man streitet um die in den Artikeln aufgeführten bäuerlichen
Einzelrechte nicht nur aus wirtschaftlichen, sondern mehr noch aus politischen Grün-

Seite 32 bis 34: Ländliche Arbeiten. Aus dem Straßburger »Vergil«

den. Auf der einen Seite steht der Wille zum Ausbau der entstehenden Landesstaaten und ihrer Macht, auf der anderen Seite aber der Wille, einen kräftigen Bauernstand, der im Lauf der Jahrhunderte eine gewisse eigene und gesicherte Stellung für den einzelnen und für die Landgemeinden errungen hatte, zu erhalten. Es ist also eine Verteidigung der Bauern gegen politische Bestrebungen der Fürsten und Herren. Da diese über die Wege der Wirtschaft sich durchzusetzen suchen, muß der Kampf auch auf diesem Gebiet ausgetragen werden.

In manchen Ländern, besonders in Tirol, Kärnten und Salzburg, aber auch im Rheingau ist der politische Charakter des Kampfes klar zu erkennen. Wir werden darüber noch zu sprechen haben. Aber auch sonst zeichnet sich vielerorts der politische Charakter der Vorgänge deutlich ab. Von den von Friedrich Weygandt und Wendel Hipler vorgelegten Plänen einer Reichsreform mit Hilfe des Bauernkrieges wollen wir absehen, da hier, wie man ja oft betont hat, bürgerliche Pläne den Bauern zugeschoben oder mit ihrer Kraft durchgesetzt werden sollten. Aber das sind keineswegs die einzigen Ansätze zu einem Neuaufbau des ganzen staatlichen Lebens in Deutschland im und durch den Bauernkrieg, und zwar stammen diese anderen Pläne unmittelbar von den Bauern selbst, bezeugen also viel mehr für diese selbst. So hat die Christliche Vereinigung von Oberschwaben, d. h. die Vereinigung des Seehaufens, des Baltringer und des Allgäuer Haufens, am 24. April 1524 eine »Neue Ordnung« aufgerichtet, die eine vollständige Organisation für die hier zusammengeschlossenen Bauern schuf. Sie war zwar sicherlich zunächst für die Zeiten der Auseinandersetzung und Kämpfe bestimmt, aber sie zielte deutlich in vielen Bestimmungen darüber hinaus. Die eigentliche Macht im Lande sollte den wohlorganisierten Bauern gehören[11]. Die Organisationsversuche der Elsässer Haufen[12] vom Anfang Mai, die Vorschläge des Markgräflerlandes zur selben Zeit[13], des Bildhäuser Haufens vom 24. April 1525[14] oder des Ichtershäuser Haufens[15] sind weniger ausgearbeitet, inhaltlich aber sehr ähnlich; sie stammen, soweit wir wissen, unmittelbar aus dem Kreis der Bauern.

Auch die Ende Mai 1525 in Würzburg versammelten Bauern sahen es als ihre dringende Aufgabe an, »wiederum eine Obrigkeit aufzurichten«, und beriefen einen Landtag nach Schweinfurt, auf dem Städte und Dörfer darüber beraten sollten. Aber es kam nicht mehr dazu. Denn ab Ende Mai überstürzten sich die Ereignisse.

Die Pläne des Taubertaler Haufens und die Amorbacher Verhandlungen können nur teilweise als eigentlich bäuerliche Sache betrachtet werden. Sie waren schon über diesen Kreis hinausgewachsen, entbehrten jedoch einer genügenden Grundlage. Auch die im Nachlaß des Predigers Balthasar Hubmayer gefundenen Entwürfe für eine politische Neugestaltung Deutschlands[15a] sind zwar sein eigenes Werk und Ausdruck seiner persönlichen Ansichten. Aber sie sind aus dem Schwarzwälder Artikelbrief[15b] erwachsen, der seine Herkunft aus bäuerlichen Kreisen nicht verleugnet und schon Keime einer weiteren Ausgestaltung der bäuerlichen Haufen zu einer Volksorganisation enthält. Von alledem ist uns oft nur recht zufällig Nachricht erhalten, einen systematischen Bericht über alle diese Bestrebungen und Ansätze einer organisatorischen Durchführung dieser Pläne haben wir nicht. Wahrscheinlich wären diese zerstreuten Berichte

Unbekannter Meister: Getreideernte

durch manche anderen zu ergänzen, wenn unsere Quellen in diesem Punkte ergiebiger wären. Jedenfalls wird aber auch aus unseren verhältnismäßig spärlichen Berichten schon deutlich, daß ein über die Einzelheiten der Beschwerden weit hinausgehender politischer Wille zur Neugestaltung Deutschlands am Werk war. Vielleicht bestand die Absicht, angesichts der Verwirrung, die der Aufstand so großer Massen von Bauern und die schwankende Haltung der Städte hervorzubringen drohte, zunächst einmal eine »Neue Ordnung« als Notgebäude zu errichten, vorbehaltlich einer unumgänglichen endgültigen Formung. Das wissen wir nicht. Aber ein politischer Formungswille erscheint durchaus als maßgebender Faktor.

Zu demselben Ergebnis gelangt man, wenn man sieht, welche Rolle die Bauerngemeinde und ihre Rechte in den Kämpfen von 1525 gespielt haben. Am deutlichsten wird das im Rheingau. Denn hier war die Landgemeinde nicht nur Trägerin des Aufstandes und Partnerin der erzbischöflichen Regierung bei den Verhandlungen, sondern ihr wären auch die Früchte dieses Ringens zum großen Teil zugefallen. Denn das Vermögen der säkularisierten Klöster sollte in Zukunft der Landgemeinde gehören. Grundherren und Bauernschaft waren doch von jeher Gegner in der Geschichte der Landschaft, so daß der Wegfall des einen das Gewicht des anderen sehr stark erhöht hätte. Als man nach dem Einmarsch des siegreichen Schwäbischen Bundes unter Frowin von Hutten daran ging, das Leben des Rheingaus neu zu gestalten, war es daher das Erste und Wichtigste, nicht nur alle 1525 errungenen Rechte, sondern auch alle alten Privilegien der Landsgemeinden, die sie jahrhundertelang, wie wir wissen, erfolgreich behauptet hatten, zu annullieren. Man sieht gerade hier besonders deutlich: es geht um die Stellung der Bauern und ihrer Gemeinden, die mit Städtern zu Landsgemeinden zusammenschmelzen konnten, wie es gerade im Rheingau vorgelebt wird. Ähnliches läßt sich aus den Auseinandersetzungen und Streitigkeiten in der Landgrafschaft Stühlingen, in der Grafschaft Hauenstein und im Elsaß klar erkennen. Auch hier ist die

Landsgemeinde Trägerin der Bewegung, die an vielen Orten entstand, aber überall die Sicherung und Hebung der Rechte der Bauern, getragen von den Bauerngemeinden in einer gewissen Selbstverwaltung, zum Gegenstand ihres Willens macht[16]. Die Bedeutsamkeit der Landsgemeinden und ihrer Rechte erhellt vollends deutlich aus den Maßnahmen der Fürsten und Herren nach ihrem Sieg über die Bauern. Ebenso wie wir Frowin von Hutten im Rheingau alle Freiheiten und Privilegien kassieren sehen, so zieht auch Kurfürst Ludwig von der Pfalz nach dem Siege durch sein Land und fordert überall den Verzicht auf die den einzelnen Städten und Gemeinden kürzlich durch Verträge zugestandenen Privilegien und Freiheiten, aber darüber hinaus auch auf alle Privilegien und Freiheiten, in deren Besitz die Gemeinden und Städte oft schon jahrzehnte- und jahrhundertelang waren[17]. Das gleiche läßt sich im Kurfürstentum Trier[18], auf der Reichenau, im Hanauischen Amt Buchsweiler, in Limburg a. d. Lahn und im Amt Bischofsheim feststellen. Die Privilegien der ländlichen und städtischen Gemeinden traten hier ganz in den Vordergrund. Man sah, daß es dem Sieger auf diese ankam.

Es bestätigt sich also auch von dieser Seite her, daß die Bauern um die Stellung ihrer Gemeinden im öffentlichen Leben und damit auch um ihre eigene Position kämpfen. Die Einzelfragen, die immer wieder auftauchen, sollen in der Hauptsache der Gesamtstellung der Bauern und ihrer Gemeinden dienen. Das ergibt eine andere Beurteilung der Kämpfe von 1525, als wir es gewohnt sind.

Petrarca-Meister: Heuernte

Bei diesem Überblick über die Ursachen, welche die Bauernunruhen auslösen, wird aber auch deutlich, daß alle diese Auseinandersetzungen einschließlich der ersten des Jahres 1525 noch gewaltlosen Charakter haben. Lösungen werden zunächst friedlich-schiedlich gefunden und meistens vertraglich festgelegt. Beschwerden über einzelne Punkte bringt man schriftlich nur dort vor, wo man mit Entgegenkommen rechnet, nicht aber dort, wo man im Begriff ist loszuschlagen, sondern wo zunächst von Verhandlungen etwas zu erhoffen ist. Besonders in Zeiten, in denen man nicht gern viel schreibt, faßte man solche Beschwerdebriefe wohl doch nur ab, wenn man sich etwas davon versprechen konnte.

Um den Charakter der ersten Unruhen erfassen zu können, ist es daher wichtig, sich die allenthalben in Deutschland sich sammelnden Bauernhaufen, wie unsere Quellen sie zumeist nennen, etwas näher anzusehen und vor allem festzustellen, welches die dahinter stehende Absicht ist, der diese »Haufen« dienen sollen. Denn das wird für die Beurteilung des Bauernkrieges und seiner Entstehung von Wichtigkeit sein.

Zunächst darf uns das Wort Haufe nicht irreführen. Denn was damit bezeichnet wird, sind keine wild zusammengelaufenen Ansammlungen im Sinne von beliebig zusammenströmenden Menschenmassen, und ebensowenig gilt das für die 1525 gern gebrauchte Bezeichnung »heller Haufen«. Der Haufe ist eine bewußte, auf ein Ziel gerichtete, bald auch organisierte Zusammenziehung von Menschen. Da diese Vereinigungen fast stets über den Kreis des einzelnen Dorfes hinausgingen, war der Begriff der Gemeinde auf sie nicht anwendbar. Aber der Haufe steht seinem Zweck nach der »Gemeinde« nahe, nur ist er umfassender. Der alten Schweizer Landsgemeinde verwandt, ist der Haufe die Organisation, welche die Auseinandersetzungen mit dem Herren tragen soll, wenn der Kreis über die einzelne Dorfgemeinde hinausgeht. Ob diese Auseinandersetzung friedlich oder kämpferisch verlaufen wird, weiß der zusammenkommende Haufe selbst noch nicht. Das kann darum sein Gesicht nicht bestimmen. Aber wohl stets ist er dazu geschaffen, in Zukunft Organisation des Volkslebens zu werden oder zu bleiben, wie die Ansätze zu einer Organisation des Volkslebens, die wir kennengelernt haben, beweisen. Beides waren auch die Funktionen der älteren Landsgemeinden, wie wir sie z. B. im Rheingau kennengelernt haben, und beides waren auch die Schweizer Landsgemeinden, zu denen der Blick der aufständischen Bauern im Südwesten schon seit Beginn des 16. Jahrhunderts immer wieder hinüberschweift.

Es wäre auch falsch, in den Haufen der Bauern eine kriegerische Organisation des Aufstandes und des Kampfes mit den Waffen zu sehen. Sie sollten Bestand haben auch in künftigen friedlichen Tagen. Jedenfalls zu Beginn der Unruhen hatten sie durchaus noch keinen kriegerischen Charakter. Die Bauern wollten, als sie sich zuerst sammelten, nicht Gewalt gebrauchen. Gewiß, sie rotteten sich zusammen, aber nicht zum Kampf, sondern um ihre Forderungen nachdrücklicher vertreten zu können. Die Zusammenrottung in den Haufen ist demnach als eine Demonstration zur Durchsetzung ihrer Forderungen zu betrachten. Solche Versuche waren nichts Neues. Gewiß: es waren Demonstrationen bewaffneter Männer. Aber das ist noch kein Beweis für

Lucas van Leyden: Hirt und Melkerin

eine Entschlossenheit zu einem Kampf auf Leben und Tod. Denn Bauern kamen damals stets bewaffnet zusammen. Die Fürsten und Herren hatten selbst für ihre Bewaffnung Sorge getragen, um über eine schlagfertige Landwehr und einen Schutz für das Land in der allgemeinen Unsicherheit des ganzen Lebens verfügen zu können. Daß die große Demonstration der Bauern von 1525 bewaffnet stattfand, ist also kein Beweis für einen kriegerischen Charakter ihrer Absichten. Der Schwarzwälder Artikelbrief[19], der einen großen Einfluß gehabt hat, sagt, die Christliche Vereinigung wolle sich von den bedrückenden Lasten befreien. Das solle aber, soweit als möglich, *ohne Schwertschlag und Blutvergießen* geschehen. Hier haben wir also ein ganz klares Selbstzeugnis der Bauern an wichtiger Stelle vor uns. Ebenso erklärte der Führer des Baltringer Haufens, Ulrich Schmid von Sulmingen, einer Gesandtschaft des Schwäbischen Bundes mit allem Nachdruck, so wie es der Wichtigkeit dieser Begegnung entsprach: ihr Ziel sei *nicht* der Aufruhr, nur ihrer Beschwerden wollten sie ledig sein[20]. Aber auch die Kemptener Bauern, die sich an der Leubas unter Jörg Schmid, genannt Knopf, versammelten, dachten an keine Empörung, wie sie ausdrücklich erklärten, sondern sie wollten vor dem Schwäbischen Bund Klage erheben gegen ihren Herrn, den Fürstabt von Kempten, und wollten nur dieser Klage durch die demonstrative Zusammenkunft an dem gewohnten Versammlungsort Nachdruck verleihen[21]. Auch in den Allgäuer Artikeln vom 24. Februar 1525 heißt es: Wer Aufruhr mache in den Dörfern und anderswo, dem solle der Nächstbeste Frieden gebieten; und wenn er nicht Frieden halte, so solle man zugreifen und ihn am Leibe strafen. Ja es wird dort über das Allgemeingültige hinaus angefügt: »und es soll sich niemand mit anderen zu Rotten und Haufen zusammentun«[22]. Denselben Charakter trägt das Schreiben, in dem »die christliche Vereinigung der Landart im Allgäu« Erzherzog Ferdinand von Österreich ihre Gründung anzeigt. Das Schreiben beteuert, daß die Christliche Vereinigung nur »dem Allmächtigen zu Lobe, dem heiligen Evangelium und Gottesworte zu Förderung, dem göttlichen Rechte zu Beistand und zu Mehrung des gemeinen Landfriedens den der Allmächtige auf Erden erlassen, auch wegen brüderlicher Liebe entstanden sei, niemandem Gewalt antue, sondern geistlicher und weltlicher Obrigkeit alles, wozu sie das göttliche Recht verbinde, leisten, ihm und allen ihren Herren, wenn jemand ihnen wider das göttliche Recht Gewalt zufüge, mit Leib und Gut helfen wolle, und ihm später ihre Beschwerden überreichen werde«[23].

Was wir eben ausgeführt haben, bezieht sich nicht auf Ausnahmesituationen des Bauernkrieges, denn auch die 12 Artikel, die im Vordergrund des Kampfes standen, offenbaren dieselbe unkriegerische Denkungsweise, so z. B. am Schluß, wo erklärt wird,

A. Dürer: Drei Bauern

Barthel Beham: Bauer   Barthel Beham: Bäuerin

man wolle von jedem Artikel abstehen, von dem sich erweisen lasse, daß er der Heiligen Schrift zuwiderlaufe[24]. Wenn das ausdrücklich an zentraler Stelle steht, kann die Bewegung zunächst nur einen gewaltlosen Charakter gehabt haben. Die zusammenströmenden Haufen der Bauern sind demnach nur als Demonstrationen zur Durchsetzung bestimmter Forderungen anzusehen. Solche Auseinandersetzungen um bestimmte Forderungen der Bauern, um Frondienste, Abgaben und Anrechte an Wald oder Weide usw. hatten ja auch früher stattgefunden, und fast alle Weistümer sind Abschlußverträge von Verhandlungen. Neu ist nur das Zusammentreten zu Demonstrationen, und zwar nicht nur von Bauern vereinzelter Dörfer, sondern nun ganzer Täler oder Landschaften.

Erst im Verlauf des Bauernkrieges von 1525 ist das anders geworden, und wir werden den Ursachen dieser Wandlung noch nachzugehen haben. Der äußerste Gegenpol zu den ursprünglich gewaltlosen Forderungen der Bauern ist etwa Thomas Müntzers bekannter Aufruf an die Bergknappen. Doch bis dahin ist ein weiter Weg, und es liegt kein Grund vor, solcher späteren Entwicklungen wegen an dem gewaltlosen Charakter des Bauernkrieges in seinen Anfängen, den wir durch den Vergleich mit Demonstrationen deutlich zu machen suchten, zu zweifeln. Das ist für die Beurteilung des ganzen Bauernkrieges entscheidend. Die Ereignisse von 1525 sind also nur als der Schlußakt eines Versuchs von Bauerngruppen anzusehen, durch eine Auseinandersetzung mit ihren Herren über einzelne Fragen ohne Anwendung von Waffengewalt ins reine zu kommen, ein Versuch, der sich in nächster Nachbarschaft zu den schon erwähnten Weistümern befindet, die ein jahrhundertelanges, zähes, aber unblutiges und stilles Ringen um die Einzelheiten eines erträglichen Verhältnisses zwischen Herr und Bauer bezeugen. Auch hier hören wir gelegentlich einmal von Demonstrationen, die an die Bauernhaufen von 1525 denken lassen. Ja manchenorts lassen sich die Zwistigkeiten von 1525 als eine direkte Fortsetzung der in den Weistümern zutage tretenden Konflikte erweisen. So berufen sich die 24 Artikel der Salzburger Bauern von 1525 ausdrücklich auf die Beschwerden der dortigen Bauern von 1462. Im Rheingau weisen die Artikel von 1525 noch weiter zurück. Denn sie zeigen eine deutliche Verwandtschaft mit dem Rheingauer Weistum von 1324, das als die Grundlage der Freiheit der dortigen Landsgemeinde galt. Gleicherweise stammen die Beschwerden der Hauensteiner Bauern gegen St. Blasien oder die der Untertanen der Herrschaft Triberg und des Klosters St. Peter im Schwarzwald gegen ihre Herrschaften bereits aus dem 14. Jahrhundert. In derselben Weise, wie man, wie wir hier sahen, jahrhundertelang gekämpft hatte, wollte man ursprünglich auch im Jahre 1525 vorgehen, wenn auch oft in etwas größerem Rahmen und mit größerer Energie, die aber am Charakter des Ganzen nichts ändern.

War also der Bauernkrieg seiner Entstehung nach ein Ringen um Klärung und Verbesserung der Stellung der Bauern zu ihrer jeweiligen Herrschaft, so entwickelte er sich überall dort, wo diese Herrschaft, einerlei, ob es sich um ein weltliches Fürstentum, eine größere Grafschaft, ein Bistum oder ein Kloster handelte, sich bemühte, einen Territorialstaat aus der Vielfalt ihrer Herrschaftsrechte zu schaffen, wie das um 1500 häufig der Fall war, zum Kampf der Bauern gegen dieses Bestreben. Das mußte dem Ganzen einen veränderten, intensiveren Charakter geben und verschärfte natürlich den Kampfwillen auf der Seite der Herren. Damit rücken die Feindseligkeiten von 1525 in die unmittelbare Nähe des Freiheitskampfes der Schweizer. Hier wie dort stehen Landsgemeinden im Kampf gegen das erstarkende Landesfürstentum, das die Bauern in eine straffere Untertänigkeit bringen will. Auf beiden Seiten schließt man sich zusammen, hier in der Eidgenossenschaft, dort in der Christlichen Vereinigung, die nichts anderes als eine Eidgenossenschaft darstellt. Auch die Schweizer wollten ja nur ihr altes gutes Recht wahren, wie sie das immer wieder betonten, und zögerten lange, gegen ihre Herren zu den Waffen zu greifen. So war die Lage der Schweizer und der südwestdeutschen Bauern durchaus verwandt.

Bei näherem Zusehen zeigt es sich also, daß der Kampf von 1525 eine Verteidigung der Bauern und Bürger gegen ein politisches Machtstreben der werdenden Landesfürsten und der mit ihnen zusammenstehenden Herrschaften darstellt, ein Kampf, der über die Wege der Wirtschaft und sozialer Fragen in den Bereich der Politik vorzudringen drohte. Nicht nur in Tirol, Kärnten oder Salzburg, sondern in zahlreichen deutschen Landschaften zeichnete es sich mit aller Deutlichkeit ab, wohin die Entwicklung ging, und hier liegt auch die Erklärung dafür, daß sich zwangsläufig die Reformpläne der Bauern mit denen bürgerlicher Schichten treffen mußten. So drängte alles auf einen Kampf großen Ausmaßes hin, der sich allerdings unter den tatsächlichen Machtverhältnissen in der Kürze der Zeit nicht so entfalten konnte, wie die Aufständischen zunächst erhoffen mochten und wie es den Wünschen und Vorstellungen weiter Kreise über die Bauern hinaus entsprochen hätte.

Was die Spärlichkeit der erhaltenen unmittelbaren Zeugnisse für einen umfassenden politischen Willen anlangt, so ist dazu noch zu sagen: die geschlagenen Bauern hatten natürlich alles Interesse daran, solche Zeugnisse nach Möglichkeit zu vernichten, um sie nicht in die Hände der Sieger kommen zu lassen. Umgekehrt mußte den Herren daran gelegen sein, die auf eine Neugestaltung des ganzen politischen Lebens drängenden Reformpläne der Bauern und ihrer Bundesgenossen zu unterdrücken oder wenigstens als unbedeutend und eng erscheinen zu lassen. Es kann aber als sicher gelten,

Unbekannter Meister: Aufständischer Bauer

daß das Bild eines beschränkten Gesichtskreises und das Fehlen einer großen Linie, das sich bei dem flüchtigen Blick auf die Programme und die verwandten Schriften zeigt, nicht der ganzen Wahrheit entspricht.

Wir haben immer wieder betont, daß die sogenannten »Haufen«, in denen 1525 die Bauern organisiert auftreten, ursprünglich auf Verhandlungen eingestellt waren und friedliche Absichten verfolgten, bei denen es letzten Endes um die größere Freiheit und Gestaltung eines neuen deutschen staatlichen Lebens unter nachdrücklicher Beteiligung der Landsgemeinden ging. »Frei sein wie die Schweizer« — dieses Wort geht 1525 allenthalben um, mehr noch als zu Zeiten des Bundschuhs, ohne daß es allerdings zu der zeitweilig erhofften Waffenbrüderschaft mit den Eidgenossen gekommen wäre. Immerhin waren die Haufen — das Wort hatte damals keineswegs den herabsetzenden Sinn wie heute — auch als Organisation gedacht, die notfalls im Kampf eingesetzt werden sollten. Damit erhebt sich unwillkürlich die Frage, wie erklärt es sich, daß die Heere der Bauern, wenn sie auf die Truppen des Schwäbischen Bundes stießen, meist kaum einen nennenswerten Widerstand geleistet haben, sondern sehr bald die Flucht ergriffen? Sie waren doch bewaffnet und oft zahlenmäßig dem Gegner überlegen, nicht selten hatten sie sogar Geschütz. Zunächst fällt ins Gewicht: sie hatten keine gepanzerten Reiter, die sich mit den Rittern hätten messen können. Darum wählten sie oft

Stellungen am Rand eines Riedes, so daß von dieser Seite aus der Gegner seine Reiterei nicht verwenden konnte. Dazu kommen aber noch ganz andere Gründe. Von der Schlacht bei Frankenhausen hören wir, daß die Bauern felsenfest glaubten, daß Gott ihnen helfen und die Reisigen der Fürsten schnell zerstreuen werde. Als das nicht geschah, verloren sie den Mut. Soll eine Truppe aber wirksamen Widerstand mit der Waffe leisten, so muß sie schon lange auf die Schlacht und alle ihre Gefahren und Situationen vorbereitet sein. Das waren die Bauern aber nicht. Erschwerend kam noch hinzu, daß sie auch in den Generationen ihrer Väter und Großväter nie in Schlachten gekämpft hatten, ihnen also weder Angriffsgeist noch die Kraft des Widerstehens vererbt war, wie sie in Kampfhandlungen erforderlich sind. Das alles wirkte zusammen, um den unheilvollen Ausgang herbeizuführen und dem an kriegerischer Erfahrung weit überlegenen Gegner einen raschen Sieg zu ermöglichen.

Mit den bisherigen Ausführungen ist der deutsche Bauernkrieg von 1525 noch keineswegs hinreichend charakterisiert. Er weist eine viel größere Werbekraft und Aktionsmöglichkeit auf als alle früheren bäuerlichen Bewegungen und weicht im Ton aller Verlautbarungen und in der ganzen Haltung deutlich von den in den verflossenen Jahrhunderten ständig sich wiederholenden Auseinandersetzungen der Bauern mit ihren Herren ab. Und zwar ist es der religiöse Ton der Schriftstücke und Äußerungen, der den Bauernkrieg von den früheren Bewegungen deutlich unterscheidet. Aus diesem Grundton ergibt sich eine überraschende, religiös fundierte Kampfesenergie. Und noch eines: nahezu als Fremdkörper finden sich in der überwiegend realistisch-alltäglichen Gedankenwelt dieser Bauern ideelle Elemente mit weiter ausgreifendem Horizont. Sie lassen auf den Einfluß fremder intellektueller Kreise schließen, werden aber von den Bauern völlig als ihr Eigentum in Anspruch genommen und bleiben für ihr Denken und Tun weithin maßgebend. Auf diesen Befund müssen wir eingehen, ehe wir uns dem Krieg von 1525 selbst zuwenden. Er kann nicht nur von wirtschaftlichen Tatsachen aus verstanden werden, sondern ebenso wichtig ist die Kenntnis der eigentümlich religiösen und geistigen Welt der Bauern, und zwar speziell ihrer Führer.

Überall in Deutschland herrschte damals die Überzeugung, daß der bestehende Zustand geändert werden müsse. Bestand doch ein kaum verdecktes Chaos, ein Kampf aller Gewalten gegeneinander: des Kaisers gegen die Fürsten, der Fürsten und Herren gegeneinander, der Städte gegen die Fürsten, der einzelnen Stände gegen die anderen, der Reichsstädte, der Reichsritter und nun auch der Bauern gegen die Fürsten und Herren. Die Landesfürsten suchten mit allem Ernst, diesem Zustand ein Ende zu machen durch Steigerung ihrer Macht. Die Kaiser versuchten ihn zu ändern zu ihren Gunsten, aber ohne durchgreifenden Erfolg. In diesen Wirren stand nun ein politischer Wille auf, der an keine bestimmte ständische Gruppe gebunden war, doch seine meisten Anhänger im Bürgertum hatte, obwohl auch Ritter sich zu den Bürgern gesellten. Jedenfalls waren es intellektuelle Elemente, Gebildete, die Pläne für eine Neugestaltung Deutschlands entwickelten. Und zwar sah man in diesen Kreisen, je länger es dauerte, um so mehr die Notwendigkeit einer gewaltsamen Umwälzung, ohne daß man auf eine bestimmte, real greifbare Macht hätte hinweisen können, die diese

A. Dürer: *Spaziergang eines vornehmen Paars (hinter dem Baum der lauernde Tod)*

Chienach volget die Reformacion/So d aller durch-
leüchtigist großmechtigist fürst vn herr / herr Sigmund
Römischer keyser zu allē zeitē merer des reychs zu Vn-
gern vn Beheim ꝛc. Künig/ Jn de nächstē Cöcilien zu
Basel/ die häilig cristelich kirchē in beständige ordnung
zu bringē fürgenomē hett/darüb dan dz vmelt cöciliū d
zeyt angesehē/ Vn darzu Babst/Keyser all geistlich vn
weltlich/Kürfürstē/fürstē Grafen/freyē/herrē/ Ritē
vn Stett berufft wurde ꝛc. wie die selb reformaciō vō
wort zu wortē eigēlicher hienach volget. Anfahende

Lmechtiger got schöpffer hym=
els vnd des erdtreychs/gib krafft
vnd thu genad/gib weißheyt zu
volbringen nach der aller seligstē
ordnung zu haben geystlichs vnd
weltlichs standes in der dein hey
liger name vn gotheyt bekennet werd/wān den zorn
ist offen/dein vngenad hat vns begriffen/wir geen als
dye schoff on eynen hyrten. O herre wir geen in deyn
wayde on vrlaub. Gehorsamkeyt ist tod/gerechti keyt
leydet not/nicht stett in seiner rechtē ordnung. Deutat
ab ordine totu quod mouetur/labitur exoritur viribus
doletur. Hirumb vnderzeücht vns got sein genad vnd
pillich wann wir übersehen seine gepot. wän was es
gepoten hat das wirt leichtigklich gehalten on alle ge
rechtikeyt/Aber eins sol man wissen dz es mit mer wol
geen mag man habe dan ein rechte ordnung des geyst

Rechts:
Erstes Blatt der gedruckten
»Reformation Kaiser
Sigmunds«

Links:
Petrarca-Meister:
Das Schicksalsrad

revolutionäre Aufgabe zu lösen imstande war. Der eine hoffte auf die Reichsstädte, der andere auf die Reichsritterschaft. Aber je klarer der einzelne sah, desto geringer wurde die Hoffnung auf eine der beiden Gruppen. So blieb diesen bürgerlichen revolutionären Theoretikern und Schriftstellern meist nur die etwas vage Hoffnung auf den gemeinen Mann, den armen Mann, den Bauern. Sie wandten sich in ihren Schriften nicht an den gemeinen Mann. Denn der Bauer konnte zumeist nicht lesen. So wurden die oft sehr umfangreichen Flugschriften nicht für den Bauern verfaßt. Aber sie redeten von dem Bauern und seiner Not, und sie hofften, daß der »gemeine Mann« losschlagen werde, daß der erträumte Volkskaiser Friedrich sich auf den Bauern werde stützen können. Das war also keine unmittelbare Aufforderung zum Aufstand. Aber indirekt wirkten solche Schriften doch. Vermittler gab es genug.
Vor allem die Prediger, welche, wie wir sehen werden — noch ohne Trennung von der alten Kirche — die geistigen Führer der Bauern von 1525 waren, lasen diese Schriften und gaben ihren Inhalt an die Bauern weiter, oft wohl in vergröberter Form. So drang

das geistige Gut dieser bürgerlichen revolutionären Schriften auch in die bäuerliche Welt ein und fand dort einen fruchtbaren Boden. Vieles zwar, wie Fragen der Organisation des Reiches, lag dem gemeinen Mann fern, aber anderes, die Hoffnung auf den Aufstand der »armen Leute«, wirkte. Das läßt sich nachweisen. Denn in den 12 Artikeln der Bauern von 1525 und in den Reformvorschlägen, die Führer der Bauern in Amorbach und Heilbronn u. a. für die Bauern schufen, finden sich viele Anklänge an diese bürgerliche revolutionäre Literatur.

In der Hauptsache waren es fünf solcher Schriften, die auf die Bauern oder auf ihre Führer eine Wirkung hatten. Die älteste und bekannteste ist die »Reformation Kaiser Sigmunds« aus dem Jahr 1439. Dann folgt die angebliche »Reformation Kaiser Friedrichs III.« aus dem Jahre 1441, der sogenannte »Oberrheinische Revolutionär«, der 1498—1510 geschrieben wurde, 1521 »Der neue Karsthans«, als dessen Verfasser man den elsässischen Geistlichen Martin Butzer, einen Anhänger Martin Luthers, erkannt hat, und als letzter Eberlin von Günzburg mit seiner Schrift »Die 15 Bundesgenossen«. Trotz ihrer Zusammengehörigkeit sind diese Schriften untereinander doch sehr verschieden.

Die »Reformation Kaiser Sigmunds« stammt aus dem Kreis der Reichsstädte und wendet sich zunächst an diese. Aber sie spricht es in immer neuen Variationen aus: versagen sich die Städte, so werden die Kleinen aufstehen: »Der Schatz aller Gerechtigkeit ist vielleicht den kleinen Leuten behalten.« Die Ziele, die der Verfasser verficht, sind nicht phantastisch, sondern haben Hand und Fuß. Uns interessieren zunächst seine Forderungen für die Bauern. Mit Nachdruck und großer Beredsamkeit wendet er sich gegen die Leibeigenschaft, und zwar von dem Gedanken aus, daß alle Menschen durch Christi Opfertod in gleicher Weise frei seien. Hier bekommt seine Schrift schon einen ernsten Nachdruck. »Wenn man aber solches leidet und nicht wendet, obwohl es wohl gewendet werden könnte, so besteht dagegen kein Mittel: wir gehen mit in die Hölle.« Besonders scharf aber wendet er sich gegen die Leibherrschaft in geistlicher Hand. Solche Klöster solle man ganz und gar zerstören. Zinsen und Steuern will er nicht radikal verwerfen, aber er wendet sich gegen ihre Häufung und die Überbelastung der Bauern. Das Bannen des Waldes, das ihn der Nutzung durch die Bauern entzieht, will er nur für Gebirgswälder und andere Großforsten gelten lassen. Dagegen lehnt er das Bannen der Gewässer ganz ab.

Doch die Reform, die der Verfasser anstrebt, geht weit über die Welt des Bauern hinaus. Sie betrifft ganz Deutschland. Alle geistlichen Güter sollen zugunsten des Kaisers säkularisiert werden. Die Reform des Staates soll, im ganzen gesehen, dem Kaiser durch eine neue Lebensordnung neue Macht geben. Vier Reichsvikare sollen ihm zur Seite stehen und für den Landfrieden sorgen. Auch die Ritterschaft soll positiv zu einem solchen Neuaufbau ihr Teil beitragen. Sie wird darum mit allem Nachdruck aufgerufen: »Wann di grossen slafen, so muesent aber die clainen wachen, da es doch ja gen mues.« Eine große Menge Einzelbestimmungen schließt sich an, die eine Reform des Münzwesens, des Rechtswesens, des Ärztewesens u. a. betreffen, doch halten diese Vorschläge sich von aller Radikalität fern. Schärfer klingen aber zwei Be-

Jhefus.

Aber das groffift vngluck deutscher Nation/ift ge
wißlich der zinß kauff/wo der nit weere/muft man/
cher fein feyden/fammet/gulden ftuck/fpecerey/vnnd
allerley prangenn wol vngekaufft laffenn.Er ift nit viel
vbir hundert iar geftanden/vnd hat fchon faft alle für/
ften/ftifft/ftedt/Adel vnd erben in armut/iamer vnnd
vorterben bracht/folt ehr noch hundert Jar ftehenn/
fzo were es nit muglich/das deutfch land einen pfen/
nig behielte/wir muften vns gewifz:ich vntereinander
freffenn/der teuffel hat yhn erdacht/vnnd der Bapft
wehe gethan/mit feinem beftettigen/aller welt. Dar/
vmb bit ich/vnd ruff hie/fehe ein yglicher feine eygen/
feiner kind vnnd erben vorterben an/das yhm nit für
der thur/fzondern fchon ym haufz rumort/vnd thu dar
tzu keyfzer/furften/hern/vnnd ftedt/das der kauff nur
auff fchirft werde vordampt/vnnd hynfurt erweret/
vnangefehen/ob der Bapft vnd all fein recht odder vn
recht dawidder fey/es fein lehen odder ftifft drauff ge/
grundet.Es ift beffer ein leben in einer ftadt/mit red/
lichen erbguttern odder tzinfz geftifft/den hundert auff
den zinfzkauff.Ja ein leben auff dem zinfzkauff/erger
vnnd fchwerer ift/dan zwentzig auff erbguttern.Fur/
war es mufz der zinfzkauff/ein figur vn antzeygen fein/
das die welt mit fchweren funde dem teuffel vorkaufft
fey/das zugleich/zeytlich vnd geyftlich gut vns mufz ge
prechen/noch mercken wir nichts.
Die muft man werlich auch den fuckern/vnd der
gleychen gefellfchafften/ein zawm ynfz maul legen.Wie
ifts muglich/das folt gotlich vnnd recht zugehen/das
bey eynis menfchen leben/folt auff einen haufftenn/fo
groffe kuniglich gutter bracht werdenn? Jch weyfz die
rechnung nit. Aber das vorftehe ich nit/wie man mit
hundert gulden mag des iarifz erwerbenn zwentzig/ia

Jhefus.

ein guld den andern/vnd das allis/nit aufz der erden/
odder von dē filbe/da das gut nit in menfchlicher witz/
fzondern in gottis gebenegeyung ftehet.Jch befilh das
den weltvorftendigē/Jch als ein Theologus/hab nit
mehr dran zuftraffen/den das bofze ergerlich anfehen/
dauon fanct Paulus fagt/Tuttet euch für allen bofen
anfehen odder fcheyn.Das weyfz ich wol/das viel got
licher weere/acker werck mehren/vnd kauffmanfchafft
myndern/vnd die viel beffer thun/die der fchrifft nach
die erdē erbeytten/vnd yhr narüg draufz fuchen/wie zu
vns vnd allen gefagt ift/in Adam/vornaledeyet fey die
erde/wen du drynnenn erbeytift/fie fol dir diftel vnnd
domen tragen/vnd in dem fchweyfz deynis angeficht
foltu effenn dein brot.Es ift noch viel lanndt/das nit
vmbtrieben vnd geehret ift.
Folget nach der mifzprauch freffens vnd fauffens/
dauon wir deutfchen/als einem fondern lafter/nit eiu
gut gefchrey haben/in frembden landen/wilchem mit
predigen hynfurt nymmer zuratten ift/fzo faft es einge
riffen vnd vberhandt genōmen hat.Es were der fchad
am gut das geringft/wenn die folgende lafter/mord/
ehbruch/ftellen/gottis vnehre vnd alle vntugent nit fol
geten.Es mag das weltlich fchwert hie etwas weren/
fonft wirts gehenn/wie Chriftus fagt/das der iungft
tag wirt kummenn/wie ein heymlicher ftrick/wenn fie
werden trincken ynd effen/freyen vnd bawen/barwenn
vnd pflantzen/kauffen vnd vorkauffen/wie es dan itzt
geht/fzo ftarck/das ich furwar hoff/der iungft tag fey
fur der thur/ob man es wol am wenigften gedenckt.
¶ Zu letzt/ift das nit ein yemerlich ding/das wir
Chriften/vnter vns follen haltē freye/gemeyne frawen
heußer/fzo wir feynt alle zur keufcheit getaufft. Jch

Aus Luthers Flugschrift »An den christlichen Adel ...« (Im zweiten Abschnitt Stellungnahme gegen die großen Handelsgesellschaften wie die Fugger und für die Bauern)

stimmungen: die Zünfte sollen beseitigt werden und ebenso alle Handelsgesellschaften, wie die Fugger u. a. Der Ausgangspunkt aller dieser Forderungen ist die Feststellung, daß auf allen genannten Gebieten die Zustände der Gerechtigkeit Gottes zuwiderlaufen. Das aber legt uns allen die Pflicht auf zu ändern, was geändert werden muß. Gerade dieser Grundsatz hat den allergrößten Einfluß auf die Bauernbewegung gehabt. Ohne diesen Satz hätte sie nie eine gewisse Einheitlichkeit über ganz Deutschland hin und nie die große Werbekraft gehabt, wie wir überall an ihr bemerken. Die »Reformation Kaiser Sigmunds« wurde vielmals gedruckt. Wir kennen Ausgaben aus den Jahren 1476, 1480, 1484, 1497, 1520, 1521 und 1522. Auch Luther kannte sie und hat sie wahrscheinlich benutzt in seiner Schrift »An den christlichen Adel deutscher Nation«. Vor allem aber waren es die aufständischen Bauern und Bürger des Bundschuhs mit dieser Schrift vertraut und standen unter ihrem Einfluß. Für die 12 Artikel der Bauern gilt das gleiche.

Kaiser Friderichs Reformation.

Wir Friderich von Gottes Gnaden Rö. König zu allen zeitten mehrer des Reichs/ Hertzog zu Österreich/ zu Steir/ zu Kernten/ und zu Crain/ Graue zu Tirol etc. Embieten allen und ieglichen/ den erwirdigen und hochgebornen unsern und des hailgen Rö. Reichs Curfürsten/ Fürsten/ gaistlichen und weltlichen/ Grauen/ Freien/ Herrn/ dienstleutten/ rittern/ knechten/ burggrauen/ Vögten/ Burgermaistern/ Schulthaissen/ Räthen/ Richteren/ Amptleutten/ Gemainden/ aller und ieglicher stett/ Märckt/ Dörffer/ und alln andern/ in welchen wirden/ stath oder wesen die sind unsern und des heiligen Reichs undertanen und lieben getreuw en/ Unser gnad und alles güt. Seitmalen wir von den genaden Gottes unuerdienter sachen/ zu der wirde des Römischenn Küniglichen gewalts erhöhet und gesetzt seind/ so bedunckt uns wol billich das wir unser pflicht gegen menglichen also beweisen damit man in dem heiligen Reich frids und gemachs säliglichen empfind. Wan wir nun in anbegin unsers Regimets/ auch ietzo nach unser Küniglichen krönung aigentlich und manigfaltiglich underweiset sind und vernomen haben/ das in dem heili. Rö. Reich/ und sunderlich in Teutschen Landen vil unratho gewaltiglich/ Auch ander unzimlicher unnd unehrlicher angriff unnd beschädigung beschehenn seindt/ unnd noch tägliches beschehenn/ mit raub/ mord und brande/ Dauon das heilig Reich (des wir ein mehrer gnant sind) gar schädlichen gemindert/ un vil des Reiches undertthon und getreuwen/ gaistlich und weltlich Personen

H ij

Titelblatt der »Reformation Kaiser Friedrichs«

Dieser Schrift gegenüber tritt die angebliche »Reformation Kaiser Friedrichs III.« an Bedeutung etwas zurück. Sie ist nicht so umfassend. Doch decken sich die meisten Forderungen mit denen der »Reformation Kaiser Sigmunds«. So wird die Säkularisierung des Kirchenguts, die Stärkung der kaiserlichen Macht, die Reform von Zoll und Münze, die Beschränkung der großen Handelshäuser in beiden Schriften gefordert. Die Vorschläge, welche die »Reformation Kaiser Friedrichs III.« für die Gerichtsreform zu machen weiß, gehen weiter als die der erstgenannten Schrift. Dagegen fehlen Einzelbestimmungen über die Lage der Bauern, also über Leibeigenschaft, Abgaben, über die Freiheit von Wald, Wasser und Weide. Wichtiger ist, daß mit besonderem Nachdruck die Besserung der Lage des kleinen Mannes gefordert wird und daß der »gemeine Nutz« als entscheidend in allen Fragen und Streitigkeiten des öffentlichen Lebens gelten müsse. So heißt es: »Und alle Ordnung des Reiches steht darin: daß der arme Mann und der gemeine Nutzen gefördert werde.« Solche Sätze hatten einen gewaltigen Einfluß im Deutschland des 15./16. Jahrhunderts.

Kaiser, Adel und einfaches Volk.
Aus dem Mainzer »Livius«, 1523

Die dritte Schrift, der sogenannte »Oberrheinische Revolutionär«, stimmt mit der »Reformation Kaiser Sigmunds« in den realen Forderungen weitgehend überein, mit dem Unterschied, daß der Verfasser seine Hoffnung für einen Neuaufbau nicht mehr auf die Reichsstädte oder eine andere Machtgruppe setzt, sondern nur noch auf den gemeinen Mann. Um ihn zu fassen, redet er nun eine ganz andere Sprache. Seine Aufrufe sind volkstümlich und revolutionär zugleich, leidenschaftlich seine Klagen über die Belastung der Bauern. Ein gewisser schwärmerischer Zug ist in der Hoffnung auf den kommenden Volkskaiser nicht zu verkennen. Das alles zusammen hat zu der Volkstümlichkeit dieser Schrift viel beigetragen. Dabei ist es eine umfangreiche Schrift, die nicht schnell und leicht zu lesen war, sie umfaßt 400 eng beschriebene Folioseiten. Sie stammt vom Oberrhein, wurde dort 1498 begonnen und 1510 abgeschlossen, gehört also mitten hinein in das Land und die Zeit des Bundschuhs. Sicherlich hat sie ihn stark beeinflußt, wieder nicht in der Weise, daß die Bauern selbst diese Schrift gelesen hätten, sondern daß ihre Prediger und Führer ihnen vieles daraus vermittelten. Der »Oberrheinische Revolutionär« geht vom Naturrecht aus, das einstmals ganz allgemein geherrscht habe und wieder zur Herrschaft gelangen müsse. Nach ihm waren einst alle Menschen frei und hatten alle Dinge gemeinsam. So kommt er zu denselben Forderungen für die Bauern, wie sie die »Reformation Kaiser Sigmunds« aufgestellt hatte: Freiheit der Allmende, Aufhebung der Leibeigenschaft, hier noch vermehrt um die Forderung der Abschaffung auch aller die Leibeigenschaft charakterisierenden Abgaben, wie Sterbfall, Besthaupt etc. Daran schließen sich allgemeine Forderungen, wie die eines Volkskaisertums, das seine Herrschaft einem widerruflichen Mandat des Volkes verdankt, Rechtssicherheit und Säkularisierung des Kirchengutes. Und alles das ist mit Leidenschaftlichkeit vorgetragen. Sie bricht vor allem dort hervor, wo die Schrift sich gegen die weltliche Herrschaft der Geistlichen wendet. Die Hauptaufgabe des neuen Kaisers aber soll es sein, »den Ackersmann zu freien«. Steuern, Zinsen und

Flugschrift von Johann Locher. Bordüre von
Lucas Cranach d. Ä.

Renten sollen nur an den Kaiser gezahlt werden. Abhängigkeiten sollen weiter bestehen bleiben, ohne daß allerdings klar zu ersehen wäre, welcher Art diese sein sollen. Diesen Forderungen gegenüber trägt die Propagierung einer Gütergemeinschaft als Idealzustand einer fernen Vergangenheit und der Zukunft einen recht verschwommenen Charakter. Diese Idee blieb eine bürgerliche romantische Schwärmerei, an der das Bauerntum keinen Anteil hatte und die auf den Bauernkrieg so gut wie gar nicht gewirkt hat. Eine Ausnahme macht Mühlhausen, aber da hören wir von solchen Ideen nur durch Aussagen peinlicher Verhöre, und das ist stets eine schlechte Quelle.

Der »Oberrheinische Revolutionär« rief die Bauern unmittelbar zum Handeln auf, zum Losschlagen mit den Waffen. Er will nicht nur eine Demonstration der Massen der Bauern, sondern ihr blutiges Zupacken. So prophezeit er: »So sag ich uch, daz der gemein man in dem schwarzwald wirt den pflegel oder howen hinlegen und die issenruten in die hand nemmen, dem ubermut zu weren und bistand ze tun und das wort Got's zu einen verantwurten geben …« Der Verfasser ist sicher in der Erwartung, daß »wir bald blut für win trinken«. An anderer Stelle heißt es: »schlecht er in ze tot, er wirt genant ein diener gots; ein jedlicher ist schuldig, das boss zu stroffen …« und

Petrarca-Meister: Herr inmitten gewalttätiger Bauern

weiter: »focht an den houptern an, die min schatz solten verwaren, und hert nit uff zu stroffen von dem babst uns an die cleinen schüler! schlacht si all ze tot!« Diesen Schriften gegenüber hat »Der neue Karsthans« von Martin Butzer geringere Bedeutung. Unmittelbar vor dem Bauernkrieg geschrieben, bekämpft diese Schrift nachdrücklich die weltliche Herrschaft der Geistlichkeit. Wichtig ist, daß Butzer den Aufstand der Bauern kommen sieht. Aber er fürchtet ihn, weil er von ihm nichts anderes als ein unvernünftiges Dreinschlagen erwartet. Darum mahnt er ernsthaft, wenn man einmal losschlage, nicht nur auf den eigenen Nutzen zu sehen. Aber seine sozialrevolutionäre Einstellung gegen die weltliche Herrschaft der Geistlichen hat sicherlich größere Wirkungen gehabt als seine Ahnungen und Vermahnungen.
»Die 15 Bundesgenossen« von Eberlin von Günzburg entwerfen ein vollständiges Programm für einen neuen Aufbau des staatlichen und sozialen Lebens. In jedem Dorf soll ein Edelmann Schultheiß sein mit so viel Land, als zwei Pflüge bearbeiten können. Mehrere Dörfer mit insgesamt etwa 200 Höfen sollen einem Ritter als Vogt unterstehen. Zehn solche Vogteien zusammen mit einer Stadt sollen einem Grafen untergeben sein oder einem Freiherrn. Zehn solcher Stadt- und Vogteibezirke sollen dann einem Fürsten oder Herzog unterstellt werden. Hat dieser Aufriß einen sehr theoretischen und unpraktischen Charakter, so entstammen die Einzelforderungen durchaus der Praxis und stimmen mit Forderungen der Bauern von 1525 weitgehend überein, so z. B. daß die Pfarrer vom Volk gewählt, die Zehnten abgeschafft, die Gülten abgelöst werden sollen, daß kein Geistlicher mehr als eine Pfründe haben darf und

Titelblatt zu: Eberlin von Günzburg,
»Die 15 Bundesgenossen«

daß jeder sein Amt selbst versehen muß und nicht einen Stellvertreter schicken kann. Mit diesen Artikeln steht Eberlin den Bauern des Krieges von 1525 sehr nahe. »Die 15 Bundesgenossen« haben in Oberschwaben — wenn auch in abgeschwächtem Maße — gewirkt wie »Der Oberrheinische Revolutionär« und die »Reformation Kaiser Sigmunds« am Oberrhein und im Schwarzwald. Doch fehlt es der Schrift an revolutionärer Glut, die für den »Oberrheinischen Revolutionär« kennzeichnend ist. Und wenn Eberlin davon redet, daß es keine ehrlichere Arbeit als den Feldbau gebe und daß auch aller Adel sich davon ernähren müsse, so bleibt das Theorie. Ob Eberlin in den Predigten, die er in der Gegend, wo der Bauernkrieg zuerst ausbrach, hielt, andere Töne anschlug? Es ist anzunehmen. Denn er hatte Wirkung auf die Bauern, aber kaum nur durch seine Schriften, denen die mitreißende Kraft fehlt.

Diese fünf bekannten Flugschriften stehen nicht allein. Neben ihnen hatte ein ganzer Strom kleinerer Literaturprodukte, welche die revolutionäre Strömung im Bürgertum

࿒ PROGNOSTI ࿒

CON PROPHETICVM EX VE-
tuſto Iohanniſ·Liechtenbergij Exemplari, ᚺnno
1484. impreſſo, decerptum.

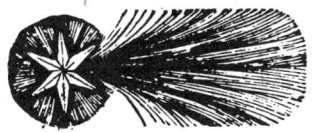

Eccleſiæ Catholicæ ad Deum Opt. Max, pro
Chriſtianiſſimo Imperatore noſtro
CAROLO, *Precatiuncula.*

Item pauperis peregrini Lamentatio, ſuper calamita
te & peſſimis huius temporibus rumoribus.

Eſaie 30.
*Corruiſti in terram qui uulnerabas gentes, qui dicebas in corde tuo. In cœ
lum aſcendam, ſupra aſtra Dei exaltabo ſolium meum. Verumtamē ad In-
fernum detraheris, in profundum laci.*

m. D. xlvij.

Cum Priuilegio Imperiali.

Titelblatt zu Lichtenbergers »Prognostikon«

den Bauern übermittelten, großen Einfluß. Da sind zunächst einmal die Prophezeiungen, die damals von Mund zu Mund gingen, aber auch schriftlich oder im Druck verbreitet wurden. Sie vermischten sich oft mit astrologischen Berechnungen und Pro-
gnosen und erhielten auf diese Art einen Anstrich von wissenschaftlicher Sicherheit,
die ihre Wirkung noch verstärkte. Zahllose astrologische Praktiken, Ephemeriden und
dergleichen sorgten für die weite Verbreitung solcher Voraussagen. Fast alle kreisten
sie um den Gedanken einer notwendigen Umgestaltung der Welt, und zwar sowohl
der Kirche wie der staatlichen Mächte. Bei manchen verband dieser Glaube sich mit
dem an kommende Naturkatastrophen. So erwartete man für 1522 oder 1524 die Sint-
flut auf Grund astronomischer Berechnungen[25]. Aus der Flut solchen Schrifttums ragen
zwei Personen und ihre Werke hervor: einmal das Lichtenbergersche Prognostikon,
das in Augsburg, Modena, Mailand und Venedig gedruckt wurde, und zwar in Augsburg
nicht weniger als zehnmal. Wir wissen von Johann Lichtenberger nicht viel, wie von
den meisten Verfassern solcher Schriften. Er stammte — das ist bezeichnend — aus

55

Spiegel der natürlichen himmlischen
und prophetischen sehungen aller trübsalen/angst/vñ
not/die über alle stende/geschlechte/xnd gemayn
den der Cristenheyt/sunderbar so dem Arebsen
vñ Scorpion auß natürliche einfluß des hímds
vnderworffen sein/vñ in dem sibenden Clima od
circkel begriffenn/in kurtzen tagen geen werdenn/
Durch den wirdigen hern Joseph Grünpeck zu
Nurmberg beschriben.

Titelblatt zu Grünpecks »Spiegel ...«

Südwestdeutschland. Die Gegend der Burg Lichtenberg bei Zweibrücken war seine Heimat. Er hält den Fall der Kirche für unweigerlich kommend. Aber er ist ein gemäßigter Mann und kein revolutionärer Agitator. Er sagt, was er glaubt, in dunklen Bildern voraus, die gerade wegen ihrer Dunkelheit tiefen Eindruck machten. Er will keine Gewalt, er will warnen, so lange es Zeit ist.

Ganz anderer Art ist der »Spiegel natürlicher himmlischer und prophetischer Gesichte« von Joseph Grünpeck aus dem Jahre 1508, also aus der Zeit kurz vor dem Bauernkrieg. Der Verfasser war zeitweise Geheimschreiber Kaiser Maximilians, sonst aber ein »fragwürdiger Winkeladvokat«[26]. Er redet eine ganz andere Sprache. In volkstümlichen Worten und mit noch volkstümlicheren Bildern treibt er unverhüllt zur Revolution an, und zwar vor allem gegen die Geistlichkeit, aber auch gegen die herrschenden weltlichen Stände. Da ist auf einem Bild die Tötung und Verfolgung der Geistlichkeit dargestellt, auf einem anderen ein Bauer, der die Messe zelebriert, während Pfarrer und Mönch im Schweiße ihres Angesichts mit dem Pflug arbeiten. Grünpeck spricht es dann geradezu aus, es werde noch dahin kommen, daß der niederste und am meisten verachtete Mensch keine Scheu tragen dürfe, seine Schuhe an der höchsten Zier der geistlichen und weltlichen Gewalt zu säubern. »Wenn die Geistlichen den Kelch zuerst trinken werden, so müssen dafür die Weltlichen den Rest mitsamt der Hefe aussaufen[27].« Das war nun eine Sprache, die keine Hemmungen kannte und an demagogischer Kraft nichts zu wünschen übrig ließ. Das waren Bilder, die auch derjenige verstand, der nicht lesen konnte, und die sich allen einprägten, die sie zu Gesicht bekamen.

In der Dichtung des 15. Jahrhunderts lassen sich ähnliche Züge beobachten. So dichtete z. B. in Nürnberg Hans Rosenplüt (= Hans Schnepperer) einen Spruch »Der Bauern Lob«. Da lesen wir, von allem, was Gott geschaffen hat, an Laien und Pfaffen, ist nichts so edel wie der Ackersmann, der edle, fromme Bauer. Mit seinem Pfluge ernährt er alle Welt. Auch in seinem Spruch »Von dem Müssiggänger« wird die bäuerliche Arbeit in das Licht einer geradezu religiösen Verklärung gesetzt[28]. Ähnliche Töne schlägt »Die cronica van der hilliger stat Coellen« aus dem Jahr 1499 an. Da wird erklärt, Christus sei auf Erden gewandelt als ein Bauer und im Evangelium stehe geschrieben: »Mein Vater ist ein Baumann« und: »Ich bin ein Schafhirt« oder an einer anderen Stelle: »Gleichwie von dem edlen Ackersmann alle Stände, geistlich und weltlich, gefüttert und gespeist werden, so tut auch Gott der Vater ...«[29]. Es ist auffallend, daß solche Töne in der damaligen Literatur angeschlagen werden, die doch fast ganz von den Bürgern getragen wurde und seit langem nur den plumpen und dummen Bauern geschildert hatte, den Tölpel, der mehr sein möchte, als er ist, aber immer wieder von allen Ständen nur mit Verachtung behandelt wird. Seit dem »Meier Helmbrecht« sind wir gewohnt, solche abschätzigen Stimmen zu vernehmen. Wir horchen also mit Recht erstaunt auf, wenn jetzt der Bauer gepriesen wird. Es ist Ausdruck einer allgemeinen Zeitströmung, so wie die politischen Flugschriften auf den Bauern ihre Hoffnung setzen. So ist es denn auch nicht verwunderlich, wenn bürgerliche Dichter mit dem Gedanken einer Bauernrevolution spielen. Wir lesen jedoch schon im Jahr 1387[30]: »... den reichen schrotet auf die tor,

wir wellen mit in esse.

Pazz Tzimpt, wir werden all erslagen,

ee wir vor hunger sterben.

wir wellen das leben frischleich wagen,

ee wir also verderben.«

Alle diese Äußerungen sind nicht um ihrer selbst willen bedeutsam, wohl aber als Zeugnisse einer im Bürgertum weitverbreiteten Tendenz, den Bauern zu einer Sozialempörung zu ermutigen, die man erhoffte und damals schon mit Sympathie begrüßt hätte.

Ein weiteres Zeichen für solche Tendenzen zunächst innerhalb des Bürgertums, dann aber auch im Bauernstand selber sind die damals aus den Kreisen der Theologie in immer weitere Kreise vordringenden Erörterungen über das Naturrecht. Der Schulmeister des Prämonstratenserklosters Roggenburg, der eine Chronik des Bauernkrieges geschrieben hat, sieht hierin eine der wichtigsten Ursachen des Bauernkriegs[31]. Dieses Naturrecht beruht auf der Überzeugung, daß ein Minimum von Rechten dem Menschen von Gott aus zu allen Zeiten und unter allen Verhältnissen zustehe und daß an ihnen nichts geändert werden dürfe. Es ist etwa das, was wir heute Grundrechte des Menschen nennen. Dieses Naturrecht habe in alten Zeiten bestanden, so glaubte man fest, und wo es jetzt nicht mehr anerkannt werde und nicht mehr vorhanden sei, müsse das als eine Entartung, eine Verderbnis durch gewalttätige Menschen betrachtet werden. Als Naturrecht des Menschen galt damals fast allgemein die persönliche Freiheit. Weithin wurde auch erörtert, ob der Zustand, daß die Dinge einmal den Menschen gemeinsam gewesen sind, ebenfalls im Naturrecht begründet sei.

Jedoch diese Frage nach einem Urkommunismus oder besser nach einer Lebensgemeinschaft trat damals an Bedeutung weit zurück hinter der Frage nach der persönlichen Freiheit bzw. nach ihrem Gegenteil, der Leibeigenschaft. Wir sahen schon, wie die bürgerliche sozial-revolutionäre Literatur, wie die »Reformation Kaiser Sigmunds« und »Der oberrheinische Revolutionär« sich auf Grund theoretischer Gedanken wider die Leibeigenschaft kräftig einsetzten. Doch solche Bestrebungen tauchen schon früher auf. Bereits Eike von Repgow erklärte in der zweiten Hälfte des 13. Jahrhunderts im Sachsenspiegel: »Do men recht ersst sazte, do ne was nichên dienstman und waren ale die lüte vrî ... An mînen sinnen ne can ich iz och nicht uph genemen nâ der wârheit, daz iemen des anderen sole sin. Och ne habe wir is nichên orekunde ... Nâch rechter wârheit so hat eigenschaph begin von dwange unde von venknisse unde von unrechter gewalt, die men von aldere in unrechte gewonheit hât unde nû vor recht haben wil[32].« Rechtfertigungen der Leibeigenschaft, die man aus dem Alten Testament herausgelesen hatte und die an die Namen Noah, Kain oder andere anknüpften, wies man schon damals zurück.

Wenig später übernahm der Schwabenspiegel diese Ablehnung der Leibeigenschaft vom Sachsenspiegel in erweiterter Form. Er bekämpft sie hauptsächlich aus zwei Gründen: erstens verbiete das alte Landrecht, daß jemand sich zu eigen gebe, und zweitens kenne die Bibel keine Leibeigenschaft, sie spreche vielmehr ausdrücklich gegen sie[33]. Dieser zwiefachen Begründung eines sozialen oder politischen Anspruchs, aus altem Recht und aus der Heiligen Schrift, werden wir in den Auseinandersetzungen im Bauernkrieg von 1525 noch oft begegnen. Es ist für uns wichtig, daß man sich schon im 13. Jahrhundert auf diese beiden Argumente stützte, um zu beurteilen, was Recht oder Unrecht ist[34]. Es liegt also offenkundig eine alte Tradition vor, wenn diese Argumente in den 12 Artikeln und anderen Urkunden des Bauernkrieges wiederkehren. Nur wird ihre Wirkung wesentlich verstärkt durch den theoretischen Kampf bürgerlicher intellektueller Kreise gegen die Leibeigenschaft. 1525 brach nur aus, was schon lange gärte. Der Kampf von 1525 setzt sich also aus drei verschiedenen Komplexen zusammen: einmal aus dem eben besprochenen theoretischen Vorstoß gegen die Leibeigenschaft auf der Grundlage alten Rechtes und der Bibel, der allerdings in manchen Fällen offene Türen einrannte, da in vielen Gegenden von Süd-, West- und Mitteldeutschland die

Meister MW: Bauer, zusammengesetzt aus Ackergeräten

Leibeigenschaft im Anfang des 16. Jahrhunderts überhaupt nicht mehr oder nur noch in Resten bestand. Dazu kam zweitens der energische Widerstand der Bauern gegen die Versuche der sich verstärkenden Landesstaaten, mit Hilfe einer wiederbelebten oder verschärften, fast vergessenen Leibeigenschaft eine einheitliche straffe Untertanenschaft für den neu entstehenden Landesstaat zu schaffen. Und drittens aus dem Kampf gegen einzelne rechtliche oder finanzielle Auswirkungen der Leibeigenschaft, die lebendig geblieben waren, auch wo diese selbst ganz oder fast ganz verschwunden war. Solche Rechte sind: Sterbfall, Besthaupt, Verbot der Ungenossame-Ehe oder Genehmigung zum Eheschluß, Bindung an die Scholle (keine Freizügigkeit) u. a. Solche Rechte bestanden faktisch vielfach noch weiter, wenn man von Leibeigenschaft nicht mehr sprach. Dieser dreifache, oft ineinandergreifende Kampf macht ihn so schwer erfaßbar und verständlich. Nicht überall, wo einer dieser drei Kämpfe ausgefochten wird, kann man auf eine dort noch intakt bestehende Leibeigenschaft schließen. Das hat schon gar manchen Irrtum hervorgerufen, und man muß sich auch vor der Annahme hüten, daß die Verurteilung der Leibeigenschaft im 15./16. Jahrhundert schon Allgemeingut des Volkes gewesen sei, stellen doch die Urkunden der Abtei Kempten z. B. mit einer gewissen Selbstsicherheit den Satz auf: »Die Leibeigenschaft ist nit wider göttlich oder menschlich gesatz«[35].

Es gibt, wie wir bereits hörten, im 15./16. Jahrhundert eine starke sozial-revolutionäre Bewegung innerhalb des Bürgertums, die sich an den »kleinen Mann« wendet. In ihm sieht diese Strömung den Träger der kommenden Sozialrevolution. Allerdings ist diese bürgerliche Bewegung wirklichkeitsfremd, ein Gedankengebilde, das aus der Zimmerluft von Intellektuellen stammt. Die Verfasser der Flugschriften wären wahrscheinlich zurückgeschreckt, wenn man ihnen Waffen in die Hand gedrückt hätte. Das sollte wohl Sache des »kleinen Mannes« sein. Doch das wurde anders, sobald diese Strömung die Bauern erfaßte. Denn dort vermischte sie sich mit der schon vorhandenen Unzufriedenheit, Unruhe und Kampfesstimmung, die hauptsächlich durch die Versuche der neu entstehenden Landesstaaten, alte Untertänigkeiten anzuspannen, zu verschärfen und zu vereinheitlichen, aufgekommen war. Die Verbindung von beidem mußte dazu führen, daß die Gefahr einer bewaffneten Erhebung der Bauern ständig näherrückte.

Aber auch die so entstandene Verbindung von zwei verschiedenen Elementen, zu denen noch der Einfluß der Sozialkämpfe der Städte kam, genügte noch nicht als Erklärung dafür, warum 1525 der Ausbruch mit so ungeheurer Kraft erfolgte. Denn die Bauern hatten doch Jahrhunderte hindurch sich ruhig verhalten und alle ihre Lasten geduldig getragen. Daß 1525 nun nicht nur einzelne Bauern, sondern große Massen über fast ganz Deutschland hin Träger einer aufständischen Bewegung werden, setzt eine völlig neue Mentalität voraus, die sich schon während der vorausgehenden Bundschuhunruhen beobachten läßt.

Eine Durchsicht der Akten und Briefe der bäuerlichen Haufen müßte uns die beste Antwort geben können. Denn stets ist es erforderlich, zuerst nach den Selbstzeugnissen der Handelnden zu fragen, wenn man diese beurteilen will. Prüft man aber diese Selbstzeugnisse, so fällt unmittelbar der ausgesprochen religiöse Charakter all dieser

Briefe, Urkunden und Schriften in die Augen. Wir haben so vielen Mißbrauch religiöser Worte und Formeln für politische Zwecke erlebt, daß wir skeptisch geworden sind. Hier aber haben wir keinerlei Anlaß, an der Ehrlichkeit dieser Äußerungen zu zweifeln, bei denen kein Beiwerk religiöser Formeln das eigentliche Wollen umkleidet und verdeckt. Vielmehr zeigt es sich deutlich, daß letzten Endes religiöse Motive die treibende Kraft dieser Dokumente und ihrer Wirkung sind.

Sehen wir uns zunächst einmal die 12 Artikel daraufhin an, weil sie doch als zentrale Manifestation des Wollens und Denkens der Bauern gelten können. Denn immer wieder hat ein Haufe diese 12 Artikel angenommen und sich zu eigen gemacht, und immer wieder hat man Städte oder Ritter, die sich der Bewegung anschließen wollten oder sollten, zur Annahme eben dieser Artikel verpflichtet. Schon in der Einleitung heißt es unmißverständlich: »So nun die Meinung aller Artikel der Bauern dahin gerichtet ist, das Evangelium zu hören und demgemäß zu leben …« und später: »… die Bauern, die in ihren Artikeln solches Evangelium zur Lehre und zum Leben begehren …« Und im letzten Artikel lesen wir: »Wenn einer oder mehr Artikel allhier aufgestellt sein sollten, die dem Worte Gottes nicht gemäß — wie wir denn nicht vermeinen —: dieselbigen Artikel wolle man uns auf Grund des Wortes Gottes als ungebührlich erweisen, so wollen wir davon abstehen, wenn man uns den Nachweis mit Begründung aus der Schrift führt.« Es ist also kein Zweifel: Denen, die diese Artikel verfaßt haben, aber auch denen, die sie als Ausdruck ihres Wollens und Ringens annahmen, die sich mit ihrem Leben für sie einsetzten, war es ernst um das, was sie Evangelium und göttliche Gerechtigkeit nannten. Der maßgebende Impuls bei diesen Bauern und ihren Führern war religiös, und mögen uns ihre Ideen auch als Verzerrung erscheinen, so ändert das nichts an dem Ernst ihres Wollens und Glaubens.

Zwei Stufen lassen sich bei den Vorgängen unterscheiden. Am Anfang steht die tiefe Empörung über die Verschlechterungen in der Lage der Bauern und in ihrer sozialen Stellung im ganzen, die sich entzündet am Begriff der göttlichen Gerechtigkeit, an der gemessen der herrschende Zustand als Ungerechtigkeit erscheinen und nach Änderung rufen muß. Doch das ist noch nicht die Stufe der entschieden religiösen Motive der Männer der 12 Artikel. Sie wollen »das Evangelium hören und demgemäß leben«, d. h. sie wollen jede Erscheinung des sozialen und öffentlichen Lebens vor dem Forum des Evangeliums auf ihre Berechtigung hin prüfen, und nur was sich hier als richtig erweist, soll bleiben. So wird es, wie wir eben hörten, in der Einleitung und im letzten Artikel deutlich ausgesprochen und in den übrigen Artikeln durchzuführen versucht. Dieses Vorgehen nennen sie »der Gerechtigkeit Beistand zu tun«. Damit offenbaren sich die 12 Artikel als das Dokument eines entschlossenen Reformwillens, aber nicht als das einer Revolution. Schon die Einleitung betont, daß man den Vorwurf des »Ungehorsams ja der Empörung aller Bauern christlich abwehren« wolle und daß »die Bauern … nicht unruhig und aufrührerisch genannt werden können«. Dafür spricht auch der letzte Artikel in seiner ganzen Haltung. Aber entschieden, ja radikal ist der Reformwille, insofern er alles Ererbte und Gegebene am Maßstab des Evangeliums messen und von da her beurteilen will. Radikal sind diese Reformgedanken auch insofern, als nicht nur bestimmte Forderungen erfüllt werden sollen, von denen man nachweist, daß das Evangelium sie billige, sondern meinen, das Evangelium verlange den sozialen Umsturz, wenn auch auf gewaltlosem Wege.

Dies Evangelium, das sie »zir Lehre und zum Leben begehren« oder »bei dem sie bleiben wollen«, wie die Memminger Bauern es ausdrücken[36], ist *nicht* das Neue Testament schlechthin, aber auch nicht etwa die Lehre Luthers, sondern das Neue Testament, ausgewählt und dargeboten unter dem Gesichtspunkt der Kritik des sozialen und öffentlichen Lebens. Das ist aber ein der Botschaft Christi fremder Gesichtspunkt, da diese keine praktischen Anweisungen für die sozialen Fragen aller Zeiten und aller Länder geben will und kann. Mit Hilfe einzelner zweckdienlich erscheinender, nach Gutdünken herausgegriffener Stellen soll nun 1525 über das soziale und öffentliche Leben Gericht gehalten werden. Das aber kann nicht ohne Gewaltsamkeit, ja ohne Verfälschung des eigentlichen Sinnes des Evangeliums abgehen. Denn nach Anweisungen zur Frage der Freiheit von Wald, Weide und Wasser oder der Fronden und Zehnten etc. wird man im Neuen Testament vergeblich suchen.

Dieses »Evangelium« der Bauern ist aber auch nicht die Lehre Martin Luthers und das durch ihn wieder erweckte und dem Volk nahegebrachte »Wort Gottes«. Luther geht von rein religiösen Fragen aus, die Bauern aber von Sozialkritik, Kritik der Herrschaftsverhältnisse, der Kirche und des Staates. Doch davon wird noch in anderem Zusammenhang die Rede sein.

Die religiös-soziale Bewegung der Bauern und zugleich der unteren Stände der Städte ist 1525 der wichtigste Faktor beim Ausbruch des Bauernkrieges. Sie ist der entscheidende Impuls, der alle latent bereitliegenden anderen Ursachen der Bewegung beflügelt und verstärkt. Dieses Angetriebensein vom Gedanken der göttlichen Gerechtigkeit und der Verpflichtung, das, was sie verlange, wirklich auch im praktischen Leben durchzuführen, ist schon vorher bei dem Pfeifer von Niklashausen, Hans Böhm[37] und beim Bundschuh von 1502 offenkundig. Damals kämpfte schon Joss Fritz unter dem Schlagwort: »nichts denn die Gerechtigkeit Gottes«, und ein Landsknecht behauptete, es sei der Sinn der Verschwörung, »der gerechtigkeit bistant zu thun«[38]. Deshalb stand nach dem Zeugnis des Abtes Trithemius auf der Fahne der Bauern: »Nichts denn die Gerechtigkeit Gottes«[39]. Dieselben Formeln treten auch auf in dem Aufstand von Bühl in Baden im Jahre 1514, beim »Armen Konrad« in Württemberg 1514 und im Kärntener Bauernaufstand 1515[40].

Die gleiche Haltung nehmen aber die Bauern im ganzen Bauernkrieg von 1525 in allen Landschaften ein. Man darf nicht erwarten, in den Beschwerdeschriften, die sie ihren Herren vorlegten, darüber viel zu finden. Diese sind zu ganz anderem Zweck bestimmt, es sind im wesentlichen sachliche Zusammenstellungen für die Verhandlungen mit den Herrschaften. Wenn sie trotzdem, wie z. B. in den 12 Artikeln, unverkennbare Zeugnisse für die bäuerliche revolutionäre Gesinnung enthalten, so ist das nur ein überwältigender Beweis für die alles durchdringende Kraft dieses Glaubens.

Man muß zu anderen Zeugnissen greifen, die unmittelbar von dem reden, was die Bauern antreibt: zu den Briefen der Haufen, die sie sich gegenseitig geschrieben oder

Ein vngewonlich-

er/vnd der Ander Sendtbrieff/deß Baum-
fryndts zů Karsthannsen/Der doch
nit allein wider ynn/Sunder der
Gantzen Chriftenhayt ent-
gegen ift.

Fugit impius nemine perfequente:
Juftus at quafi Leo confidens abfque terrore erit.
Prouerb:28.

Titelblatt einer Flugschrift von J. Locher.
Holzschnitt vom Meister HS

an benachbarte Städte oder Adelige gerichtet haben, um diese zum Anschluß an ihre Sache zu bewegen. Es sind Briefe, in denen Wollen und Kämpfen der Bauern sehr deutlich in Erscheinung treten, wenn sie auch oft in unbeholfener Form verfaßt sind. Sie deuten einmütig auf den Willen der Bauern, das Evangelium zur Richtschnur ihres Strebens zu machen und so »der göttlichen Gerechtigkeit Beistand zu tun«. Sie betrachten die Haufen selbst als christliche Vereinigung oder christliche Versammlung, innerhalb derer sie als christliche Brüder zusammengeschworen haben und zusammenstehen. Christliche Liebe soll hier maßgebend sein. Jeden, der sich ihnen anschließt, wollen sie als christlichen Bruder aufnehmen, wenn er sich zu ihren Zielen bekennt. Das kehrt in diesen Schreiben immer wieder, und zwar nicht formelhaft von einem Brief in den anderen übernommen, sondern in immer neuen Fassungen, mit immer neuen Anstrengungen, das, was sie alle treibt, in Worte zu fassen. Wer eine größere Zahl solcher Briefe gelesen hat, kann sich der Überzeugung nicht verschließen, daß er hier vor einem echten, starken, das Wollen und Tun bestimmenden Glauben dieser Bauern oder doch ihrer maßgebenden Scharen steht. Als einziges Beispiel geben wir ein Schreiben des Baltringer Haufens an die Stadt Ehingen wieder. Es ist vom 28. Februar 1525 datiert, also aus den allerersten Zeiten des Bauernkrieges. Es lautet: »Vil hail, frid und starken glauben in Christo! Fursichtig ersame und wyss, gunstige, liebe herrn und brueder in Christo! Wir fugen uch zu wissen, das wir am montag Fassnacht (= 27. Februar) ain christenliche versamblung gehabt und uns da ainhelligen entschlossen, allain zu handeln nach lut und inhalt des gotlichen worts, welches man durch gelert christenlich manner erfaren und erlernen soll. Was uns dann dasselbig gotlich wort nimpt und gibt, darbey wollen wir alzyt gern belyben und uns by demselben wol und wee beschehen lassen etc. Nachdem und wir aber vil veind haben, so dem gottlichen wort widerstand zu ton furnemen, demselben nach begeren wir diemutigklich ain wissen von uch als unsern gunstigen herren und ganzer gemaynd zu haben, was wir uns doch zu uch zu versehen sollen, ob ir uns hilflich und ratlich sein wolten, wa wir uber unser christenlich erbieten angetast oder uberzogen wurden ... Hiemait seyt der gnad Christi bevolhen! Von dem christenlichen Hufen, so versamelt gewesen ist by Baltringen im ried«[41]. In diesem Fall kennen wir auch den Mann, der die Politik des Baltringer Haufens leitete und der sicherlich die beiden Briefe entscheidend beeinflußt, wenn nicht geschrieben hat: Ulrich Schmid, Schmied von Sulmingen bei Baltringen, also ein Bauer und kein Prediger.

Ähnlich lauten die Briefe der Bauernhaufen aus allen Teilen Deutschlands, soweit sie am Krieg beteiligt waren. Wir nennen einige Beispiele, die denselben religiösen Charakter sehr deutlich aufweisen:

Haufe von Tettnang und Rapperswil vom 7. und 8. März[42]
Haufe von Buchloe vom 11. Februar und 10. April[43]
Haufe von Dinkelsbühl vom 4. Mai[44]
Haufe zu Riedselz vom 25. April[45]
Haufe zu Truttenhausen vom 22. April[46]
Haufe von Rothenburg vom 3. April[47].

Aus Mitteldeutschland schließen sich diesen Schriftstücken folgende mit gleichem Charakter an:

Arnstädter Haufe vom 2. Mai[48]
Haufe zu Ascha vom 13. April[49]
Bauernversammlung zu Aura vom 17. April und vom 23. April[50]
Bauernversammlung zu Bildhausen vom 14., 16., 17., 19. und 21. April[51]
der evangelisch brüderliche Bund bei Blankenburg vom 24. April[52]
Haufe von Fulda vom Ende April[53]
Haufe von Salzungen vom 24. April[54]
Haufe von Vacha vom 22. und 23. April[55].

Eyn Sermon gepꝛediget vom
Pawꝛen zů Werde/bey Nürmberg/am
Gontag voꝛ Fafnacht/võ
dem freyen willen
des Menn‑
ſchen.

Titelblatt einer Flugschrift von Diepold Peringer.
Holzschnitt von Erhard Schoen

Auch Bauerngemeinden, die sich nicht anschlossen, wie der Zentgraf (eine Art Unter-graf) und die Zentpflichtigen im Gericht Sand, verwenden, wenn sie an die Bauern-haufen schreiben, dieselbe religiös bestimmte Sprache. Es muß dabei offen bleiben, ob die religiös-sozialrevolutionäre Bewegung auch sie erfaßt hat oder ob sie sich aus Zweckmäßigkeitsgründen in den Schreiben an die aufständischen Bauern auch deren Sprache bedienten. Einige Formulierungen, die den gleichen Geist verraten, fallen aus diesem Rahmen heraus, so wenn die Gemeinde zu Frankenhausen, augenscheinlich unter Müntzers Einfluß, schreibt: »damit unserm konige Jhesu Christo befohelen, amen«[56], oder wenn am 6. März die Versammlung des Baltringer, Allgäuer und des Seehaufens beschließt, »das si kainen richter sonder allein das gotzwort zue richter haben wöln«.

Nicht nur die Chronisten des Bauernkrieges sehen also in der religiösen Bewegung die treibende Kraft, sondern die Veröffentlichungen und Briefe der Bauernversammlungen und Bauernhaufen selber strömen diesen Geist aus, der sich schon im Auftreten des Pfeifers von Niklashausen ahnen ließ, im Bundschuh am Oberrhein propagiert wurde und am Werk war, am klarsten die im Mittelpunkt des Kampfes stehenden 12 Artikel.

Unter allen Faktoren der Bauernbewegung war dieser religiöse, sozialrevolutionäre oder reformerische Geist offenbar der wichtigste und so stark, daß er 1525 schließlich sämtliche aufstehenden Bauerngruppen beherrschte. Er war es, der die aufgestaute Unzufriedenheit und Erbitterung mobilisierte und schließlich einen Kampf auslöste, der in kurzer Zeit ganz Südwest- und Mitteldeutschland sowie bald auch die österreichischen Länder schwer erschüttern sollte.

Wie weit verbreitet damals die Erkenntnis von der Bedeutung der religiösen Triebkräfte für die Sache der Bauern war, geht besonders deutlich hervor aus der Ansprache, die Georg Truchseß von Waldburg, der Führer des Heeres des Schwäbischen Bundes, vor seinen Landsknechten hielt, die sich weigerten, gegen die Bauern zu kämpfen, die doch »für Gottes Recht und Wort, für göttliches und natürliches Recht« zu Felde zögen. Das erscheint den Landsknechten, die sonst nicht viel fragen, warum und wofür gekämpft wird, als ein schweres Unrecht. Infolgedessen versucht der Truchseß gerade dieses Argument der Meuterei zu widerlegen. Er sagt: »... daß wir die pauren wider recht und darumb, dass sie das göttlich evangelium hanthaben, überziehen wollen und euch zue bewegen, dass ir von gemainen und zue den pauren sollen ziehen ...«. Das bestreitet jedoch Truchseß Georg. Sie würden es nie erleben, daß sie gegen das Recht und Gottes Wort zu Felde ziehen müßten. Das garantiere schon die Redlichkeit des Kaisers und der Fürsten. Die Bauern behaupteten zwar, evangelisch zu sein, aber zu Unrecht, da sie sich wider alles Recht empörten: »Nit allein ane weltlich recht, auch das haylig evangelium, und mögen sich mit irer unchristlichen muetwilligen handlungen mit keiner warheit evangelisch nennen«[57]. Der Truchseß wußte offenbar genau, was seine Landsknechte zu den Bauern trieb und was die mächtigste Kraft der bäuerlichen Bewegung war.

Auch die Chronisten und viele unmittelbar an den Kämpfen der Zeit beteiligten Männer, die sich Gedanken über die Hintergründe der Bauernbewegung von 1525 machten, erkannten sehr wohl die Bedeutung des religiösen Faktors für die Entstehung der Bauernunruhen. Der Augsburger Bürgermeister und Vertreter der Stadt beim Schwäbischen Bund, Ulrich Artzt, der also mitten in den Geschehnissen stand, erklärt ausdrücklich, die Empörung rühre von den Ansprachen ihrer Prediger her, die allen Unwillen der Bauern in Handlungen umzusetzen wußten. Voll Leidenschaftlichkeit setzt er hinzu: »Das sind alles Buben, soviel ihrer sind. Und wollte Gott, daß mir einer von ihnen zugeteilt würde, so wollte ich ihn selbst schinden sozusagen und weniger Barmherzigkeit mit ihm haben als mit einem Hund«[58]. An anderer Stelle schreibt er, die Aufstände der Bauern rührten daher, daß man ihnen allenthalben predige, Gott habe Gesetze gemacht, und nur diese seine Gesetze seien die rechten. Ihnen gemäß aber dürfe kein Mensch des anderen Herr sein. Sie seien arme Leute, die sich früh und spät plagen müßten. Darum sollten sie jetzt ihre Beschwerden in Artikeln ihren Herren vortragen[59]. Ähnlich steht es in dem Bericht des katholischen Chronisten von St. Gallen, Fridolin Sicher. Auch er stellt bei der Schilderung des Ursprungs der Bauernunruhen die religiöse Bewegung ihrer entscheidenden Bedeutung willen in den Vordergrund. Die Bauern hätten Luthers Lehre »allein nach dem fleisch« verstanden und daraufhin geschworen, sie wollten keinen Herren haben außer Gott. Er berichtet weiter, daß sich gerade am Bodensee zahlreiche Geistliche gefunden hätten, die den Bauern zu Gefallen predigten. Aller Unwille, der in ihnen gelegen habe, sei so ans Tageslicht getreten und alles, was ihnen nicht paßte, so, sie seien es nicht schuldig Zehnten, Zins und andere Abgaben zu leisten ... So predigten die Pfaffen. Das aber gewinne die Bauern. Sie sagten: »Da, da ist das rechte Evangelium; lug, wie die alten Pfaffen gelogen und falsch gepredigt haben ...«[59a]. Ähnlich weiß eine elsässische Urkunde von 1525 sehr anschaulich zu berichten, wie man auch bisher schon das Evangelium dort gepredigt habe, wie aber »das gemeine Volk« damit sich nicht begnügte, sondern für und für begierig war, diejenigen Prediger zu hören, »so ine freyheyt reychen, das sie nyeman nichts geben sollen, selbs meyster seyn, und die oberkeyt nydertrucken ...« Deshalb müsse der jetzige Aufstand »gar vil mit andern subtilern ursachen« erklärt werden, »die den gemeinen gar vil hoher bewegen ... und er dem scheyn rechter andacht, als ob man allein gottes eer suche, die warheyt des evangeliums bishere verhalten bliben ...«.

Auch anderen Gegnern der bäuerlichen Bewegung ist die Bedeutung des religiösen Faktors bei der Entstehung der Unruhen nicht entgangen. In einem Brief an den Abt Gerwig Blarer von Weingarten heißt es: »Die Bauern sind im heyligen evangelium gar ertrunken«[60]. Der Chronist von Kempten schreibt von dem Aufstand, »er sey im scheyn ains evangelischen lebens« entstanden[61]. Die Weißenhorner Historie berichtet: »es kam in sy der gayst (ich main des tewfels gaist), wöllten das evangelium und gotzwort aufrichten, das lang under der banck gelegen, das wollten sy herfurziechen ...«[61a]. Und ebenso sagt Eberlin von Günzburg, der sich später zu Erfurt dem Aufstand der Bauern entgegenstellte: »Der Teufel richtet einen Blasbalg an, das ganze Deutschland zu verbrennen, zusammengesetzt aus zwei Stücken: unweisem Eifer um Gott und Eigennutz«[62]. Desgleichen heißt es in einem Brief an den Landgrafen Philipp von Hessen: »Aber uns hat noch nie gefallen, dass man diejenige secten so dieser emporung und giftigen zerrüttenden aufruer ein ganzer grund und ursprung gewesen, so tief und starke hat lassen einwurzeln ...«[63]. Übereinstimmend also sehen Chronisten und Briefschreiber in der religiösen Bewegung die entscheidende Macht im Bauernkrieg, unabhängig von ihrer persönlichen Stellungnahme.

Nimmt man die Zeugnisse der Chronisten und Briefschreiber der bauernfeindlichen Seite zusammen mit den Äußerungen und Dokumenten der Bauern selber über ihr eigenes Wollen, so kann an der Kraft und Echtheit dieses Glaubens und seiner revolutionären Macht nicht der geringste Zweifel aufkommen. Wir haben dabei Thomas Müntzers Schriften und Taten nicht berücksichtigt, obwohl sie die leidenschaftlichsten und religiös bedeutsamsten Zeugnisse darstellen. Aber man hat allzu oft — und das mit einem gewissen Recht — Thomas Müntzer als eine Ausnahmegestalt bezeichnet, die für die Gesamtheit des Bauernkrieges nichts beweisen könne. Darum erschien es uns richtig, von ihm zunächst abzusehen, zumal uns genügend andere Zeugnisse für die bäuerliche sozial-revolutionäre Gesinnung zur Verfügung stehen. Im übrigen werden wir von Thomas Müntzers Anteil an den Geschehnissen noch verschiedentlich zu reden haben.

Aber auf eine andere Gestalt der beginnenden Bauernbewegung müssen wir noch unser Augenmerk richten. Es ist Balthasar Hubmayer, der damals Pfarrer in Waldshut war und als eine bewegende Kraft im Aufstand der Waldshuter, der Stühlinger und Hegauer Bauern bekannt ist. Aus seiner Umgebung, vielleicht von ihm selbst, stammt der sog. »Artikelbrief«, von dem in anderem Zusammenhang noch zu sprechen sein wird. Denn er fällt auf durch seine sehr entschlossene Haltung und seine Ziele, die über die Beseitigung einzelner Übel deutlich hinausgehen. Er redet zwar nicht von der »göttlichen Gerechtigkeit«, wohl aber von »gemeinem christlichem Nutz und brüderlicher lieb« und vom »Will Gottes«. Der Artikelbrief ist an die Memminger Christliche Vereinigung gerichtet, und wir dürfen wohl annehmen, daß seine entschiedene auf dem Evangelium fußende Haltung vom Klettgau und Stühlingen her in den Memminger Kreis eingedrungen ist[64].

Heißt es aber nicht die wirtschaftlichen Nöte der Zeit, den schweren Druck, der auf der Bauernschaft lastete, zu gering bewerten, wenn wir den religiösen Faktor beim Ausbruch des Bauernkrieges so stark hervorheben? Die Verschlechterungen in der Lage der Bauern dürfen auf keinen Fall unterschätzt werden. Aber aus der Entrüstung über diese Lage allein läßt sich noch nicht ein Aufstand von solcher Werbe- und Ausdehnungskraft erklären, der in ganz kurzer Zeit aus kleinen lokalen Aktionen eine große Bewegung zu machen vermochte, die ganz Deutschland in ihren Bann zu ziehen drohte. Dazu mußte eine weitere Kraft, eben die religiösen Ideen von der göttlichen Gerechtigkeit und dem Evangelium als Maßstab aller Sozialverhältnisse kommen. Diese sozial-religiöse Macht des Widerstandes und der Erhebung sind aber nicht eine Folge der wirtschaftlichen Nöte, sondern sie sind die Gegenkraft gegen diese. Das aber ist etwas wesentlich anderes.

Auch die Forderung einer Gütergemeinschaft, die des öfteren erhoben wird, muß weit mehr von der Seite einer christlichen brüderlichen Gemeinschaft als von rein wirtschaftspolitischen Ideen aus angesehen werden. Wir haben nur sehr wenig Zeugnisse für dergleichen Absichten der aufständischen Bauern. Vor allem glaubte man Thomas Müntzer als Vorkämpfer einer Gütergemeinschaft im Sinne des heutigen Kommunismus ansprechen zu können. Doch auch dafür sind die Zeugnisse äußerst dürftig. Denn erst, als man ihn nach seiner Niederlage und Gefangennahme folterte, gestand er: »Ist ir artikgel gewest, und habens uff dye wege richten wollen omnia sunt communia und sollten eynem idern nach seyner notdorfft aussgeteylt werden nach gelegenheyt ...«[65]. Nun wissen wir ja, was von Foltergeständnissen zu halten ist. Aber auch hier noch ist der religiöse Grundton nicht zu überhören. Denn die Erläuterung, die Müntzer selbst gibt, daß einem jeden nach seiner Notdurft gegeben werden solle, weist eher darauf

Den bunteschuch uff werffen.

Vnd gond mit schelmen stucken vmb
Sitzent her zů mir ir frummen
Biß das üch mer gesellen kommen

Jch můß die puren ouch beschweren
Die sich des bundtschůchs wöllen neren
So sy mit laster vnd mit schandt
Vppig das ir verzerent handt

Die puren sindt yetz schäper

Vnd fierent ein schentlichen orden (worden
Das sy das ir üppig verzeren
Vn wendt sich dan des bundtschůchs nerē
Dem adel nemen mit gewalt

Titelblatt der Flugschrift Thomas Murners, »Vom
großen Lutherischen Narren«, 1522

hin, daß der Bauernhaufe ein entwickeltes Fürsorgesystem im eigenen Kreis hatte oder
anstrebte, als auf ein in die Zukunft verlegtes, theoretisch begründetes Ziel. Das Wort:
»omnia sunt communia« ist aus der Apostelgeschichte übernommen und zeigt dadurch
auf die urchristliche Liebes- und Lebensgemeinschaft als Bild dessen hin, was er er-
strebte. Mit einem Gesellschaftsumsturz systematischer Art, mit einer Verwerfung des
Privateigentums darf das nicht gleichgesetzt werden. So ist auch der in diesem Folter-
geständnis vorausgehende Satz: »die Empörung habe er darum gemacht, daß die
Christenheit solle ganz gleich werden«, in ähnlicher Weise zu verstehen. Ein Satz deutet den anderen. Thomas Müntzer ist überhaupt nicht zum Revolutionär geworden
durch die Untragbarkeit der herrschenden sozialen und wirtschaftlichen Zustände,
sondern weil er überzeugt war, er könne mit seiner Predigt des Christentums nicht
durchdringen, so lange die augenblicklichen Abhängigkeitsverhältnisse bestünden. Das
sagt er ausdrücklich. Wir werden darauf noch zurückkommen.

Auch bei dem Chronisten Thomas Zweifel findet sich eine Notiz, die man glaubte im
Sinne eines Eintretens für eine allgemeine Gütergemeinschaft auffassen zu können. Er
fügt aber seinem Satz: »So wollte das gemain volk, es sollten alle ding ain gemain«

Karſthaus.

Titelholzschnitt der Flugschrift Vadians gegen
Murner (mit Katzenkopf), vor 1521

sein, sofort als Erläuterung hinzu: es solle »ain gemaine bruderschaft sein«, und das
nötigt dazu, die ganze Stelle im Sinne einer christlichen Bruderschaft, die gegenseitig
füreinander sorgt, aufzufassen.

Auch wo man im Leipheimer Haufen radikal-kommunistische Tendenzen zu ent-
decken glaubte, liegen sie bei näherem Zusehen genau auf der gleichen Linie des Willens zu brüderlicher Hilfe innerhalb des Haufens. Denn unmißverständlich deutet das
Wort: »das ir mit uns wellen taylen wie gut bruder, nit me; dan got sey mit uns allen«
nach dieser Richtung hin[65a].

Klarer aber noch ist die Haltung der Bauern in dieser Frage aus einer Erklärung von
Sebastian Lotzer abzulesen, der in Memmingen mittendrin in den Auseinandersetzungen um die Fixierung des Programms der Bewegung stand und darum die drei
süddeutschen großen Haufen sehr gut kannte. Denn er sagt ausdrücklich: »Ich habe
nie einen reden hören, er wolle mit den Reichen teilen. Wo aber ihrer etliche wären,
würde ihnen nicht stattgegeben werden. Denn wir begehren nichts von eurem gute.
Lasst's euch nur wohl sein bei ihm«[66]. Dieses Zeugnis wiegt in seiner Eindeutigkeit
manche anderen verworrenen Berichte auf und verweist solche Absichten, soweit sie
überhaupt vorhanden waren, in den Bereich unklarer Tendenzen und Schwärmereien
einzelner Männer.

Anderer Art ist der Bericht des Chronisten und Schulmeisters Jakob Holzwart. Er läßt
sich über die Ideen aus, die zum Bauernkrieg getrieben haben. Dabei führt er als zweites den Gedanken der Gütergemeinschaft auf (»de rerum communione«). Man ging

70

dabei – nach Holzwarts Bericht – vom Naturrecht aus, nach dem alle Dinge allen gemeinsam gehören, da Gott alle Dinge für alle gemeinsam geschaffen habe. Außerdem habe man auf einige Schriftstellen hingewiesen, die von Gütergemeinschaft zu reden schienen, und zwar auf das Christus-Wort zu dem reichen Jüngling: »Gehe hin, verkaufe alles, was du hast und gib es den Armen«[67]. Das ist aber eine völlige Verkennung des religiösen und ethischen Sinnes dieses Wortes. Darüber hinaus sind das theoretische Erwägungen, wie sie sicherlich nicht die Massen der primitiven Bauern angestellt haben, sondern nur einzelne Führer oder mit den Bauern sympathisierende Bürger. In diesen Kreisen waren solche Gedanken augenscheinlich an verschiedenen Stellen lebendig, nicht aber in den Haufen der aufstehenden Bauern selbst. Das geht schon daraus hervor, daß in den Veröffentlichungen der Bauernhaufen und vor allem in den von ihnen vorgelegten Forderungen, Artikeln und Beschwerden nicht die geringste Spur solcher Gedanken zu finden ist, ebenso wie auch z. B. in dem ausführlichen Bericht des Schössers Hans Zeyss über Thomas Müntzer nichts auf solche Absichten schließen läßt. Es wäre deshalb ganz abwegig, wollte man allgemein die Absicht, eine Gütergemeinschaft durchzuführen, der ganzen Bauernbewegung von 1525 zuschreiben, und ganz absurd, in solchen Erinnerungen an den urchristlichen Liebeskommunismus etwas sehen zu wollen, was dem modernen Kommunismus in irgendwelcher Form zuzurechnen oder ihm gar gleichzusetzen wäre. Es ist jedoch bezeichnend, daß wir auch hier, in diesen Grenzbezirken der Bauernbewegung von 1525 ein starkes Hervortreten religiöser Ideen deutlich beobachten können.

Wir stießen bei unseren Untersuchungen wiederholt auf die Frage, ob diese revolutionäre Bauernreligion mit Luthers Sache identisch sei; ob also der Ausbruch von 1525 auf Luthers Reformation zurückzuführen oder wenigstens in starkem Maße von dort her beeinflußt sei. Eine Reihe von Zeugnissen erweckt den Anschein, eindeutig dafür zu sprechen. Unzweifelhaft haben auch viele Zeitgenossen beides als völlig zusammengehörig angesehen, den Bauernkrieg von Luthers Wirksamkeit hergeleitet und ihm in beträchtlichem Maße die Schuld am Ausbruch der Erhebung zugeschrieben. So schreibt Kurfürst Joachim von Brandenburg: »Das hat vorwar nichts anders eingefurt und erwegket dann die lutterische und vorkerte auslegung des heiligen evangeliums...«[68]. Ausführlicher noch stellt Jakob Reutlinger in seinen Überlinger Collectaneen dieselbe Behauptung auf, daß Luther durch seine Lehre und Schriften die Bauern dahin gebracht habe, sich gegen ihre Obrigkeit zu empören, Zinsen, Steuern, Abgaben und dergleichen zu verweigern und die Leibeigenschaft als aufgehoben zu erklären[69]. Ähnlich berichtet Alexander Mair aus Memmingen von der neuen Lutherischen Lehre der Bauern[70] und Cochläus aus der Gegend von Ulm[71] und andere Berichterstatter aus dem Elsaß[72]. Doch wird man schon bedenklich, wenn etwa behauptet wird, daß die Folge der Lutherischen Lehren die Sozialrevolution gewesen sei, so z. B. von Jakob Reutlinger. Noch skeptischer werden wir, wenn wir da lesen, der Inhalt der Lutherischen Lehre sei die Aufforderung zur Verweigerung des Zehnten und anderer Abgaben gewesen[73]. Denn wir wissen genau, daß Luther niemals zum Widerstand gegen die Obrigkeit in weltlichen Dingen, also zur Verweigerung von Zehnten, Zinsen und dergleichen aufgefordert hat,

Holzschnitt von Urs Graf *zum »Narrenschiff« vom Bundschuh«, 1514*

sondern daß er stets den Gehorsam gegen die Obrigkeit in solchen Fragen verlangt und Verweigerung der Pflichten als ein Unrecht betrachtet hat. Offenbar sind in solchen Berichten verschiedene religiöse Strömungen verwechselt und vermischt worden, wenn nicht bereits in der Praxis des täglichen Lebens schon Mißverständnisse aufgetreten waren. Andere Chroniken kommen der Wahrheit schon etwas näher, wenn sie die Schuld am Bauernkrieg der »lutherischen sect und mancherlai glaubens und seltsame sect« zuschreiben[74] oder »Luther und anderen neugläubigen, abtrünnigen Verführern«[75]. In anderen Berichten ist von Luther überhaupt nicht die Rede, sondern von neuen Predigern oder von neuer Ketzerei, welche den Aufstand verschuldet haben sollen[76]. Thomas Zweifel aber geht in seiner Chronik einen Schritt weiter. Sie gehört zu den bedeutendsten Zeugnissen zum Bauernkrieg, die wir haben. Er unterscheidet scharf Luthers Lehre von der revolutionären Religion der Bauern, die auf einem Mißverständnis der Lehre Luthers sich aufbaue. Er sagt: »also kam das hailig ewangelium und gottes wort in ain grossen ergerlichen und schedlichen missverstand, das vil der weltlichen haupter, gemainen adels und gemainen volks sölichs alles uff iren aigen vortail und nutz, auch gewaltig, tetlich, frevenlich, rauplich und mörtlich handlung

Augustin Hirschvogel   Festung und Stadt am Strom

Folgende Seiten:

Albrecht Altdorfer   Kampf zwischen Ritter und Landknecht
Urs Graf   Fähnrich
Meister der Vita Friderici et Maximiliani   Ritterliche Szene

und fürneman zu ziehen und zu geprauchen understanden. Also wann man predigt von christenlicher und bruderlicher liebe des nechsten ... so wollte das gemain volk, es sollten alle ding ain gemain, auch kain oberkait ... sein«[77]. Diese Auffassung Thomas Zweifels, daß die Bauernreligion ein Mißverständnis des Evangeliums und der Lehre Luthers sei, nähert sich der Wahrheit schon um ein großes Stück, ist aber doch noch falsch.

Die sozial-revolutionäre Religion der Bauern kann kein Anliegen des Lutherischen Christentums sein, auch nicht eine mißverstandene Lehre des Reformators. Denn einmal ist dieses bäuerliche soziale oder reformerische Christentum älter als Luthers Wirken. Wir stießen auf diese Religion der »göttlichen Gerechtigkeit« schon im Jahre 1502 beim Bundschuh am Oberrhein, speziell bei Joss Fritz. Und seitdem ist sie lebendig geblieben. Immer wieder taucht sie auf, bis sie 1525 ganz Südwest- und Mitteldeutschland überflutet. 1502 aber war von Luthers neuem Denken und seiner neuen Frömmigkeit noch keine Rede. Wir stehen hier also vor einer eigentümlichen Form christlichen Glaubens, die älter ist als Luthers Reformation. Wir werden uns mit der Frage nach ihrer religionsgeschichtlichen Herkunft noch zu beschäftigen haben. Hier jedenfalls ge-

Den buntschuch schmieren.
Wie der luther den Bundschuch schmiert/ das er den einfältigen menschen angenem bleib.

Luther als Anstifter zum Bundschuh. Aus Murners Flugschrift von 1522 (siehe S. 69)

Der Bundtſchu
Diſz biechlein ſagt von dem bö
ſen fürnemen der Bundtſchuher/wye es ſich
angefengt geendet vnd aus kumen iſt.

❡ Pamphilus Gengenbach Ⱪ Ⴟ ʃ
 Nyt me gegundt iſt mein beger
 Ob yenen ainer vom bundtſchu wer
  Dem da für kem dieß ſchlechn gedicht
 Bit ich er wels verachten nicht
  So kumpt er nit yn ſolche not
 Als mancher yetz iſt bliben todt
  Vngehoꝛſam gou vngeſtroſſi nit loꝛ

Pamphilus Gengenbach, »Der Bundschuh«, 1514

nügt uns die Tatsache, daß sie 1502 nicht nur nachweisbar, sondern schon in der Bundschuhbewegung als aktive Kraft erkennbar ist. Wahrscheinlich wird man auch den
Pfeifer von Niklashausen, Hans Böheim, in diesen Kreis einzubeziehen haben.

Das zweite aber, das eine Abhängigkeit dieser Frömmigkeitsform von der Luthers ausschließt, ist, daß diese Bauernreligion von 1525 inhaltlich mit der Frömmigkeit Luthers,
mit den Grundfragen, die ihn bewegen, nur *sehr* wenig gemeinsam hat. Luther selbst
hat das ausdrücklich betont in seiner ersten Schrift zum Bauernkrieg: »Ermahnung
zum Frieden auf die 12 Artikel der Bauernschaft in Schwaben.« Diese Flugschrift
stammt aus dem April 1525, also aus einer Zeit, in der die Bauern noch Hoffnungen
auf Luther setzten und Luther sich noch nicht gegen sie gewandt hatte. Er opponiert in
dieser Schrift dagegen, daß die Bauern ihre Sache mit der seinen identifizieren, und
weiterhin dagegen, daß sie sich in ihrem Tun und Wollen auf das Evangelium und

auf Gott berufen. Er schreibt: »Aber den christlichen Namen, sage ich, den lasst stehen und machet den nicht zum Schanddeckel eurs ungeduldigen, unfriedlichen, unchristlichen Furnehmens ...« und an einer anderen Stelle: »nachdem der leidige Satan itzt viel wilder Rottengeister und Mordgeister unter dem Namen des Evangeli hat erweckt ...«. Weiterhin lesen wir: »... so fahen etliche an und geben dem Evangelio die Schuld, sprechen: das sei die Frucht meiner Lehre. Nu, nu, lästert flugs, lieben Herren, ihr wöllt nicht wissen, was ich gelehret habe und was das Evangelion sei ... Ihr und jedermann muss mir Zeugnis geben, dass ich mit aller Stille gelehret habe, heftig wider Aufruhr gestritten, und zu Gehorsam und Ehre auch euer tyrannischen und tobenden Oberkeit, die Unterthanen gehalten und vermahnet mit höchstem Fleiss, dass dieser Aufruhr nicht kann aus mir kommen ...«. Schließlich wirft er ihnen vor, daß sie seinem Begriff der Freiheit einen falschen, rein »fleischlichen« Inhalt gegeben haben, und wendet sich gegen gewaltmäßiges Vorgehen jeder Art. Er empfiehlt in den Fragen der Beschwerden, deren Berechtigung er nicht beurteilen könne, eine schiedsrichterliche Verständigung. Man sieht also, wie in dieser Schrift sich zwei Welten begegnen, die

»Narrenschiff vom Bundschuh«, Titelblatt, 1514

Luthers »Ermahnung zum Frieden«, Titelblatt, 1525

sich beide auf das Evangelium berufen, aber von völlig verschiedenem Geist beseelt sind, sich gegeneinander absetzen, noch nicht feindlich-gehässig, wie in den späteren Schriften Luthers, aber doch klar und nachdrücklich.

Luther und die Bauern haben einen ganz verschiedenen Ausgangspunkt ihres Denkens und ihrer Frömmigkeit. Der Luthers ist die ganz persönliche Frage des Menschen: wie bekomme ich einen gnädigen Gott?, wie er es selbst formuliert, oder mit anderen Worten: die Frage nach dem Verhältnis des einzelnen Menschen und seiner Seele zu Gott. Alles andere tritt daneben ganz zurück. Die Probleme des sozialen und öffentlichen Lebens stehen für Luther in zweiter Linie. Druck sozialer oder politischer Art betrachtet er vor allem als dem Menschen geschicktes Leid, in dem er sich zu bewähren hat. Luther hat seine entscheidenden Jahre im Kloster verbracht im Ringen um die Frage seines Seelenheils, seines Verhältnisses zu Gott, nicht aber in den Wirren und Nöten des sozialen und öffentlichen Lebens. Die bäuerliche Frömmigkeit aber erwächst aus solchen Nöten, die sie mit der Idee der göttlichen Gerechtigkeit kontrastiert und auf Grund der Bibel zu beurteilen sucht.

Besonders deutlich wird dieser Gegensatz am Freiheitsbegriff Luthers und der Bauern. Luther sieht die Freiheit des Menschen darin, daß niemand zwischen ihm und Gott steht, keine Menschen und keine Gesetze. Für die Bauern geht es um Fragen des praktischen Lebens, um Leibeigenschaft und ihre Abgaben, um Freizügigkeit, um freie Jagd und Fischerei und dergleichen. Luther faßt seine Gedanken darüber in der Schrift »Von der Freiheit eines Christenmenschen« in die zwei Sätze zusammen: »Ein Christenmensch ist ein freier Herr über all Ding und niemand unterthan, ein Christenmensch ist ein dienstbarer Knecht aller Ding und jedermann unterthan.« Die Bauern hörten nur den ersten Satz und mißverstanden ihn.

Von der freyhayt Aines Christen menschen.

Titel der Lutherschen Flugschrift, 1520

Es ist also ein Irrtum, wenn sich die Bauern auf Luther berufen, wenn man ihm die Schuld am Bauernkrieg zuschob und beide Frömmigkeitsarten miteinander identifizieren wollte.

Zu diesem Irrtum hat es viel beigetragen, daß wir Kinder späterer Jahrhunderte gewohnt sind, die Worte »Reformation« und »evangelisch«, wenn sie im Zusammenhang mit der Geschichte des 16. Jahrhunderts gebraucht werden, unbedenklich auf Luthers Sache zu beziehen. In den Quellen der damaligen Zeit werden aber, wie sich leicht zeigen läßt, beide Worte in einem viel weiteren Sinne verwendet. »Evangelisch« nennen sich die Bauern und ihre Prädikanten, nicht weil sie damit eine nähere Beziehung zu Luther bezeichnen, sondern nur weil sie das Evangelium zur Richtschnur in der Beurteilung der sozialen und politischen Verhältnisse machen wollen[78]. Evangelisch nennen sich aber auch die Gegner der Bauern und protestieren, daß die Bauern das Wort für sich in Anspruch nehmen, auch hier ohne eine Verbindung mit Luthers Sache[79]. Als einen »Liebhaber evangelischer Wahrheit« bezeichnet man auch den Bischof von Würzburg[80], ohne damit eine Beziehung zu Luthers Reformation behaupten zu wollen. Es bedeutet also gar keinen Zusammenhang mit Luthers Lehre und Frömmigkeit, wenn die Bauern sich und ihre Sache evangelisch nennen.

Ähnlich steht es mit dem Gebrauch des Wortes Reformation. Wir denken dabei sogleich an Luther und sein Werk. Das war aber nicht der Sprachgebrauch des beginnenden 16. Jahrhunderts. Die »Reformation Kaiser Sigmunds« ist eine *politische* Schrift, die einen politischen Neuaufbau des Staates entwirft. So reden auch die Aufständischen davon, daß sie eine Reformation aufrichten wollen. Und das ist nicht etwa nur eine ungenaue Ausdrucksweise der Bauern. Sondern in einem der wichtigsten offiziösen Schriftstücke der Zeit, in dem Schreiben, mit dem Friedrich Weygandt seinen Plan für einen Neuaufbau des Reiches Wendel Hipler und den Bauernführern vorlegt, kehrt das Wort siebenmal wieder, immer gebraucht im Sinne einer politischen Idee, einer Verfassungsänderung[81]. Wenn also z. B. eine Urkunde vom Mai 1525 berichtet, daß ein Bauernhaufe die Grafen von Gleichen in Tonna reformiert habe, so hat das mit Luther und seiner Sache gar nichts zu tun, sondern heißt nur, daß die Bauern die Grafen von Gleichen zum Anschluß an ihre Sache genötigt haben[82].

Daß die Bauern das Wort »Reformation« aufgriffen und ihre Sache gern als eine solche bezeichneten, ist leicht verständlich. Denn sie suchten doch altes, gutes Recht wiederherzustellen, also eine »reformatio« im realen Sinne des geltenden Rechtes. Reformation bezeichnete ferner allgemein keinen gewaltmäßigen Umsturz, sondern eine ruhige Auseinandersetzung, und da es auf eine solche auch den Bauern ankam, lag die Verwendung dieses Wortes sehr nahe, da es damals noch einen weiten Kreis von Neuformungen des Lebens verschiedener Art bezeichnen konnte, während wir es heute in engerem Sinn für die Sache Luthers oder Zwinglis verwenden.

Der Irrtum, Luthers Bestrebungen und die der Bauern nicht scharf zu unterscheiden und klar voneinander zu trennen, ist aus der Zeit heraus wohl zu verstehen. Obwohl Luthers Umwälzung jünger ist als die Bestrebungen der Bauern, eine soziale Reform durchzusetzen, hat doch sein Auftreten die Sache der Bauern mannigfach gefördert. Als er sich erhob und mit feuriger Beredsamkeit eine Neugestaltung des kirchlichen Lebens um der Frömmigkeit des einzelnen willen verkündete, glaubten manche Bauern und ebenso manche reformfreudigen Kreise des Bürgertums, daß hier ihre Bestrebungen nach einer Sozialreform und einer politischen Umgestaltung vorangetrieben würde. Viele schlossen sich gerade darum Luther an. Und der große Widerhall, den er fand, gab ihnen bei ihren reformerischen oder revolutionären Absichten neuen Mut. Wenn auch der Charakter und die Ziele beider Erneuerungswellen ganz verschieden waren, verlieh doch die Tatsache des Willens zum Umsturz und zur Kritik am Bestehenden dem Begehren der Bauern neue Kraft, und außerdem gab es ja auch Gemeinsames: vor allem den Kampf gegen die weltliche Herrschaft der Kirche. Die bürgerliche revolutionäre Literatur hatte, wie wir gesehen haben, fast ausschließlich oder doch in ganz besonderem Maße der weltlichen Herrschaft der Geistlichen den Kampf angesagt und die Säkularisierung des Kirchengutes gefordert. Luther wünschte dasselbe. Aber wenn auch seine Kritik und sein scharfer Wille aus ganz anderen menschlichen Bezirken kamen, änderte das nichts daran, daß beides sich gegenseitig förderte und daß die Bauern, die an sich keinen Anlaß hatten, sich mehr gegen die geistlichen Herrschaften als gegen die weltlichen zu stellen, es sei denn, sie hätten, wie in Kempten, besonders schlechte Erfahrungen gemacht, so daß sie den Kampf gegen die geistlichen Herrschaften und deren Bedrückungen an die erste Stelle setzten und überall zunächst die Klöster plünderten und zerstörten, zumal diese auch die größten Vorräte besaßen, die die Bauern zum Leben brauchten. Jedenfalls aber war der Kampf gegen die Kirche Luther

H. S. Beham, Satire auf das üppige Leben der Mönche

und den Bauern gemeinsam, so daß, wer sich nicht tiefere Gedanken machte, Luther als einen Bundesgenossen der Bauern ansehen konnte. Dazu kam, daß Luther gelegentlich — wenn auch in geringerem Maße — auch an der weltlichen Obrigkeit Kritik übte, so z. B. in seiner frühesten Schrift zum Bauernkrieg. Auch daß er die Freiheit des Christenmenschen forderte, wenn schon eine ganz andere Freiheit, als sie den Bauern vorschwebte, schien ihn in eine gemeinsame Front mit ihnen zu stellen, und diese scheinbare Bundesgenossenschaft hob sicherlich das Selbstbewußtsein der Bauern, das eine der Voraussetzungen für ihre Erhebung war. Dazu trug auch der Umstand bei, daß Luther für die Zukunft viel von den Bauern erwartete, daß er bei seiner wortgewaltigen Übersetzung der Bibel »den Leuten aufs Maul« sah und daß sich seine große kirchliche Umwälzung vor aller Augen vollzog und jedermann sich zur Entscheidung für oder wider seine Sache aufgefordert sah. Alles das bedeutete ein Aufwecken des Bauern, den Beginn einer allgemeinen aktiven Beteiligung an den öffentlichen Aufgaben, die auch den sozialreformerischen Absichten der Bauern zugute kam. Es ist daher verständlich, daß wenigstens eine Zeitlang eine gewisse Vermischung der Ziele stattgefunden hat. Viele, die Luther zujubelten, gehörten eigentlich nicht zu ihm, sondern in das Lager der Bauern. Viele wußten wohl selber nicht klar, wozu sie sich zu rechnen hatten, da man den Gegensatz noch nicht erkannte. Wahrscheinlich hätten in den Jahren 1517 bis 1525 Luthers Anhänger niemals eine so große Zahl erreicht, wenn nicht darunter Männer der umstürzlerischen Bauernreligion gewesen wären. Viele Prädikanten, die sich damals von der alten Kirche lossagten und sich zunächst als Luthers Schüler und Parteigänger fühlten, hatten wenig von seinem Geist aufzuweisen

79

Huldrych Zwingli, nach 1510

und gehörten eigentlich in die Reihen der Kämpfer für die »Gerechtigkeit Gottes« im Sinne der Bauernbewegung. Bei manchen können wir verfolgen, wie sie zunächst für die Sache der Bauern eintreten, dann aber sich von ihnen trennen und zu Luther sich hinwenden, wie Eberlin von Günzburg[83] oder Dr. Strauss in Eisenach[84]. Andere rückten umgekehrt immer weiter von ihm ab bis zu heftiger Feindschaft wie z. B. Thomas Müntzer, von dem Luther dann sagen kann: »Sitzen auf unserm Mist und uns anbellen, ist ein schlechter Geist«[85]. Melanchthon lehnte die Sache der Bauern schon in einem Gutachten für den Kurfürsten von der Pfalz nachdrücklich ab und bewies in zusätzlichen Bemerkungen wenig Sinn für die gedrückte Lage der Bauern und die Notwendigkeit einer Abhilfe[86].

Zwingli dagegen stand der Sache der Bauern innerlich viel näher als die Wittenberger Reformatoren. In seinen Gedanken spielt die »göttliche Gerechtigkeit« eine große Rolle. Das verbindet ihn mit den Bauern, ebenso wie seine Wendung gegen die weltliche Herrschaft der Geistlichen, seine Kritik an der weltlichen Obrigkeit und die Anerkennung eines Widerstandsrechtes gegen eine »ungöttliche Obrigkeit«. Aber auch er lehnt die soziale Revolution völlig ab und verlangt die Zahlung der Zinsen und anderen Abgaben, soweit rechtliche Grundlagen dafür vorhanden sind. Er verwirft auch die Übertragung der urchristlichen Gütergemeinschaft auf die Gegenwart. Aber sein Stolz auf die Schweizer Freiheit und die Sympathie, die seine Landsleute allen freiheitlichen Bewegungen entgegenbrachten, hat die Bauern in ihrer Hoffnung auf eine Unterstützung durch die Schweizer bestärkt. Zwingli und mit ihm die maßgebenden Schweizer Reformatoren waren nicht nur Theologen, sondern auch Staatsmänner, die klar erkannten, was eine Revolution für die ihrer Fürsorge unterstellten Staaten und Gemeinschaften bedeuten würde[87].

Zwingli konnte also eher noch als Luther Anlaß dazu geben, daß sich die Meinung verbreitete, seine Sache sei auch die der Bauernbewegung. Doch auch hier ließ die Erkenntnis der Gegensätzlichkeit beider Bewegungen nicht lange auf sich warten, und

Zwingli erklärt einmal diejenigen für besonders gefährlich, für gefährlicher als die Gottesleugner, die »das Evangelium allermeist verhaßt machen, die darin allein suchen, ob sie finden, daß sie keinem etwas für das Seine geben müssen, weder Zins, Zehnten noch andere Schuld bezahlen«[88]. Diese scharfe Kritik deckt sich weithin mit der Luthers in dem Vorwurf eines Mißbrauchs des Evangeliums oder des Namens Gottes, wie Luther sagt, für eigensüchtige Zwecke. Dem steht in scharfem Gegensatz die immer wiederkehrende Forderung der Bauern gegenüber, daß ihnen »das hailig ewangelium und das wort gottes unvermyst mit menschenler luter und clar geprediget werd«[89]. Es ist eine gewisse tragische Ironie, daß der Wunsch der Bauern sicher aufrichtig war, daß sie aber über eine recht grobe »Vermischung mit Menschenlehr« nicht hinausgekommen sind[90].

Sieht man unter diesem Gesichtspunkt die 12 Artikel der Bauern durch, so bekommt auch die Forderung der Wahl eines ihnen genehmen Pfarrers im ersten Artikel einen etwas anderen Sinn. Was sie suchen, ist nicht etwa ein Pfarrer, der nur Luthers Lehre ihnen rein vortrüge, sondern einen, der ihre eigene Sache, die Ausdeutung des Evangeliums im Sinne der bäuerlichen Kampfreligion, übernehmen sollte. So haben Caspar Hedio und vor ihm Johann von Wesel im Rheingau vor 1525 von der Berechtigung der Zehntverweigerung gepredigt. Daraus ergibt sich, daß der erste Artikel mit dem Verlangen nach freier Wahl des Pfarrers durch die Gemeinde zugleich — und das ist für die meisten das Entscheidende — die Bereitstellung der Kanzeln für die Agitation des sozial-revolutionär-christlichen Parteiprogramms gemeint ist. Ebenso will der zweite Artikel mit der Bestimmung, der Zehnte solle zur Pfarrerbesoldung verwendet werden, die finanzielle Versorgung der Führer und Agitatoren der Bauernbewegung sicherstellen. Von geistlichen Forderungen, wie man diese beiden Artikel gern genannt hat, kann also nur in sehr eingeschränktem Maße die Rede sein.

Gerade dieses Beispiel zeigt, wie wichtig es ist, beide religiöse Strömungen des 16. Jahrhunderts scharf voneinander zu trennen, und das trotz aller Beeinflussungen, die die eine von der anderen erfahren hat.

Die christlich-sozial-revolutionäre Bewegung, die Religion der »göttlichen Gerechtigkeit«, scheint erst um das Jahr 1522 ihren großen Aufschwung genommen und im Gegensatz zu dem lokal begrenzten Bundschuh und Armen Konrad weite Teile von Deutschland ergriffen zu haben. Denn Luther schreibt 1525 mit Bezug darauf, daß sie »damit nu länger denn drei Jahr umb sind gangen«[90a]; und in einer Urkunde der Bauernversammlung von Aura und Bildhausen heißt es: »... und nachdem das wort gottes sich in zwaien oder treien jaren ongeverlich wider an das licht gethan ...«[90b]. Doch wir müssen hier weiter zurückgehen bis etwa zum Jahr 1300. Denn der Bauernkrieg von 1525 ist ohne einen solchen Rückblick nicht zu verstehen. Unruhen, die auf eine Verbesserung der Lage des Bauernstandes abzielten, gab es zwar in Mitteleuropa schon früher. Bei diesen Aufständen des 14. Jahrhunderts fehlt jedoch, soweit unsere Kenntnis reicht, jede Beziehung zu einer religiös-sozialen Bewegung. Eine erste solche Erhebung erlebte Flandern in den Jahren 1323 bis 1328[91]. Sie richtete sich gegen die Ritter als Herren der Bauern und erwies sich als von einem starken Haß der Bauern getragen. Aber einen ebensolchen der Ritter gegen die Bauern beweist das sogenannte Kerelslied (Lied von den Bauernkerlen). Korruption bei der Erhebung der bäuerlichen Abgaben rief den Aufstand hervor. Mit Wut wurden die Ritter verfolgt. Auch der Kirche verweigerte man den schuldigen Zehnten. Doch die Bauern erlagen, und es kam zu einer großen Metzelei in Cassel. Viel Bauernland wurde ihnen genommen. Die Herren waren unbedingt die Sieger.

1357 brach ein Bauernaufstand in Frankreich aus. Er ist unter dem Namen Jacquerie bekanntgeworden. Derselbe tiefgehende Haß der Bauern gegen die Ritter und der Ritter gegen die Bauern, den wir in Flandern kennengelernt haben, zeigt sich auch hier. Das durch den Großen Krieg hervorgerufene Elend wird sein Teil dazu beigetragen haben, daß der Aufstand so radikalen Charakter annahm.

In England brach 1381 ein Bauernaufstand aus. Der englische Adel hatte versucht, die früheren Frondienste wiederherzustellen und eine Erhöhung der Löhne, die die Menschenverluste durch den Schwarzen Tod nötig gemacht hatten, rückgängig zu machen. Das führte zu der Rebellion. Doch sie trug einen anderen Charakter als die vorausgehenden des Festlandes. Denn hier finden wir zum erstenmal das Schlagwort von der »göttlichen Gerechtigkeit«, das dieser Erhebung einen religiös-sozialen Charakter aufprägt. Von John Wiclif († 1384) ging diese Lehre und diese Bewegung aus. Von ihm führt eine direkte Linie zu Johann Hus nach Böhmen und zu den seine Lehre fortsetzenden Hussiten, deren Nachwirkung in Deutschland bis zum Beginn des 16. Jahrhunderts nachweisbar ist.

Von Wiclif stammt der Satz von dem »göttlichen Gesetz« (»lex Dei« oder »lex Christi«), vor dem alle Verhältnisse des menschlichen Gemeinschaftslebens ihre Berechtigung zu erweisen haben, der Satz also, der der sozialen Bauernbewegung um 1500 den starken religiösen Impuls gegeben hat, hier allerdings unter dem Schlagwort der »göttlichen Gerechtigkeit«. Von Wiclif stammt auch die Forderung eines Liebesdienstes am Ganzen und der einer Liebesgütergemeinschaft mit dem Schlagwort: »omnia bona communia«, wie er in verzerrter Form im Bauernkrieg eine — wenn auch nur periphere — Rolle gespielt hat. Das alles zeigt die Verwandtschaft der Ideenwelt Wiclifs und der Bauernreligion von 1525. Aber Wiclif ist kein Volksführer. Er lehrte an der Universität in Oxford. Sein Kampf richtet sich ausdrücklich nur gegen die Kirche, nicht gegen die weltlichen Herrschaften. Er ist kein Politiker, sondern ein Theologe, der sich leidenschaftlich um die Neugestaltung der Kirche müht. Hier, auf diesem engeren Gebiet, ist er Umstürzler. Ihm schwebt das Bild der Kirche in franziskanischer Armut vor, und er wendet das »göttliche Gesetz« zum scharfen Gericht über die bestehenden Zustände der Kirche an. Da aller Besitz und alle Gewalt von Gott stammt, darf nur derjenige Besitz und Recht handhaben, der sich vor der »lex Dei« als »recht« erweisen kann, der Gottes Gebot der Liebe und Demut einhält. In diesem Sinne wird auch Liebeskommunismus im Kreise dieser von Gott Belehnten gefordert. Da die Kirche aber diese Forderungen nicht erfüllt, ist die weltliche Gewalt berechtigt, das Ideal der »armen Kirche« wiederherzustellen. An sich läge es nahe, diese Forderungen auch auf die weltlichen Herrschaften auszudehnen und auch hier ein Recht zum Umsturz zu postulieren. Doch hier hält sich Wiclif zurück. Er erkennt die Berechtigung weltlicher Herrschaft und ständischer Abstufung an. Seine weitere scharfe Kritik am Sakramentsbegriff, am Zölibat, an Reliquienkult, Wallfahrten, Ablässen, Bilderdienst usw. interessieren uns in diesem Zusammenhang nicht. Wichtig aber ist, daß — ähnlich wie bei Luther — die Betonung des unmittelbaren Verhältnisses des Menschen zu Gott ohne Vermittlung durch Priester und Kirche das Selbstbewußtsein des Laien sehr gehoben hat. Die Menge machte an der von Wiclif für die Kritik gezogenen Grenze nicht halt, sondern richtete ihre Kritik auch gegen die weltliche Herrschaft, die sie ebenso an der Hand der Bibel zu prüfen und zu richten versuchte, wie Wiclif das mit der Kirche getan hatte. So beeinflußte Wiclif — wiederum ähnlich wie Luther — eine soziale Massenbewegung, zu der er eigentlich kein inneres Verhältnis hatte.

Im Jahre 1381, also drei Jahre vor dem Tode Wiclifs, brach in England ein Bauernkrieg aus, der manches mit dem deutschen von 1525 gemein hat. Der religiöse Antrieb dieses Aufstandes ist deutlich. Unter den Predigern, die hier den Aufstand erregten und aufstachelten, steht John Ball an erster Stelle. Er predigte trotz Interdikt und Gefängnis etwa von 1360 bis 1381, immer wieder ausgehend von dem Gesetz Gottes, das die Freiheit und die Gerechtigkeit für die Armen und Gedrückten fordere. Er verlangte die Aufhebung der Leibeigenschaft, die in der Praxis schon stark reduziert war, und eine gewisse Liebes-Gütergemeinschaft der Menschen untereinander. Diese Forderungen gehen also über die von 1525 weit hinaus. Auch hier sind es recht wohlhabende und angesehene Männer, die sich zusammenrotten, und Anlaß ist auch hier eine Verschärfung der Ansprüche des Landesherrn, insbesondere die rigorose Eintreibung einer neuen Steuer. Sie rief Aufstände in Kent und Essex hervor, die bald auf große Teile von England übergriffen. Der englische Bauernkrieg nahm dann aber eine ganz andere Entwicklung als der deutsche. Er hatte sich mit der Zentralgewalt des Landes, mit dem Königtum, auseinanderzusetzen. Zunächst gelang es, sogar London in die Hand zu bekommen, da hier wie anderswo große Teile des Bürgertums mit den Bauern gemeinsame Sache machten. Der König versprach zunächst Erfüllung der wichtigsten Forderungen der Bauern, vor allem die Ablösung der Leibeigenschaft durch Geld. Aber damit war die Erhebung nicht zu Ende. Die radikalen Elemente unter den Bauern ruhten nicht, und auf der anderen Seite faßten die alten Machthaber neuen Mut. Das aber veränderte die Situation. Die Bauern wurden blutig niedergeworfen. Wiclif selbst beteiligte sich an diesen Kämpfen in keiner Weise. Aber seine Gedanken, soweit sie um die Neugestaltung des öffentlichen Lebens kreisen und die Aufhebung der weltlichen Herrschaft der Geistlichen forderten, hatten viel zu der revolutionären und zugleich religiösen Erregung und der Energie des Kampfes beigesteuert[92].

Sowohl die wohlabgewogenen Lehren Wiclifs wie die christlich-sozial-revolutionäre Religion der Massen wirkten weiter und auch auf das Festland hinüber. Wir können oft nur die Wirkungen sehen, die die Bekanntschaft mit Wiclifs Lehren auf Gelehrte und Theologen, wie z. B. auf Hus hatten. Die Einflüsse, die von einem Volk auf das andere durch Berichte und verborgene Predigten übergingen, bleiben meist vor dem Blick der Nachwelt verborgen. Nur in großen Linien lassen sie sich nachweisen, wenn

Jhesus.
eyn sz yglichen bessers vorstad. Zum ersten/mussen wir
warlich die warheit bekennen/vnd vnszer rechtfertigen
lassen/den Behemen etwas zugebenn. Nemlich/das
Johannes husz vnd Hieronymus von Prag/zu Costnitz widder Bepstlich/Christlich/Reyserlich geleyd
vnd eyd/sein vorpzand/damit widder gottis gepot ge-
geschehen/vnd die Behemen hoch zu bitterkeit vorur-
sacht sein/vnd wie wol sie solten volkommen gewesen
sein/solch schwere vnrecht/vnd gottis vngehorsam vo
den vnszern gelitten habe/szo sein sie doch nit schuldig
gewesen/solchs zubillichen/vnd als recht gethan bekennen. Ja sie solten nach heutigs tags drob lassen leyp
vnd leben/ehe sie bekennen solten/das rechtsey/keyser-
lich/bepstlich/Christlich geleyd brechen/trewlosz dawidder handeln. Darumb wie wol es der Behemenn
vngedult ist/szo ists doch mehr des Bapsts vn der seinen schult/all der iamer/all der yrtumb/vnd seelen vor-
terben/das seynd dem selben Concilio erfolget ist.
Jch wil die Johanis husz artickel nit richten/noch
sein yrtumb vorfechtenn/wie wol mein vorstand noch
nichts yrrigis bey yhm funden hat/vnd ichs mag fro-
lich glaube/das die nichts guttis gericht/noch redlich
vordampt haben/die durch yhren trewloszen handel/
Christlich geleyd vnnd gottis gebot vbirtretten/on
zweyffel/mehr vom boszen geyst/den vom heyligê geyst
besessen gewesen sein. Es wirt niemad dran zweyffeln/
das der heylig geyst nit widder gottis gepot handelt/
szo ist niemandt szo vnwyssendt/das geleyd vnnd trew
brechen/sey widder gottis gepot/ob sie gleich de teuffel
selbs/schweyg einem ketzer were zugesagt/szo ist auch
offinbar/das Johan.husz vnd den Behemen solch ge
leyd ist zugesagt/vnd nit gehalten/szondern daruber er
vorpzennet. Jch wil auch Johan. husz keinen heyligen

Jhesus.
noch Merterer machen/wie etlich Behemen thun/ob
ich gleich bekenne/das yhm vnrecht geschehen/vn sein
buch vnd lere vnrecht vordampt ist/dan gottis gericht
sein heymlich vnd erschrecklich/die niemant dan er selb
allein offinbarn vnd auszdruckenn sol. Das wil ich nur
sagen/ehr sey ein ketzer wie bosz er yner mocht sein/szo
hat man yhm mit vnrecht vnnd widder got vorprennet/
vnd sol die Behemen nit dringen solchs zubillichenn/
odder wir kummen sonst nymmer mehr zur eynickeit.
Es muosz vns die offentliche warheit eynis machen/vn
nit die eygensynnickeit. Es hilfft nit das sie zu der zeyt
haben furgewendet/das eine ketzer sey nit zuhalte das
geleyd/das ist eben szouiel gesagt/man sol gottis gepot
nit halten/auff das man gottis gepot halte. Es hat sie
der teuffel toll vnd toricht gemacht/das sie nit habe gesehen was sie geredt odder gethan haben. Geleyd halten hat got gepotten/das solt man halten/ob gleich yhe
welt solt vntergehenn/schweyg dan ein ketzer losz wer-
den/szo solt man die ketzer mit schrifftenn/nit mit fewr
vbirwinden/wie die alten vetter than habenn. Wen es
kunst were/mit fewr ketzer vbirwinden/szo weren die
hencker die geleretisten doctores auff erdenn/durfften
wir auch nit mehr studieren/szondern wolcher den andern mit gewalt vbirwund/mocht yhn vorprennen.
Zum andern/das Keyszer vnd furstenn byneinscfft
ekten etlich frum vorstendig Bischoff vnd gelerete bey
leyb keinen Cardinal noch Bepstlich botschafft/noch
ketzer meyster/den das volck ist mehr dan zuuiel vnge-
leret/in Christlichenn namen suchen auch nit der
seelen heyl/szondern wie des bapsts heuchler alle thun
yhr eygen gewalt/nutz vnd ehre. Sie sein auch die heub
ter gewesen diszes iamers zu Costnitz. Das die selben
geschickten solten erkunden bey den Behemen/wie es
D iij

Aus Luthers Flugschrift »An den christlichen Adel . . .«
(im zweiten Abschnitt seine Meinung über den Fall Hus)

erst später plötzlich machtvoll in Erscheinung tritt, was lange vorher in einem anderen Volk zum Ausbruch gekommen war. Diese Einflüsse gehen teilweise über Hus
und seine theologischen Gesinnungsgenossen, sicherlich aber auch zu einem großen
Teil unmittelbar von einem Volk auf das andere über in vielen unterirdischen Kanälen.
In England selbst war die Nachwirkung Wiclifs und der bäuerlichen Umsturzreligion
der »göttlichen Gerechtigkeit« nicht sehr groß. Zunächst, nach seinem Tod im Jahre
1384, waren seine Anhänger eine mächtige Partei im Land, aber seit das Haus Lancaster
im Jahre 1399 den Thron bestiegen hatte, wandten sich Staat und Kirche gemeinsam
gegen Wiclifs Lehren und gegen seine Anhänger. Die Oxforder Universität erklärte
nach einer gründlichen Säuberung in ihrem eigenen Kreis 267 Sätze Wiclifs für irrig
und ketzerisch, und 1417 endete einer der angesehensten Männer aus dem Kreise von

Wiclifs Nachfolgern, Sir John Oldcastle (Lord Cobham) auf dem Scheiterhaufen, und das Gesetz »De haeretico comburendo« sorgte für die weitere Ausrottung dieser Lehren. Wie weit sie unterirdisch auch in England noch weiterwirkten, steht hier nicht zur Frage. Doch außerhalb des Landes hatten sie den stärksten Einfluß auf Johann Hus in Böhmen. Da im Jahre 1382 die Schwester König Wenzels den englischen König Richard II. geheiratet hatte, waren damals durch Vermittlung der neuen englischen Königin die Beziehungen zwischen Prag und London recht lebhaft.

Johann Hus war kein selbständiger theologischer oder sozialpolitischer Denker. Aber er verstand es, den Ideen, die er als richtig erkannt hatte, durch mutiges und energisches Eintreten und durch eine volks- und zeitnahe Propagierung große Breitenwirkung und in den davon ergriffenen Kreisen auch Tiefenwirkung zu sichern. So wurde es für die ganze religionsgeschichtliche und sozialgeschichtliche Entwicklung von der größten Bedeutung, daß er die Wiclifschen Ideen völlig übernahm und sich mit seiner ganzen Persönlichkeit für sie einsetzte.

Er ist um 1369 geboren und stammte aus ärmlichen Verhältnissen. Er studierte in Prag Philosophie, ward 1396 Magister der freien Künste, hielt seit 1398 Vorlesungen an der Universität, war 1401 Dekan der philosophischen Fakultät (ob er 1402 Rektor war, ist sehr zweifelhaft). Aber er gehörte nie zum Typ des weltfremden Gelehrten. Wichtiger für ihn war, daß er gleichzeitig Prediger an der Michaeliskirche und dann an der Bethlehem-Kapelle in Prag war, wo stiftungsgemäß nur tschechisch gepredigt werden durfte. Er hatte sein Leben lang etwas Urwüchsiges bewahrt. Auffallend waren seine dunklen, tiefliegenden Augen, die den Hörer gefangennahmen und die voll Leidenschaft und Zorn brennen konnten. Seine Sprache war, besonders wenn er mit Leuten aus dem Volk sprach, derb und bäurisch[93]. Das alles verschaffte ihm eine große Popularität und Breitenwirkung, und diese machte ihn, obwohl er seinem Denken nach unter Wiclifs Einfluß nur auf kirchlichem Gebiet Umstürzler war, zum Ausgangspunkt einer großen, kraftvollen revolutionären Bewegung, des Hussitismus. In seinem Abschiedsbrief hat er noch gebeten, daß jeder seiner Herrschaft getreu diene[94], und in einer Predigt über das Unkraut im Weizen wendet er sich entschieden dagegen, daß man das Böse vertilgen dürfe oder gar müsse, denn das gereiche nur zum Schaden für die Guten. Aber er wendet sich in engem Anschluß an Wiclif in scharfer Kritik gegen die Kirche und dehnt diese Kritik auch auf weltliche Herrschaft aus, und zwar mit der Aufforderung, alle Mißstände zu beseitigen. Seine Zuhörer, die sich großenteils aus Leuten armer gedrückter Schichten zusammensetzten, hörten daraus nur die Aufforderung zum gewaltsamen Ändern, d. h. zum Umsturz heraus. Ein Satz wie der, daß man nur den guten Befehlen seiner Obrigkeit gehorchen dürfe, den schlechten aber sich widersetzen müsse, hatte eine starke Wirkung in derselben Richtung. In dieser Wendung auch gegen weltliche Herrschaft ging er unverkennbar über Wiclif hinaus. Sonst schließt er sich so eng an ihn an, daß manche seiner Schriften faktisch nur Übersetzungen Wiclifscher Schriften darstellen. Erst Wiclifs Werke haben ihn zum Revolutionär gemacht — soweit er dies überhaupt war. Die englischen Anhänger Wiclifs, wie der Priester Richard Wyche und der schon genannte Lord John Cobham of Oldcastle, unterstützten brieflich Hus' Sache. Studenten brachten Abschriften Wiclifscher Texte nach Böhmen. Auch seine Verurteilung hing zusammen mit einer Verdammung der Wiclifschen Schriften als ketzerisch. Einen leibhaftigen Wiclif nannte man Hus im Verhör auf dem Konzil in Konstanz, wo er 1415 als Ketzer verurteilt und auf dem Scheiterhaufen verbrannt wurde. Die Kirche sah — und mit gutem Grund — in Hus einen gefährlicheren Gegner als in Wiclif[95].

Wichtiger als Hus selber sind in unserem Zusammenhang seine Auswirkungen auf die breiten Massen, zunächst in Böhmen und dann auch in Deutschland. Eine große religiöse und politische Volksbewegung, vor der ganz Deutschland erschrak, erwuchs aus seiner Lehre, seinem Leben und vor allem aus seinem Ketzertod. Denn die Verbrennung dieses volkstümlichen Mannes ließ ihn als einen hoch zu verehrenden Märtyrer erscheinen und machte ihn gerade dadurch gefährlich. Nur so erklärt sich das Geheimnis der großen werbenden Kraft des Hussitentums.

In Böhmen war der Boden für eine solche Massenbewegung besonders gut vorbereitet. Denn hierher, genauer gesagt: in die böhmisch-bayerischen Grenzgebiete hatten sich die Reste der verfolgten Waldenser zurückgezogen. Seit dem 13. Jahrhundert sind sie hier nachweisbar. Wir wissen von einem Vorgehen der Inquisition gegen die Ketzer in den Jahren 1257, 1315, 1330, 1335, 1381 und 1393/94. In der Hauptsache richtete sich diese Bewegung im Verborgenen gegen Sakrament, Ehe, Eid, Todesstrafe, die Kindertaufe und andere religiöse Institutionen. Ihre Anhänger lebten in einer Art Gütergemeinschaft in ihrer verfolgten heimlichen Gemeinschaft. Von Zeit zu Zeit unternahmen sie Plünderungen der Reichen. Das wurde von ihnen als ein gefordertes gutes Werk angesehen, da Reiche arm werden müßten. Sie hatten ihre Anhänger vor allem in den schwerarbeitenden Volksschichten. Vielleicht war der Vater von Johann Hus Anhänger der Waldenser. Auch Männer wie der Kanonist Nikolaus von Dresden in Prag und Peter Cheltschitzky sind ihrem Kreis zuzurechnen. Sein Buch »Netz des Glaubens« enthält eine Glaubenslehre, die den Anschauungen der aufständischen Bauern von 1525 sehr nahe steht[96].

Auch in der gelehrten Welt stand Hus keineswegs allein. Schon vor ihm und neben ihm trat in Böhmen eine ganze Reihe von Männern als Bußprediger auf wider die Zustände der alten Kirche, wider die Laster der Wohlhabenden und wendeten sich mit einer dem Sozialismus zuneigenden Art an die Niedrigen und Gedrückten, und das hatte eine starke Wirkung auf die Stimmung im ganzen Land. Überall herrschte das dumpfe Ahnen eines kommenden Ausbruches, wenn nicht eines Umsturzes, ein Gefühl, daß es so nicht weitergehen könne. Die wichtigsten dieser Männer waren Konrad von Waldhausen, ein Augustiner und Militsch von Kremsier. Waldhausen war Unterkanzler bei Karl IV. und Domherr, verzichtete aber eines Tages auf alle Ämter und Würden, um als Bußprediger zu wirken. Vor allem nahm er sich der Dirnen an und kämpfte gegen die Unzucht der Dirnenquartiere Prags. Außerdem sind zu nennen Matthias von Janow, Johannes von St. Gallus, der sich allerdings mehr an die Gebildeten wendete, und Adalbertus Ranconis de Ericinio, ein warmer Freund des Bauernstandes, der sich gegen gewisse Folgen der Leibeigenschaft u. a. wandte.

Diesen ganzen Hintergrund muß man kennen, um zu verstehen, wie aus der Predigt und dem Tod des an sich unscheinbaren Johann Hus ein solcher Brand entstehen konnte, wie ihn das Hussitentum darstellt. Kein Wunder, daß bald sehr verschiedene Bewegungen auftreten, da andere Einflüsse sich mit dem von Hus vereinen. Die erste Gruppe der Hussiten, die sogenannten Utraquisten oder Kalixtiner, blieben im wesentlichen auf der Linie von Hus. Ihre Bestrebungen haben religiösen Charakter ohne den Einschlag von sozialem Umsturzwillen, der andere Gruppen kennzeichnet. Aus diesem Kreis der Utraquisten bildete sich eine schismatische Kirche, die den Laienkelch und die Volkssprache im Gottesdienst einführte und sich um ein einfaches Leben der Priesterschaft bemühte. Die katholische Kirche machte ihnen im Lauf der Zeit gewisse Zugeständnisse, woraufhin sie sich später wieder mit ihr vereinigten. Eine zweite Gruppe sind die sogenannten Mährischen Brüder. Sie bemühten sich mit großem Eifer, ernst zu machen mit dem Gedanken des Gottesgesetzes, an dem alle menschlichen Einrichtungen zu messen seien. Aber da sie ohne Gewalt keine Möglichkeit sahen, in den bestehenden Staaten ihre religiösen Anschauungen durchzusetzen, Gewalt aber als unchristlich verwarfen, so zogen sie sich auf ihren eigenen Kreis zurück und suchten hier von ihrem Heiligkeitsideal und ihrem Liebesgemeinschaftsleben, was sich irgend verwirklichen ließ. Sie haben ebenso wie die Utraquisten mit dem Umsturz der Taboriten wie auch später mit dem deutschen Bauernkrieg nichts zu tun. Die Brüdergemeinde des Grafen Zinzendorf ist später aus diesem, nun als Böhmische Brüder bezeichneten Kreis hervorgegangen[97].

Ganz anders hat sich die dritte, und praktisch wichtigste, Gruppe der Hussiten, die Taboriten, entwickelt. Aus der religiösen Bewegung von Hus wurde nun eine vorwiegend sozial-revolutionäre. Zwar sind auch die religiösen Anliegen noch lebendig, aber vor allem in negativer, angrifflicher und zerstörerischer Form. Der Sakramentsbegriff der katholischen Kirche wird ganz verworfen, ebenso alle Heiligen- und Bilderverehrung, Segnungen und Weihen. Fegfeuer, Ablaß und Beichte werden verurteilt und abgeschafft. Die Priester sollen von den Gemeinden eingesetzt werden. Aber das alles tritt in den Hintergrund vor der Tatsache, daß man nun alle Einrichtungen des öffentlichen Lebens an dem »Gesetz Gottes« gemessen sehen will und daß die von da aus notwendig erscheinenden Änderungen mit unnachsichtiger Gewalt durchgeführt werden sollen. Notfalls mit dem Schwert soll ein Reich Gottes auf Erden errichtet werden, das im Gegensatz zu Wiclif und Hus keine ständischen Unterschiede mehr anerkennt. Die »Gemeinde der Auserwählten« aber soll in voller Gütergemeinschaft leben, alle sollen untereinander Brüder sein. Diese Mischung von schwärmerischer Brüderschaftsreligion mit der Forderung der revolutionären Gewalt bewies eine mitreißende Kraft und verwandelte Bürger und Bauern in die »Gotteskrieger«, vor denen Böhmen und große Teile Deutschlands zutiefst erschraken. Ob dieser Übergang zur Gewalt aus dem waldensischen Erbe stammt, ob Zusammenhänge mit den englischen Nachfolgern Wiclifs und dem englischen Bauernaufstand von 1381 vorhanden waren, oder ob hier wie dort diese Radikalisierung sich von selber vollzog in dem Augenblick, in dem die Gedanken in erregte Massen eindrangen, ist heute wohl kaum mehr zu entscheiden. Mir erscheint das letztere wahrscheinlich, obwohl ergänzend auch die anderen Einflüsse dazugekommen sein mögen. Nicht zu vergessen ist, daß nun bei den Taboriten — im Gegensatz zu Hus — auch ein hochgesteigertes tschechisches Nationalbewußtsein und daraus entspringend ein wilder Haß die Flammen noch schürten. In diesen Kreisen entfaltete das Wort vom göttlichen Gesetz (»divina iura«) eine große propagandistische Kraft. Es war wie ein Banner, das den kämpfenden, sengenden und brennenden Scharen vorangetragen wurde[98]. Zweimal schlugen die Heere der aufständischen Taboriten Kaiser Sigmund (1420 und 1422). Sie schienen sich siegreich allem Widerstand gegenüber behaupten zu können. Ein Schrecken ging durch ganz Deutschland. Gleichzeitig drang aber auch die Propaganda der Hussiten auf heimlichen Wegen im ganzen Reich vor. Als Hus 1414 nach Konstanz zum Konzil fuhr, fand er in der Oberpfalz und in Mittelfranken in zahlreichen Orten sehr freundliche Aufnahme und offene Ohren für seine Lehre. In Nürnberg predigte er vor einer zahlreichen Menge. Auch während des Konzils von Konstanz sahen die Teilnehmer mit Entsetzen, wie das Volk zu den hussitischen Predigten strömte und überall hussitische Spottlieder gesungen wurden. 1432 sprach Peter Bruneti, der Notar des Baseler Konzils, ganz offen die Befürchtung aus, daß sämtliche Bauern in Deutschland sich zu den Hussiten schlagen würden. Das Konzil beorderte daher Inquisitoren aus allen Ländern nach Konstanz, um über die ständig zunehmenden Angriffe gegen die Kirche Maßnahmen zu beraten. Wir wissen, daß 1421 böhmische Priester in Nürnberg und Bamberg tätig waren, und beide Städte mußten sich wiederholt in den Jahren 1421 bis 1432 gegen den Verdacht wehren, mit den Hussiten in heimlicher Verbindung zu stehen. In Basel soll sogar bis zum Beginn des 16. Jahrhunderts eine hussitische Sektengemeinde bestanden haben. In Mainz aber hielt Kurfürst Berthold von Henneberg noch 1488 eine Wiedererrichtung des Inquisitionstribunals für seinen Sprengel der Hussiten wegen für notwendig. Noch in den ersten Jahren des 16. Jahrhunderts äußerten sich wohlunterrichtete und bedeutende Männer wie Jakob Wimpfeling und Willibald Pirckheimer sehr besorgt über das Vordringen der hussitischen Lehre in Deutschland. Wimpfeling schrieb, er befürchte, das böhmische Gift werde weiter um sich greifen, wenn keine Hebung des geistlichen Standes erfolge (1515), und Pirkheimer stellte im Jahre 1517, also kurz vor Ausbruch des Bauernkrieges, fest, daß allen Verfolgungen zum Trotz die hussitische Lehre von Tag zu Tag mehr Anhänger gewinne. Im Vogtland, im Fichtelgebirge und im Böhmerwald, also entlang der böhmischen Grenze muß der Einfluß der Hussiten nach dem Zeugnis von Matthias von Kemnath aus dem Jahre 1475 besonders groß gewesen sein. Er wollte gar nicht beschreiben, was »unmeslicher grosser Bosheit, schalckheit, buberei« die Ketzer und ihre Winkelprediger trieben, denn da müßte man ein großes Buch schreiben. »Der verkerer und winckelprediger seint vast vil vor dem Behamer walde besunders um Eger in der vohtland.«

Wir kennen eine ganze Reihe von Predigern dieser Kreise mit Namen. Da ist zunächst Johannes Drändorf, ein sächsischer Edelmann, der seinen Besitz aufgab, um sich ganz der Verbreitung von Ideen zu widmen, die teils waldensischen, teils hussitischen Ursprungs waren. Er hielt sich zunächst im Vogtland auf, war dann aber auch am Rhein, in Köln, Speyer, Straßburg und Basel tätig sowie im Bistum Würzburg. Schließlich wurde er bei Heilbronn verhaftet, in Heidelberg vor das Inquisitionsgericht gestellt und im Jahre 1425 verbrannt. Sein Freund war der Schulrektor Peter Turnau in Speyer, der 1426 in dieser Stadt verbrannt wurde. In den Jahren 1420 bis 1430 durchwanderte Deutschland Friedrich Reiser, teils als Kaufmann, teils als Prediger waldensisch-hussitischer Lehren. 1430 geriet er in die Gefangenschaft der Hussiten und wurde in ihrem Kreis Priester der Taboriten in Böhmen. 1434 kehrte er aber wieder nach Deutschland zurück und ist dann an vielen Orten Süddeutschlands als Prediger nachweisbar. Er propagierte die Schaffung einer Werbeorganisation in Deutschland mit Reisepredigern. Die Propaganda hatte also schon so großen Umfang angenommen, daß man an ihre Organisation denken mußte. 1458 wurde Friedrich Reiser zu Straßburg hingerichtet. Außer ihm war der Reiseprediger Friedrich Müller in der Umgegend von Ansbach, Rothenburg und Neustadt a. d. Aisch tätig. 1447 wurden 130 unter seinem Einfluß stehende Menschen als Ketzer verhaftet. Er selbst entkam. – Der Schüler Wiclifs Peter Payne dagegen, der 1433 am Oberrhein wirkte, hielt sich selbständiger den Hussiten gegenüber und vertrat nur die Lehren seines Meisters.

Wir hören von diesen Predigern und ihren Anhängern immer nur, wenn sie in die Hände der Inquisition fallen und abgeurteilt werden. Aber wir können uns aus solchen vereinzelten und zufällig überlieferten Daten ein Bild davon machen, wie stark diese Ideen im 15. Jahrhundert und zu Beginn des 16. überall in Deutschland wirkten. Es ist also sehr wahrscheinlich, daß sie einen weitgehenden Einfluß auf die Gedankenwelt der Bauernbewegung von 1525 ausgeübt haben[99].

1431 brach ein Aufstand der Bauern um Worms gegen die Wormser Juden aus, der durch das geschickte Eingreifen des Kurfürsten Ludwig III. von der Pfalz und durch ein vorsichtiges Nachgeben bald beschwichtigt wurde. Er hatte in seinen Forderungen mit dem Bauernkrieg von 1525 und auch mit dem Hussitentum im eigentlichen Sinne nichts zu tun. Denn er wendete sich gegen den Wucher der Juden in Worms und verlangte bestimmte Zinsnachlässe von diesen. Aber die Tatsache, daß die Bauern sich mit ihren Forderungen zusammenschlossen und daß sie den Mut hatten, eine mächtige Stadt anzugreifen, zeigt doch eine Auswirkung der hussitischen Kämpfe und Lehren. In Ulm sagte man damals ganz offen, es sei zu erwarten, daß man nun auch in Deutschland nach böhmischem Muster über die Geistlichkeit und die Ehrbarkeit »aller Kommun und Städte« herfallen werde. So gesehen ist auch dieser Wormser Aufstand in die Reihe der Zeugnisse für das Weiterleben der hussitischen Ideen einzubeziehen.

Am Schlusse dieser Entwicklungsreihen steht die große Zahl der Prediger, die vor und um 1525 in Deutschland die Ideen der »göttlichen Gerechtigkeit« und des göttlichen Gesetzes, an dem alle Einrichtungen des Lebens, vor allem des öffentlichen Lebens zu messen seien, verbreiteten. Ihre Lehre war durchaus nicht einheitlich. Die einen redeten nur von der Zahlung des Zehnten, die anderen nur von der Leibeigenschaft und ihren rechtlichen Folgen. Die einen wollten die Aufstellung und Veröffentlichung der Forderungen, um auf rechtlichem Wege oder durch Verhandlungen die Erfüllung der

Wünsche oder doch eines Teiles davon zu erreichen. Andere propagieren schon früh den Aufruhr, d. h. die Anwendung von Gewalt, um zum Ziele zu kommen. Aber so verschieden auch die Männer und ihre Predigten waren, sie gehören doch alle zusammen in *eine* Bewegung, sie formen alle miteinander den großen Strom der sozialen umstürzlerischen Bewegung auf der Grundlage eines einseitig ausgelegten und gepreßten Evangeliums. Großenteils sind es Anhänger oder gar Schüler Luthers, die aber dem Inhalt ihrer Predigten und ihrem Charakter nach nicht zu ihm gehören, sondern ein entstelltes Christentum, eine eigene Auffassung, die des bäuerlichen Umsturzes unter der Flagge der »göttlichen Gerechtigkeit« vertraten.

Da lehrte in Waldshut der Pfarrer Balthasar Hubmayer, in Kempten in St. Lorenz Matthias Waibel, in Memmingen der Pfarrer Christoph Schappeler und der Kürschner Sebastian Lotzer, ein Laie, der es aber in der Kenntnis der Bibel u. a. sehr wohl mit einem studierten Pfarrer aufnehmen konnte. In der Umgegend von Ulm wirkte der Pfarrer Hans Jakob Wehe in Leipheim und zeitweise der schon genannte Johann Eberlin von Günzburg, der sich dann aber später in Eisenach den Bauern als Vermittler entgegenstellte. Dazu kam dort der Wanderapostel Zacharias Krell. In Augsburg entfernte der Rat den Barfüssermönch Johannes Schilling wegen aufrührerischer Predigten aus der Stadt. In Bamberg hatte der Bischof den Prediger Johann Schwanhausen aus der Stadt verbannt, aber 1525 verlangte die aufständische Menge seine Rückberufung. Über Rothenburg sind wir besser als über andere Orte des Aufruhrgebiets unterrichtet. Dort hören wir von einer ganzen Anzahl von Predigern, die für die Sache der Bauern, d. h. im Sinne der religiös-sozialen Reform eintraten. Wahrscheinlich war auch in anderen Städten die Zahl größer, als wir heute wissen. In Rothenburg standen dem Prediger Dr. Johann Dewschlin zur Seite Lienhard Denner, Pfarrverweser in Leuzenbronn, Barthel Albrecht, »so die newen materien gelesen hette«, Valentin Ickelshaimer, ein »gelerter Latinus«, ebenso ein blinder Konventsbruder des Barfüsserordens Hans Schmid, Peter Sayler und Hans Hollenbach. Andreas Bodenstein aus Karlstadt ist nur sehr bedingt diesem Kreis zuzurechnen, denn bei ihm standen — ähnlich wie bei seinem Gegner Luther — die religiösen Fragen ganz im Vordergrund. In Württemberg und dann, als dort die Bewegung in Gefahr geriet, im Kraichgau redete und warb der »Pfaffe Anton Eisenhut«, der zugleich ein übel berüchtigter politischer Agitator war. Zu Straßburg wirkten Caspar Hedio, Wolfgang Capito und Martin Butzer — alle drei, im Gegensatz zu Eisenhut, ernst zu nehmende Männer. In Weißenburg im Elsaß betätigten sich Johannes Merkel und Philipp Hartin. In der Bundschuh-Bewegung hören wir von dem Pfarrer Schwarz in Lehen als von einem Mitverschworenen. Im Rheingau lehrten im gleichen Sinn der schon genannte Caspar Hedio und vor ihm Johann von Wesel. Hedio sandte dem »christlichen heuflin in Rinckgaw« von Straßburg aus noch als Flugschriften gedruckte Predigten, die sich mit der Verweigerung des Zehnten befaßten und zur Erhebung aufriefen. Er blieb also, als er vom Rheingau wegging, auch weiter das geistige Haupt der dortigen Aufstandsbewegung. — In Frankfurt entfaltete Dr. Gerhard Westerburg, ein Theologe aus dem Kreise um Karlstadt, eine rege Predigt- und Propagandatätigkeit. In Fulda lehrte Adam Krafft, jedoch wissen wir nicht sicher

Hans Baldung Grien, Caspar Hedio

zu sagen, ob er im Sinne Luthers predigte oder in dem der religiös-sozialen Bewegung. Doch die Art und Weise, wie sich 1525 die Masse für ihn einsetzte, läßt vermuten, daß er auch in den Kreis der genannten Prediger der Religion der »göttlichen Gerechtigkeit« gehört. — In Eisenach predigte Dr. Jakob Strauß, wenn auch in gemäßigter Form, gegen die Anhäufung der Darlehenszinsen und gegen das »tyrannische Vornehmen« der Amtleute und des Adels. Die Tätigkeit von Thomas Müntzer aber in Allstedt und dann in Mühlhausen zeigt zweifellos die stärkste, leidenschaftlichste revolutionäre Beredsamkeit, die wir in dieser Zeit überhaupt kennen. Doch davon muß noch an anderer Stelle die Rede sein. In Bregenz wirkte in gleicher Weise, doch nicht mit derselben Leidenschaft und Radikalität, Jos Wilpurger, in Sterzing Hans Vischer und in der Schweiz im Amt Stein bei Zürich Hans Oechsli. Wo wir genauere Einblicke in die Entstehung der Bauernerhebung oder der Zusammenrottungen haben, stoßen wir fast immer auf solche Prediger oder »Prädikanten«, wie man damals sagte.

Aus diesem Grund ist überall, wo ein Aufstand der Bauern droht oder stattfindet, die Empörung und Erbitterung der Herrschaften gegen diese Prädikanten sehr groß. Schon 1524, als im fränkischen Forchheim die Bauern sich zusammenrotteten und Forderungen stellten, bat das Bamberger Domkapitel den Bischof, mehrere Pfarrer vorzuladen,

»so solch Aufruhr machen«. Ein Jahr später lehnte es der Schwäbische Bund überhaupt ab, mit den Prädikanten als Vertretern der Bauern zu verhandeln. Aber auch der Augsburger Bürgermeister und Vertreter der Stadt beim Schwäbischen Bund, Ulrich Artzt, der an sich viel Verständnis für die Sache der Bauern hatte, spricht sich, wie wir sahen, scharf gegen diese Prediger aus (siehe Anmerkung 58). Ähnlich äußert er sich auch in anderen Briefen aus dem März 1525[100]. Auch der Luther und anfangs auch den Bauern nahestehende Barfüssermönch Johann Eberlin von Günzburg aus dem Franziskanerkloster in Ulm, der durch seine Flugschriften bekannt geworden ist, wendet sich gegen viele dieser Prädikanten und fragt: »warum liesset ihr jeden losen Fischer predigen?«. Schon die dem Bauernkrieg vorausgehenden Prophezeiungen hatten vor solchen Predigern gewarnt. Eine der damals bekanntesten, der »Traum des Hans von Hermansgrün«, sagt, man müsse auf der Hut sein, daß nicht die, die von dem Gesetz predigen oder irgendwelche Radaubrüder und Redner in den Kirchen die Masse und das rohe Volk zum Umsturz aufreizen[101]. Überall sieht man also die Werbung für die religiössoziale Umsturzbewegung im Gange, und zwar großenteils durch Prediger oder Prädikanten. Wenn auch in den meisten Fällen nicht ein Umsturz mit Waffengewalt angestrebt wird, so wird doch ein Aufstehen des niederen Volkes, vor allem der Bauern, propagiert und eine grundlegende Änderung im öffentlichen Leben des Volkes unter dem Banner der »göttlichen Gerechtigkeit« gefordert. Dem entspricht es auch, daß die Bauern immer wieder darauf bestehen, ihre Prediger selbst zu wählen und – was mehr bedeutet – selbst absetzen zu dürfen. Noch deutlicher als der erste Absatz der 12 Artikel verlangt eine Predigtordnung, welche die Christliche Vereinigung, d. h. der Zusammenschluß des Allgäuer, des Baltringer und des Seehaufens Anfang März 1525 erlassen hat, dieses Recht. Es handelt sich um eine der ersten Bestimmungen, die gemeinsam erlassen wurden, auf die man also augenscheinlich den höchsten Wert legte. Sie lautete: »Die cristenlichen bruder, der ratt von allen hawfen verordnet, hand sich all ainhelliglichen entschlossen, wa Pfarrer oder prediger weren in stetten, flegken oder dörfern, so mit dem hawfen verainiget und dieselben priester das wort gottes nit nach dem rechten verstand verkundten, sonder auf irem alten wesen und pruchen legen, dieselben pfarrer und diener sollen von ersten ermant werden, abzustan und allein das wort gottes furnemen und erkunden, auch nach rechtem verstand erkleren; wa aber ain silicher priester nit abstan, sonder in seinem furnemen bleyben wöllt, alsdann mag im ain pfarmengin urlob geben und ainen andern an sein statt verordnen, der inen taugenlich und gefellig sey. Söllichs ist unser aller, so verainigt seind, maynung und will«[101a]. Kürzer, aber mit demselben scharf umrissenen Inhalt berichtet Stefan von Freyberg nach Innsbruck am 1. April 1525: »si entsetzen die priester irer pfarren und pfründen, die irem gefallen nach nit predigen wollen«[101b]. Das besagt also deutlich, daß die Bauern eine eigene Religion vertreten und nur Pfarrer dulden, die *ihrem* Glauben anhängen und ihn verkündigen. Mindestens also im März und April 1525, der Zeit, aus der fast alle diese Bestimmungen über die Ein- und Entsetzung der Pfarrer stammen, war also eine eigene Religion oder Konfession der reformerischen Bauern im Entstehen und in der Ausbreitung. Ihre Verkünder waren die Pfarrer, über welche die

Bauern damals augenscheinlich vollkommen verfügten. Die Kirche, vor allem die Bischöfe, scheinen die Herrschaft, jeden Einfluß auf einen großen Teil dieser der Bauernbewegung nahestehenden Pfarrer völlig verloren zu haben.

Was aber der Inhalt dieser Lehre ist, deren Verkündigung die Bauern von ihren Pfarrern verlangen, wenn sie nicht abgesetzt werden wollen, ist, wie deutlich ausgesprochen wird, die Lehre von der »göttlichen Gerechtigkeit«, von der schon wiederholt die Rede war und deren Fortleben von Wiclif zu Hus und zu den Bauern von 1525 wir beobachten konnten. Wenn die Bauern des Baltringer Haufens, eines Teiles der Christlichen Vereinigung, am 9. März 1525 erklären: »dieweil sy nichts dan das gottlich recht begern«[102], so hat das einen ganz anderen, entschiedeneren und religiös begründeten Charakter, als wenn man an manchen Orten nur die Abschaffung bestimmter, belastender Dienste oder Abgaben verlangt hatte, und wieder einen anderen Charakter tragen die Reden, Aufrufe und Briefe von Thomas Müntzer, die in flammenden Worten zum Kampf mit den Waffen um die göttliche Gerechtigkeit auffordern.

Dennoch gibt eben dieser Baltringer Haufe und sein Führer Ulrich Schmid, der im Frühling 1525 eine große Rolle gespielt hat und durch seine vernünftigen Forderungen, durch sein ruhiges, besonnenes Auftreten gegenüber dem Schwäbischen Bund auffällt, ein Beispiel dafür, daß die Berufung auf das göttliche Recht nicht unbedingt zu Gewalttätigkeiten, Plünderungen und Blutvergießen führen muß. Das ändert nichts an der Bestimmtheit seiner Antwort auf die Frage des Abgesandten dieses Schwäbischen Bundes, welches Recht er denn begehre: »das göttlich Recht, das jedem Stand sagt, was zu tun und zu lassen ihm gebührt«[102a], worauf man ihm allerdings skeptisch entgegnete: »Lieber Ulrich, sag an, wer wird solches Recht sprechen? Gott wird sich ja nicht beeilen, vom Himmel herabzukommen und uns eine Rechtstagung anzusetzen«[102b]. Es ist ein großer Unterschied zwischen dieser für die Anfänge der Bewegung bezeichnenden beherrschten Haltung und jenen radikalen Elementen, die um jeden Preis die gesamte Sozialordnung des Mittelalters aufzuheben und auf den Kopf zu stellen entschlossen sind – man denke an die nicht vereinzelte Erklärung des Odenwälder Haufens an die Stadt Tauberbischofsheim: »wir wollen herrn sein« – gibt es alle denkbaren Abstufungen, die man bei der Beurteilung der gesamten Vorgänge nicht aus dem Auge verlieren darf. Einig allerdings sind diese Strömungen alle in der bewußten Ablehnung der bestehenden Verhältnisse und in der Forderung von Reformen.

Was schließlich den Ausschlag gab und alles in die Aktionen von 1525 hineinreißen sollte, waren gewisse Reformgedanken und vom Mißverständnis Lutherischer Ideen genährte Motive, denen ein ausgesprochen religiöser Charakter, der Glaube an eine unerschütterliche, unanfechtbare »göttliche Gerechtigkeit« zugrunde liegt. Nur aus diesem Zusammentreffen sozial-ökonomischer Umstände und ausgesprochen religiöser Gründe läßt sich die Vehemenz des einigenden und befeuernden Willens erklären, der die Geschehnisse des Jahres 1525 nicht als eine Episode der deutschen Geschichte, sondern als epochalen Vorgang erscheinen läßt.

Doch wenden wir uns, um kein falsches Gesamtbild zu erhalten, wieder der ursprünglichen bäuerlichen Bewegung und ihren Beschwerdeartikeln zu. Es wurde schon betont,

Der Odenwälder Haufe an die Stadt Tauberbischofsheim.
(Zeile 12 von unten die Stelle: »wir wollen herrn sein«; siehe auch Anhang)

daß sie enge Beziehungen zu den früheren, mühevoll durchgesetzten Weistümern hatten und daß sie kurz vor 1525 sich plötzlich allenthalben in Deutschland auffällig häuften. Da sie fast ausnahmslos an ihrem Ort unter den besonderen Verhältnissen der betreffenden Herrschaft entstanden sind, ist die Übersicht schwierig. Wir befassen uns daher am besten zuerst mit den 12 Artikeln. Denn diese Schrift wuchs über den lokalen Charakter, den auch sie zunächst trug, bald weit hinaus und wurde zu einer Art von Bekenntnisschrift der ganzen Bauernbewegung. Entstanden ist sie in Memmingen als Ausdruck der Forderungen der Christlichen Vereinigung, also der drei verbundenen Haufen, des Seehaufens, des Allgäuer und des Baltringer Haufens. Doch hatten Vorstufen dazu vorher schon eine weite Verbreitung gehabt, vor allem im Schwarzwald. Man hat sie deshalb auch als Schwarzwälder Artikel bezeichnet. Sie wurden bald überall bekannt und vorgelegt, wo Bauern im Reich aufstanden. Adelige oder Städte, die sich den Bauern anschließen wollten, wurden auf die 12 Artikel als Ausdruck des gemeinsamen Wollens und Strebens der Bauern verpflichtet. Ihr Inhalt ist in Kürze folgender: 1. Ist ihre »demütig Bitt und Begehr«, daß die Gemeinden ihren Pfarrer selbst wählen und selbst absetzen können. Er soll »das heilige Evangelium lauter und klar predigen ohne allen menschlichen Zusatz«. 2. Die Zahlung des großen Zehnten sagen sie zu. Von ihm soll zunächst der Pfarrer auskömmlich besoldet werden, dann soll er zu Almosen an Bedürftige der Gemeinde verwendet werden, und wenn dann noch ein Rest bleibt, soll dieser zur Landesverteidigung dienen, damit man für diesen Fall nicht eine eigene Steuer erheben muß. Den kleinen Zehnten (Viehzehnten) aber lehnen sie ab. 3. Die Bauern wollen keine Eigenleute (Leibeigene) mehr sein, sondern frei, jedoch so, daß sie eine Obrigkeit über sich anerkennen und ihr gehorchen wollen. 4. Wo ein Herr nicht beweisen kann, daß er Jagd und Fischerei mit Zustimmung der Bauern erworben hat, sollen Jagd und Fischerei frei sein. 5. Alle Waldungen, die nicht von den Herren gekauft sind, sollen wieder den Gemeinden zufallen, die dann die Holznutzung regeln. 6. wenden sich die Artikel gegen die Erhöhung der Frondienste und bitten, es beim alten zu lassen. 7. soll der Herr keine weiteren Lasten dem Bauern auferlegen, sondern das Land unter den Bedingungen ihm belassen, unter denen es ihm gegeben war. Hat der Herr aber Dienste nötig, so soll sie der Bauer willig ausführen, doch gegen angemessene Bezahlung und zu einer dem Bauern passenden Stunde. 8. wird um eine Überprüfung der oft untragbaren Pachtzinsen gebeten. 9. Die Höhe der Strafgelder für Frevel soll nach den alten Sätzen bemessen, aber nicht willkürlich festgesetzt und nicht erhöht werden. 10. Ländereien, die eigentlich der Gemeinde gehören, aber von den Herren der Gemeinde entfremdet worden sind, sollen zurückgegeben werden, abgesehen von denen, die rechtmäßig gekauft worden sind. 11. soll der Todfall, d. i. die bei dem Tode eines Bauern (ursprünglich eines leibeigenen Bauern) dem Herrn zu zahlende Abgabe, abgeschafft werden. 12. Sollte einer der hier aufgestellten Artikel nicht dem Wort Gottes gemäß sein, so sind sie bereit, davon abzustehen, wenn man es aus der Schrift beweisen kann. Sie behalten sich aber auch vor, weitere Artikel zuzufügen, wenn sich herausstellen sollte, daß noch Beschwernisse, die der Bibel widersprechen, vorhanden sind.

Vorausgeschickt ist eine Einleitung, die den Vorwurf des Ungehorsams, ja der Empörung mit allem Nachdruck zurückweist und betont, daß diese Artikel nicht »Früchte
des neuen Evangeliums« seien. Die in den einzelnen Artikeln gegebenen Begründun-
gen berufen sich, wie aufmerksame Lektüre ergibt, teilweise auf altes Recht, teilweise
auf die »göttliche Gerechtigkeit«.
Überblickt man das Ganze dieser 12 Artikel, so wird vor allem deutlich, daß die
Bewegung, die dieses Zeugnis hervorgebracht hat und in ihm die *beste* Darstellung
ihres Wollens und Wesens sah, einen sehr gemäßigten Charakter gehabt haben muß.
Sonst könnte kaum ein Artikel so dastehen, wie er steht, insbesondere nicht der Artikel 12. Andere Artikel, wie z. B. 4, 5, 6, 7, 9 und 10 beweisen, daß die Forderungen der
Bauern streng auf dem alten Recht und Herkommen aufgebaut sind und daß sie sich
zu der Generalforderung, alles bei dem alten Recht und Herkommen zu belassen, zusammenfassen lassen (mit Ausnahme von 1 und 11). Zwei Ströme sind also zusammengeflossen, um diese Bewegung entstehen zu lassen: der Wille, am altererbten guten
Recht festzuhalten, und der Wille, der »göttlichen Gerechtigkeit einen Beistand zu
tun«.
Versucht man beides gegeneinander abzuwägen, so wird deutlich, daß das Ursprüng-
liche und für das Ganze auch in erster Linie Maßgebende die in sechs Artikeln wiederkehrende Forderung der Bewahrung des alten Rechtes ist, daß aber die Kraft der
Initiative und die Dringlichkeit des Verlangens in der Forderung, alles am Evangelium
und der »göttlichen Gerechtigkeit« zu messen, liegt. Die Forderungen sind fast ausschließlich praktischer Natur, so wie sie sich an jedem Arbeitstag ergeben können. Nur
der dritte Artikel, der die Bezeichnung der Bauern als Eigenleute oder Leibeigene ablehnt, hat anderen Charakter. Er ist augenscheinlich von der bürgerlich-reformerischen
Literatur beeinflußt, und wir finden diese Forderung ja schon Jahrhunderte früher im
Sachsenspiegel.
Die Artikel sind keine Ansage eines gewalttätigen Kampfes mit den Waffen oder einer
sozialen Revolution. Sie wenden sich eindeutig nur gegen Verschärfungen der bäuer-

Ablieferung des Zehnten,
anonymer Holzschnitt, 1479

Die grundtlichen vnd rechten haupt Artickel aller baurschafft vnd hindersessen der Geistlichen vnd Weltlichen oberkeyten vonn welchen sye sich beschwert vermeinen.

Die zwölf Artikel der Bauern, wahrscheinlich Ulmer Druck von 1525

Es sein vil wider christen / die jetzund von wegen der versamleten Baurschafft / das Euangelion zů schmehen vrsach nemen / saget / dz sein die frücht / des newen Euangelions: Niemant gehorsam sein / an allen orten sich empor heben vnd auffpö= nien / mitt grossem gewalt zůhauff lauffen vnnd sich rotten / Geistlich vnd weltliche oberkeit zůreformiern / außzůreütten. Ja villeicht gar zů erschlagen: Allen disen Gotlosen / freuen= lichen vrteylern / Antworten dise nachgeschůbne Artickel / Am ersten / das sye die schmach / des wort gottes auffheben / zum andern / die vngehorsamkeit / Ja die Empörung aller Bauren / Christenlich entschuldigen / Zum ersten / ist dz Euan= gelion nit ein vrsach der Empörungen oder auffrüren / Die= weil es ein rede ist / võ Christo dem verheyßne Messia / Wel chs wort vnd leben / nichts dañ liebe / fride / gedult / vnd ey= nikeiten lernet. Also das alle die in disen Christum glauben / leiplich / fridlich / gedultig / vnnd eynig werden / So dañ der grund aller Artickel der Bauren (Wie dañ klar gesehen wirt) Das Euangelion zů hören / vnd dem gemeß zů leben / dahin gericht ist / Wie mügen dann die widerchristen das Euange= lion ein vrsach der Empörung / vnd des vngehorsams nen= nen: Das aber etlich widerchristen vnd feind des Euangelij wider solche anmůtung vnd begerung sich lönen vnd auff= bönien / ist das Euangelion nit vrsach / Sonder der teüffel / der schedlichst feynd des Euangelij / der solches durch den vnglauben in den seinen erweckt / Hiemit das / das / wort got tes (liebe / frid / vnd eynigkeit lernent) vndergetruckt vñ weg genomen wurde.

Zum andern dañ klar lauter volget / das die Bawren in iren Artickeln solches Euangelion zur leer vnd leben begerendt / vnmügen vngehorsam / auffrürisch / genennet werden / Ob aber Gott die Bauren (nach seinem wort zů leben ängstlich

Die wider= christen.

Des newen Euangelij frucht.

Antwurt der artickel

Entschuldi gũg der ar= ickel.

Roma.1.

ruffent)erhören will/Wer will den willen Gottes Tadlen: Rom2.11,
Wer will in sein gericht greyssen: Ja wer will seiner maiestet Esaie.40,
widerstreben. Hatt er die kinder Israhel zů jm schreyend/er= Roma.8.
höret/vnd auß der hand Pharaonis erlediget: Mag er nitt Exodi.3.
noch helit die seinen erretten: Ja er wirts erretten: Vnd in ei= vnd.14.
ner kürtz. Derhalben Christlicher leser/ Solch nachuolgendt Luc.18,
Artickel ließ mit fleyß/Vnd nachmals vrteyle,

Hienach volgen die Artickel.
Der erst Artickel

Vm ersten ist vnser demütig bitt vñ
beger/auch vnser aller will vñ mey
nung/dz wir nun fürhin gewalt vñ
macht wöllen haben/ein gantze ge
mein sol ein Pfarher selbs erwölen 2.Timo.3.
vnd kyesen. Auch gewalt habē den Titon.1.
elben zůentsetzen/wañ er sich vn= Actuum. 14
zepürlich hielte. Der selbig erwölt

Deutr.17
Pfarher sol vns das heylig Euangelion lauter vnd klar pre= Exo.31.
digen/on allen menschen zůsatz/leer vñ gebot/dañ vns den Deutr.10,
waren glaubē stets verkündigen/geyt vns ein vrsach got vñ
sein gnad zů bitten/vns den selbigen waren glauben einbil= Iohan.6.
den vñ in vns besteten. Dañ wañ sein gnad in vns nit einge= Galla.2.
zildet wirt/so bleyben wir stets fleisch vñ blůt/dz dañ nichs
nütz ist/wie klärlich in der gschrifft staht/dz wir allein durch
dē warē glaubē zů gott komē kündē/vñ allein durch seib arm
hertzikeit selig müsse werdē. Darum ist vns ein solcher vorge
er vñ pfarher vñ nötē vñ in diser gestalt i ð gschrifft gegrtnt.

Der ander Artickel

Zum ander nach dem recht Zehat auff gesetzt ist im alt Te
stament/vnd im Newen als erfült/nichts destminder wölle

A ij

Pſal.109.
wir den rechten korn zehat gern geben/doch wie ſich gebürt
dem nach man ſol jn Gott geben/vnd den ſeinen mitteilen /
gebürt es einem pfarher ſo klar das woit gottes verkündet/
Gene.14.
Deu.18.12.
Sein wir des willen hinfür diſen zehat/vnſer kirch Pröpſt
ſo daſ ein gemein auffſetzt/ſollen einſamlen vnd einnemen /
daruon ein Pfarher ſo von einer gantzē gemein erwölt wirt/
ſeit zimlich gnügſam auffenthalt geben / jm vñ den ſeinen/
Deut.25
nach erkantniß einer gantzen gemein/ vnd was über bleibt/
ſol man (armen dürfftige / ſo im ſelben doiff verhandē ſein)
1.Tim.5.
Matth.10.
1.Corin.9.
mitteylen/nach geſtalt der ſach vnd erkantniß einer gemein/
was überbleibt ſoll man behalten/ob man Reyſen müſt võ
lands not wegen/damit man kein ſteüer dürff auff den armē
anlegen/ſoll mans vonn diſem überſchuß außrichten / Auch
Ein chiſt
lihh erpie=
tung.
ob ſach were das eins oder meer döiffer weren/die den zehett
den ſelbs verkaufft hettent auß etlicher not halben/die ſelbi-
gen ſo darumb zů zeygen/in der geſtalt haben võ einem gan
tzen doiff der ſol es nit entgelten/ Sonder wir wellē vns zim
Luce.6.
Matth.5.
Man ſol niemant nichts
nemen.
licher weiß nach geſtalt vnd ſach mit jm vergleichen/jm ſol-
lichs wider mit zimlicher zyl vnd zeyt ablaſſen/Aber wer võ
keinem dorff ſolchs erkaufft hatt/vnd ire foifaren jnen ſelbs
ſolchs zů geeygent haben/wöllen vnd ſollen vnd ſeind jnen
nichts weyters ſchuldig zůgeben / allein wie obſtat vnſern
erwölten Pfarher darmit zů vnderhalten/Nachmalen ablö
ſen/oder den dürfftigen mitteylen/ wie die heylig geſchifft
inhelt/Sye ſeien geyſtlich oder weltlich den kleine zehat wö
Geneſis.1
len wir gar nitt geben/Dañ gott der herr das vich frey dem
menſchen beſchaffen/das wir für ein vnzimlichen zehē ſchz
zen/den die menſchen erdicht haben/Darumb wöllen wir
jn nit weitter geben.

Der dritt Artickel

Eſa.53..
1.Petri.1.
2.Corin.7
Roma.13
Zum dritten/Iſt der brauch bißher geweſen das man vnns
für ir eigen leüt gehalten haben/welch zů erbarmen iſt/ange
ſehen das vns Chriſtus all mitt ſeinem köſtparlichē blůtuer-
gſſen/erlöſzt vnd erkaufft hat/Den hirtē gleich als wol als.

den höchsten/kein auffgenomen. Darum erfindt sich mit der
geschrifft das wir frey seyen vnd wöllen sein/Nitt das wir
gar frey wöllen sein/kein oberkeit haben wöllen. Lernet vns
Gott nit/wir sollen in gepotten leben nit in freyem fleischlichen mütwillen/Sonder gott lieben in al svnsern Herrn/in
vnsern nechsten erkennen vnd alles das so wir auch gern het-
ten/das vns Gott am nachtmal gepoten hat/zü einer letz/
darumb sollen wir nach seinem gepot leben/zeigt vnd weißt
vns dis gepott nit an das wir der oberkeit nit ghorsam seien
nit allein der oberkeit/sonder wir sollen vns gegē jederman
demütigen/das wir auch gern gegen vnser erwölten vñ gesetzten oberkeit (so vns von got gesetzt) in allen zimlichen vñ
Christlichen sachen geren gehorsam sein/seyen auch onzwey
fel ir werden vns der eygenschafft als war vnd recht christē
gerē entlassen od vns im Euangeli des berichtē dz wirs seiē.

Sapien. 6.
1. Petri. 2.

Deut. 6.
Matthei. 4.
Luce. 4.
Luce. 6.
Matth. 5.
Iohan. 13.

Roma. 13.

Actu. 5.
Ein christ=
sich erbitüg

Der vierd Artickel

Zum vierdten ist bißher im brauch gewesen/dz kein armer
man nit gewalt gehabt hatt/dz wiltpred/gefigel oder fisch
in flissenden wasser nit zü fahen zü gelassen werden/welchs
vns gantz vnzimlich vñ vnbrüderlich dunckt/sonder eygen
nützig vñ dem wort gottes nit gemeß sein/Auch in etlichē or
ten die oberkeit vns das gewild zü trutz vñ mechtigem schaden haben/will vns dz vnser (so gott dem menschen zü nutz
wachßen hatt lassen) die vnuernünfftige thier zü vnnutz ver
fretzen mütwilliglich (leiden müssen) darzü stillschweigen dz
wider gott vnd dem nechsten ist/Wann als gott der herr den
menschen erschüff/hat er im gewalt geben über alle thier/ü-
ber den vogel im lufft vnd über den fisch im wasser. Darumb
ist vnser begeren/wann einer wasser hette dz ers mit gnügsa-
mer schrifft beweisen mag dz man das wasser vnwissenlich
also erkaufft hette/begeren wir jms nit mit gewalt zü nemē.
Sonder man müst ein christlich einsehen darinnen haben vō
wegē brüderlicher lieb/aber wer nit genügsam anzeigen das
rumb kan thon/solß einer gemein zimlicher weiß mitteilen.

Genesis. 1.
Act. 4.
1. Timo. 4.
1. Corin. 10.
Colloss. 2.
Ein christ=
lich erpitüg

Der fünfft Artickel.

Zum fünfften sein wir beschwert der beholtzung halb/Dañ
vnsere herschafften habend jnen die höltzer alle allein geey-
gnet/vnnd wañ der arm man was bedarff/müß ers vmb
zwey gelt kauffen/ist vnser meynung/was für höltzer seier/
Es habens geistlich oder weltlich jnen die es nit erkaufft ha-
ben/sollen einer gantzen gemein wider anheim fallen/vnnd
einer gemein zimlicher weyß frey sein/eim jetlichen sein not-
turfft inß hauß zů brennen vñ sonst lassen nemen/auch waß
vonn nöten sein würde zů zimmern auch vmb sonst nemen/
doch mit wissen der so von der gemein darzů erwelt werden/
So aber keins vorhanden wer/dann das so redlich erkaufft
ist worden/Soll man sich mit den selbigen brüderlich vnnd
christlich vergleichen/Wann aber das gůtt am anfang al s
jnen selbs geeygnet wer worden vnnd nachmals verkaufft
worden/Soll man sich vergleichen nach gestalt der sach vñ
erkantniß brüderlicher lieb vnd heilger geschrifft.

(marginalia left:) wie obē im
erstē c4. des
2/bůch Mo
si anzeigtist

Hierauß nit
außreittüg
des holtz ge
schehē wirt
angesehē di
verordnetē
Ein christli
ch erbietüg

Der sechst Artickel.

Zum sechsten ist vnser hart beschwerung der dienst halber
von tag zů tag gemert werden vnd teglich zůnemen/bege-
ren wir das man eitt zimlich einsehen darin thů/vns der maßen nit so hart beschwerē/Sond vns gnedig hierin ansehen
wie vnser älter gedient habe allein nach laut des wort gots.

(marginalia left:) Rom4, 10.

Der Sibend Artickel.

Zum Sibenden das wir hinfür vns ein herschafft nit weiter wölle lassen beschwerē/sonder wies ein herschafft zimlicher weiß ein verleicht also sol ers besitzen laut der vereyni-
gung des herñ vñ bauren/Der herr sol jn nit weiter zwingen
noch dringen mer dienst noch anders vmb jm vmb sonst be-
geren/Damit der Baur solch gůt on beschwert also rüblich
brauchen vnd niessen müg/ob aber des herren dienst von nö
ten weren/soll jm der baur willig vnd gehorsam seitt für anß

(marginalia left:) Luce.3.
Thess 4.5.

doch zů stund vnd zeyt/das dem baur nicht zů nachteil dien/
vnd jn̄ vmb einen zimlichen pfennig den thůn .

Der acht Artickel.

Zum achten sein wir beschwert/vnd der vil so gůter inen ha-
ben/das die selbigen gůter die gült nit ertragē kündē/vn̄ die
baurē dz ir darauff einbiessen vn̄ verderbē/dz die herschafft
die selbigen gůter/erberleüt besichtigen lassen vnd nach der
billikeit ein gült erschöpff/damit der baur sein arbeit nit vm-
sonst thů/dan̄ ein jeclicher tagwercker ist seins lons wirdig.   Matth. 10.

Der neünd Artickel.

Zum neündten sein wir beschwert der grossen freuel/so man   Esaie. 10.
stets new satzung macht/nit dz man vns strafft nach gestalt   Ephes. 6.
der sach/sonder zů zeyten auß grossem neid/vnd zů zeitē auß
grossem gunst/Ist vnser meynůg/vns bey alter geschribner   Luce. 3.
straff straffen/darnach die sach gehādelt ist vn̄ nit nach gůst I Here. 16.

Der zehend Artickel.

Zum zehenden sey wir beschwert/das etlich haben jnen zů   wie oben
geeygnet/wisen/dergleichen äcker/die dan̄ einer gemein zů   Luce. 6.
gehörend/Die selbigen werden wir wider zů vnsern gemey-
nen handen nemē/Es sey dan̄ sach dz mans redlich erkaufft   Christlich
hab/wan̄ mans aber vnbillicher weiß erkaufft het/So ol mā   erbietung.
sich gütlich vnnd brüderlich mit einander vergleichen nach
gestalt der sach.

Der eylfft Artickel.

Zum eylfften wöllen wir den brauch genant den todfal gātz
vn̄ gar abthon haben/Den nimēr leydē noch gestatten/das   Deuter. 18.
man witwen weysen dz ir wider gott vn̄ eerē/also schētlich   Mattx. 8.
nemen berauben soll/wie es an vil oiten (mengerley gestalt)   Mtth. 23.
geschee ist/vnd von den/so sie besitzen vn̄ beschirmen solten   Esaie. 10,.
hand sy vns geschunden vnd geschabet/vn̄ wan̄ sy wenig
fůg hettend gehabt/hettend diß gar genomen/das gott nit

mer leiden will/sonder soll gantz ab sein/kein mensch nichts
hinfür schuldig sein zů geben/weder wenig noch vil.

Beschluß.

Dieweil al=
le artickel
im wort got
tes begriffē
seyen.
Chistenlich
erbietung •

Zum zwelfften ist vnser beschluß vñ endtlich meinūg/waß
einer oder meer Artickel alßhie gestelt (So dem wort gottes
nit gemeß) weren/als wir dañ nit vermeinen die selbigen ar
tickel/wo man vns mit dem wort Gottes für vnzimlich an=
zeygen/wolt wir dauon abston/waõ mans vns mit grunde
der schrifft erklert. Ob man vns schon etlich artickel setzt zů
ließ vñ hernach sich befend das vnrecht weren/sollen sy vñ
stund an tod vnd absein/nichts mer gelten/der gleichen ob
sich in der schrifft mitt der warheit meer articel erfun=
den/die wider gott vnnd beschwerniß des nechsten
weren/wöll wir vns auch vorbehalten/vnnd be=
schlossen haben vnd vns it aller chistenlicher
leer üben vnnd brauchen/darumb wir gott
den herren bitten wöllen/der vns das sel=
big geben kan/vnd sunst niemant/
Der frid Christi sey mit vns
allen.

Ablieferung des Zehnten,
anonymer Holzschnitt,
16. Jahrhundert

lichen Lasten, Verschlechterungen der Lage der Bauern, Herabdrückungen, die, wie wir schon sahen, mit der auf die Schaffung eines abgerundeten, einheitlichen Landesstaates gerichteten Politik der Fürsten zusammenhängen. Es handelt sich also um einen politischen Protest, um eine Demonstration, deren Zweck nicht offener Kampf ist, sondern Verhandlungen, wie man sie schon lange Jahrzehnte vorher und früher um die Weistümer geführt hatte.

Es bedeutet auch keineswegs schon eine Radikalisierung, wenn neben dem alten Herkommen auch auf das »göttliche Recht« verwiesen wird. Denn altes Recht und »göttliche Gerechtigkeit« bilden für die hinter diesen Artikeln stehenden Menschen durchaus eine Einheit[103].

Trotz ihrer allgemeinen Anerkennung sind die 12 Artikel aber nur eine der vielen Sammlungen von Beschwerden und Forderungen, die uns aus allen am Bauernkrieg beteiligten Landschaften erhalten sind. Diese unterscheiden sich natürlich im einzelnen mannigfach. Denn es sind lokale Sammlungen mit lokal bedingten Forderungen. Aber auf das Ganze gesehen bilden sie doch in Ton und Inhalt eine Einheit. Manche ähneln den 12 Artikeln so sehr, daß diese leicht als Vorlage zu erkennen sind[104]. Manche betonen besonders nachdrücklich das »göttliche Recht«[105]. Größer aber ist die Zahl der Beschwerdeartikel, die nur auf das alte Herkommen als Grundlage zurückgreifen. Viele unter ihnen reden auch von der Pfarrwahl und der Leibeigenschaft nicht, beschränken sich also ganz auf lokale Einzelforderungen des alten Herkommens[105a]. In zahlreichen anderen Fällen sind die Forderungen ebenso gemäßigt, nur ist die Forderung der Pfarr-

Abzahlung einer Schuld an den Herrn. Holzschnitt
von Hans Leonhard Schäufelein

wahl entsprechend den 12 Artikeln hinzugefügt[105b]. Daß unter diesen, nur auf altes Herkommen sich stützenden Artikeln ohne jede Radikalität der von Frankenhausen sich befindet, ist erstaunlich, da man dort den Einfluß von Thomas Müntzer erwarten würde, dessen Wirkung aber offenbar sehr beschränkt war. In entsprechender Weise wird in anderen Artikeln die Forderung der Aufhebung der Leibeigenschaft aus den 12 Artikeln übernommen und den örtlich bedingten Beschwerden hinzugefügt[106].

An einer anderen Stelle lesen wir: »seins wir urputtig, iren gnaden zu geben des orts, was wir von alters her inen gegeben haben«[107], was sich in den Charakter eines Beschwerdenverzeichnisses nur schlecht einfügen will. Aber die österreichischen Räte, die vor dem Bundestag in Ulm über die Beschwerden der Lellenburger Bauern berichteten, wissen nur von Kleinigkeiten zu sagen, so z. B. ob die Bauern die Zehnten und die »Landgarben« in ihren eigenen Säcken abliefern, in Notzeiten zu bestimmten Wachtfeuern Holz stellen oder Fische in die herrschaftlichen Fischweiher und in den Bodensee fahren müssen oder nicht[108]. Alles das sind keine Fragen, derenthalben man eine Revolution anfängt, derentwegen aber sehr wohl verärgerte und erzürnte Bauern demonstrieren. In mehreren Beschwerdeschriften werden Klagen über die Verminderung der Rechte der Bauern am Wald, sei es Jagd oder Abwehr von Wildschaden oder Gebrauch von Nutzholz aus dem Wald, mit besonderem Nachdruck vorgebracht. Augenscheinlich ist eine Anspannung der Herrenrechte und eine Verminderung der Bauernrechte gerade hier häufig eingetreten zur tiefen Verärgerung der Bauern. Aber auch das waren Differenzen, über die man sich sehr wohl friedlich einigen konnte[109]. Und wenn die

Augsburger Bauern forderten, keinem anderen Herren Frondienste leisten zu müssen als ihrer Herrschaft, deren Hintersassen sie sind, in diesem Falle also dem Bischof, so konnte das diesem Herren nur erwünscht sein im Interesse der Klärung und Sicherung seiner eigenen Rechte[110].

Nur selten werden schärfere Töne angeschlagen, so wenn die Bauern des Sundgaues und des oberen Elsaß' die Aufhebung der Klöster und die Vertreibung der Juden verlangen[111]. Augenscheinlich sind hier von außen politische Forderungen an die Bauern herangetragen worden, die sie sich dann zu eigen gemacht haben. Schwer zu verstehen ist dagegen in Kloster Roth bei Memmingen der mitten unter recht gemäßigten Forderungen stehende Satz: »so wollend mainen und achten wir kainen dienst weder klain noch gross mehr zu thun«[112]. Doch das sind Einzelfälle, die für das Gesamtbild nicht ins Gewicht fallen.

Angaben über weitergehende Ziele und Forderungen der Bauern in den ersten Zeiten des Bauernkrieges stammen fast alle aus dem Lager ihrer Feinde, die gemeinhin übertreiben und ihnen leicht radikale Gesinnung unterschieben. Man wird daher solche Behauptungen mit aller Vorsicht aufnehmen müssen[113].

In einem Fall hören wir, daß der Bund der Bauern das extreme Verlangen stellte, Adel und Geistlichkeit nicht mehr als Grundherren und Leibherren anzuerkennen, daß aber die Dörfer selbst, die die Urkunde ausstellten, sich im Gegensatz zu dem Bund nicht dazu entschließen konnten[114]. Der Fall scheint mir besonders aufschlußreich, weil sich hier in den Dörfern gewachsene und von außen herangetragene Forderungen klar unterscheiden lassen. Im Verlauf des Krieges zeichnet sich diese Tatsache immer deutlicher ab. Denn gerade, wo die Bauern zunächst siegreich sind und sich als Herren der Lage fühlen, werden ihnen aus intellektuellen Kreisen allgemeinere politische Programme zugetragen. Für das Anfangsstadium des Bauernkrieges sind sie nicht charakteristisch. Sicherlich haben damals schon einzelne Bauern kühnere Gedanken gehegt und sich entsprechend geäußert: man solle eigentlich doch dies und jenes tun oder zu erreichen versuchen. Aber das sind zunächst noch Randerscheinungen, die abseits stehen von den ursprünglichen Motiven der Bewegung. Diese Feststellung trifft auf die Heilbronner und Miltenberger Staatsaufbaupläne zu, von denen noch zu reden sein wird, und auf gewisse Stimmen aus dem Memminger Bauernlager, aus der Bundschuh-Bewegung, die protokollarisch festgehalten wurden, vor allem aber auf die unter der Folter erpreßten Geständnisse Thomas Müntzers und seiner Mühlhausener Genossen. Das Gesamtbild bleibt trotz solcher außenstehenden Äußerungen einheitlich. Es zeigt gemäßigte, lokal begründete Forderungen, die aufgestellt erscheinen, um einer Demonstration und den ihr nachfolgenden Verhandlungen als Grundlage zu dienen, nicht aber, wie man meist angenommen hat, um einen blutigen Aufstand zu rechtfertigen. Denn dann hätte man eine ganz andere Sprache geführt als die völlig leidenschaftslose, die für die 12 Artikel wie für die ihnen verwandten Artikelbriefe kennzeichnend ist. Daß die Haufen, als der Kampf begonnen hatte oder auch nur zu beginnen drohte, schärfere Töne anschlugen, beweisen nicht nur die schon erwähnte Urkunde schwarzburgischer Dörfer, sondern auch die Ordnungen, die sich die Bauern in Memmingen und Ochsenfurt gaben. Doch auch da bedeutet der Artikel, der die Niederlegung der Schlösser verlangt, nur eine im Kampf notwendige Maßnahme.

Gemäßigten Charakter tragen auch die städtischen Beschwerdeartikel. Sie beklagen sich z. B. darüber, daß gewisse Abgaben erhöht worden sind, und fordern nun, daß sie wieder auf den alten Stand gebracht werden, oder sie verlangen, daß alle Einwohner einschließlich des Adels und der Geistlichkeit Wachdienst tun sollen, daß Verbrauchsabgaben erlassen oder ermäßigt oder Mißbräuche im Gerichtswesen abgeschafft werden sollen. Alles das sind keine eigentlich umstürzlerischen Forderungen, sondern solche, über die sich verhandeln ließ. Oft wird auch der Pfarrwahlartikel aufgenommen, und oft – und das ist bedeutsam – beruft man sich auf das alte Herkommen als Grundlage der Forderungen[115].

Wichtig ist, daß auch die Beschwerdebriefe aus dem 15. und dem Beginn des 16. Jahrhunderts, also aus der Zeit vor 1525, den gleichen Charakter aufweisen. Wir besitzen ihrer eine recht große Zahl[116]. Sie unterscheiden sich oft so wenig von den Artikeln von 1525, daß sie ihrem Inhalt nach sich kaum der einen oder der anderen Gruppe zuordnen ließen. Nur fehlt hier die Berufung auf die »göttliche Gerechtigkeit«. Diese Ähnlichkeiten sind ein Beweis dafür, daß der Bauernkrieg von 1525 organisch aus vielen kleinen Streitigkeiten, die auf Jahrzehnte zurückreichen, erwachsen ist, aber doch mehr ist als die Summe aller dieser Einzelbeschwerden, und zwar dadurch, daß ein größerer Gedanke, der Glaube gewissermaßen an einen höheren Befehl oder an eine Rechtfertigung, die in einem solchen liegt, die Einzelheiten zu einem Ganzen zusammenschließt und die Streitigkeiten der vergangenen Jahrzehnte auf eine höhere Ebene hinaufhebt. Der Gedanke der »göttlichen Gerechtigkeit« ist nun zur entscheidenden Aktionskraft geworden.

Für einen Teil der Bauern enthielten sogar die gemäßigten Beschwerdebriefe immer noch mehr, als sie eigentlich wollten. Sie gingen daher nur zögernd und mit merklicher Unsicherheit ihrerseits an die Abfassung von Erklärungen heran. So kann man lesen: »Wir wissen nicht, wes wir uns halten sollen dem bunde nach …«[117]. Die Hintersassen von Guttenzell schreiben offen: »Wir haben keinen Grund, uns über unsere gnedige Fraw von Guttenzell zu beklagen, da sie gegen uns keine Neuerung vorgenommen hat. Wir sind nur durch unsere Nachbarn zum Mitziehen gezwungen worden. Wir bitten den (Schwäbischen) Bund um Rat, wie wir uns vor Schaden bewahren können«[118]. Rat und Gemeinde von Neustadt bitten sogar Herzog Johann von Sachsen, sie nicht in Ungnade fallen zu lassen, weil sie ihm Beschwerdeartikel übersenden[119]. In Achern in der Ortenau schickt man den überreichten Beschwerden sogar ein Treuegelöbnis voraus[120]. Solche Erscheinungen sind nicht erstaunlich, denn bei jeder viele Menschen erfassenden Bewegung gibt es Mitläufer, die nur mit halbem Herzen bei der Sache sind, und angesichts der Haltung der Bauern, die Jahrhunderte hindurch immer duldend und gehorsam war, meist ohne jeden Gedanken an Widerstand, können wir uns nur wundern, daß solche Äußerungen nicht weit häufiger waren. Es muß 1525 wohl ein mächtiger Sturm gewesen sein, der solche zögernden Männer doch bewogen hat, sich der Schar der aufbegehrenden Bauern anzuschließen.

Die besprochenen Beschwerdeartikel zeigen immer wieder, wie wenig radikal-revolutionär die meisten Bauern dachten und vorgingen. Sie rechnen gar nicht mit einer Abschüttelung des Herrenjochs, sondern suchen ihren Herrn sich gnädig zu erhalten. Löst sich ein Abhängigkeitsverhältnis etwa dadurch auf, daß eine geistliche Herrschaft zu existieren aufhört, so ist die erste Sorge der Bauern nicht, sich eine freie Stellung auf Grund der neuen Situation zu sichern, sondern sich einen anderen Herren zu suchen und sich diesem zu unterstellen[121].

Oft fehlt es auch an einer klaren Vorstellung von den eigenen Zielen, so wenn wiederholt versichert wird, man wolle nur dasselbe erreichen wie andere Gemeinden auf Grund der 12 Artikel[122], oder wenn Bauern auf Befragen erklären, sie seien zwar von ihrer Herrschaft in vielen Punkten bedrückt, aber sie könnten doch nicht sagen, wo und wie[123]. Alles das paßt sehr wohl in das Bild der kleinen gemäßigten Forderungen lokaler Art, die unmittelbar aus der Praxis des Alltagslebens erwachsen, und über deren Abstellung man verhandeln will, wie dies ihre Väter immer wieder einmal getan haben, nur daß es in den zitierten Fällen von schreib- und rede-ungewandten Männern geäußert wird. Es paßt aber gar nicht in das Bild eines Aufstandes, der den Umsturz der öffentlichen Ordnung bezweckt und vor keiner Gewalttat zurückschreckt, wie man den Bauernkrieg so oft geschildert hat.

Dasselbe trifft zu auf die in stärkerem Maße von außen an die Bauern herangebrachten mehr theoretischen Forderungen, wie die Abschaffung der Bezeichnung »Leibeigene« mit den daraus sich ergebenden Konsequenzen, die oft nur zaghaft vorgebracht werden. Auch wenn da und dort die Vertreibung der Juden gefordert wird, so hat das mit der Bauernbewegung von 1525 an sich nichts zu tun, sondern wo starke Feindschaft gegen die Juden schon lange vorhanden war, brach sie bei dieser Gelegenheit offen aus. Im Sundgau, im Rheingau und in Geysa bei Fulda verlangte man die Vertreibung der Juden, in Regensburg und Rothenburg o. d. Tauber mußten sie sogar die Stadt verlassen, in Regensburg ging man so weit, die Synagoge abzureißen und an ihrer Stelle eine Kirche zu errichten, und die Rothenburger Bürger zahlten ihnen die entliehenen Kapitalien nur nach Abzug der Zinsen, die sie schon gezahlt hatten, zurück. Es handelt sich also um eine Randerscheinung der Bauernerhebung, die man vielleicht zur Erreichung ihr ganz fremder Zwecke zu nutzen gedachte.

Die große, in sich geschlossene Masse der Artikel, die Beschwerdeschriften, zu der noch die Briefe der Bauernhaufen kommen, sind zwar die wichtigste, aber keineswegs einzige Quelle, die uns über die Motive der Erhebung unterrichtet. Hinzu kommt eine Reihe von Zeugnissen über weitgehende Staatsaufbaupläne im Lager der Bauern. Der bekannteste ist der Miltenberger Artikel, den Friedrich Weygandt verfaßte und an Wendel Hipler sandte, damit er ihn den Bauern vorlege. Dieser Plan geht auf die kleinen Nöte der Beschwerdeartikel nicht ein, sondern entwirft Grundlagen für großzügige Änderungen des gesamten öffentlichen Lebens. Umstürzlerisch sind jedoch auch diese Vorschläge nur den geistlichen Herrschaften gegenüber. Sie sollen beseitigt werden bei anständiger Versorgung der geistlichen Personen. Die weltlichen Herrschaften sollen nicht angetastet werden, aber sie dürfen die auf Bauern und Bürgern ruhenden Lasten nicht erhöhen. Juristen und Kleriker sollen in den Gerichten und Ämtern nicht mehr verwendet werden. Eine straffe Organisation des Gerichtswesens, von den Dorfgerichten bis zum Reichskammergericht, soll durchgeführt werden. Der Kaiser, der nach wie vor an der Spitze steht, soll regelmäßig eine Steuer zu seiner Verfügung erhalten. Es ist charakteristisch, daß hier der Kaiser nachdrücklich genannt wird, von dem sonst in den Bauernkriegsschriften kaum einmal die Rede ist. Außer dieser Steuer sollen alle anderen abgeschafft werden. Hinzu kommen Freiheit der Straßen, Beschränkung der Zölle, Einheit von Münze und Maß, Verstaatlichung der Bergwerke, Auflösung der Handelsgesellschaften u. a.[123a]. Das sind Forderungen, die mit denen der Bauern in ihren Beschwerdeschriften so gut wie gar nichts mehr zu tun haben. Sie beziehen sich großenteils auf Gebiete des Lebens, die, wie etwa die Handelsgesellschaften, ihnen vollkommen fremd waren. Man wird bei ihrer Lektüre sofort an die bürgerliche revolutionäre Literatur, von der wir schon sprachen, erinnert. Von dorther kommen die im Miltenberger Artikel vorgetragenen Ideen.

Um den Staatsaufbauplänen die richtige Stelle im Ganzen des Bauernkrieges von 1525 anzuweisen, muß man viererlei im Auge behalten:

1. Solche Pläne tauchen an sehr verschiedenen Stellen auf.
2. Man tritt mit ihnen zumeist erst hervor, wenn man glaubt, dem Siege nahe zu sein.
3. Wo es sich nicht nur um hingeworfene einzelne Gedanken handelt, sondern um ausgearbeitete Pläne, sind sie das Werk von politisch erfahrenen, gebildeten, bürgerlichen Männern, die sich den Bauern angeschlossen haben, deren Umgestaltungsideen weit über die Lage der Bauern hinausgehen.
4. Eine Vorstufe dazu stellen die oben besprochenen Ordnungen der Bauernhaufen aus den ersten Monaten des Krieges dar (Memminger, Ochsenfurter und Elsässer Ordnung). Doch beziehen sich die Ordnungen auf die Gegenwart des Bauernkampfes, die Aufbaupläne aber auf die Zukunft. Sie sollen Dauer haben auch nach dem Kampf. Die Ordnungen wurden von den Bauernhaufen angenommen, bei den Aufbauplänen ist das nicht der Fall.

Die Tiroler Landesordnung stammt von Michael Gaismair, dem Führer des Tiroler Bauernaufstandes. Sie nimmt schon deshalb eine besondere Stellung unter den Aufbauplänen ein. Der hier geforderte Staat ist eine Republik. Das Regiment, das in Brixen seinen Sitz haben soll, wird von der Allgemeinheit des Volkes gewählt. Gaismair will den Adel und den hohen Klerus ausgerottet sehen, die Schlösser zerstört, aber auch die Mauern der Städte niedergelegt. Eingehende Bestimmungen befassen sich mit Fürsorge, Verwaltung, Zusammenarbeit von Regierung und Hochschule, aber auch mit dem Kriegsfall, und es ist unverkennbar, daß der Vorschlag Gaismairs aus den Tagen des bereits ausgebrochenen offenen Kampfes stammt. Diese Landesordnung wurde nie Wirklichkeit, aber der Meraner Landtag nahm Artikel der Bauern an, die sich in derselben Richtung bewegten. In etwas abgeänderter und erweiterter Form akzeptierte sie Erzherzog Ferdinand von Österreich im Juni 1525 auf einem Landtag zu Innsbruck. Wir werden in anderem Zusammenhang noch darauf eingehen müssen[124].

Der Prediger Balthasar Hubmayer, der in Waldshut und seinem Umland der führende Geist der Bewegung war, verfaßte ebenfalls einen solchen Entwurf eines Staatsaufbaues. Aber er trat damit nicht an die Öffentlichkeit. Als er nach dem Zusammenbruch des Bauernkrieges aus Waldshut fliehen mußte, wurde dieser Entwurf bei ihm gefunden. Wahrscheinlich ist er nicht der einzige, der in der Stille ausgearbeitet wurde. Andere verschwanden vielleicht spurlos, als jegliche Hoffnung auf Erfüllung vernichtet war. Nach Hubmayers Plan ist der Bund des Volkes (vgl. Eidgenossenschaft) die maßgebende Instanz für das ganze öffentliche Leben. Aus seiner Mitte werden zwölf Männer gewählt, welche die eigentliche Regierung bilden sollen[125].

Auch im Markgräflerland machte man ähnliche Pläne. Man wollte ein Regiment aus Bauern einsetzen, den Markgrafen aber darüber als Herren und Stellvertreter des Kaisers anerkennen, wenn er ein Bauer werden und sich ihnen anschließen wollte[126]. Im Kraichgau ging man noch weiter und verlangte geradezu eine Bauernrepublik. In Ichtershausen bei Gotha soll nach den dort entworfenen Plänen, ähnlich wie im Markgräflerland, der Kurfürst an der Spitze des Landes verbleiben, aber alle anderen Herrschaften sollen beseitigt werden. Vor allem gilt dies von den verhaßten geistlichen Herrschaften. Sie sollen als solche beseitigt und dem Kurfürsten übergeben werden[127]. Der Vorschlag ist ebenso interessant wie der des Markgräflerlandes, da in ihm deutlich wird, daß man auf Seiten der Bauern keineswegs die Obrigkeit der Fürsten und Herren ablehnte. Der Landtag der Bauern, den man auf Anregung des Bildhäuser Haufens von Würzburg aus nach Schweinfurt einberief, sollte auch eine Obrigkeit schaffen, auf welche man in den versammelten Haufen offenbar nicht verzichten wollte. Doch galt seine Sorge mehr der unmittelbaren Gegenwart als der fernen Zukunft. Der Landtag kam aber nicht mehr dazu zu beraten. Das Anrücken des Heeres des Schwäbischen Bundes machte es unmöglich[128].

Schon die Bundschuhbewegung unter Joss Fritz im Jahre 1513 hatte weiterschauende Pläne. Es wird berichtet, daß sie nur noch den Kaiser und den Papst als Herren anerkennen wollten, daß sie die Freiheit von Wald, Weide und Wasser, eine Einschränkung des Zinsrechtes sowie der Pfründen u. a. sich zum Ziel setzten[129]. Doch ging es hier entschieden mehr um Einzelforderungen als um die Verfolgung eines darüberstehenden umfassenden politischen Programms, wie es auch der Kärntner Bauernbewegung von 1478 zugeschrieben wird[130]. Doch ist gerade in diesem Fall Skepsis geboten, da nur Berichte von Außenstehenden vorliegen.

Aber auch wenn wir von diesen Vorläufern absehen, müssen wir der Tatsache Beachtung schenken, daß vielerorts in der Bauernbewegung Staatsaufbaupläne auftauchen, die sich von den Artikeln wesentlich unterscheiden und weit über sie hinausgehen, obwohl wir darüber nur insoweit unterrichtet sind, als sie schriftlich niedergelegt wurden und sich Aufzeichnungen darüber erhalten haben. Aber solches Planen und Streben beschränkte sich sicherlich nicht auf diese Fälle, und sicherlich waren die großen Massen und der Durchschnitt der aufständischen Bauern daran nur mit dunklen und unklaren Vorstellungen beteiligt. Die Befähigung, solche Gedanken auszubauen, besaßen wohl nur Männer, die, aus bürgerlichen Kreisen kommend, sich der

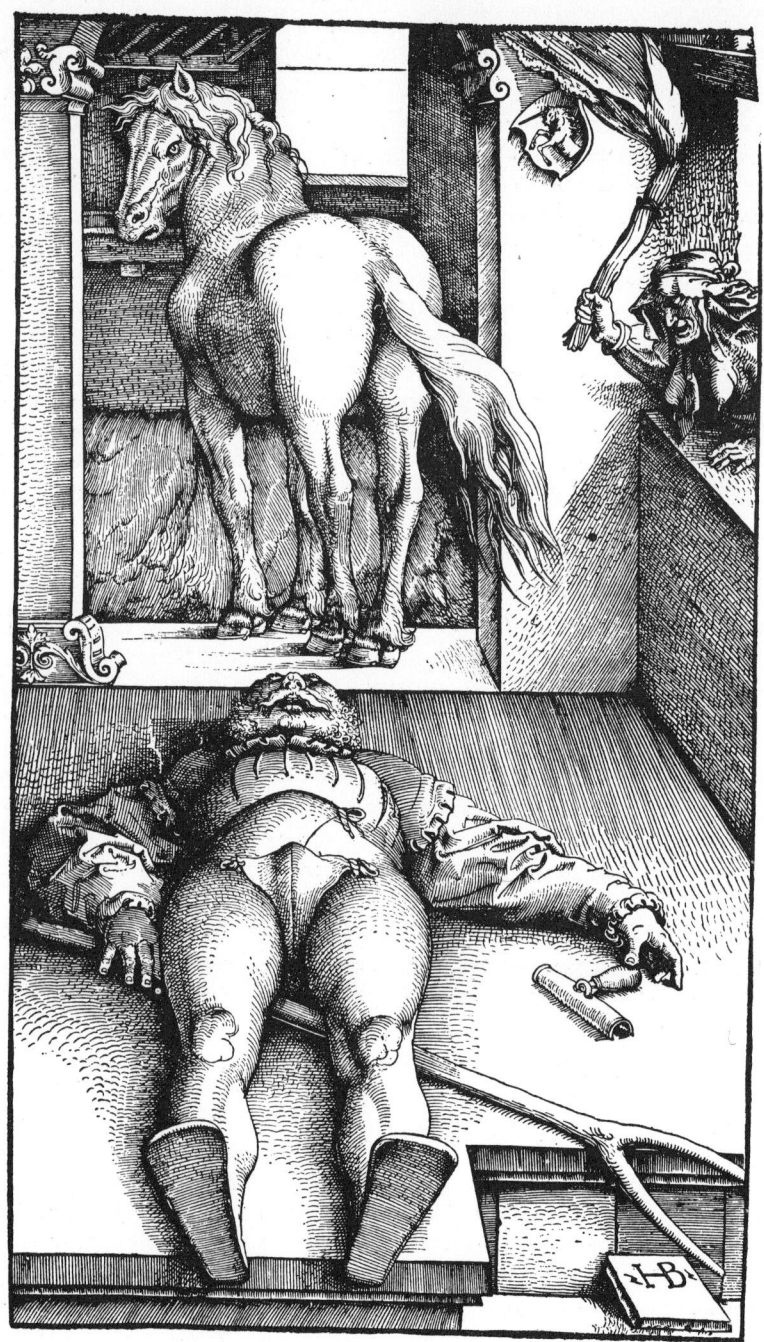

H. Baldung Grien: *Der behexte Stallknecht*

Sache der Bauern zur Verfügung gestellt hatten, wie Friedrich Weygandt, Michael Gaismair, Wendel Hipler oder Balthasar Hubmayer. Ein so weiter Gesichtskreis ist sicherlich der Mehrheit der Bauern fremd geblieben, die in der Gedankenwelt der Beschwerdeartikel steckenblieb.

Auch zeitlich und sachlich läßt sich klar die Welt der Artikel und die der Staatsaufbaupläne voneinander scheiden. Es ist bezeichnend, daß Michael Gaismair mit seinem Plan erst im Frühjahr 1526 hervortrat, als er fast schon ein Jahr die Tiroler Bauern geführt hatte und der Sieg seit dem Mai 1525 errungen war. So steht auch Friedrich Weygandt erst am Schluß der Geschichte des Bauernkrieges in Deutschland, als es nach der Unterwerfung des Erzbistums Mainz in Miltenberg aussah, als ob der Sieg den Bauern gewiß sei. Balthasar Hubmayer hat seine Ideen überhaupt nie aus der Schublade herausgeholt. Er wartete ab, bis die richtige Zeit gekommen wäre, aber die kam für ihn nie. Von den Ordnungen der Bauernhaufen kommt die von Memmingen den späteren Aufbauplänen am nächsten, da sie nicht für den Kampf, sondern für eine gewaltlose Auseinandersetzung und für eine durch einen Vertrag gesicherte friedliche Entwicklung gedacht ist. Es ist kennzeichnend, daß sie aus einer Lage heraus entstanden ist, in der die Christliche Vereinigung der drei südwestdeutschen Haufen noch keinen ernstlichen Widerstand zu spüren bekommen hatte und sich daher noch ziemlich sicher in ihren Hoffnungen fühlen konnte. Im übrigen ist diese Memminger Ordnung zu sehr auf die unmittelbare kriegerische Situation und auf den engen Umkreis des Haufens zugeschnitten, um als Staatsaufbauplan gelten zu können.

Wir müssen also zwei Stufen in der Entwicklung der Bauernbewegung unterscheiden: eine erste als ein aus langher ererbten Streitigkeiten und neuen Bedrückungen erwachsenes möglichst gewaltloses Ringen um lokale Forderungen unter dem Banner der »göttlichen Gerechtigkeit«, inhaltlich dokumentiert in den 12 Artikeln und anderen Beschwerdeschriften. Auf der zweiten Stufe entfaltet sich aber ein weitergehendes, den bürgerlichen Revolutionsplänen verwandtes Streben nach einem neuen Staatsaufbau. Wir können dieses Streben nur an verhältnismäßig wenigen Stellen beobachten, aber es ist anzunehmen, daß ein durchschlagender Erfolg der Bauern auf der ersten Stufe zu der Revolution geführt hätte, wie sie uns in den Staatsaufbauplänen entgegentritt — mit anderen Worten, daß aus den mit Demonstrationen beginnenden bäuerlichen Unruhen und Auseinandersetzungen mit rein bäuerlichen Zielen eine Revolution mit dem Ziel einer Umgestaltung des ganzen Staates geworden wäre, wenn nicht die Bauern so vernichtend geschlagen worden wären.

Aber nicht nur diese zwei Stufen müssen wir im Auge behalten, sondern auch, wie wir sahen, die zwei Quellen der gesamten bäuerlichen Bewegung, deren eine vom althergebrachten guten Recht, die andere aber von der »göttlichen Gerechtigkeit« ausgeht. Beides muß in der Verschiedenheit des Ursprungs und der Auswirkungen klar auseinandergehalten werden, sonst ist der Bauernkrieg von 1525 in der Mannigfaltigkeit seiner Erscheinungen nicht zu verstehen.

Um 1522/23 müssen diese verschiedenen Ströme zusammengeflossen sein, nachdem sie sich schon in der vorausgehenden Bundschuhbewegung miteinander berührt hatten.

Um diese Zeit nahm die Bewegung einen großen Aufschwung: aus vielen Einzel-unternehmungen und Einzelausbrüchen in ganz Südwest- und Mitteldeutschland wurde nun eine Gesamtbewegung. Von da an begegnen uns auch die zahlreichen Prediger der neuen Lehre oft überraschend an verstreuten Stellen. Dieses Anwachsen ist teilweise dem Mut zur Kritik und zur Forderung zu verdanken, den Luthers Auftreten mit sich brachte, teils aber auch der Entschlossenheit zu selbständigem kritischem Nachdenken, welches die literarische Reformbewegung im Bürgertum auch in die bäuerlichen Kreise hineintrug. Doch beides genügt nicht zur Erklärung. Die Zeit war reif. Die Saat des Bundschuhs am Oberrhein war aufgegangen. Wir wissen, daß nach dem Zusammenbruch der verschiedenen Versuche des Bundschuhs in der Stille überall geworben und die Fragestellungen verbreitet wurden. Dazu hatten die Bedrückungen der Landesherren, das Anspannen der Machtmittel der neu gestalteten Landesstaaten damals einen Höhepunkt erreicht.

Hinzu kam die ungeheure religiöse Erregung, welche durch die in den Städten verbreiteten Schriften und durch das gesprochene Wort auf dem Land ganz Deutschland ergriffen hatte. Von den Weissagungen war schon die Rede, in denen sich die Überzeugung von einem nahe bevorstehenden großen Umsturz, von einem zürnenden Gott äußerte. Und schließlich trugen die Mißernten und Pestepidemien dieser Zeit nicht wenig dazu bei, diese Stimmung zu steigern. So hatten die Prediger überall einen ungeheuren Zulauf. Sehr bezeichnend für die religiöse Erregung des ganzen Volkes sind die Wundererscheinungen, die Anlaß zu großen Wallfahrten wurden. So wurde im Dorf Wilanak in der Altmark 1475 eine blutige Hostie gesehen, und ganz Mittel-deutschland ergriff daraufhin der Drang, zum Heiligen Blut zu wallfahren, und zwar oft mit unnatürlicher Anspannung der Körperkräfte[131]. Im Nahetal erschienen, wie Abt Trithemius erzählt, kreuzförmige Flecken auf leinenen Kleidern der Frauen im Jahre 1500. Im folgenden Jahr wußte man von einer ähnlichen Erscheinung auf dem Kopftuch einer Frau bei Maastricht zu erzählen. Wie eine Epidemie verbreiteten sich Wundererscheinungen in Niederdeutschland und in den Niederlanden. Aber auch aus Schwaben, aus Tirol und vom Rhein wird ähnliches berichtet. Wo immer Wunder gemeldet wurden, vereinigte man sich zu Prozessionen und Wallfahrten. Bußprediger treten auf und deuten die Wunder als Zeichen göttlichen Zornes und als Vorboten eines Umsturzes durch die drohenden Türken oder andere Ursachen. Eine starke Angst sprach sich in dieser Erregung großer Teile der Bevölkerung aus[132]. Kaiser Maximilian, der diese Erregung politisch nützen zu können hoffte, nährte ihr Anwachsen noch durch Aufrufe. Solche Angst der Massen vor kommendem Unheil aber war der beste Nährboden, den der Wille zum Sicherheben im Glauben an die göttliche Gerechtigkeit finden konnte. Er wurde in solcher Atmosphäre immer stärker, bis er im Jahre 1525 ausbrach.

Michael Ostendorfer: Pilgerfahrt zur »Schönen Maria«

KAPITEL II

DIE BEIDEN GEGNER

Ehe wir uns den kriegerischen Ereignissen von 1525 selbst zuwenden, wird es gut sein, uns noch einmal die beiden Gegner zu vergegenwärtigen. Wir haben schon gesehen, daß in vielen Fällen wohlhabende und angesehene Bauern die Träger der Bewegung waren, besonders während der ersten Monate. Solche freien und wohlhabenden Bauern waren damals angesehene Leute. Man erzählt, daß Ministerialen sie zuerst grüßten. Meist sind es ganze Gemeinden, die einmütig aufstehen, um ihre Rechte zu vertreten. Wir hören gelegentlich davon, daß die Glocken geläutet werden, die Gemeinde zusammengerufen und dann ein entsprechender Beschluß gefaßt wird. Der erste Schritt ist stets ein »Zusammenrotten« oder »Rottieren«, die Entstehung eines »Haufens«. Ursprünglich ist es nur ein Dorf, ein Tal oder eine geschlossene Landschaft wie der Rheingau, die einen solchen »Haufen« bilden, dann erweitert dieser Haufe sich aber meist sehr schnell. Aus dem Haufen des Dorfes Baltringen bei Laupheim wird bald der eines großen Teiles des nordöstlichen Oberschwaben. Ebenso formieren sich der Allgäuer Haufe oder der Seehaufe der Landschaften um den Bodensee, der Taubertaler, Odenwälder, Bildhäuser Haufe, der des Rheingaus, des Kraichgaus und andere. Aber überall geht das in völliger Ruhe vor sich. Das sind keine aufgeregten, umsturzlustigen Volksmassen.

Alle diese Haufen waren bewaffnet. Das war für die damalige Zeit eine Selbstverständlichkeit. Die Fürsten und andere Herrschaften hatten selbst Sorge dafür getragen, daß sie für den Notfall, zum Schutz des Landes oder des Landfriedens bewaffnete Bauern zur Verfügung hatten. Aber schon die Notwendigkeit des Schutzes vor wilden Tieren oder vor räuberischem Gesindel zwang den Bauern, wenn er etwas weiter von seinem Haus durch Wald oder über Berge ging, Waffen bei sich zu tragen. Die Aufständischen waren keineswegs nur mit Sensen und Dreschflegeln bewehrt, sondern mit kurzen Schwertern, Spießen und den in der Zeit sonst üblichen Waffen. Viele ausgediente Landsknechte, die selbst Söhne von Bauern waren, schlossen sich ihnen an. Es ist deshalb auch kein Zufall, wenn die Landschaften, in denen die Bauern aufstanden, zugleich auch die sind, in denen die Landsknechte in Deutschland fast ausschließlich geworben wurden[1]. Besonders viele stellte das Ries bei Nördlingen und die Landschaft um den Bodensee. Darum weisen der Seehaufe und der des Rieses auch eine besonders hohe Zahl von Landsknechten auf. Auf der Fahne der Rieser Bauern war deshalb ein Bauer und ein Landsknecht zu sehen, die sich die Hand reichen. In anderen Haufen waren die Landsknechte schwächer vertreten, aber einen gewissen Bruchteil machten sie überall aus, wodurch die militärischen Fähigkeiten der Aufständischen wesentlich erhöht wurden. Außerdem kam durch die farbige Landsknechtstracht mehr Buntheit in das Gesamtbild der Haufen. In manchen Gegenden, wie z. B. im Ries, trugen sich damals die Bauern selber vielfach nach der Art der Landsknechte, so daß solche Haufen kaum von den Landsknechtsscharen des Gegners zu unterscheiden waren. Allerdings fehlten ihnen fast ganz Musketen und andere Handfeuerwaffen, aber diese spielten damals noch keine große Rolle, sie wurden erst einige Zeit später durch die Spanier Karls V. allgemeiner gebräuchlich.

Doch ein Unterschied war wichtig und oft ausschlaggebend: die Bauern hatten keine Reiterei. Diese stellte jedoch in den damaligen Heeren meist die Hauptkraft dar. Daher wählten die Bauern für ihre Stellungen und die Lagerplätze häufig den Rand eines Riedes, das der Reiterei ein unüberwindliches Hindernis war. Wenn aber, wie es oft geschah, der Truchseß sie aus ihrer Stellung herausgelockt hatte und das Gelände nun einen Reiterangriff gestattete, waren die Bauern verloren.

Anders war es mit dem Geschütz, das damals doch schon in vielen Schlachten den Ausschlag gegeben hatte. Das wußten die Bauern sich bald zu verschaffen. Ritter,

Erhard Schoen: Geschütz

die sich ihnen anschlossen, mußten ihnen Geschütz stellen, und in eroberten Burgen und Schlössern erbeuteten sie solches des öfteren. In der Ordnung des Taubertaler Haufens[2] wird als selbstverständlich vorausgesetzt, daß jeder Bauernhaufe Geschütze besitzt, denn in der Lagerordnung wird ihnen ein bestimmter Platz im Lager angewiesen. Bedienungsmannschaften für die Geschütze fanden sich unter ehemaligen Landsknechten leicht. Die Bewaffnung der Bauern war also nicht schlecht und dadurch, daß überall Landsknechte eingestreut waren, die Führung in den unteren Stellen sicherlich auch nicht. In dieser Beziehung hat man sich oft ein ganz falsches Bild von den Bauern als Kämpfern gemacht.

Die Größe der Haufen ist schwer zu bestimmen. Vor allem wechselte sie häufig. Immer wieder kehrten Bauern in ihre Dörfer zurück, und andere stießen neu hinzu. Die zeitgenössischen Angaben sind unzuverlässig. In einem Brief Erzherzog Ferdinands an Kaiser Karl V. vom 14. März 1525 werden die Aufständischen auf 200 000 Mann geschätzt, in den Diarien Mario Sanutos auf 300 000. An einer anderen Stelle wurde die Zahl der sich erhebenden Bauern zwischen Konstanz und Augsburg auf 100 000 beziffert. Man sieht, wie sehr die Zahlen schwanken. Wir sind von mittelalterlichen Chronisten her an solche Übertreibungen gewöhnt, wenn es darauf ankommt, den Eindruck einer erschreckend großen Masse zu erwecken[3].

Erhard Schoen: Geschütz

Näher kommt man der Wirklichkeit, wenn man in der Taubertaler Ordnung liest, daß die einzelnen Haufen sich aus mehreren Fähnlein zusammensetzen und daß jedes von diesen einen Normalbestand von 500 Mann haben soll. Das würde für jeden Haufen einige tausend Mann ergeben. Das stimmt recht gut damit zusammen, daß der Truchseß von Waldburg den ihm bei Weingarten gegenüberliegenden Seehaufen auf 12 000 Mann schätzte. Das ist sicher eine wohlüberlegte Angabe, da sie von dem gegnerischen Feldherrn stammt, der auf Grund dieser Schätzung zunächst diesen Haufen, der keineswegs zu den kleinen zählte, nicht angriff. Auf dieselbe Größenordnung stoßen wir in einem Verzeichnis der Bauern des Leipheimer Haufens nach den Orten ihrer Herkunft. Es wurde augenscheinlich von den Leuten des Schwäbischen Bundes unmittelbar nach ihrem Siege über diese Bauern aufgestellt, also Anfang 1525[4]. Es nennt im ganzen 4005 Mann. Die Zahlen aus den einzelnen Orten schwanken zwischen 5 und 100 Mann, doch ist sicher anzunehmen, daß man nach der Niederlage nicht alle Teilnehmer an der Bewegung mehr feststellen konnte. Aus Leipheim selbst werden 250 Mann gezählt, aus Günzburg 90, aus Jettingen 150. Im ganzen sind es 114 Orte der Umgegend von Leipheim. Das sind keine großen Zahlen, aber sie können als einigermaßen zuverlässig gelten. Rechnet man auf dieser Grundlage weiter, so ergibt sich eine Gesamtsumme von 120 000–150 000 Bauern, die in den Haufen sich gesammelt haben, eine Annahme, die der Wahrheit entsprechen dürfte. Doch waren wohl nicht alle gleichzeitig zur Stelle, und sicher waren da und dort in Notfällen die Bestände größer. Die Alpenländer sind dabei nicht mit eingerechnet, ebensowenig diejenigen Kleinbürger, die in den Städten für ihre Interessen kämpften, sich aber den Haufen nicht anschlossen.

Wir haben es also jedenfalls zahlenmäßig mit einer sehr ansehnlichen Macht zu tun, die wir uns, wie schon gesagt, auch nicht gerade schlecht ausgerüstet vorzustellen haben. Der Brandenburger Hauptmann von Wolfstein erklärte angesichts des Seehaufens um Ostern 1525, er habe noch nie in einem Krieg ein so wohlgerüstetes Volk beieinander gesehen. So ist es nur zu verständlich, daß der Truchseß damals den Seehaufen nicht sofort anzugreifen wagte und daß eine lähmende Furcht sich 1525 über ganz Deutschland legte. Die dann erfolgte schnelle Niederwerfung des Aufstandes darf nicht darüber hinwegtäuschen, daß die Bauern schon im April und Anfang Mai eine gewaltige und damals noch ständig zunehmende Macht darstellten, so daß es von vorneherein gar nicht sicher war, ob diese Bauernhaufen mit Waffengewalt zu überwinden seien.

Doch damit haben wir schon in unserer Darstellung vorgegriffen. Denn bei ihrem ersten Auftreten hofften die Bauern, wie wir gesehen haben, eine Beilegung des Konfliktes auf dem Wege von Verhandlungen zu erreichen. Freilich führten die ersten Ereignisse sie bald darüber hinaus zum Kampf mit den Waffen.

Auch in den verschiedenen »Ordnungen«, die sich die Bauern gaben, kommt das Fortschreiten von unkriegerischer zu kriegerischer Aktion zum Ausdruck. Die erste, die wir kennen, ist die des Allgäuer Haufens vom 24. Februar 1525[5]. Da findet sich zwar eine Bestimmung über das Sturmläuten, aber dabei ist augenscheinlich nur an einen Ruf zur

Verteidigung bei Gefahr, zur gemeinsamen Beratung oder zu einer Demonstration gedacht. Daneben steht eine Bestimmung, die den friedlichen Charakter des Ganzen deutlich zeigt. Denn in ihr wird das »Aufruhr-Machen in den Dörfern« unter Strafe gestellt. Offenbar ist hier das wilde Vorgehen einzelner im Gegensatz zu dem der ganzen Gemeinden und Landschaften gemeint. Den Dörfern wird eine gütliche Einigung mit ihren Herrschaften warm empfohlen. Hier ist also alles noch auf eine friedliche Beilegung des Streites abgestellt.

Ähnlich sieht auch noch die »Ordnung« aus, die sich die Christliche Vereinigung des Allgäuer, des Baltringer und des Seehaufens anfangs März zu Memmingen gab[5a]. Auch da werden Bestimmungen über die Aufrechterhaltung des Landfriedens und über das vorläufige Verhältnis der einzelnen Gruppen zu ihren Herren getroffen. Daneben aber wird hier das Ganze organisiert. Jeder Haufe soll einen Obersten und vier Räte wählen mit der ausdrücklichen Bestimmung, zusammen mit den Hauptleuten und Räten der anderen Haufen Verhandlungen zu führen. Damit war natürlich eine wesentliche Steigerung der Aktionsfähigkeit erzielt. Doch steht hier auch ein Artikel, der sich mit der Entwaffnung der Burgen befaßt – wir werden unten noch darauf eingehen müssen. Der bevorstehende Übergang zu Kampfmaßnahmen ist also schon deutlich spürbar, wenn auch die Ordnung im ganzen noch nicht auf den Krieg abgestellt ist.

Diese Ordnungen der Haufen sind von großer Wichtigkeit. Denn es sind offizielle Dokumente, welche einwandfrei beweisen, daß diese Zusammenschlüsse nur erfolgten, weil die Bauern in der ersten Phase der Auseinandersetzung noch glaubten, auf dem Weg der Verhandlung ihr Ziel zu erreichen. Daran ist angesichts des bald und überall auftretenden Schwankens zwischen Verhandlung und Kampf immer festzuhalten. Gerade an den Ordnungen läßt sich der Wechsel vom friedlichen zum kriegerischen Stadium gut verfolgen. So bestimmte die Anfang Mai unter Erasmus Gerber im Elsaß beschlossene Ordnung, daß ein Oberst an der Spitze des Haufens stehen solle und neben ihm ein Ausschuß von 25 Bauern und Bürgern. Ja, sogar Kriegsartikel wurden aufgestellt und für die Gesamtheit verbindlich erklärt. Nur so war es offenbar zu erreichen, daß sich die verschiedenen Gruppen der einheitlichen Führung von Erasmus Gerber unterstellten, um ihre Ziele erreichen zu können, sei es durch Verhandlung oder Waffengewalt[6].

Am klarsten spiegelt sich der Übergang der ersten Phase in die zweite in der Ordnung des Taubertaler Haufens, die am 24. April zu Ochsenfurt erlassen wurde[6a], also kurz vor der Elsässer und etwa sechs Wochen nach der Memminger Ordnung, und es entspricht noch dieser Memminger Ordnung, daß an der Spitze ein Oberster steht und ihm zur Seite Hauptleute und Räte. Nur daß der Oberste bereits Feldhauptmann heißt und alle folgenden Einzelbestimmungen auf den Kampf abgestellt sind. Alles trägt jetzt ein kriegerisches Gesicht. Außer dem Feldhauptmann und den Gerichtspersonen, dem Schultheiß und den Schöffen werden folgende Amtspersonen – besser Offiziere – genannt: der Leutinger, d. i. der Stellvertreter des Feldhauptmanns, Hauptleute und Fähnriche, von denen jedes Fähnlein einen stellt, ein Artillerieschutz- oder Zeugmeister, ein Wagenburgmeister, ein Troßmeister, vier Wachtmeister für die Lagerwache, vier Feldwaibel für die Aufstellung der Schlachtordnung, ein Waibel von jedem Fähnlein, zwei Proviantmeister, ein Futtermeister, zwei Furiere für Quartier und Lagerordnung, ein Profoß für Polizei und Proviant, ein Nachrichter, für jedes Fähnlein ein Beutemeister, dazu Büchsenmeister. Damit ist auch das Vorhandensein von Geschütz vorausgesetzt. Wir stehen jetzt vor dem Bild eines bäuerlichen Heeres und nicht mehr vor dem eines auf Verhandlungen abzielenden Bauernhaufens. In beiden Fällen läßt sich deutlich feststellen, daß die entscheidende Wandlung in der Geschichte des Bauernkrieges im Gange ist[7]. Allen Anzeichen nach scheint auch die Organisation des Rapperswiler Haufens, über die der Vogt von Bregenz am 8. März berichtet, schon einen ausgesprochen kriegerischen Charakter gehabt zu haben[8]. Infolge der zunehmend kriegerischen Formierung der Bauernhaufen paßte sich die Lebens- und Denkweise der Bauern in manchem der der Landsknechte an. So entspricht die große Bedeutung, die man dem Fähnlein als Symbol beimaß, der Verehrung, welche die Landsknechte dieser Zeit ihrem Fähnlein entgegenbrachten. So ist es auch verständlich, welchen Wert Joss Fritz schon bei Ausbruch des Bundschuhs von 1513 auf die Beschaffung eines Fähnleins gelegt hat. Es zeigte einen Crucifixus, eine Madonna, Johannes den Täufer, den Kaiser und den Papst und einen vor dem Kreuz knienden Bauern, dazu die Umschrift: »Herr, stand diner gotlichen gerechtigkeit bi!« Die Fähnlein zu Beginn des Jahres 1525 scheinen einfacher gewesen zu sein: rot-weiß mit dem Andreaskreuz. Thomas Müntzer brachte neue Symbole hinzu: das bloße Schwert, das rote Kreuz und das große Banner mit dem Regenbogen[9]. Auch von einem Siegel der Bauern wissen wir. Es zeigte eine Pflugschar mit der Umschrift: »Das Wort Gottes bleibt in Ewigkeit«[10] oder auch das Jüngste Gericht[11]. Alles das weist deutlich auf die Anpassung an die Welt der Landsknechte und der Schweizer und außerdem auf den religiösen Charakter der Bewegung hin, von dem schon wiederholt die Rede war.

Die Ordnungen zeigen dementsprechend auch das ernsthafte Bestreben, Zucht und fromme Lebensführung im Alltag des Lagerlebens durchzuführen, wie es die aufgestellten Grundsätze verlangten. So sollen alle Tage Predigtgottesdienste stattfinden, wobei man allerdings zu bedenken hat, daß diese Predigten zugleich Propaganda für die Sache der Bauern waren. Gotteslästern und Fluchen sollen verboten sein, ebenso aber auch jedes Spiel und das »Zutrinken«, womit wohl bestimmte animierende oder verpflichtende Trinksitten gemeint waren. Huren soll der Aufenthalt im Lager verboten sein. Ebenso bemüht man sich, asoziale, zum Streit neigende Elemente generell auszuschließen, während Schwache, Frauen, Kinder und Greise unter den besonderen Schutz der Bauern gestellt werden. Wie weit diese Bestimmungen befolgt wurden, wissen wir nicht. Immerhin spricht schon der Versuch, auch wenn es dabei geblieben sein sollte, für den ausgesprochenen Willen, Zucht und Ordnung im Lager der Bauern zu halten. Das ist allen Ausschreitungen, die vorkamen, gegenüber nachdrücklich zu betonen.

Wir haben zahlreiche Schreiben der Bauernhaufen, die teilweise der Verbindung untereinander dienen, teilweise zum Zweck der Werbung an Städte, Dörfer oder auch Adelige gerichtet sind. Sie sind sicher und gewandt verfaßt und weisen immer wieder

Petrarca-Meister: Spielteufel der Landsknechte

auf die geistigen und religiösen Grundlagen der Bewegung hin. Man verstand sich also sehr wohl darauf, dem eigenen Denken Ausdruck zu geben. Wir werden wohl nicht fehlgehen, wenn wir annehmen, daß man niedere Geistliche, die sich den Bauern angeschlossen hatten, mit der Einrichtung eines Sekretariats der Haufen beauftragte. Auch eine Steuer wurde von den Bauern erhoben. Meist scheinen es zwei Kreuzer für den Unterhalt des Haufens gewesen zu sein[12]. Wir wissen jedoch, daß diese Abgabe oft nicht einging oder von gewissen Gruppen abgelehnt wurde. An einzelnen Stellen verlangte man auch vier Kreuzer oder versuchte wenigstens, sie zu erheben. Ein geordnetes Finanzwesen der Bauern muß jedenfalls bestanden haben, wenn es sich auch nicht überall durchzusetzen vermochte.

Die Bauernhaufen waren also keine undisziplinierten, ungeordneten Massen, sondern von gemeinsamem Wollen getragene Organisationen, die ein geregeltes Leben möglich machten und die zum mindesten die ernste Absicht, Zucht und Ordnung aufrecht-zuerhalten, aufweisen.

Doch hatten die Bauern nach Lage der Dinge mit vier großen Schwierigkeiten zu kämpfen, deren sie trotz aller Bemühungen nicht Herr wurden. Die *erste* bestand darin, daß die Hauptmasse der Haufen aus Bauern bestand, die sich nicht ganz von ihren

Feldern und ihren Anwesen trennen wollten und konnten. Man suchte sich da in verschiedener Weise zu helfen. Die Ordnung der Elsässer Bauern bestimmt, daß jeder Schultheiß sein Dorf in vier Gruppen teilen sollte, von denen jede auf Kosten des Dorfes acht Tage zu dienen hatte[13]. Dem entspricht es, wenn wir hören, daß aus neu sich anschließenden Dörfern jeder vierte Mann zum Haufen kommen mußte[14]. Bei anderen Haufen half man sich damit, daß jeder Bauer, der den Haufen für einige Zeit zur Feldarbeit verließ, einen Ersatzmann stellen mußte[15]. Aus Bregenz hören wir, daß nur eine Minderzahl der Bauern eines Dorfes zum Dienst im Haufen herangezogen wurde[16]. Durch solche Regelungen wurde es den Bauern möglich, nicht vollständig ihren landwirtschaftlichen Betrieb im Stich zu lassen. Aber anderseits waren die Haufen dadurch an ihre Landschaft gebunden. Sie konnten sie nur sehr schwer für längere Zeit verlassen, um beispielsweise einem anderen Haufen Hilfe zu bringen, wobei man stets mit dem Unwillen und Widerstreben sehr vieler Bauern zu rechnen hatte. Damit waren aber der Kriegsführung der Bauern sehr enge Grenzen gezogen.

Die *zweite* Schwierigkeit lag in der mangelhaften Zusammenarbeit der einzelnen Haufen. Sie war teilweise durch die besprochene Bindung der Haufen an ihre Heimatlandschaft bedingt, aber durchaus nicht dadurch allein. Sondern es findet sich bei manchen Bauernhaufen ein Partikularismus, der nur an sich selber und die Nöte der eigenen Landschaft denkt und nicht darüber hinausblickt. So verhindert Martin Feuerbacher, der Führer der württembergischen Bauern, bewußt den Anschluß an den gefürchteten Neckartaler Haufen nach dem Tag von Weinsberg, da er die Radikalität der Neckartaler, die bei den Weinsberger Geschehnissen zum Vorschein kam, ablehnt[16a]. Doch das ist eine Ausnahme, die sich aus der auch sonst bekannten Haltung Feuerbachers und dem übertreibenden Gerede um den Weinsberger Tag erklärt. Aber auch die Bamberger Bauern beschränkten sich absichtlich auf das Gebiet ihres Bistums und weigerten sich, fremde Bauern aufzunehmen, die weiter herkamen, »denn des Stiftes Obrigkeit reicht«[17]. Sonst wird eine solche Tendenz nicht klar ausgesprochen, sicherlich aber standen gar manchem Bauern halbbewußt die eigene Heimat und ihre Angelegenheiten sehr viel näher als andere ebenfalls belastete oder jetzt bedrohte Gebiete. Aber obwohl der Blick mittelalterlicher Bauern in der Regel nicht weit über ihr Dorf, ihr Tal oder ihre Landschaft hinausreichte, ist doch der Wille zur gegenseitigen Hilfe und die Überzeugung von der Notwendigkeit der Zusammenarbeit der verschiedenen Haufen deutlich erkennbar. So haben die Allgäuer Bauern Anfang April 1525, als sie sich einigermaßen sicher fühlten, aus freien Stücken den Hegauern und Württembergern durch ihren Boten Martin Kol Hilfe angeboten[18]. Auch sollen die Bauern im Allgäu und Hegau ihre Botschafter im gegenseitigen Lager gehabt haben[19]. Der Leipheimer Haufen erbat sich im März 1525 einen Zuzug von 400 Mann aus dem bayerischen Schwaben mit dem ausdrücklichen Bemerken, daß sie die Hilfe nicht erbitten, weil sie etwa in Not seien, sondern in der Hoffnung, daß unter dem Eindruck einer solchen Verstärkung das ganze Donautal ihnen zufallen werde[20].

Vor allem aber beweist die rege Werbetätigkeit der Bauern, daß manchenorts ihr Blick doch weiter ging als bis an die Grenzen ihres eigenen Ländchens. Zwar vollzog sich zum großen Teil diese Werbung mündlich, aber wir hören doch von ihr gelegentlich in Berichten, Briefen und Chroniken. Sie läßt sich z. B. in Oberschwaben, im Hegau, in Württemberg, im würzburgischen Gebiet und in Thüringen deutlich nachweisen[21]. Am besten zeugen von dieser Werbetätigkeit die Briefe, welche die Haufen an Bauern ihrer näheren und weiteren Nachbarschaft gerichtet haben. Wir kennen solche Schreiben, in denen sie mit erstaunlicher Beredsamkeit ihre Ziele im Sinne der »göttlichen Gerechtigkeit« darlegen und zum Anschluß auffordern, aus Tettnang, Rothenburg, Aura, Ascha und Bildhausen[22]. Sie wandten sich auch an benachbarte Städte, und, wie wir wissen, hatten sie bei einer beträchtlichen Zahl von ihnen Erfolg. Solche Schreiben wurden z. B. an Ravensburg, Tauberbischofsheim, Königshofen, Blankenburg, Schmalkalden und an die zu Neustadt versammelten Abgeordneten der Städte gerichtet[23]. Die Werbung der Bauern erstreckte sich noch weiter, auf den Adel, auf fürstliche Beamte, ja sogar auf die Gunst der Fürsten und Herrschaften selber[24]. In den letzten Fällen hat sicherlich die so freundlich und fromm klingende Aufforderung in Wirklichkeit zugleich eine Drohung bedeutet. Doch war anderseits die Aufforderung zum Anschluß, auch zum freiwilligen Anschluß an die Sache der Bauern, nicht aussichtslos.

Jedenfalls aber zeigt diese rege schriftliche und mündliche Werbetätigkeit der Bauern, daß sie sich der Einheit ihrer Sache über die Grenzen von Landschaften und Herrschaften hinaus sehr wohl bewußt waren und daß sie sich daher nicht auf den eigenen Kreis beschränken durften. Es fehlte jedoch an einem einheitlichen Oberbefehl, der allein eine fruchtbare Zusammenarbeit hätte garantieren und regeln können, und so blieb die Zusammenarbeit doch mehr oder minder nur Wunsch und Theorie. Da außerdem jede großzügige Maßnahme durch die Bindung an die heimische Landwirtschaft verhindert wurde, hatten etwa die Hilferufe, welche die Haufen von Fulda, Mühlhausen, die vom Schwarzwald und die von Württemberg unter Matern Feuerbacher in ihrer letzten und dringendsten Not an andere Haufen richteten, keinerlei Erfolg. Damals hatte allerdings schon jeder Haufe um seine eigene Existenz zu kämpfen. Die Lage war eine andere geworden als im April 1525, wo die Allgäuer Bauern ihre Hilfe anderen von sich aus anbieten konnten.

Diese mangelnde Zusammenarbeit und das Fehlen eines einheitlichen Oberbefehls sind zweifellos zu wesentlichen Ursachen für die Schwäche der Sache der Bauern im Jahre 1525 geworden.

Die dritte große Schwierigkeit war die Ernährung dieser Massen von Männern. Die Unruhen beginnen im März und April 1525, also zu einer Zeit, in der die Bauern selbst keine nennenswerten eigenen Vorräte an Lebensmitteln mehr hatten. Infolgedessen sah man sich, wenn man leben wollte, angewiesen auf die Reserven der Städte, der Burgen oder der Klöster. Städtische Magazine waren in den seltensten Fällen erreichbar, die der Burgen nur, wenn man sie eroberte. Am leichtesten boten sich die der Klöster dar, die ohnehin wohl die reichsten Vorratskammern besaßen. So drängte schon Hunger dazu, vor allem Klöster zu stürmen und zu plündern. Das lag um so näher, als gerade die geistlichen Grundherren bei vielen Bauern besonders verhaßt waren —

Ein ermanung aller cristen/das sie sich erbar
men vber die klosterfrauwen.

Ch bin der drit der hie wol ziert
Vnd disen narren reyen fiert
J chbin selber hic dörfft euch nit segen

G ii

*Entführung einer Nonne. Aus Murners Satire auf
Luther in Worms, 1521*

Kempten ist eines der eklatantesten Beispiele dafür. Die Beute an Nahrungsmitteln, die
den Bauern in die Hände fiel, muß ungemein groß gewesen sein. In Ottobeuren seien
es 2500, in Roggenburg 1500 Malter Korn gewesen, und ähnliche Vorräte fanden sich
wohl auch in anderen Klöstern. Damit hätten die Bauern sicher geraume Zeit aus-
kommen können. Aber welcher Bauernführer hatte schon die Macht oder auch nur das
rechtzeitige Einsehen, um diese Vorräte zu beschlagnahmen und richtig zu verteilen?
Noch dazu angesichts der riesigen Weinkeller mancher Klöster. Überall wird dasselbe
berichtet. Die Bauern fressen und besaufen sich nach der Plünderung eines Klosters
tagelang. So lesen wir bei Lorenz Fries: »Sonderlich gefiel es ihnen, dieser Bruderschaft,
wohl, daß sie zu zechen, zu essen und zu trinken hätten und nichts dafür zu geben
brauchten. Trunkener, voller, ungeschickter Leute hat man kaum mehr bei einander
gesehen. Wenn es nicht zu Brand und Blutvergießen gekommen wäre, hätte man
schwanken können, ob das Ganze ein Fastnachtsspiel oder ein Krieg genannt werden

117

Des bunds erſter angriff.
So ſir do ſie der m:trung ſind
Der Kirchen vnd der pfaffen find
So wöllen wir zů erſt vmb köten
Kirchen klöſen al zerſtören.

Raub der Reliquien bei einer Kirchenplünderung.
Aus Murners Satire von 1521

müßte.« Ähnlich heißt es von anderen Klosterplünderungen, die Bauern hätten so und so viel Fuder Wein ausgetrunken und sich sinnlos den Bauch vollgeschlagen, so in Schussenried, Irsee, Ochsenhausen, Marchtal, Schöntal bei Mergentheim und anderwärts[25]. Auch wo sie in die Pfarrhäuser auf den Dörfern eindrangen, hatten sie es fast ausschließlich auf Wein und Lebensmittel abgesehen[26]. Bei Kloster Bildhausen wird ausdrücklich angegeben, sie hätten es »zu notdurftiger erhaltung eingenommen und uns darum gelagert«[27].

Aber es blieb nicht dabei. Wo man ein Einsehen hatte und den Bauern freiwillig Lebensmittel gab, ging es meist gut ab. Wurde aber ein Kloster mit Gewalt genommen und war man erst vom Klosterwein trunken, so war kein Einhalten mehr, und selbst die Kirchen und ihre Heiligtümer wurden nicht mehr geschont. Gewalttätige und hemmungslose Elemente bekamen leicht die Oberhand, sobald die Plünderung einmal im Gange war. Beispiele dafür bieten Ochsenhausen und Kempten. Sicherlich sind diese häßlichen Vorgänge nicht zu entschuldigen oder zu verharmlosen, aber sie waren kaum anders zu erwarten und verblassen geradezu vor dem, was wir in den letzten Kriegen der so weit fortgeschrittenen und kultivierten Völker haben erleben müssen.

Je weiter der Krieg in das Jahr 1525 hineinging, je größer die Gefahr für die Bauern und damit die Unruhe wurde, um so mehr häuften sich die Plünderungen und um so schwerer wurden die Zerstörungen der genommenen Klöster und Burgen. Ein krasses Beispiel dafür bietet das Bamberger Land.

Was die Burgen angeht, so mußte man sie angreifen, nachdem man sich endlich zum Kämpfen entschlossen hatte, und wenn die Eroberung gelungen war, sie auch zerstören. Denn sie waren die Stützpunkte des Gegners, die sonst jederzeit gegen die Bauern benutzt werden konnten. Doch war auch hier das Vorgehen der Bauern von vorneherein keineswegs so radikal, wie allzu lange behauptet wurde. Wir besitzen die von den Bauern selbst aufgestellten Grundsätze für ihr Verhalten in dieser Sache. Die Memminger Ordnung von Anfang 1525 setzt fest[27a], daß es dem Adel freistehe, sich entweder der Bauernbewegung anzuschließen oder seine Burgen zu entwaffnen, d. h. sie dürfen nur noch mit Proviant versehen werden, aber nicht mehr mit Geschütz und Munition. Zur Besatzung dürfen dann nur noch Leute genommen werden, die der Vereinigung der Bauern zugeschworen haben. Unter diesen Bedingungen können die Herren unbehelligt auf ihren Burgen bleiben. Ganz anders lautet aber der entsprechende Artikel der Ochsenfurter Ordnung des Taubertaler Haufens vom 24. April 1525[27b]. Hier wird festgesetzt, daß auch der Burgherr, der sich der Bewegung anschließt, in die Zerstörung seiner Burg willigen oder sich verpflichten muß, sie selbst in einer festgesetzten Zeit vorzunehmen. Sein fahrendes Gut kann er behalten, darf aber bis zur Beilegung des Bauernstreites kein gerüstet Pferd mehr haben. Wenn hier die Zerstörung aller Burgen verlangt wird, so hatte man wahrscheinlich mit der milderen Forderung schlechte Erfahrungen gemacht. Es zeigt sich aber auch hier wieder, wie rasch im Verlauf des Bauernkrieges die Radikalisierung fortgeschritten ist. Übrigens läßt sich feststellen, daß die erste Burg — es ist Schemmerberg in Oberschwaben — erst zerstört wurde, als es unzweifelhaft geworden war, daß der Schwäbische Bund auf keinen Fall bereit war, sich auf eine friedliche Beilegung der Streitigkeiten durch Verhandlungen und Verträge einzulassen, sondern den unbedingten Kampf wollte. Daß die Bauern schließlich die Zerstörung der Burgen feindlich gesinnter Herren, d. h. der feindlichen Befestigungen und Stützpunkte, also militärischer Punkte erster Ordnung, forderten, wird man ihnen nicht verübeln können, zumal sie sich an fahrendem, also unmilitärischem Gut nicht vergriffen und es — abgesehen von der Burg selbst, von Waffen und Nahrungsmittel-Vorräten — den Besitzern unangetastet überließen.

Am meisten böses Blut hat der »Tag von Weinsberg« gemacht. Entrüstet wandten sich damals weite Kreise, die bis dahin mit den Bauern sympathisiert hatten, von ihnen ab. Wir werden später ausführlich darüber reden müssen. Das Gerücht vom Tod von fünfzehn adeligen Herren verbreitete sich, das Geschehene übertreibend und entstellend, sehr schnell, und diese Legende wurde wirksamer als die Tatsachen selbst, die nicht über das hinausgehen, was uns aus kriegerischen Auseinandersetzungen nur allzu ge-

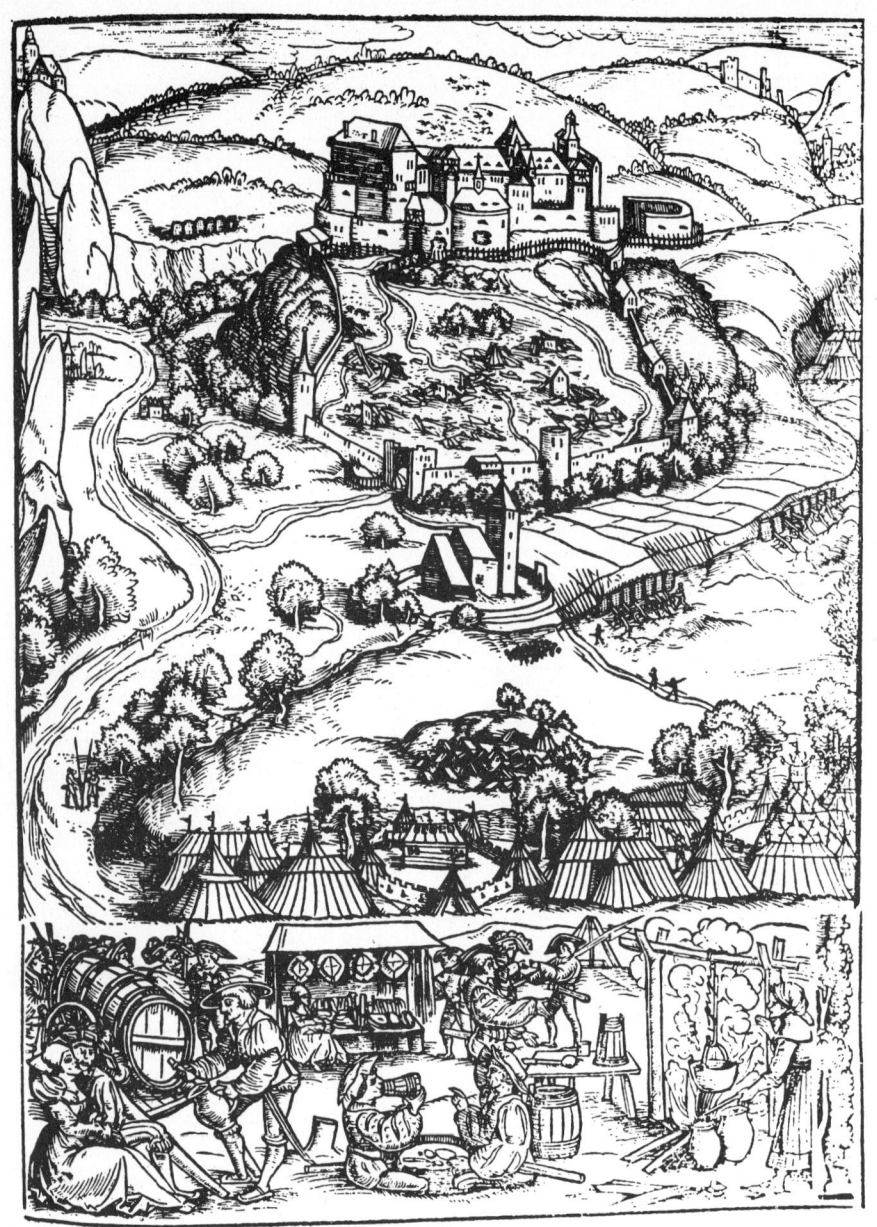

Belagerung einer Burg. Aus dem Mainzer »Livius«

läufig ist. Alle Kriege sind grausam und voll des Bösen. Mit dieser Feststellung sollen jedoch die bedauerlichen und durch den Mangel einer einheitlichen Führung wohl unvermeidlichen Ausschreitungen bei der Eroberung von Burgen oder bei den Plünderungen von Klöstern, oder gar die Kirchenschändungen nicht entschuldigt, aber doch verständlich gemacht werden. Nur eine überlegene Führung wäre imstande gewesen, der in lauter Einzelaktionen sich zersplitternden Bewegung eine klare Ausrichtung auf ein weiterschauendes Ziel und wirkliche Stoßkraft zu geben. So blieb auch den aus bürgerlichen Kreisen stammenden Ideen und dem Glauben an die göttliche Gerechtigkeit eine Verwirklichung versagt, denn diese Faktoren erwiesen sich als zu schwach gegenüber dem zähen Festhalten an dem partikularistischen Geist, der in den Beschwerdeartikeln zum Ausdruck kommt. Die Vereinzelung des Willens war stärker als die Einsicht, daß die Ziele der Bewegung ohne einen engen Zusammenschluß und ohne einheitliche Führung nicht zu erreichen waren, und als diese Einsicht zu dämmern begann, war es zu spät. Das war das Verhängnis des Bauernkrieges von 1525.

Die *vierte* und größte Schwierigkeit der Bauern, die tiefste Ursache ihrer Schwäche lag im Fehlen einer einheitlichen, starken Führung, so daß die bedrohliche Macht, welche die Bauern noch im Frühsommer darstellten, nicht zur Entfaltung kam. Sie wurde schon durch ihr eingefleischtes Mißtrauen gegen jede nicht aus ihrem engsten Kreis kommende, ihnen unbekannte Persönlichkeit verhindert.

So blieb denn eine große Anzahl von untereinander sehr verschiedenen Führern, von denen keiner weitergreifende Ideen und überragende Qualitäten aufwies. Keiner hatte einen umfassenden Einfluß außer einem: Michael Gaismair, der Führer der Tiroler Bauern. Er wußte die dortige Bewegung von Brixen aus zu einem schnellen Erfolg zu führen, so daß die Bauernschaft die eigentlich bestimmende Macht im Land Tirol wurde. Dann gelang es ihm durch Verhandlungen mit dem Erzherzog, eine neue Tiroler Landesordnung[27c] durchzusetzen, die zwar seinem eigenen Entwurf keineswegs voll entsprach, aber doch wesentliche Fortschritte für den Bauern und für den ganzen Aufbau des Landes brachte. Diese neue Ordnung hatte aber nicht lange Bestand, sondern als der Aufstand in allen Teilen Deutschlands niedergeworfen war, wurde sie 1532 wieder aufgehoben. Doch das war nicht Gaismairs Schuld. *Ein* deutsches Land allein konnte sich nicht mit einem ganz anders gearteten Landesaufbau den anderen Staaten gegenüber halten. (In der Schweiz lagen die Verhältnisse doch wesentlich anders.) Selbst Gaismair mußte über die italienische Grenze flüchten. Er ist der einzige Führer der Bauern, der Format besaß und wesentliche Erfolge aufzuweisen hatte. Er stammte aus einer angesehenen Sterzinger Bergknappenfamilie und wurde Schreiber des tirolischen Landeshauptmanns und des Bischofs von Brixen. In dieser Eigenschaft wußte er politische Erfahrung, Weitblick und Gewandtheit zu erwerben, die ihm dann 1525 zustatten kamen[28]. Er war ein hagerer, hochaufgeschossener Mann, dessen gebeugter Gang noch etwas an den Schreiberdienst erinnerte. Doch von dem sprichwörtlichen Amtshochmut der Zunft der Schreiber war er frei. Er kannte die Nöte seines Volkes genau aus langer Erfahrung. Charakteristisch sind seine noch erhaltenen Randbemerkungen auf Aktenstücken. Da lesen wir: »Ich leid und schweig und trag Geduld mit aller Unschuld«, oder: »Kein Gutes unbelohnt, kein Übles ungerochen«, oder: »Langsam geht man auch weit«. Diese Aussprüche kennzeichnen sein Wesen: ein unerschütterliches Rechtsbewußtsein, zähe zielbewußte Entschlossenheit und Mitleid mit dem unterdrückten Volke, das für ihn die Unschuld war, die er erretten wollte. Zwingli hatte starken Einfluß auf ihn, weit mehr als Luther. Hier hatte also die Bewegung einen wirklichen Führer gefunden. Aber auf das andere Deutschland hatte das keinen Einfluß. Denn einmal lag Tirol weitab von Südwest- und Mitteldeutschland, das benachbarte Bayern aber blieb dem Aufstand fast völlig fern. Sodann wurden die entscheidenden Erfolge in Tirol gerade in den Maitagen errungen, in denen in Schwaben, Franken und Thüringen die vernichtenden Schläge gegen die Bauern schon fielen. Gaismairs eigentliche Tätigkeit liegt also erst in Zeiten, in denen der Aufstand im übrigen Deutschland längst niedergeworfen war. So bleibt Michael Gaismair eine sehr anziehende, viel zu wenig bekannte Gestalt, die aber nur der Tiroler Geschichte angehört.

Unter den übrigen Bauernführern lassen sich vier Gruppen unterscheiden: Bauern aus wohlhabenden Familien, die mit Vorsicht und Umsicht vorgingen und denen Gewaltanwendung unerwünscht, wenn nicht gar verhaßt war. Unter ihnen steht Ulrich Schmid, der Schmied von Sulmingen in Oberschwaben, der Führer des Baltringer Haufens, an erster Stelle. Er war ein Mann in guten Verhältnissen mit einem warmen Herzen für die Nöte der Bauern. Völlig uneigennützig setzte er sich rein um der Sache willen ein, und zwar als einer der ersten in Oberschwaben. Er wollte keine blutige Revolution. Als es zu den ersten Verhandlungen mit dem Schwäbischen Bund kam, war er es, der mit aller Entschiedenheit betonte, die Bauern wollten nicht den Aufruhr. Sie forderten nur die Aufhebung der sie allzu sehr drückenden Lasten. Doch als der Widerstand gegen die Bauern sich versteifte, drang er damit nicht mehr durch. Radikalere Elemente gewannen die Oberhand, und der Schwäbische Bund, der Ulrich Schmid so lange hingehalten hatte, hatte die Zeit benützt, um seine Rüstungen zu vervollständigen, und schlug nun los. Der Mann, den die Bauern als ihren geliebten Führer auf den Händen im Lager herumgetragen hatten, sah sich verlassen. Nur die Flucht in die Schweiz rettete ihm das Leben.

Als zweiter in dieser Reihe ist Matern Feuerbacher zu nennen, der Führer der württembergischen Bauern. Wir sprachen schon von ihm. Der Abscheu vor radikaleren Strömungen in der Bauernschaft ließ ihn nahezu zum Verräter an der gemeinsamen Sache werden dadurch, daß er für seine württembergischen Bauern die Grenzen des Schwabenlandes sperrte. Er fürchtete, daß sie von den rabiateren Elementen angesteckt werden könnten. Aber er verhinderte so die Bildung einer gemeinsamen Front gegenüber dem gefährlichen Schwäbischen Bund. Das beste Zeugnis für seine Haltung ist, daß das kaiserliche Hofgericht in Rottweil, die höchste richterliche Instanz, ihn freisprach, als er nach der Niederlage wegen Landfriedensbruch auf Todesstrafe angeklagt war. Das Gericht hatte sich in eingehenden Untersuchungen davon überzeugt, daß er nicht als Führer und Anstifter einer revolutionären Bewegung zu betrachten sei. Der Freispruch zeigt, zu welchem Ergebnis eine ruhige und streng objektive Prüfung der Sache der aufstehenden Bauern zum mindesten für einzelne Führer kommen konnte, während die allgemeine öffentliche Meinung, erschreckt und verhetzt, den Freispruch nicht verstehen konnte[29].

In diese Reihe angesehener, ruhig denkender Bauern gehören weiter Paulin Propst von Ettwiesen, den die Allgäuer an Stelle von Walther Bach wählten, ferner der Schmalzmüller, der Führer des Dinkelsbühler Haufens, Hanns Wagenbach aus Schorndorf. Auch die Führer des Taubertaler Haufens, Jakob Kohl, Michael Hasenbart und Kunz Bayr zählten zur Ehrbarkeit der Dörfer. Auch schon den Bundschuh von 1493 führten angesehene Leute: Jakob Hanser, der Schultheiß von Blienschweiler, Hans Ullmann, der ehemalige Bürgermeister von Schlettstadt u. a. Ebenso ist der Führer der zweiten Welle des Armen Konrad in Württemberg, Hans Vollmar und Jung Lienhard Strüwb, der Führer des Leipheimer Haufens, diesem Kreis wohlhabender, angesehener Männer zuzurechnen.

Dann aber mehrte sich die Zahl der radikalen Elemente. Oft stammten sie aus dem ländlichen Proletariat, wenn man diese Bezeichnung auf die damalige Zeit anwenden will. Hier stoßen wir auf Männer zweifelhaften Charakters, die lautesten Schreier des Dorfes, die sich im Verlauf des Aufstandes, als es ans Plündern ging, durchzusetzen wußten. Bei dem Allgäuer Haufen tat sich z. B. Knopf von Leubas hervor, der nur allzu gern niederbrennen und zerstören ließ, was er fand. Sein Gehilfe war Konrad Wirt, ab der Halden bei Probstried, ein bekannter Gewohnheitsdieb und Landstreicher. Auch Georg Metzler, der Führer des Odenwälder Haufens, erfreute sich keines guten Rufes. Seine Hauptbeschäftigung scheint das Spielen, Essen und Trinken gewesen zu sein. Auf eine unerfreuliche Vergangenheit schaute auch der Bauernführer vom Neckar, Jäcklin Rohrbach, zurück, ein händelsüchtiger, roher und wilder Geselle. Seine Ratgeberin und vielleicht sein böser Geist war die »Schwarze Hofmännin«, Margarete Renner. Haß und Eigensucht waren in ihrem Kreis die treibenden Kräfte. Auch der sogenannte »Pfaffe Eisenhut« gehört wohl zu diesen zweifelhaften Existenzen. Er hatte ursprünglich im Württemberger Haufen eine Rolle gespielt, ging dann aber in den Kraichgau über, ohne dort Gefolgschaft für seine radikalen Ansichten zu finden. Im Gegensatz dazu waren Joss Fritz, der Bundschuhführer, und Erasmus Gerber, der Führer der Elsässer Bauern, kleine Männer in ihrem Dorf, die aber einer großen Aufgabe gewachsen waren, die, getrieben vom Feuer der religiösen Aufstandsbewegung, mit Umsicht und Energie an die Gestaltung ihrer weitschauenden Pläne herangingen und denen charakterlich nichts vorzuwerfen war.

Ihnen schließen sich eine Reihe wohlmeinender, aber unbedeutender Männer an, wie der Gugelbastian beim Bundschuhaufstand von 1514, der Gaispeter aus Beutelsbach beim Armen Konrad in derselben Zeit. Auch Hans Müller von Bulgenbach, der sich im Aufstand der Stühlinger von 1524/25 hervortat, gehört wohl zu dieser Gruppe. Er zog feierlich in rotem Mantel, mit federgeschmücktem Barett im Lande herum, »als ob er König oder Kaiser wäre«, und hoffte auf die Hilfe der Schweizer[30.]

Ganz anderer Art waren die Männer aus bürgerlichen, gebildeten, politisch erfahrenen Kreisen, die sich den Bauern zur Verfügung stellten und die, wenn sie auch nicht eigentlich Führer der Bewegung waren, doch zeitweise einen bedeutenden Einfluß hatten. Die wichtigsten sind der ehemalige Kanzleisekretär der Grafen von Hohenlohe, Wendel Hipler, der Miltenberger Rentamtmann Friedrich Weygandt, der ehemalige Rothenburger Bürgermeister Ehrenfried Kumpf, der Vogt von Thannenburg und Beamte des Abts von Ellwangen Philipp Fierler. Auch der berühmte Bildhauer Tilman Riemenschneider schloß sich den Bauern an und mußte es später schwer büßen. Nicht alle diese Männer waren zuverlässig, und nicht alle handelten aus reinen Motiven. Philipp Fierler blieb auch nach seinem Anschluß an die Bauern in dauerndem Einverständnis mit seinem Herrn und der Stadt Schwäbisch Hall. Wendel Hipler dagegen, der mit Götz von Berlichingen eng zusammenarbeitete, schloß sich den Bauern aus Haß gegen das Haus Hohenlohe an, in dessen Diensten er lange gestanden hatte. Er hatte sich dabei allerlei zuschulden kommen lassen, da er in seine eigene Tasche wirtschaftete. Es kam zum Prozeß, und er wurde entlassen. Seitdem lebte er nur noch seinem Haß gegen das Haus Hohenlohe. Wo ein Prozeß gegen dieses Haus zu führen war, nahm er sich der Sache an. So kam ihm der Bauernkrieg gelegen. Er war ein Mann von Format, mit weitem Blick, der darum den Bauern viel nützen konnte. Die Staatsaufbaupläne des Bauernparlaments von Heilbronn gingen auf Friedrich Weygandt und auf ihn zurück. Ein ganz anderer Mann ist dieser Friedrich Weygandt. Er ist ein streitbarer Herr. Schon 1523 hat er seinen Amtssitz Miltenberg gegen seinen Landesherrn verteidigt, um den dortigen Prediger Johannes Drach vor der Ausweisung zu schützen. Aber im Bauernkrieg von 1525 hielt er sich im Hintergrund, obwohl er mit ganzem Herzen auf der Seite der Bauern stand, wie sein Brief an Wendel Hipler beweist. Was Weygandt vorschwebte, war eine Neugestaltung des ganzen staatlichen und öffentlichen Lebens in Deutschland. Dieses Ziel sollte durch den Krieg erreicht werden und nicht nur die Regelung der bäuerlichen Einzelbeschwerden. Nie sehen wir ihn an der Spitze eines Haufens. Er wandte sich mit seinem Aufbauprogramm auch nicht unmittelbar an die Bauern, sondern an Wendel Hipler. Nur wenn dieser abwesend sei, sollte das Schreiben den Bauernführern und den anderen Teilnehmern der Versammlung ausgehändigt werden[31]. Wirkliche Führer stellten diese bürgerlichen sozial-revolutionären Kreise den Bauern nicht, wohl aber sehr wertvolle Berater, von denen es Weygandt am ehrlichsten meinte.

Es bleibt nun noch die Gruppe der Herren aus dem Adel, die sich den Bauern zuwendeten und eine führende Rolle spielten. Die bekanntesten sind Götz von Berlichingen und Florian Geyer. Ihre Gesinnung und ihr Verhalten kann erst dann deutlich gemacht werden, wenn wir die Stellung der Ritterschaft zur Bauernbewegung im ganzen betrachtet haben. Wir werden dann auf diese Männer zurückkommen. Das aber kann und muß hier schon festgestellt werden, daß auch aus diesen Reihen kein Führer erstand, der über lokale Grenzen hinaus geblickt und die Fähigkeit und die Macht gehabt hätte, die Sache der Bauern überlegen zu führen.

Doch noch haben wir einen Mann beiseite gelassen, von dem es manchenorts eine Zeitlang schien, als ob er der gegebene Führer der Bauern zum mindesten in seiner Landschaft wäre: Thomas Müntzer. Er nimmt unter den maßgebenden Männern eine

Christian von Sichem: Thomas Müntzer

ganz besondere Stellung dadurch ein, daß er der Bewegung der Bauern eigentlich fern-
steht und erst spät auf einem eigenartigen Weg zu ihr gestoßen ist. Dann allerdings
wurde er, wie seine uns noch erhaltenen Aufrufe, Briefe und Schriften beweisen, einer
der fanatischsten Vorkämpfer ihrer Sache. Thomas Müntzers Anliegen ist ursprünglich
rein religiöser Natur. Darin steht er Luther nahe. Aber vieles trennt ihn von vorneherein von ihm, und im Laufe der Jahre wird der Gegensatz immer schärfer. Müntzer
geht völlig andere Wege. Die mittelalterlichen Mystiker Tauler und Seuse hatten starken Einfluß auf seine Entwicklung. Die »innere Stimme« eines jeden, die er als ur-
eigenste, unmittelbare Offenbarung Gottes an den Menschen, als die Stimme des Heiligen Geistes auffaßt, steht im Mittelpunkt seines Denkens. Wer sie hört und ihr in
seinem Leben folgt, gehört zu den Auserwählten. Und nur aus solchen baut sich für
ihn die Kirche Gottes auf. Diese Auserwählten gilt es zu wecken, zu sammeln und
ihnen die Bahn für ihr Leben aus Gott freizumachen. Aber der Weg dieser Auserwählten führt durch viel Leid, das sie aushalten und geduldig auf sich nehmen müssen. Nur
durch das Kreuz, wie Müntzer sich ausdrückt, gelangen die Auserwählten zu Gott.

Titelblatt von Müntzers »Ordnung . . .«, 1524

Diese Kreuzestheologie, die von den Anschauungen Luthers recht weit entfernt ist, bringt ihn zu allen Sozialrevolutionären in scharfen Gegensatz, und zwar auch zu den religiösen Menschen unter ihnen. Denn der Kampf gegen die soziale Not, die Beseitigung der schweren Belastung des Menschen unter einer Menschengruppe, das also, wofür der Sozialrevolutionär kämpft, ist für Müntzer zunächst einmal verboten, da das »Kreuz als gottgewollt« getragen werden muß. Gerade darin hat sich der Mensch zu bewähren. Das ist Müntzers klar ausgesprochene Lehre. Aber die Feinde Gottes, die den Auserwählten ihr Leben in Gott unmöglich machen wollen, gilt es mit aller Kraft zu bekämpfen. Hier liegt der Ansatzpunkt zu seiner weiteren Entwicklung. Die Glaubenshaltung des jungen Müntzer drückt sich am reinsten aus in einem Aufruf, den er in Prag 1521 veröffentlichte, also vier Jahre vor dem Bauernkrieg. Er war damals, da er in Zwickau seiner Predigten wegen entlassen worden war, geflohen und hatte in Böhmen Zuflucht gefunden. Man spürt in diesem Aufruf, wie es in dem jungen Mann gärte und wie ihn starke Mächte vorantrieben. Er schreibt dort: »Daß ich solche Lehr möchte an den Tag bringen, bin ich willig um Gottes willen mein Leben zu opfern.

Gott wird wunderbare Dinge tun mit seinen Auserwählten«[32]. Einen »Rebellen in Christo« nennt ihn Walter Nigg[33]. Müntzer war aber keineswegs von vornherein einseitig auf solche rebellischen Gedanken festgelegt. Er hat z. B. einen sehr ausgeprägten Sinn für die Gestaltung des Gottesdienstes. Er hat zuerst deutsche Messen eingeführt und für die Ausgestaltung der Liturgie gesorgt. Zum Revolutionär wurde er erst im Lauf seines Lebens.

Thomas Müntzer ist im Jahre 1488, 1489 oder 1490 in Stolberg am Harz geboren. Er war der Sohn bürgerlicher Eltern von einem gewissen Wohlstand. Sie konnten ihn die Schulen besuchen und in Leipzig studieren lassen. Auch konnte er sich trotz der damals sehr hohen Bücherpreise eine stattliche Bibliothek anschaffen. Er hat intensiv studiert und viel gelesen, besaß auch eine gute Bibelkenntnis. Schon während seines Studiums beschäftigte er sich viel mit den deutschen mittelalterlichen Mystikern und mit Joachim von Fiore. Nach verschiedentlicher kürzerer Tätigkeit wurde er 1520 als Pfarrer nach Zwickau berufen, wo er eine geistig und sozial sehr erregte Welt vorfand. Denn damals hatte sich der Silberbergbau dort stark entwickelt und sich neue Formen geschaffen. Die alte Tuchmacherei war darüber zerfallen, und von allen Seiten waren sehr verschiedene Elemente als Arbeiter im Silberbergbau herbeigeströmt. Unsicherheit der Verhältnisse und eine große soziale Unzufriedenheit waren die Folge. Um so mehr war man geneigt, auf Predigten neuen Inhalts zu hören. Auf diesem Boden hatte der »schwärmerische« Nikolaus Storch mit seiner Botschaft vom baldigen Kommen des Reiches Gottes starken Widerhall gefunden. Thomas Müntzer beeindruckten damals die sozialen Nöte und Pläne in seiner Umgebung sehr, mehr aber noch die Persönlichkeit Storchs und seine chiliastischen Ideen.

Bald gewann Müntzer Einfluß in Zwickau. Man hörte auf ihn, auf seinen Versuch, in kleinen Konventikeln die Auserwählten Gottes zu sammeln. Er begann den Reichtum

Außlegung des andern unterschyds Danielis des propßeten geprediget auffm scßlos zu Alstet vor den tetigen tßewren Herzogen vnd vorsteßern zu Sacßsen durcß Thomā Müntzer diener des wordt gottes.

Alstedt

M. D. XXiiij.

*Titelblatt der an den Herzog von Sachsen gerichteten »Auslegung...«
Th. Müntzers, 1524*

zu bekämpfen, vor allem der wohlhabenden Bettelmönche. Das mißfiel der Geistlichkeit und dem Rat der Stadt. Man wies ihn, wie gesagt, aus, und er floh nach Böhmen. Die dort herrschende, auf Hus und die Hussiten zurückgehende Gärung in den niederen Volksschichten war ganz dazu angetan, ihn in der Richtung eines »Rebellen in Christo« weiterzutreiben. Als er wieder zurückkehren konnte, wurde er Pfarrer in Allstedt in Thüringen, wo seine leidenschaftliche Predigt immer mehr Hörer anzog. Bisweilen sollen 2000 Menschen anwesend gewesen sein. Im Sinne seiner Lehre von den Auserwählten Gottes gründete er einen Bund, der die Grundlage für die ersehnte Kirche der Auserwählten und für das Reich Gottes auf Erden bilden sollte. Zunächst waren es etwa 500 Menschen, die sich um Müntzer scharten.

Aus diesem Zusammenschluß der »Auserwählten Gottes« ergab sich bald die Forderung, die »Feinde des Evangeliums« zu bekämpfen, notfalls auch mit Gewalt. Das aber veranlaßte die zuständigen Fürsten, vor allem den Grafen von Mansfeld, einzugreifen, Müntzer verhören zu lassen, den Bund aufzulösen und die aufrührerischen Predigten zu verbieten. Von nun an sind Müntzer die Fürsten verhaßt als die Gottlosen, die Feinde des Evangeliums, die ihn verhindern, den Leuten seine Lehre zu predigen. So rief er denn zum Kampf gegen sie auf. Heimlich verließ er in der Nacht Allstedt und ging nach Mühlhausen. Dort traf er eine im Zusammenhang mit den Bauernunruhen aufrührerische Gemeinde unter der Führung von Heinrich Pfeiffer, einem ehemaligen Zisterziensermönch. Beide wurden im September 1524 ausgewiesen. Einige Wandermonate führten Müntzer nach Mittel- und Süddeutschland und brachten ihn in Berührung mit dem damals im Entstehen begriffenen Bauernkrieg. Friedrich Engels hat ganz ohne inneren Grund und ohne jeden Quellenbeleg angenommen, daß Müntzers ganze Reise durch Süddeutschland eine Propagandareise für den Bauernkrieg gewesen sei. Müntzer hatte aber damals noch gar keine Beziehung zu der bäuerlichen Aufstandsbewegung, zu ihren Forderungen, zu ihren Demonstrationen und zu ihrer damals herrschenden Ansicht, man könne zu einer vertraglichen Einigung und Lösung der Fragen mit den Herren und Fürsten kommen. Engels schreibt: »Diese Propagandareise Müntzers hat offenbar zur Organisation der Volkspartei, zur klaren Feststellung ihrer Forderungen und zum endlichen allgemeinen Ausbruch des Aufstandes im April 1525 wesentlich beigetragen«[34]. Und weiter behauptet er, daß Müntzer »der Mittelpunkt der ganzen revolutionären Bewegung von Südwestdeutschland« wurde und die »Verbindung von Sachsen und Thüringen über Franken und Schwaben bis nach dem Elsaß und der Schweizer Grenze organisierte«[35]. Er zählt auch nicht weniger als sechs der bekanntesten Prädikanten und Bauernführer auf, die alle Schüler Müntzers gewesen sein sollen. Das entbehrt aber jeder Grundlage. Neuerdings ist M. M. Smirin dieser Frage des langen und breiten nachgegangen[36]. Er übernimmt Engels' Meinung und sucht sie neu zu unterbauen. Doch kann er trotz allem aufgewendeten Fleiß nicht überzeugen. Zunächst einmal hielt sich Müntzer auf dieser Reise nur etwa acht Wochen in Südwestdeutschland auf. Und in dieser kurzen Zeit soll er als landfremder Mann sich an die Spitze einer so zerspaltenen Bewegung gestellt und das Vertrauen der Bauern in dem Maße erworben haben, daß er als Führer oder gar Anreger der Be-

Titelblatt der Flugschrift Luthers gegen
Th. Müntzer, 1525

wegung, die dort schon lange bestand, hätte gelten können? Er kann sehr wohl Hubmayer und andere in ihrem Vorhaben bestärkt haben, mehr aber nicht. Er hätte in
der kurzen Zeit ja überall zugleich sein müssen. Sodann ging Müntzer nicht mit
der Bauernbewegung entsprechenden Gedanken von Allstedt und Mühlhausen nach
Waldshut (oder nach Griessen bei Waldshut, wo er damals wohnte). Er kam voll Haß
gegen die Fürsten, aber in der Hauptsache deshalb, weil sie ihn nicht predigen und
seinen Bund organisieren ließen, so wie er es für richtig hielt. Noch in dem »Aufruf an
die Mansfelder Bergknappen« spricht er das aus. Gewiß bewegen ihn auch sozial-
revolutionäre Gedanken, wie es die Schutzrede erkennen läßt, aber das bedeutet noch
nicht, daß diese Gedanken ihn so völlig bestimmt hätten, daß er zum Führer der
Revolution werden und Männer wie Hubmayer entscheidend beeinflussen konnte.
Ganz ausgeschlossen aber ist, daß der Artikelbrief, von dem wir schon gesprochen
haben, von ihm stammt. Und gerade durch ihn soll er nach Smirins Meinung die große
Wirkung gehabt haben!

Nun hat allerdings der Schweizer Reformator und Nachfolger Zwinglis, Johann Hein-rich Bullinger, in seiner Schrift »Adversus anabaptistas« (1560) behauptet, Müntzer habe bei einem Aufenthalt von einigen Wochen im Klettgau und der Grafschaft Stüh-lingen »venenatum suum semen seditionis rusticorum ... inserebat«[37] und in einem anderen Werk[38] erzählt er, daß Müntzer zu Hubmayer nach Waldshut kam: »Do ward er gar verkert. Dann Müntzer pflanzt in um« ... in »allerley böser verwirrung«. Später haben Ott und Seckendorf das übernommen. Doch ernst zu nehmende Historiker wie Johann Loserth und Wilhelm Mau wiesen das entschieden zurück[39]. Nun ist eine solche Behauptung nicht überraschend. Wir wissen ja, welch eine böse Legende durch Luther und seine Nachfolger über Müntzers Tätigkeit entstanden ist. Ist es da zu ver-wundern, wenn ein Mann, der gegen die Wiedertäufer schreibt, jemanden sucht, dem er die Schuld an der Entstehung dieser Bewegung aufbürden kann, besonders, wenn er tot ist? Solchem Zeugnis dürfen wir nicht zu viel Gewicht beimessen. So läßt sich die Behauptung von Engels und Smirin nicht beweisen.

Das Bild, das Friedrich Engels, M.M. Smirin und, an beide sich anschließend, Alfred Meusel von Thomas Müntzer entworfen haben, läßt sich mit seiner Entwicklung, seinen Schriften und seinem ganzen Wesen vor der Schlacht von Frankenhausen keineswegs in Übereinstimmung bringen. Er war ein Fanatiker, ein Mensch voller Widersprüche, der erst in der Atmosphäre des ausbrechenden Bauernkrieges zum Sozialrevolutionär wurde. Wenn Walter Nigg ihn einen »Rebellen in Christo« nannte, so ist das treffender als die Bezeichnung »Theologe der Revolution«, die Ernst Bloch für angebracht hielt.

In Müntzers Wesen stehen sich scharfe Gegensätze gegenüber. Seine Kreuzestheologie verlangt von den Auserwählten, daß sie jedes ihnen auferlegte Leid, jede Last geduldig tragen. Auf der anderen Seite empört ihn die soziale Bedrückung so sehr, daß er zu jeder Gewalt bereit war. So schreibt er 1524 in einer Flugschrift: »Sieh zu, die Grund-suppe des Wuchers der Dieberei und Räuberei sind unsere Herren und Fürsten, neh-men alle Kreaturen zum Eigentum. Die Fisch im Wasser, die Vögel in der Luft, das Gewächs auf Erden muss alles ihnen sein ... so sie nun alle Menschen verursachen, den armen Ackermann, Handwerksmann und alles was da lebet zu schinden und schaben ... So er sich dann vergreift am allergeringsten, so muss er hängen ... Die Herren machen das selber dass ihnen der arme Mann feind wird. Die Ursach des Auf-ruhrs wollen sie nit weg tun. Wie kann es die Länge gut werden? So ich das sage, muss ich aufrührerisch sein, wohlan!«[40]. Im gleichen Jahr schreibt er an den Schösser Hans Zeiss: »... das dye bundgenossen nit dorfen denken, das sey durch das solten gefreyet werden, yren Tyrannen nichts zu geben, sundern sollen sich halten wye der son gottis mit Petro than hat. Matth. am 17., auf das etliche bose menschen nit dorfen gedenken, das wyr uns umb der creatur willen zu behalten vorbunden hetten ...«[40a]. Wie reimt sich das zusammen? Und weiter: hatte er in der Schutzrede den Aufruhr mit der sozia-len Not, mit der Bedrückung begründet, so gibt er an anderer bedeutsamer Stelle als Grund der Empörung an, daß er nicht predigen könne, was er reden müsse. So heißt es in seinem berühmten Manifest an die Mansfeldischen Bergknappen von 1525 mit Bezug auf die Fürsten: »Es ist nit möglich, dieweil sie leben daß ir der menschlichen Furcht sollet loswerden. Man kann euch von Gott nit sagen, dieweil sie über euch regieren. Dran, dran, dieweil ir Tag habt ...«⁴⁰ᵇ. Ein Widerspruch ist es auch, wenn er seit seiner ersten Zeit als ausgesprochener Chiliast immer wieder seine Hörer auf das baldige Kommen des Reiches Gottes vertröstet und gleichzeitig mitten im Bauernkrieg anfeuernd vor einem kampfbereiten Bauernhaufen steht. Das alles läßt sich schwer miteinander vereinbaren. Dagegen fällt es weniger ins Gewicht, daß er nach seiner Gefangennahme auf der Folter gestanden haben soll, er habe darauf hingearbeitet, daß »omnia sunt communia und dass eynem idern nach seyner notdorft ausgeteylet werden« soll, denn tatsächlich hat er nie etwas im Sinne der Gütergemeinschaft unternommen und sich in dem zitierten Brief an Zeiss ganz anders geäußert. Alle diese Gegensätze sind nur verständlich bei einem Menschen, den unablässig ein so starker Fanatismus, eine so wilde Kampfleidenschaft treibt, daß er vom Augenblick hingerissen sich zu Äußerungen verleiten läßt, die seinen sonstigen Anschauungen völlig zuwiderlaufen. Aber gerade dadurch, daß sie ganz aus dem gegenwärtigen Augenblick allein heraus geschrieben sind, haben seine Aufrufe eine ungeheure zündende Kraft. Als Beispiel geben wir das Manifest an die Mansfelder Bergknappen vom April 1525 hier im Auszug (mit einer gewissen Modernisierung der Sprache) wieder: »Die reine Furcht Gottes zuvor. Liebe Brüder, wie lange schlaft ihr? ... Seid nit also verzagt, nachlässig, schmeichelt nit länger den verkehrten Phantasten, den gottlosen Bösewichtern! Fanget an und streitet den Streit des Herren! Es ist hohe Zeit. Haltet eure Brüder alle dazu, dass sie göttliches Zeugnis nicht verspotten, sonst müssen sie alle verderben. Das ganze deutsche, französische und welsche Land ist wach. Der Meister will ein Spiel machen. Die Bösewichter müssen dran. Zu Fulda sind in der Osterwoche vier Stiftskirchen verwüstet. Die Bauern im Klettgau und Hegau, im Schwarzwald sind auf, dreimal tausend stark und wird der Haufe je länger je grösser. Allein das ist mein Sorg, dass die närrischen Menschen sich verwilligen in einen falschen Vertrag, darum, dass sie den Schaden noch nicht erkennen. Wenn euer nur drei sind, die in Gott gelassen, allein seinen Namen und seine Ehre suchen, werdet ihr hunderttausend nit fürchten.

Nun, dran, dran, dran! Es ist Zeit. Die Bösewichter sind verzagt wie die Hund. Regt die Brüder an, dass sie zu Fried kommen und ihr Gezeugnis halten. Es ist über die Massen hoch von Nöten! Dran, dran, dran. Lasst euch nicht erbarmen, ob euch der Esau gute Worte vorschlägt ... Sehet nit an den Jammer der Gottlosen! Sie werden euch so freundlich bitten, greinen flehen wie die Kinder. Lasst euch nit erbarmen, wie Gott durch Mosen befohlen hat, Deuter 7, und uns hat er auch offenbart dasselbe. Reget an in Dörfern und Städten und sonderlich die Berggesellen mit andern guten Burschen, welche gut dazu werden sein. Wir dürfen nit länger schlafen! ... Es ist des Wesens viel euch zum Vorbild! Ihr müsst dran, dran. Es ist Zeit. Balthasar und Barthel Krump, Valtin und Bischof geht vorne in den Tanz! Lasset diesen Brief den Berggesellen werden! Mein Drucker wird kommen in kurzen Tagen. Dran, dran, dieweil das Feuer heiss ist! Lasset euer Schwert nit kalt werden. Lasset's nit lahm werden! Schmiedet Pinkepank auf dem Amboss Nimrods. Werft ihnen den Turm zu Boden. Es ist nit möglich, dieweil sie leben, dass ir der menschlichen Furcht sollet loswerden. Man kann euch von Gott nit sagen, dieweil sie über euch regieren. Dran, dran, dieweil ir Tag habt! Gott gehet euch vor, folget, folget ... Darum lasset euch nit abschrecken. Gott ist mit euch! wie geschrieben 2. Chronica, 2. Kapitel. Dies sagt Gott: ihr sollt euch nit fürchten, ihr sollt diese grosse Menge nit scheuen. Es ist nit euer, sondern des Herren Streit. Ihr seid nit, die da streiten. Stellt euch davor männlich. Da Josaphat diese Worte hörte, da fiel er nieder. Also tuet auch und durch Gott, der euch stärke ohne Furcht der Menschen im rechten Glauben. Amen. Datum zu Mühlhausen im Jahre 1525. Thomas Müntzer, ein Knecht gottes wider die Gottlosen[41].«

Das ist sicherlich einer der zündendsten Revolutionsaufrufe, die wir kennen. Aber — und das ist das Merkwürdige — der ihn schrieb, war zwar Fanatiker und Rebell seiner ganzen Natur nach in allen Lebenslagen, aber kein Führer einer Revolution oder einer Sozialrevolution. Das geht schon daraus hervor, daß er bei dem Umsturz in Mühlhausen eine viel unbedeutendere Rolle gespielt hat, als man gemeinhin annahm. Luther irrt, wenn er ihn in einem Brief »rex et imperator« Mühlhausens nennt. Als damals auf Drängen der Aufständischen am 16. März ein neuer Rat gebildet wurde, waren weder Müntzer noch sein Freund Pfeiffer Mitglieder. Er ist überall, auch in der Schlacht von Frankenhausen der Agitator, nicht aber ein Führer. Das liegt daran, daß er, wie gesagt, voller unausgeglichener Widersprüche steckt, vor allem aber, daß er keine Kenntnis der Menschen hat, die er führen soll, und keine Kenntnis der Lage und der anzuwendenden Mittel. Das bewies er gerade vor der Schlacht von Frankenhausen. Seine eigentlichen Ideale: die Kirche der Auserwählten, die Hoffnung auf ein nahe bevorstehendes Kommen des Reiches Gottes liegen von der Praxis des Lebens und der Politik weit ab. In ihrem Bereich hatte er keine klaren Pläne und Ziele.

Über Müntzers Mühlhausener Wirksamkeit, seine Niederlage und sein Ende werden wir in anderem Zusammenhang zu sprechen haben. Das aber wollen wir jetzt schon festhalten, daß Müntzer kein wirklicher Führer der mitteldeutschen Bauern war und auch nicht werden konnte. Er konnte mehr Schaden anrichten als Nutzen stiften in einer Bewegung, die ihm fremd war. Seine Bedeutung liegt auf dem Gebiet der Religionsgeschichte und der deutschen Mystik, aber nicht auf dem der Revolutionsgeschichte.

So bleibt als Gesamtergebnis, daß den Bauern jede der Aufgabe gewachsene Führerpersönlichkeit fehlte, welche die auseinanderfallenden lokalen Einzelbewegungen hätte zu einer gemeinsamen Aktion wirklich zusammenfassen und durch alle wechselnden Schicksale eines großen Kampfes hindurch hätte führen können. Ohne eine solche Führerpersönlichkeit war aber der harte Kampf von vornherein aussichtslos.

Bei der Frage nach den Gegnern der aufständischen Bauern müssen wir zuerst an den Kaiser denken. Fand auch er sich unter ihren Feinden und oblag es ihm nicht wenigstens, als Haupt des Reiches die Entscheidung im Streit zweier Volksgruppen zu treffen und seine Autorität, seine Macht gegen Gewaltanwendung der einen wie der anderen Partei einzusetzen? Und zweitens: waren nicht zwangsläufig alle Herrschaften, denen die Bauern unterstanden, ihre Gegner, Fürsten, Kirchenfürsten und Adel? Wir hörten

B. Beham: *Erzherzog Ferdinand*

jedoch bereits, daß letzterer kaum ins Gewicht fiel. Denn dieser Adel sympathisierte sogar zum Teil mit den Bauern. Vor allem aber fehlte es ihm zumeist an Macht, um, auf sich selbst angewiesen, einem Ansturm der Bauern standhalten zu können.

Ein Eingreifen von kaiserlicher Seite war nach Lage der Dinge nicht zu erwarten, weder in der ersten Phase des Bauernkriegs, als noch eine friedliche Beilegung des Konflikts zu erhoffen schien, noch in der zweiten Phase, als die Auseinandersetzung mit den Waffen in Gang gekommen war, und vollends bei der Frage nach den Rechtsgrundlagen des darauffolgenden Strafgerichts. Denn was konnten schon für einen Herrscher wie Karl V., in dessen Reich die Sonne nicht unterging, angesichts der vielschichtigen

Petrarca-Meister: Herr und gefesselter Bauer auf der Waage des Unrechts

universalen Probleme, mit denen er sich herumschlug, derartige innerpolitische Streitig-
keiten in Deutschland bedeuten, das ohnehin im Vergleich zu den Niederlanden und
Spanien in seiner Politik eine Nebenrolle spielte? Zudem war er gerade zu Anfang des
Jahres 1525 in Italien festgehalten und gezwungen, alle verfügbaren Machtmittel im
entscheidenden Kampf mit Franz I. von Frankreich einzusetzen.
Der Stellvertreter des Kaisers in Deutschland war sein Bruder Erzherzog Ferdinand von
Österreich. Doch dieser war nicht die Persönlichkeit, die es vermocht hätte, den Streit
zu entscheiden oder sich gegenüber den Bauern und dem energischen Willen des
Schwäbischen Bundes durchzusetzen. Er hatte ein gewisses Maß von Verständnis und
Sympathie für die Bauern, aber damit war bei der entschiedenen Haltung der anderen
Fürsten nichts auszurichten. Er hätte gern einen Teil der bäuerlichen Forderungen be-

willigt, um die Bauern für sich zu gewinnen, anderseits aber verlangte er eine scharfe Niederwerfung der Rebellion, da sonst »Aufruhr und unwiederbringlicher Schaden dem Reiche und der ganzen deutschen Nation erwachsen« werde[42]. Außerdem handelte er in erster Linie als Haupt des Hauses Habsburg, das in seinen vorderösterreichischen Besitzungen unmittelbar von den ersten Unruhen des Bauernkrieges betroffen war. Im Januar 1525, also in dem Augenblick, wo eine entschiedene Stellungnahme der kaiserlichen Macht dringend nötig gewesen wäre, sprach er deutlich aus, er »wolle sich gegen seine eigenen Bauern und gegen die seiner Schirmverwandten wenden, aber nicht gegen fremde Bauern«[43]. Die Reichsaufgabe tritt also bei ihm ganz hinter seine eigenen landesherrlichen Interessen zurück. Damit aber stellte er selbst seine Autorität als Vertreter des Kaisers in Frage.

Außerdem fehlte es ihm an der Macht, um den anderen Fürsten seinen Willen aufzwingen zu können. Leonhard von Eck hatte sich schon seit einiger Zeit feindlich zu ihm gestellt. Er wählte gern seine politische Stellung so, daß sie das Haus Österreich in seinen Plänen hinderte. Ferdinand protestierte gegen die übermächtige Stellung Ecks im Schwäbischen Bund, doch vergebens. So schloß er sich nicht ernstlich dem Schwäbischen Bund an, sondern es bestand eine verborgene Gegnerschaft. Dieser Schwäbische Bund aber sollte nun immer größere Bedeutung erlangen, zumal es in Südwestdeutschland keinen Landesherrn gab, der mit ihm in Konkurrenz treten konnte. Er war 1487 entstanden und schon von Anfang an geneigt, in Oberschwaben die Aufrechterhaltung der öffentlichen Ordnung zu übernehmen. Er umfaßte schwäbische Prälaten, Grafen und Herren, die in der Gesellschaft vom St. Georgenschild zusammengeschlossen waren, dazu die sehr zahlreichen schwäbischen Reichsstädte. Bei der Gründung waren es Ulm, Eßlingen, Reutlingen, Überlingen, Lindau, Hall, Nördlingen, Memmingen, Ravensburg, Gmünd, Biberach, Dinkelsbühl, Pfullendorf, Kempten, Kaufbeuren, Isny, Leutkirch, Giengen, Wangen und Aalen, und noch im Laufe des Jahres 1488 traten ihm Augsburg, Heilbronn, Wimpfen, Donauwörth, Weil und Bopfingen bei. Dazu kamen die bayerischen Staaten der Wittelsbacher, die vorderösterreichischen der Habsburger und Württemberg. Schon kurz nach der Gründung versuchte der damals mächtige und für die Reichspolitik wichtige Erzbischof von Mainz, Berthold von Henneberg, ihn zu einer Reichseinung auszubauen, in der er die Hauptrolle zu spielen hoffte. Die neue Verfassung von 1496 erhöhte dann den Einfluß der Bundesfürsten durch Schaffung eines ständigen Gerichtshofes des Bundes. Doch hatte das zur Folge, daß der Adel, unzufrieden mit dieser Entwicklung des Schwäbischen Bundes, fast ganz austrat (um 1496 bis zu 75 % Austritte). Daß noch der Kaiser ihn beauftragte, die Burgen der renitenten fränkischen Reichsritter zu zerstören, was auch weithin geschah, machte den Schwäbischen Bund nicht beliebter in weiten Kreisen des Reiches, verschaffte ihm aber eine sehr starke Stellung, besonders da das Reichsregiment zu Eßlingen, auf das man einige Zeit lang größere Hoffnungen gesetzt hatte, an Bedeutung verlor. Jedoch auch innerhalb des Bundes verschoben sich die Machtverhältnisse. Der Einfluß des Hauses Habsburg ging zurück, und der der Wittelsbacher stieg an seiner Stelle bedeutend empor, so daß nun der maßgebende Mann der bayerischen Politik — und das war damals der

B. Beham: Leonhard von Eck

bayerische Rat Dr. Leonhard von Eck — seit etwa 1517 die ausschlaggebende Persönlichkeit im Schwäbischen Bund geworden war. Er war ein kalter, gefühlloser Mann, der alle Neuerungen von vorneherein ablehnte, aber mit allen Kräften bemüht war, die Interessen seiner Herren, d. h. der Herzöge von Bayern, und im weiteren Sinn aller Fürsten des Reiches, nachdrücklich zu vertreten. Er wurde nun zum entscheidenden Mann, der die Politik des Schwäbischen Bundes dirigierte, der damals — und das muß man sich vor Augen halten — auch eine starke militärische Macht darstellte[44].
Im Zusammenhang mit der Reform des Bundes i. J. 1496, die Kaiser Maximilian veranlaßt hatte, traten, wie oben gesagt, sehr viele unabhängige Adelsherren des Gebietes aus, so daß die verbleibenden Fürsten nun völlig das ausschlaggebende Wort führten. Unter ihnen aber erreichte ein 1519 neu eintretender Fürst, Landgraf Philipp von Hessen, genannt der Großmütige, bald eine hervorragende Stellung. Wir werden auf seine Politik hinsichtlich der Bauernbewegung noch zu sprechen kommen, möchten aber hier vorausschicken, daß er einerseits zu den geistig bedeutendsten Fürsten des damaligen Deutschland gehörte, andererseits aber auch zu denen, die wohl unter dem Einfluß gewisser Gedanken der italienischen Renaissance nicht gewillt waren, irgendwelchen

Albrecht Dürer   Schloßhof

Hans Brosamer Landgraf Philipp von Hessen

Hans Holbein d. J. Bauerntanz, Kopie von N. Rippel

Hans Holbein d. Ä. Ulrich Artzt

Christoph Amberger Georg III. Truchseß von Waldburg

anderen Gesichtspunkten vor denen der Macht seines fürstlichen Staates den Vorrang zu geben. Darum waren unzufriedene und Beschwerden vorbringende Bauern in seinen Augen nur ungetreue, aufrührerische Untertanen, die es niederzuwerfen galt. In diesem Punkt war er völlig einig mit Leonhard von Eck, obwohl dieser streng katholisch war, Philipp aber ein Vorkämpfer der evangelisch-reformatorischen Sache. Der konfessionelle Gegensatz und Kampf überschattete, wie man hier sieht, damals doch nicht alle anderen Gesichtspunkte. Als dritter gesellte sich Kurfürst Ludwig von der Pfalz dazu. Anfangs noch zurückhaltend, schickte er, als er den aufständischen Pfälzer Bauern gegenüberstand, noch an die Reformatoren Melanchthon und Johannes Brenz (Schwäbisch Hall) ein Schreiben und erbat sich ein Gutachten, aber dann wartete er ihre Stellungnahme nicht ab, sondern rüstete und schlug los, was mit einer schrecklichen Niederlage der Bauern endete. Mit der gleichen Entschiedenheit trat außerhalb des Schwäbischen Bundes Herzog Anton von Lothringen hervor. Da im Elsaß und in den deutschen Teilen Lothringens die Bewegung einen ausgesprochen religiösen Charakter hatte, rief das in Herzog Anton, einem streng und eng denkenden Mann und eifrigen Katholiken, einen fanatischen Gegner auf den Plan, der die Bauernbewegung in diesen Gebieten mit allem Nachdruck bekämpfte. Ihm lag der Gedanke an Verhandlungen vollkommen fern. Alle, die sich gegen ihre Herrschaften empörten, mußten seiner Überzeugung nach mit dem Schwert niedergeworfen werden. Der Kampf verschärfte sich noch dadurch, daß die Elsässer ihn als einen »Welschen« betrachteten, gegen den sie sich auch aus nationalen Gründen zur Wehr setzten. Sie zeigten den Reichsadler auf ihren Fähnlein. So fand Herzog Anton von Lothringen sich leicht mit den Fürsten im Schwäbischen Bund zu gemeinsamer Front zusammen, nur daß er seine militärischen Aktionen auf Lothringen und das Elsaß beschränkte.

Vom Schwäbischen Bund aber erwartete man damals überall in Süddeutschland die Erledigung der Bauernfrage, da es mit Beginn des Jahres 1525, wie auch schon 1524, klar wurde, daß man es hier mit einer Bewegung zu tun hatte, die über die Grenzen der einzelnen Staaten und Herrschaften hinausging und der man mit einer einheitlichen gemeinsamen Haltung entgegentreten müsse. Am 7. Januar 1525 erkannten daher die sechs verordneten Räte des Schwäbischen Bundes an, daß die Bauernunruhen im Westen *alle* Stände des Bundes angingen und demnach als Bundesaufgabe zu behandeln seien. Aber schon am 28. Oktober 1524 hatte man beschlossen, daß für den Fall einer Bauernempörung den betroffenen Herrschaften die Hilfe des Bundes gewährt werden müsse[45]. Die gleiche Einstellung zeigt auch ein Brief des Landgrafen Philipp von Hessen an den Bundesfeldherrn Georg Truchseß von Waldburg, indem er ihn auffordert, mit allem Nachdruck gegen die Bauern vorzugehen[46]. Dieselbe Haltung verraten schon die vor dem Ausbruch der Feindseligkeiten geschriebenen Briefe des bayerischen Kanzlers Leonhard von Eck vom 27. Februar, 7. März und 20. April, in denen er seinen Herzog zu energischen Maßnahmen gegen die Bauern antreibt[47]. Dem entspricht es denn auch, wenn der Bund am 14. Februar 1525 ein Mandat ausgehen läßt: »... die Bauern ... wiegeln ... auch ihre Nachbarn auf. Wer aber nicht Ruhe gibt, soll

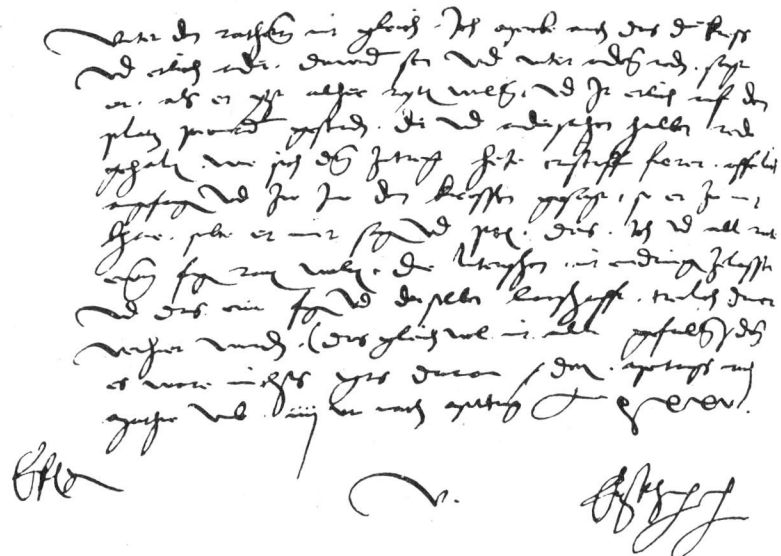

Brief Leonhards von Eck an seinen Herzog, 27. Februar 1525 (siehe Anhang)

gestraft werden. Sie sollen zu Hause bleiben, unbilliger und unrechtlicher Gewalttat sich enthalten«[48]. Und wenn bereits in einem Brief des Bundes an die Bundesstände vom 11. Februar 1525 von »Gegenwehr und Strafe« die Rede ist, so geht daraus nur hervor, daß schon zu Beginn der Bauernunruhen von 1525 der Schwäbische Bund unter dem Einfluß Leonhards von Eck und des Landgrafen Philipp von Hessen entschlossen war, mit den Bauern, die sich beschwert hatten, zu verhandeln, aber keine gütliche Lösung auf friedlichem Wege zu suchen, wie es vielerorts geschah und von den Bauern erstrebt wurde, sondern die Aufständischen mit Waffengewalt niederzuwerfen. Mit modernen Worten würde das heißen: eine Demonstration oder einen lokalen Streik mit dem Einsatz von Militär und Geschützen zu beantworten.

Die Tatsache, daß das Schicksal der Bauern im Willen des die Fürsten vertretenden Schwäbischen Bundes entschieden wurde, ist für die ganze Geschichte des Bauernkrieges von großer Bedeutung und nicht etwa nur für eines oder das andere der vielen Teilgeschehnisse, aus denen sich die Kämpfe von 1525 zusammensetzten. Doch dachten keineswegs alle Fürsten so. Wendel Hipler schrieb von dem Kurfürsten Friedrich dem Weisen von Sachsen, er sei einer der Fürsten, »die mehr Milderung haben gegen den armen Mann«[49]. Deutlicher noch läßt dessen Stellung ein Brief erkennen, den er am 14. April 1525, als der Bauernkrieg seinen Höhepunkt schon überschritten hatte, an seinen Bruder Johann Georg von Sachsen richtete: »... So ist das ein grosser Handel. Vielleicht hat man den armen Leuten zu solchem Aufruhr Ursach gegeben und sonderlich mit Verbietung des Wortes Gottes. So werden die Armen in viel Wege von uns

A. Dürer: Kurfürst Friedrich der Weise von Sachsen

weltlichen und geistlichen Obrigkeiten beschwert; will Gott es also haben, so wird es also hinausgehen, dass der gemeine Mann regieren soll; ist es aber sein göttlicher Wille nicht, und dass es zu seinem Lobe nicht vorgenommen, wird es bald anders«[49a]. Herzog Johann von Sachsen folgte zunächst diesem Rat und griff nicht zu den Waffen, bis Luther ihn überredete, mit allen Mitteln gegen die Bauern vorzugehen[50]. Ähnlich wie Kurfürst Friedrich, der schon am 5. Mai 1525 starb, dachte auch Markgraf Friedrich von Baden. Er suchte im Vertrag von Renchen eine gütliche Einigung mit den Bauern zu erreichen, was zunächst auch gelang. Ebenso stand Herzog Ulrich von Württemberg der Bauernbewegung freundlich gegenüber, aber aus einem ganz anderen Grunde: er hoffte mit ihrer Hilfe wieder in sein Land zurückkehren zu können.

Wie viele andere noch im stillen mit den Bauern sympathisierten oder eine gewalt-mäßige Niederwerfung nicht billigten, ohne sich jedoch klar zu entscheiden und den oben genannten Fürsten öffentlich entgegenzutreten, wissen wir nicht. Jedenfalls setz-ten sie sich nicht durch, und wir können nur feststellen, daß durch dieses zögernde Verhalten in einer so verwirrten Lage die Macht und die Chancen einer schnell han-delnden, energischen Minderheit gewaltig gesteigert wurden.

Die Politik der beiden genannten Bundesmitglieder in ihrem Willen zur Unterwerfung der Bauern unterscheidet sich scharf von der Denkungsart anderer Herren, die noch in einer patriarchalischen Haltung ihren Bauern gegenüberstanden und so nicht recht-zeitig oder überhaupt nicht zu einer klaren Stellungnahme in der Gesamtfrage kom-men. In den Augen jener entschlossenen Minderheit im Schwäbischen Bund boten diese bäuerlichen Unruhen eine günstige Gelegenheit zu einer strafferen Unter-werfung der Bauern unter ihren gerade damals in neuen Formen erstehenden Landes-staat. Sie gehörten zu einer Gruppe von Fürsten, die damals in Italien, Deutschland und anderen Ländern Europas alles daransetzten, ihre Herrschaftsgebiete nach Grund-sätzen, wie sie insbesondere Machiavelli empfahl, zu organisieren. Dadurch ergab sich von selbst, alle Reste und Ansätze gewisser politischer Rechte der bürgerlichen und ländlichen Gemeinden zu beseitigen und den mannigfachen Abstufungen bäuerlicher Freiheit eine einheitliche Form zu geben, die es ermöglichte, den Bauernstand in das allgemeine Untertanenverhältnis aller Angehörigen des neuen Staates einzufügen. Die Tatsache, daß diese Gruppe zielbewußter Fürsten damals im Schwäbischen Bund die Oberhand hatte und daß der Bund infolge der ganzen Haltung des Erzherzogs Ferdi-nand sich als Vertreter des Reiches fühlte, gab dieser Fürstengruppe eine nahezu autoritative Stellung, die staatsrechtlich jeder Grundlage entbehrte. Wo damals Un-ruhen der Bauern entstanden und wo es gar den Anschein hatte, als wollten die Haufen Gewalt anwenden, da fühlte sich der Schwäbische Bund zur Aufrechterhaltung der öffentlichen Ordnung aufgerufen und zur Anwendung von Waffengewalt befugt. Gerade diese Tatsache führte, sobald die Öffentlichkeit im Umkreis des Reiches das erkannt hatte, zu einer weiteren Vergrößerung des Bundes. Doch empfand man daneben in Südwestdeutschland schon lange das Anwachsen der Macht des Schwäbi-schen Bundes als eine Gefahr, und da man befürchtete, er werde das ganze Land be-herrschen, traten 1512 Württemberg, die Pfalz und Baden aus und schlossen einen »Kontrabund«. Doch der Schwäbische Bund erwies sich als stärker und einflußreicher als der Kontrabund, der sehr bald an Bedeutung verlor.

Der Schwäbische Bund, der längst keine schwäbische Sonderangelegenheit mehr war, wuchs weiter. In den Jahren vor 1525 traten ihm bei: 1512/13 der Bischof von Bamberg, 1519 Landgraf Philipp von Hessen, 1522 der Bischof von Würzburg, 1522 Herzog Lud-wig von Bayern, 1523 Erzherzog Ferdinand für das damals besetzte Württemberg, 1523 die Pfalzgrafen Friedrich Philipp und Ottheinrich und Kurfürst Ludwig von der Pfalz. Zu Beginn des Jahres 1525 mehrten sich die Gesuche um Aufnahme, so z. B. von seiten der Grafen von Solms, Nassau, Königstein und Hanau. Der Bund war also für ganz Südwestdeutschland zu der Macht geworden, zu deren Kraft man Zutrauen hatte und

Hans Brosamer: Herzog
Ulrich von Württemberg

an die sich anschloß, wer durch die Bauernunruhen für seine eigene Macht und Stellung fürchtete.

Wichtig ist auch, daß man im Kreise des Schwäbischen Bundes den Wert des Geldes und seine Bedeutung für die Kriegführung erkannt hatte, daß er auf damals moderne Art Krieg zu führen wußte mit Hilfe einer zweckmäßigen Organisation der Söldnertruppen oder Landsknechte im Gegensatz zu vielen anderen Heeren mit Kämpfern alten Stiles. Kennzeichnend für die Rolle, die das Geld beim Bund spielte, ist, daß er nach der Vertreibung des Herzogs Ulrich von Württemberg das eroberte Land Württemberg gegen eine Zahlung von 210 000 Gulden an Erzherzog Ferdinand von Österreich abgab. Noch wichtiger in dieser Hinsicht war, daß der Bund über ein festgelegtes, »Ansatz« genanntes Heeresaufgebot der ihm angeschlossenen Staaten verfügen konnte und daß dieses Aufgebot von Landsknechten sich seitens des Bundes leicht in eine Geldzahlung umwandeln ließ. Wir haben im Bauernkrieg eine Reihe von Beispielen dafür. Auf diese Weise konnte der Schwäbische Bund mit regelmäßigen Einnahmen in Geld rechnen. Dazu kamen noch die oft recht beträchtlichen Kontributionen der Unterworfenen. Für eine solche Finanzpolitik bedeutete es dabei eine große Hilfe, daß der Bund nahe Beziehungen zu den großen süddeutschen Handels- und Bankhäusern hatte, so daß er von dieser Seite aus seine Mittel im gegebenen Augenblick durch Kredite ergänzen konnte.

142

Die Stärke des Bundesheeres war durch seine Verfassung festgelegt, und zwar so, daß sie mit der Zunahme der Mitglieder wuchs. Im Jahre 1525 betrug sie 1892 Reisige und 11 285 Fußknechte[51]. Das war faktisch die größte Militärmacht des Reiches. Denn die Kräfte des Kaisers waren, wie es sich 1525 zeigte, für deutsche Zwecke nicht immer und keinesfalls vollständig verfügbar. Außerdem wurde die mögliche Heeresstärke des Bundes durch die ihm zu Gebote stehenden Geldmittel noch vermehrt. Meist mußte er mit diesen Mitteln seine Söldner selbst werben. Er wußte dann aber auch, wen er bekam. Der Bund verfügte also über ein für die damalige Zeit sehr stattliches Heer. Doch darf das nicht überschätzt werden. Denn wir hören an einer Stelle, daß die Landsknechte vor der Schlacht davonlaufen, wenn sie gegen Bauern kämpfen sollen[52], und vielfach weigern sie sich schon bei der Anwerbung, gegen die Bauern ins Feld zu ziehen. Die Überlinger Knechte erklärten z. B.: »Unsere Spiess und tägen stächent und hawent dhaine pauren«[52a]. Eine sehr große Zahl von Männern gab damals diese Erklärung ab. Ritter Hans von Sternberg schreibt an den Grafen Wilhelm von Henneberg: »Dan gnediger Herr glaubt furwar pauern mit pauern zu schlahen ... Dan so e.g. pauren und handwerksgesellen annemen, steen e.g. als grosse farhe vor denselbigen als den feinden. Das haben e.g. gewiss! Darumb will dits thun allein mit gotlicher hilf, zeitigem rath und guter fursichtigkeit zu stillen sein«[53]. Ähnlich meldet das Tagebuch des

Der Christlich Fürst Hertzog Georg zu Sachsen zc. ward
geboren des 17 tag. Augusti M. C C C C. LXXI.

*Hans Brosamer: Herzog
Georg von Sachsen*

143

Herolds Hans Lutz: »... haben die hauptleyt in zu versten geben, wie das man well den krieg fieren an die pawren. Da ist erkant worden under allen knechten, kainer wider die pawren zu ziechen, und sich laussen also mercken wider ire fraind die pawren zu ziechen, seyen sye nit willig, und der hauptman von Meiningen ist glat hinwegk abgezogen mit seinen knechten. Darnach die knecht von Augspurg sind ainhellig abzogen von dem fenlin und das fenlin lecht mit 7 knechten wider zogen in das leger...«[54].

Dasselbe Bild ergibt sich, wenn Stefan von Hohenfreiberg, Pfleger zu Hohenfreiberg bei Füssen, den österreichischen Statthalter und die Räte zu Innsbruck »um Knechte, Büchsenmacher und Pulver« bittet, »da meine Besatzung unzuverlässig«[55]. Auch aus der Gegend von Coburg wird berichtet: »Wir haben auch uns ... viel umb knecht lassen umbthuen, aber niemants aufbringen mogen, und haben all frei gesagt, sie wollen wider diese bauern nit ziehen ...«[56]. Ein Amtmann von Bregenz meldet an Erzherzog Ferdinand aus Stockach: »... und haben ... vil nit gern ziehen wellen und etlich offentlich gesagt wurd man sy wyder die Pawren gebrauchen, so welten sy wyder haym ziehen ... sagen, daz dieselben puntischen knechte all zerloffen seyen, und haben wider die Pauren nit ziehen wellen, deshalb und sy kainswegs zu vermuten ist, mit diser landsart pauren mit Pauren widerstand zu tun oder vor abfal zu verhueten ...«[57]. Auf diese Haltung der Landsknechte deutet es auch hin, wenn Götz von Berlichingen seinen Anschluß an die Bauern damit begründet, daß er »kein wehrsam Volck« in seiner Burg gehabt habe, »und wolten Knecht und Mägd auch nicht guth thun ...«[58]. Ebenso berichten Amtmann, Rat und Zünfte von Vacha dem Landgrafen Philipp von Hessen, »... wolten auch heuwern furstlichen Gnaden ... mit zuschieckung etzlicher fuesknecht gern undertheniglich wilfaren, so konden wir umb gelt oder aus gehorsam keinen furbrengen oder zu zihen vermogen ...«[59]. Und schließlich ist uns eine Ansprache überliefert, die der Truchseß Georg von Waldburg vor den Landsknechten hielt, als er hörte, daß seine Werber in den Städten auf Widerstand stießen. Er soll gesagt haben: »Liebe Landsknecht, mich langt an, alss solten etliche ein meuterey under euch gemacht haben und sagen, dass wir die pauren wider recht und darumb, dass sie das göttlich evangelium hanthaben, überziehen wellen und euch zue bewegen, dass ir von gemainen ständen und zue den pauren solten ziehen.« Dem widerspricht Truchseß Georg. Sie würden es nie erleben, daß sie gegen das Recht und Gottes Wort zu Felde ziehen müßten. Das garantiere schon die Redlichkeit des Kaisers und der Fürsten. Die Bauern wollten zwar evangelisch sein, aber zu Unrecht, da sie sich wider alles Recht empörten: »Nit allein one weltlich recht, sondern offentlichen wider die gebott gottes, das göttlich und natürlich recht, auch das haylig evangelium, und mögen sich mit irer unchristlichen, muetwilligen handlungen mit keiner warheit evangelisch nennen«[60]. Das Schreiben ist sehr aufschlußreich, einerseits weil daraus hervorgeht, wie ernst ihm die Gefahr des Widerstandes der Landsknechte erschien, und anderseits, weil er als die mächtigste Triebfeder zu einer solchen Haltung und zu solchem Widerstand den religiösen Faktor ansah, also die Überzeugung der Bauern für »das haylig evangelium, göttlich und natürlich recht« zu streiten. An diesem Punkt sucht er

Urs Graf: *Frau Venus und der Landsknecht*

Albrecht Altdorfer: Fahnenträger

durch seine Rede einzugreifen und so den Widerstand der Bauern wie der Landsknechte und derer, die es werden sollen, zu überwinden.

Gerade hier, wo der Feldherr des Bundes von den religiösen Antrieben der bäuerlichen
Unruhen spricht, wird deren Bedeutung viel offenkundiger als durch Reden und Briefe
von Thomas Müntzer oder der verschiedenen Prediger im Lager der Bauern.

Augenscheinlich hat man jedoch in den ersten Wochen des Aufstandes, also im März,
April und Anfang Mai, die Unzuverlässigkeit der Landsknechte, ihre Neigung, sich
den Bauern anzuschließen, überschätzt. Aber immerhin zeigt sich auch hier, wie groß
im Anfang des Frühjahrs im ganzen gesehen die Gefahr war. Die Zahl der Bauern, die
sich zusammenrotteten, wuchs dauernd, und der Unwille der Landsknechte wurde
immer wieder deutlich. Dazu kam, daß ein gut Teil der Fürsten bereit war, sich auf

einen Vertrag mit den Bauern einzulassen, wie man das in den letzten Jahrzehnten schon an vielen Stellen mit gutem Erfolg getan hatte. Man muß sich das alles klarmachen, um zu ermessen, welche Krise dieser Frühjahrsanfang 1525 für ganz Deutschland mit sich brachte. Denn die Bauern wurden überall unterstützt von den niederen Schichten der Städte und stellten ohnehin damals etwa 80 bis 85 % des deutschen Volkes dar, soweit sich das heute überhaupt schätzen läßt.

Anderseits lag der schärfste Wille zur Initiative, vor allem zur Initiative mit den Waffen, wie wir gesehen haben, nicht bei den Bauern, sondern bei jenen Landesherren, die wir als Renaissancefürsten bezeichnen können. Demgegenüber trat der konfessionelle Unterschied zurück, obwohl auch er gerade damals mit den Waffen ausgetragen werden sollte. Sobald übrigens die Bauern einmal geschlagen waren, ließ der Widerstand der Landsknechte nach, besonders wenn sie in einer ihnen fremden Landschaft eingesetzt waren. Und Landschaften sind damals schon in geringer Entfernung von seinem Heimatdorf einem Bauernsohn fremd. Denn ehe er Landsknecht wurde, kam er stets nur wenige Meilen in die Welt hinaus.

Wir redeten von Fürsten und Landesherren als Gegnern der Bauern. Ist das nicht eine falsche Fragestellung? Die Bauern unterstanden doch in den allermeisten Fällen zunächst den Rittern als ihren unmittelbaren Herren! War nicht deren Stellung zu

A. Dürer: Turnier

den Bauern das Entscheidende? In früheren Zeiten hätte das gegolten, aber zu Beginn des 16. Jahrhunderts nicht mehr. Denn es ist ja allgemein bekannt, daß die Lage des Adels damals schlechter war als in den vorausgehenden Jahrhunderten, und zwar aus verschiedenen Gründen. Militärisch war man auf die schwerbewaffneten Ritter nicht mehr ausschließlich angewiesen, seit Feuerwaffen sich durchgesetzt hatten und damit Fußknechte zu ihrer Bedienung benötigt wurden. Von der Entstehung der Landesstaaten haben wir schon in anderem Zusammenhang geredet. Hier ist zu betonen, daß viele Ritter im Zuge dieser Entwicklung in den Dienst der Fürsten und der sich bildenden Territorialstaaten traten, als eine Art von Offizieren oder Beamten, und damit ihre selbständige politische Rolle ausgespielt hatten. Auch wirtschaftlich wurde ihre Lage schon deshalb schlechter, weil man allenthalben die Abgaben der Bauern in Geld festsetzte, so daß die Ritter an erster Stelle unter dem sinkenden Geldwert zu leiden hatten. Dazu kam schließlich noch, daß die zur Zeit der Kreuzzüge treibende und tragende Kraft des Rittertums, der Glaube, Gottes Streiter zu sein und nach Gottes Befehl unter seiner Führung und mit seiner Hilfe auszuziehen, wie es sich in dem Wort »Gott will es« ausdrückte, seit dem glanzlosen Ende der Kreuzzüge zusammengebrochen war. Das aber bedeutete eine Schwächung des Rittertums von innen her, was nicht unwesentlich zum Zerfall seiner bisherigen sozialen Stellung beitrug. Zur gleichen Zeit aber wuchs der Wille der Fürsten gewaltig, ihre Herrschaft zum Landesstaat auszubauen und diesem neuen Staat so wie die Bauern und Bürger auch die Ritter einzufügen. So sah sich die Ritterschaft in eine Zwischenstellung hineingedrängt, die den Weg zu verschiedenen politischen Stellungnahmen öffnete. Einmal war ein Anschluß an die Fürsten, der Eintritt in ihren Dienst als Offiziere oder Verwalter irgendeines Bezirkes möglich. Viele machten davon Gebrauch, besonders da dort eine regelmäßige ausreichende Entlohnung winkte. Andere gingen ins Lager der Bauern über oder verbündeten sich mit ihnen. Viele von diesen Rittern erzählten nachher, sie seien von den Bauern dazu gezwungen worden. Es ist im einzelnen schwer festzustellen, wie weit das der Wahrheit entspricht. Man nahm ihnen später das Zusammengehen mit den Bauern sehr übel, und das bedrohte oft ihre ganze Lage sehr. So lag die Ausrede sehr nahe, z. B. bei Götz von Berlichingen. Eine dritte Gruppe von Rittern — es waren meist fränkische Herren — versuchte sich in einer eigenen, unabhängigen Politik zwischen den Parteien, ein begreiflicherweise sehr schwieriges Unterfangen. So schreibt am 16. April 1525 die Ritterschaft der Rhön, vertreten durch den Amtmann Lorenz von Rosenberg zu Möckmühl, Götz von Berlichingen und andere, an die Hauptleute und Räte der sechs fränkischen Orte einen Brief, der davon ausgeht, daß es eine für die Ritterschaft sehr günstige Lage sei, die sofortiges Handeln erfordere. Er bittet eine allgemeine Adelsversammlung so schnell wie möglich zusammenzurufen. »Ist zu verhoffen, wir alle gemeinlichen wöllen erheeben und erfolgen, dass allem adel teuscher nation zu eren und ufnemen reichen werde. Es gön auch uns als den allergeringsten vom adel itzo soleiche wege entgegen, die uns bedunken des adels vortails vast gemess ...[61].« Es gibt eine ganze Reihe solcher Aufrufe, in diesem allerdings nur von Götz von Berlichingen besiegelten Brief wird besonders deutlich

Er hat getriben ritterspil
darin erzeigt auch kurtzweil vil
Mit warheit ich das sprechen kan
Als wol mals me kein fürst hat than
das alles doch mit solhem schimpf
Daraus nit kam lob eer vñ glimpf

A. Altdorfer: Kaiser Maximilian als Turnierkämpfer

ausgesprochen, daß man an eine gemeinsame Politik des Adels von ganz Deutschland und nicht bloß an Zusammenschlüsse des Adels einzelner Landschaften dachte. Schon vorher, am 22. Dezember 1524, hatte Erzherzog Ferdinand sich an Graf Hanns von Montfort und Andresen von Hohenegg gewandt mit der Aufforderung, doch den ganzen Adel des Allgäus nach Bregenz zusammenzurufen, um zu beraten, wie man dem Aufstand der Bauern entgegentreten könne. In derselben Angelegenheit geht ein Schreiben an vier weitere Herren Oberschwabens, an Dietrich Spet, Schweikart von Gundelfingen, Wilhelm von Waldburg, Sebastian von Yppenhain und den Dompropst Marquard von Stain, sowie an den Adel vom Neckar, von der Donau, in Württemberg und der Markgrafschaft Burgau ohne Nennung einzelner Herren[62]. Hier ist der Kreis sehr weit gezogen, wenn das Ziel auch nicht so genau umrissen ist. Eine anscheinend recht bedeutende Gruppe sammelte sich um den Grafen Wilhelm von Henneberg in der Gegend von Würzburg. Hier lassen sich jedoch recht verschiedene Tendenzen beobachten. Ludwig von Boineburg sucht Wilhelm von Henneberg in einem Brief vom 18. April zu einem engen Zusammenschluß mit den Städten zu bewegen. »Tritt diese ein, muss der Bischof und das Kapitel tun, was Graf Wilhelm haben will; und die Bauern sind dann wohl zum Gehorsam zu bringen[63].« Andere Briefe an denselben Grafen drängen auf die Einberufung eines Tages der Bambergischen und württembergischen Ritterschaft. Es scheint, daß hier Ritter Georg von Schaumburg sich mit aller Kraft für eine friedliche Lösung der Streitigkeiten, auf alle Fälle ohne Blutvergießen einsetzen wollte[64]. Ziemlich unklar hingegen bleiben die Absichten eines ungenannten Adeligen gelegentlich des Würzburger Adelstages etwa vom 27. April 1525. Überblickt man diese zeitlich sehr nahe beieinanderliegenden Dokumente, so wird deutlich, daß ein sehr großer Teil des Adels die Gelegenheit zu einer selbständigen einheitlichen Politik benutzen möchte. Wie aber diese Politik aussehen sollte, darüber gingen die Meinungen offenbar weit auseinander.

Andere wiederum sahen, daß die Zeit für eine selbständige Politik des Adels vorbei war. Diese Gruppe war schon vor dem Bauernkrieg in den Dienst von Fürsten getreten und hielt an dieser Stellungnahme auch im Bauernkrieg fest. Wir finden daher überall Angehörige des Adels, die treu für ihren Herren kämpften, sei es mit den Waffen, sei es als Amtleute oder Verwalter fürstlicher Herrschaftsrechte.

So blieben nur einzelne Männer, die sich auf seiten der Bauern stellten, sei es aus Sympathie mit ihrer Sache, sei es in der Hoffnung, hier eine führende Stellung erhalten und behaupten zu können. Daß nur wenige von ihnen einen wirksamen Beistand für die Bauern bedeuteten, andere aber völlig versagten, wurde schon oben besprochen. Vom Adel als Ganzem hatten die Bauern nichts zu erhoffen, obwohl beide in den aufstrebenden Landesstaaten ihren Feind hatten. Ein drastischer Beweis dafür ist das völlige Scheitern des Franz von Sickingen, des leidenschaftlichsten Kämpfers für eine starke Stellung der Reichsritterschaft, der 1523 bei der Erstürmung seiner Burg Landstuhl den Tod fand.

Die Stellung der Städte zu der Sache der Bauern war von vornherein eine andere, da in den Städten damals fast überall deutlich zwei Gruppen sichtbar werden: die Patrizier, die für die Landesherren eintreten und sich gegen die Bauern stellen, während die niederen Schichten entschieden für die letzteren Partei nehmen. Durch diese inneren Gegensätze gelähmt, gewinnen daher die Städte im allgemeinen weder für die eine noch die andere Seite als Bundesgenossen entscheidende Bedeutung, und wenn die eine oder andere Stadt sich mit Entschlossenheit der Sache der Bauern angenommen hat, so war es eine Ausnahme. Ähnlich steht es ja, wie wir sahen, mit den Adelsherren, unter denen ein Friedrich von Greiffenklau, der die Führung der kämpfenden Bauern und Bürger im Rheingau übernahm, eine Ausnahme darstellt. Daß Bauern und Bürger hier im Rheingau gemeinsame Sache machten und dank Greiffenklau einen günstigen Abschluß erreichten, ist darauf zurückzuführen, daß die Weinbauern dieses Landes vielfach in den kleinen Städten wohnten und die Grenze zwischen Bauer und Bürger fließend war. Dennoch kam es zu keinem bleibenden Erfolg, denn es dauerte nicht lange, bis der siegreiche Schwäbische Bund die Vernichtung des abgeschlossenen und schon viele Monate gültigen Vertrages erzwang.

D. Hopfer: Franz von Sickingen

KAPITEL III

DER ERSTE TEIL DES BAUERNKRIEGES

Demonstration und Vertrag

Ein möglichst getreues Bild des Bauernkrieges läßt sich nur gewinnen, wenn man sich klar macht, daß der Kampf deutlich zwei Phasen aufweist, und nicht nur die zeitliche Trennung in der Abfolge der Tatsachen ins Auge faßt, sondern zugleich und mehr noch den Gegensatz zwischen einer auf friedlichen Austrag in einem Vertrag gerichteten Auseinandersetzung und dem kriegerischen Aufstand mit aller Schärfe der Waffen. Dabei wird es nötig sein, öfter von einem Kriegsschauplatz zum anderen zu wechseln und auf eine streng chronologische Aufzählung der Ereignisse, die sich alle in der kleinen Zeitspanne von einem halben Jahr abspielen, teilweise zu verzichten.

Um uns Klarheit zu verschaffen über den Charakter der ersten Erhebungen der Bauern, müssen wir noch einmal auf die Mißhelligkeiten zwischen Herren und Bauern zurückkommen, die dem Bauernkrieg vorausgegangen sind und von denen aus sie zu verstehen sind. Wir haben in den Weistümern gute Zeugnisse dieser Differenzen und ihrer Behebung. Denn eingehende Untersuchungen der Weistümer haben gezeigt, daß sie das Ergebnis von Auseinandersetzungen zwischen Grundherrschaften und Bauern oder Bauerngemeinden sind und die Rechte der einen oder der anderen Partei festlegen wollen[1].

Es sind stets die gleichen Fragen, um die es sowohl in den Weistümern wie in den Bauernkriegsforderungen geht. Die Zahl der Weistümer schwillt stark an bis zum ersten Viertel des 16. Jahrhunderts, also bis zum Bauernkrieg. Dann nimmt sie sehr stark und schnell wieder ab. Dazu entstammen die Weistümer gerade den Landschaften, in denen 1525 die Unruhen ausbrachen. An einzelnen Stellen läßt sich sogar ein unmittelbarer Zusammenhang von Bauernkriegsforderungen und Weistümern nachweisen, am klarsten an den Rheingauer Artikeln vom 23. April 1525, von denen einige eng mit denen des Weistums von 1324 verwandt sind. Die Bestimmungen des Weistums von 1324 über Wald, Weide und Wild entsprechen dem 17. Artikel des Rheingaues, die über Heeresfolge dem 9. und die über Dienstmannen dem 8. Auch in der Tiroler Landesordnung von 1525 ließ sich ein solcher enger Zusammenhang mit den Weistümern der Landschaft nachweisen[2]. Manches in den Forderungen von 1525 ist allerdings neu und trägt ein anderes Gesicht. Es sind dies vor allem die Forderungen über Einsetzung und Absetzung der Pfarrer oder die Hinweise auf das Evangelium, aus dem die Rechte der Herren erwiesen werden müßten. Daß solches Verlangen dem Zeitalter der Reformation eigentümlich ist und in den älteren Weistümern fehlt, leuchtet ohne weiteres ein. Wir kommen dem Verständnis der Forderungen von 1525 am nächsten, wenn wir die Weistümer als ihre unmittelbaren Vorläufer erkennen, mit denen sie ja auch den ausgesprochen auf eine friedliche Vertragslösung hinstrebenden Charakter teilen.

Doch sehen wir die ersten Artikel, die 1525 eingereicht werden, genauer an! Begleitet von Unruhen in der Schweiz, waren schon 1524 Forchheim und Stühlingen vorangegangen. In Forchheim hatten ein paar Bauern im Weiher des Dompropstes gefischt. Dieser kleinliche Anlaß genügte, um die gärende Unzufriedenheit zum Ausbruch zu bringen. Aus der Nachbarschaft strömten die Bauern in das Städtchen, und dort stellte man fünf Artikel auf, die sich gegen den Herren der Stadt, den Bischof von Bamberg, richteten. Es geht darin um Jagd und Fischfang, um den Zehnten und um die Stellung der Geistlichen in der Gemeinde, vor allem um die zu entrichtenden Steuern. Es sind Forderungen des Alltagslebens, augenscheinlich hervorgerufen durch die übermächtige Stellung des Bamberger Domkapitels. Auf Bewilligung durch mündliche Zusage oder besser noch durch ein Weistum, d. h. durch eine Vertragsurkunde, ist das ganze Vorgehen abgestellt. Daß es dazu nicht kam, steht auf einem anderen Blatt. Der Bischof ließ kurzerhand die Stadt besetzen und brachte damit jede andere Meinung zum Schweigen.

Ähnlich verhielt es sich mit der im gleichen Jahr 1524 ausbrechenden Bewegung in Stühlingen. Auch hier lag ein geringfügiger Anlaß vor. Die Gräfin von Lupfen hatte von ihren Bauern verlangt, daß sie mitten in der Ernte Schneckenhäuser sammeln sollten, um Garn darauf wickeln zu können, eine Willkür, die ausreichte, um Forderungen auszulösen, die sich jedoch, mit einer Ausnahme, auf die Verwaltung der Gemeinde beschränkten. Sie verlangten lediglich, bei der Einsetzung der Amtsleute gehört zu werden, und wünschten ein Dorfgericht, welches das niedere Gericht unabhängig ausüben könne, d. h. ein bescheidenes Maß von bäuerlicher Selbstverwaltung. Darüber allerdings hinausgehend, wehrten sie sich, als »Leibeigene« behandelt zu werden und die damit verbundenen zusätzlichen Dienste und Abgaben leisten zu müssen, eine Forderung, die damals manchenorts in Deutschland erhoben wurde. Trotzdem hoffte man offensichtlich auch hier auf eine gütliche Einigung, denn die Stühlinger erklären selbst, auch weiterhin als getreue Untertanen alles auf sich zu nehmen, was sie von jeher schuldig gewesen seien. So wurde denn lange verhandelt. Zu Stockach wurden wiederholt von Erzherzog Ferdinand für die Grafen von Lupfen Verhandlungstage eingesetzt. Auch das Reichsregiment zu Eßlingen versucht man zu diesem Zweck in Bewegung zu setzen. Wir besitzen eine ganze Reihe von Briefen, die um der Beilegung des Streits mit den Stühlingern willen geschrieben wurden. Vor allem war es der Hofrat zu Innsbruck, der sich lebhaft bemühte, die Verhandlungen zu einem guten Ende zu führen. Noch für den 3. April 1525 wurde ein Landgericht zu Stockach mit einer Reihe von Räten aus den verschiedensten Landschaften besetzt, um eine Lösung der Stühlinger Frage zu finden. Es gelang nicht. Aber es wird hier deutlich, wie ernst man sich auf beiden Seiten um eine Verständigung mühte, denn sonst hätte man nicht so viele

Monate lang von Juli 1524 bis Februar 1525 korrespondiert und verhandelt. Auch das ist ein Beispiel für die Einstellung der Bauern zu Beginn des Krieges auf eine Vertragslösung und nicht auf einen Aufstand mit bewaffneter Hand[3].

In einem Schreiben der Stühlinger Bauern aus dieser Zeit heißt es unmißverständlich: »... so werden wir durch unsere Herrschaften und ihre Amtleut mit mancherlei unleidlichen Frondiensten beschwert und dadurch verhindert ... können auch bisweilen unseren Herrschaften, was wir ihnen sonst zu tun schuldig sind, nit leisten ...«[4]. Dazu paßt ein Gedicht, das ein Bauer von Weißenburg im Jahr 1521 schrieb:

> »... ain neue reformacion.
> ich wolt si geren helfen heben an.
> Alles übel solt hingelegt werden
> alhie auf dieser erden.
> got zue lob und seiner mouter rain
> und allen stenden (zuo) nutz und guoter gemain
> solten alle menschen auf diser erden
> an allen schaden und schwertschleg ains werden[5].«

Da man in Stühlingen und Umgebung zu keiner Einigung kam, griff der Schwäbische Bund durch seinen Feldherrn Georg von Waldburg ein. Aber in Stockach erreichte ihn der Befehl, sofort nach dem Neckartal zu marschieren, um dort für die Tat von Weinsberg Rache zu nehmen. Die Bewegung in Südwestdeutschland aber griff weiter um sich. Die Bauern des Markgräflerlandes vereinigten sich mit den Hegauern und Stühlingern. Als auch die Breisgauer dazustießen, verlagerte sich der Schwerpunkt in das Markgräflerland und in den Breisgau. Dort gelang es den Markgräfler Bauern und bald danach auch der Stadt Freiburg, wohin starke Haufen der Schwarzwälder mit Hans Müller, dem ehemaligen Führer der Stühlinger, gezogen waren, einen Vertrag zu schließen, der sie zufriedenstellte. Die Stühlinger sollten durch ein Schiedsgericht in Radolfzell aufgefordert werden, ihre Klagen dem Reichskammergericht vorzulegen und dort ihre übermäßige Belastung zu beweisen. Dieser Prozeß zog sich dann lange hin, bis der Krieg in anderen Landschaften zu einer Niederlage der Bauern geführt hatte. Aber die Verträge der Markgräfler und der Schwarzwälder zu Freiburg am 24. März 1525 schienen zunächst für dieses Gebiet der Abschluß der Bauernbewegung zu sein.

Doch auch in anderen Teilen Deutschlands sind fast zur selben Zeit Verträge nicht nur von den Bauern erstrebt, sondern wirklich zur Genugtuung beider Parteien zustande gekommen, so daß die Unruhen ohne einen Schwertstreich ein Ende fanden. Zeitlich am frühesten liegen die Verhandlungen des Schwäbischen Bundes mit den oberschwäbischen Bauern und der daraus hervorgegangene Vertrag von Weingarten. Doch da hier die Verhältnisse etwas komplizierter sind, werden wir vorläufig von ihnen absehen und erst später darauf zurückkommen.

Am 22. April 1525 wurde ein ähnlicher Vertrag zu Fulda abgeschlossen. Der Koadjutor

Graf Johann von Henneberg nahm die ihm vorgelegten Artikel der Bauernschaft der Umgebung an und bestätigte das urkundlich. Auch die Bauernschaft betrachtete die Feindseligkeiten damit als endgültig beendet. In einer Gegenurkunde erklärten sie: »... seine fürstliche gnaden nuhnmehr vor unser aller regirenden landesfursten und herrn zu halten, zu haben, underthanig und gehorsam zu sein ...« und »... kainerlei uberfalls, hereszugs, argens oder ungutigen vernemens, sondern aller christlichen prüderlichen hilf trost beistand und mittel von uns ... gewarten und versehen sollen und dorfen ...«[6].

Daß man diesen Abschluß als endgültig betrachtete und nicht nur als eine in der Not gemachte Zusage, die man sobald wie möglich zurücknehmen wollte, geht daraus hervor, daß Fulda nun zum Mittelpunkt einer Werbung der Bauern in der ganzen Landschaft wurde. Die Städte Hünfeld, Hammelburg und Hersfeld schlossen sich an, und Hersfeld seinerseits wird nun selbst zu einem solchen Strahlungspunkt der Werbung. Man zieht nach Niederaula und wendet sich schriftlich an Spangenberg, Homberg, Treysa, Neukirchen, Ziegenhain, Melsungen, Sontra und Eschwege, ja sogar an die Stadt Kassel[7]. Der Koadjutor von Fulda hatte sich währenddessen auch bemüht, seine Vasallen zur Anerkennung der Artikel der Bauern zu bewegen, d. h. auch ihrerseits Frieden mit den Bauern zu machen. Man fußte also bei allen diesen Maßnahmen auf dem Fuldaer Vertrag als einer feststehenden und für die Zukunft maßgebenden Tatsache[8].

Doch diese Regelung, die ganze hier geschaffene neue Lebensform hatte nicht lange Bestand. Denn am 3. Mai zog Landgraf Philipp von Hessen, dessen Einstellung zu den Bauernunruhen wir bereits kennen, mit starker Heeresmacht gegen Fulda und besetzte es. Er hatte an Fulda keinerlei Herrenrecht, aber er griff zu, da er in Fulda den Mittelpunkt der Werbung sah, die auch sein eigenes Land erreicht hatte[9]. Nun fielen alle Städte und Kreise, die sich den Bauern angeschlossen hatten, Philipp zu. Sie hatten es eilig, Entschuldigungsschreiben an ihn zu schicken oder offiziell das Bündnis mit den Bauern für gelöst zu erklären. Philipp führte in Hersfeld eine Änderung der Verfassung durch, die seine Herrschaft verstärkte[10]. Allenthalben im Land, vor allem auch in seinen hessischen Gebieten ließ er sich neu huldigen[11]. Über Fulda aber verhängte er ein strenges Strafgericht. Er benutzte die Gelegenheit des Bauernkampfes, um das ihm benachbarte reiche Fulda seiner Herrschaft einzuverleiben. Wir haben also hier ein Musterbeispiel dafür, wie sich eine Stadt, ein geistliches Fürstentum und die umliegende Landschaft den Bauern anschließt, wie man drauf und dran ist, dem Land eine neue Gestalt zu geben, bis dem mit Waffengewalt ein Ende gemacht wird.

Doch sehen wir uns weiter um nach Fällen, wo eine Befriedung der Unruhen durch einen Vertrag erreicht wurde. Am 18. Mai wurde ein solcher im Rheingau auf der Wacholderheide, dem alten Versammlungsplatz der Rheingauer, geschlossen[11a]. Dort hatte 1524 der Straßburger Caspar Hedio im Sinne der religiös-sozialkritischen Bewegung gepredigt, von der schon oben die Rede war, und dort wurden auch 1525 die »Rheingauer Artikel« aufgestellt. Ihre Forderungen waren — bis auf zwei — durchaus gemäßigt und entsprechen, wie schon gesagt, denen des Weistums von 1324. Sie betrafen den Zehnten, eine Erleichterung der Zinsenlast, der Zölle und der Verkehrs-steuern, den Heeresdienst, Wald- und Weiderecht und das Gerichtswesen und waren durchaus für die Herren annehmbar. Nur die Artikel 16 und 21 stellen Forderungen, die wir anderweitig nicht finden. Sie verlangen die Auflösung aller Klöster des Rhein-gaues innerhalb einer gewissen Frist. Hier handelt es sich aber nicht um eine religiöse Gegnerschaft gegen die Klöster, etwa im Sinne von Luthers Reformation, sondern sie greifen die Sonderstellung der Klöster an, die ihnen ihr ausgedehnter Grundbesitz ver-lieh und die durch Bevorrechtung noch vergrößert wurde. Auch diese Forderung trägt also einen sozialen und politischen Charakter im Sinne des »Nutz der gemeinen land-schaft«. Nur die Forderung der Gemeinden, ihren Pfarrer selbst wählen zu dürfen, hat religionspolitischen Charakter, wenn der Pfarrer nicht als Agitator und Führer der Sache der Bauern auftrat. Hier streitet also die längst schon bestehende Landsgemeinde um die Erhaltung und den Ausbau ihrer Rechte, nicht eine Gruppe von Tunichtguten oder unruhigen Elementen, sondern die Gesamtheit von Bauern und Bürgern einer reichen Landschaft, und zwar — das ist auch eine Besonderheit — geführt von einem Ritter ihrer Landschaft: Friedrich von Greiffenklau.

Diese Artikel setzten sich erstaunlich schnell durch. Am 23. April wurden sie zusam-mengestellt und verkündet, und am 18. Mai erschienen die Vertreter der Mainzer kur-fürstlichen Regierung, der Statthalter, der Dechant und einige Kapitelherren in der Versammlung des Bauernhaufens auf der Wacholderheide und nahmen die Artikel an. Am 19. Mai wurde eine Urkunde darüber für »die ehrnveste und ehrsam unsere liebe besondere und getreue Edelen und Bürger gemeiner landschaft« ausgestellt.

Damit war Friede geschlossen. Daß man ihn als eine Lösung betrachtete, die für alle Zeit Gültigkeit haben sollte, geht daraus hervor, daß man sofort daran ging, die ge-troffenen Bestimmungen auszuführen, insbesondere diejenigen, welche die Klöster und ihre Grundherrschaft betrafen. Ihre allmähliche Säkularisation wurde in Angriff genommen, die Frage der Austritte aus den Klöstern geregelt. Das entscheidende Wort sprach die Landsgemeinde. Die Landsgemeinde ist also Herr im Land. Augenscheinlich arbeitete sie in diesen Wochen fieberhaft an der Durchführung der Artikel.

Doch der Zusammenbruch dieser neugegründeten Welt kam schnell, und zwar — das ist charakteristisch — von außen her. Der Wille jener Gruppe von Fürsten, von denen schon die Rede war, stand einer solchen Lösung entgegen, und die Siege, die der Schwäbische Bund und Philipp von Hessen errungen hatten, beeinflußten nun die all-gemeine Stimmung auch in einem bauernfeindlichen Sinne. So drohte nun im Auftrag des Schwäbischen Bundes Georg Truchseß von Waldburg in den Rheingau einzurük-ken, um die »Bauern zu strafen«, wie man damals sagte. Vergeblich suchte Bischof Wilhelm von Straßburg, der Statthalter des damaligen Erzbischofs von Mainz, Kurfürst Albrecht von Brandenburg, diese Aktion aufzuhalten oder zu verhindern. Der Bundes-feldherr trat ihm entgegen und erklärte: »... so ist doch unser Befelch, so wir von den Bundesgenossen haben, so ernst und streng gegen euren Muthwill, Frevel und schwere Fehler und Verantwortung, dass wir seiner Fürstlichen Gnaden Vorbitte nicht haben statt geben können oder mögen«[12]. Dann befahl er, daß sich die Rheingauer auf Gnade

Augustin Hirschvogel: Landschaft mit Dorf und Burg

und Ungnade zu ergeben hätten, und ein Brief des Bischofs von Straßburg unterstützte noch — wenn auch widerwillig — diese Aufforderung. Man sieht: dem Willen des Schwäbischen Bundes wagt die kurfürstlich Mainzische Regierung keinen Widerstand entgegenzusetzen. Der Bund also zerstörte die schon gefundene friedliche Lösung und entscheidet dadurch den Ausgang. Er gibt auch einen Grund dafür an. Er wirft ihnen vor: ».. . merkliche Verkleinerung des Churfürstlichen Standes, Obrigkeit, Hoheit und Gerechtigkeit, Inkommen und Nutzen.« Das läßt an Deutlichkeit nichts zu wünschen übrig: dem Bund kommt es nicht auf den »Nutz der gemeinen Landschaft«, nicht auf das Leben der Bauern und Bürger, sondern nur auf die Rechte und das Einkommen der Fürsten an. Die Entwicklung der Bewegung im Rheingau und ihr Zusammenstoß mit dem Schwäbischen Bund ist so charakteristisch, daß sich an diesem Modellfall die entscheidenden Züge im Gesamtbild des Bauernkriegs von 1525 ablesen lassen.

Doch wenden wir uns noch weiteren Beispielen einer Lösung der Konflikte durch einen für die Dauer bestimmten Vertrag zu!

An den Rheingauer Vertrag schloß sich unmittelbar der Miltenberger Vertrag vom 7. Mai an. Durch ihn wurde das gesamte Erzstift Mainz in das Bündnis der Bauern aufgenommen. Das bedeutete einen gewaltigen Erfolg. Denn der Erzbischof von Mainz war der erste Fürst des Reiches und sein Erzstift ein großes und reiches Gebiet, das sich über die verschiedensten Landschaften Südwest- und Mitteldeutschlands erstreckte. Der

Stellvertreter des Erzbischofs verpflichtete sich für das Erzstift auf die 12 Artikel der Bauern. Der Adel sollte ebenfalls dem Bund beitreten, und zwar innerhalb einer Frist von vier Wochen. Die Geistlichen sollten die Ordenstracht ablegen. Außerdem verpflichtete sich das Erzstift, eine Entschädigung von 15 000 Gulden zu zahlen. Der Erfolg war so groß, daß man sich fragen muß, ob nicht den Bauern die Zahl der Aufständischen, die ihnen zugeströmt waren, in den Kopf gestiegen war. Der Vertrag verliert für die Beurteilung des Bauernkrieges gar nichts an Bedeutung dadurch, daß ihm kein langes Leben beschieden war. Denn nach seinem Abschluß im Mai 1525 überstürzten sich die Ereignisse, die auch diesen Vertrag nicht zur vollen Auswirkung kommen ließen.

Wie man aber die ganze Lage damals ansah, zeigt ein Brief des Bischofs Wilhelm von Straßburg an den Landgrafen Philipp von Hessen, in dem es heißt: ».. dan one zweivel ... in kurz die baurschaft den Meynstraum fri bis gein Meintz inhaben und also der hauf ye lenger ye grosser werden«[13].

Große über die engeren Landesgrenzen hinausgehende Bedeutung erlangte auch der Vertrag der Ortenauer Bauern zu Renchen. Die Forderungen waren maßvoll. Man verlangte die Zustimmung der Gemeinden zur Pfarrerwahl (aber nur diese), die Auf-

A. Dürer: *Die Dame zu Pferd und der Landsknecht*

hebung des kleinen Zehnten, während der große, d. h. der vom Getreide, weiterbestehen sollte, Freizügigkeit und freie Eheschließung der Bauern, also die hauptsächlichen Auswirkungen der Leibeigenschaft, aber nicht die offizielle Aufhebung der Leibeigenschaft selbst. Wie starken Anklang der Vertrag fand und wie sehr er sich zur Weiterverbreitung empfahl, geht daraus hervor, daß er zweimal gedruckt wurde[13a]. Der zweite Breisgauer Vertrag ist dementsprechend ganz nach seinem Muster aufgebaut.

Diese Atmosphäre einer friedlichen Lösung der Spannungen ist in der ganzen Rheinebene zu spüren. Zu Bretten schlossen die Bauern der Gegend, des Kraichgaues, einen Vertrag mit gemäßigten Forderungen, obwohl sie einen radikalen Führer damals hatten, den Pfaffen Eisenhut, der von Württemberg herübergekommen war. Ein Beweis dafür, daß der Wille eines Haufens doch stärker war oder sein konnte als der ihres Führers und in der Regel auf einen gewaltlosen Ausgleich abzielte[13b].

In derselben Gegend kam es zweimal zu einer Verständigung beider Parteien ohne Vertrag[13c]. Eine offene Aussprache ergab beidemal ein gegenseitiges Verständnis, so daß die Haufen im Vertrauen, daß ihr fürstlicher Herr ihre Forderungen annehmen und ihnen entsprechend handeln werde, auseinandergingen. Das war der Fall in Bruchsal, wo die Bauern ihrem Landesherrn, dem Bischof von Speyer, gegenübergestanden hatten. Nur ein »Regiment« der Bauern blieb in Bruchsal noch zusammen. Bestand hatte diese freundschaftliche Lösung allerdings nicht, denn schon am 25. Mai rückte Kurfürst Ludwig von der Pfalz mit einem ansehnlichen Heer von Heidelberg nach Bruchsal.

Ähnlich ist das Bild, das uns die Markgrafschaft Baden-Durlach bietet. Dort sammelten sich die Bauern in Durlach, um ihre Forderungen vorzutragen, die sich in vernünftigen Grenzen hielten. Der Markgraf forderte sie auf, ihre Wünsche schriftlich einzureichen und versicherte sie seiner Gnade. Das war an sich nicht viel, aber der ganze Eindruck des Markgrafen auf die Bauern war so vertrauenerweckend, daß die Haufen in der Hoffnung auf eine friedliche Einigung sich zerstreuten[14].

Sachlich und landschaftlich schließt sich hier an die vorläufige Beendigung der Unruhen in der Pfalz durch eine Zusammenkunft des Kurfürsten Ludwig von der Pfalz mit den Führern der Bauern zu Forst bei Neustadt in der Pfalz, die durch Vermittelung des Rates von Neustadt zustande gekommen war[14a]. Der Kurfürst, von dessen Bauernfeindschaft schon die Rede war, gab sich außerordentlich leutselig, versprach die Einberufung eines Landtags, auf dem über die strittigen Punkte entschieden werden sollte, und lud die Führer der Bauern zur kurfürstlichen Tafel. Daraufhin zerstreute sich der Haufe, der etwa 8000 Mann stark gewesen sein soll. Hinter diesem Entgegenkommen steckte allerdings nur die Absicht des Kurfürsten, Zeit zu gewinnen, um einen vernichtenden Schlag vorzubereiten, der denn auch unter für ihn günstigeren Verhältnissen bei Pfeddersheim am 24. Juli 1525 geführt wurde.

Die Beispiele für eine gewaltlose Beilegung des Konfliktes ließen sich beliebig vermehren. Ranke, der sich mit der Frage einer unkriegerischen Beendigung des Bauernkrieges beschäftigt hat, nennt aus dem fränkisch-schwäbischen Gebiet noch folgende

Fälle: Hohenlohe, Löwenstein, Mergentheim, Rodenberg, Winterstetten, Stettenfels, Zobel, Gemmingen, Frauenberg, Wertheim und Rheineck. Bemerkenswert ist der Vertrag der Grafen von Hohenlohe. Sie wollten zunächst die Artikel der Bauern nicht annehmen. Als sich aber der Neckartaler und der Odenwälder Haufe unmittelbar in ihrer Nähe vereinigt hatten, so daß nun mehr als tausend Mann ihnen gegenüberstanden, und als diese das Kloster Schönthal eingenommen und geplündert hatten, konnten sie dem Druck der Bauern nicht mehr standhalten und ritten auf ihre Aufforderung hin zu ihnen auf das Feld, wo sie einen Vertrag mit den Bauern eingingen. Eine Kommission von zwölf Bauern sollte mit den Grafen »zu machung der reformation« zusammentreten. Die Grafen selbst wurden mit »Bruder Albrecht« und »Bruder Georg« angeredet. Die benachbarten Grafen von Löwenstein folgten dem Beispiel der Hohenloher und trafen auch ihrerseits ein Abkommen[15].

Selbstverständlich berichten unsere Quellen nicht nur von Vereinbarungen, die durch gegenseitiges Entgegenkommen zustande kamen, wie es – um noch einige Beispiele anzuführen – in Appenweier[16], Thannheim, Ochsenhausen, Schwendi, Rot a. d. Rot[17], Memmingen[18] und Wüstensachsen[19] der Fall war. Wir sehen aber, daß anderwärts solche Bemühungen scheiterten[19a]. Wenn uns mehrfach berichtet wird, daß die Bauern die Vorschläge der Gegenseite abgelehnt haben, so ist dazu zu sagen, daß wir in diesen Fällen ja die Bedingungen nicht kennen, die ihnen die Herren zumuteten. Denn im allgemeinen gingen die Bauern auf nur einigermaßen erträgliche Angebote ein. Anderseits wissen wir, daß der Allgäuer Haufe einen seiner Führer, Walther Bach, wegen seiner allzu großen Bereitwilligkeit, auf einen Kompromiß einzugehen, abgesetzt und dafür Paulin Propst zum Obersten gewählt hat. Doch das erklärt sich aus der dringenden Empfehlung des Weingartner Abkommens, das wegen der Starrköpfigkeit der Herren allenthalben im Bauernlager enttäuschte[20]. Aufschlußreich in dieser Hinsicht sind zwei Stellen in den Briefen von Ulrich Artzt, dem an einer friedlichen Verständigung viel gelegen war. Er schreibt am 21. März 1525: »Die sach der pauern halben sicht mich für scheuch an und wollt gern ein guten underthätiger darzwischen haben, wa anderst der vorhanden wer, damit wir mit lieb mochten neher komen. Die pauern seind aber also fuchswild, das ich nit wais zu erheben ...«, und in denselben Tagen: »... und ob schon etwa vil under dem haufen weren, die sich nit gern wöllten vertragen lassen, so wolten sy derselben miessig steen ...«[21]. Wie sehr anderseits die Bauern auf einen Abschluß drängten, sieht man am Beispiel des Schreibens, das die Neckartaler Bauern vor Würzburg an den Dompropst als Vertreter des Bischofs richten: »Die zeit erfordert ain entschaft, das mögen eur gnad dem bischoven wol offenbaren«[22]. In Ochsenhausen geht man sogar so weit zu drohen: Wenn der Abt und Konvent sich vertraglich mit ihnen einige, so wolle man »das Kloster bewahren und beschirmen ...«, wenn sie aber ablehnen sollten, »so werd es alles das da ist, in grund und poden verderbt ...«[23]. Auch aus Worms hören wir, daß dort die Bauern das Domkapitel zu einem Vertrag geradezu nötigten[24].

Smirin[25] hält diese Vertragsabschlüsse für eine von den Fürsten und Herren erwünschte Maßnahme, um ein weiteres Anwachsen der Bewegung zu verhindern. Das mag in vielen Fällen richtig sein. Aber das ändert nichts daran, daß das Begehren der Bauern da und dort erfüllt und ihren Forderungen entsprochen wurde. Ein Erfolg der Bauern war es jedenfalls, und überdies ein waffenloser Erfolg, wenn sie bei ihren Herren auf eine entgegenkommende, verständnisvolle Haltung stießen. Wir haben übrigens auch Zeugnisse dafür, daß die Herren ihrerseits auf ein Abkommen drängten, insbesondere zu Beginn des Bauernkriegs – der Vertrag von Obergünzburg z. B. stammt vom 14., der von Villingen vom 29. Januar 1525[26] –, als die Angst vor den Bauern und die allgemeine Verwirrung sehr groß waren. Dennoch ist an dem ehrlichen und guten Willen mancher Herren nicht zu zweifeln, sonst wären nicht so häufig gütliche Vereinbarungen zustande gekommen.

Daß es natürlich bei schwierigen Fällen vorkam, daß sich die Verhandlungen so lange hinzogen, bis es zu spät war, ist leicht zu verstehen. Die Verhandlungen um Würzburg und die aus der nächsten Umgebung von Würzburg sind ein gutes Beispiel dafür. Hier war begreiflicherweise die Neigung der Herren zu einem Vertragsabschluß nicht mehr groß, weil man täglich den Anmarsch und das Eingreifen der Truppen des Schwäbischen Bundes erwartete[27]. Daß man in diesen Apriltagen, da man den unglücklichen Ausgang des Krieges schon vor Augen sah, gelegentlich auch seitens der Bauern von Vertragsverhandlungen nichts hielt, weil man nicht mehr an einen Erfolg unter diesen Umständen glauben konnte, leuchtet ein[28], und wir dürfen uns nicht wundern, wenn wir in einem Schreiben vom 25. April 1525 lesen: »... wir besorgen aber, das es nun der zeit durch uns gar nicht geringert oder geendert werden mug ...«

Sehr gern wählte man die Form eines Schiedsgerichtes, und in vielen Fällen ist es auch gelungen, so zu einem beide Teile befriedigenden Resultat zu kommen. Wir nennen als Beispiele Bamberg, St. Peter im Schwarzwald, Villingen und Wolkenstein[29]. Als Rothenburg sich den Bauern angeschlossen hatte, zwang der Haufe den Ritter Zeisolf von Rosenberg, ein Schiedsgericht aus vier Adeligen einzusetzen, das die Streitpunkte zwischen ihm und seinen Bauern entscheiden sollte, und ebenso wurden andere Adelige im Taubertal genötigt, sich diesem Vorbild anzuschließen. Denn bei dem Ritter von Rosenberg z. B. hatte der Schiedsspruch zu einem guten Ende geführt. Oft wandte man sich dabei an den Rat einer benachbarten Stadt, von der man wußte, daß sie der Sache der Bauern Verständnis, vielleicht sogar Sympathie entgegenbrachte, so z. B. an den Rat von Augsburg[30] oder Nürnberg[31]. In den Dörfern des Schwarzwaldes wählte man Erzherzog Ferdinand von Österreich als Schiedsrichter[32]. Sogar der Schwäbische Bund wurde als Schiedsrichter angerufen, allerdings nur in den ersten Wochen des Krieges, als die Bauern noch nicht ahnten, welche feindselige Stellung er gegen ihre Sache einnehmen würde[33]. Auch später wurden noch einzelne Hauptleute des Bundes beauftragt, mit den Bauernhaufen zu verhandeln[34]. Es ist jedoch sehr fraglich, ob diese Verhandlungen ehrlich gemeint waren. Denn wir kennen eine Reihe von Fällen, wo gerade der Schwäbische Bund als erwünschter Schiedsrichter eine gütliche Einigung der streitenden Parteien verhindert hat, worüber Erzherzog Ferdinand sich sehr wohlgefällig in einem Brief äußerte[35]. In anderen Fällen drängte er selbst auf eine vertragliche Abmachung, aber wir gehen wohl nicht fehl in der Annahme, daß seine scheinbar schwankende, zwiespältige Haltung letzten Endes davon abhing, was ihm nach der jeweiligen politischen oder militärischen Lage am vorteilhaftesten erschien[36]. Wir müssen also mit dem Tatbestand rechnen, daß solche Verträge auf seiten der Herren nicht immer so ehrlich gemeint waren wie von den Bauern und nichts anderes bezweckten, als einen Angriff der Bauern zu verhindern und Zeit zu gewinnen für die Vorbereitung des Krieges. Das schlagendste Beispiel ist der bereits erwähnte Vertrag von Forst zwischen Kurfürst Ludwig von der Pfalz und dem starken Haufen der pfälzischen Bauern. Was die Ritter betrifft, so schlossen sie sich im Rheingau von vornherein der Sache der Bauern an. In Franken folgten Götz von Berlichingen, Florian Geyer und andere ihrem Beispiel, als die Bauern vor ihren Toren standen. Nach dem Weinsberger Tag, der so großen Schrecken verbreitete, suchte ein erheblicher Teil des Landadels sich mit den Aufständischen durch einen Vertrag gutzustellen, während die Besatzungen landesfürstlicher Burgen sich teilweise ohne Schwertstreich ergaben oder einfach davonliefen[37]. Götz von Berlichingen und Florian Geyer rieten mehrfach ihren Standesgenossen zu einem friedlichen Verhalten gegenüber den Bauern. Im Hegau hatten eine Reihe von Rittern schon Ende 1524 eine vertragliche Verständigung in die Wege geleitet[38]. Daß bei der Übergabe von Fulda zahlreiche Adelsherren der Nachbarschaft diesen Weg gingen, haben wir schon gehört.

Es ist nicht verwunderlich, daß Schiedsgerichte bisweilen auch einen für die Bauern sehr ungünstigen Spruch fällten, der des öfteren von den Bauern nicht angenommen wurde[39]. Aber solche Beispiele liegen einige Jahrzehnte vor dem eigentlichen Bauernkrieg, als die Gefahr der unruhigen Bauern noch nicht groß war, und sind keine Seltenheit. Die aus der mittelalterlichen Vergangenheit herausgewachsene Vertragslösung ist zweifellos das Normale. Die gewaltmäßige Niederwerfung der Bauern ist eine absolute Neuheit des 16. Jahrhunderts[40].

Auch mit den Städten kam man oft zu einer gütlichen Einigung. Hier war freilich entscheidend, ob die bauernfreundlichen Zünfte oder die meist bauernfeindlichen Patrizier die Oberhand hatten.

Von der Stadt Mainz war schon gelegentlich der Verträge der Rheingauer Bauern und Bürger die Rede[41]. Castell, Mainz gegenüber auf der anderen Rheinseite, stellte gleichfalls Artikel auf, die sich weithin an die der Rheingauer anlehnten, und wie diese nahm Bischof Wilhelm von Straßburg als Vertreter des Mainzer Kurfürsten diese Forderungen an[42].

In Hanau verlief die Entwicklung ähnlich. Auch hier wußte man Maß zu halten. Man verlangte Nachlaß einer Reihe von Abgaben und der Frondienste sowie Erleichterung in den herrschaftlichen Bannrechten u. a. Der Bescheid des Herren, des Grafen Philipp von Nassau, erklärte sich mit vielen dieser Forderungen einverstanden, andere lehnte er ab mit der Begründung, daß hier altes Recht der Grafen vorliege. Man sieht also: es war sehr wohl möglich, auf dieser Grundlage des alten Rechts zu einer Einigung zu kommen.

Von besonderer Bedeutung wurde die Stellung Frankfurts zu den eingereichten Beschwerde-Artikeln. Dort hatte vor Ausbruch des Krieges Dr. Gerhard Westerburg gepredigt im Sinne der sozial-religiösen Reformation. Diese Predigt hatte, wie wir das auch im Rheingau und anderwärts beobachten konnten, den Ausbruch der Unruhen gefördert, aber die Forderungen, abgesehen von der Pfarrerwahl, nicht beeinflußt. Am 17. April demonstrierten zunächst die Vorstädte, bald aber schloß sich die Innenstadt an, so daß die Stadt kurz danach in den Händen der Zünfte war. Die Forderungen waren meist politischer Natur, griffen die Privilegien der Geistlichkeit und den großen Grundbesitz der Klöster u. a. an. In der ersten Fassung verlangte man darüber hinaus die Besetzung des einen Bürgermeisteramtes durch ein Mitglied der Gemeinde und Neugestaltung des Gerichtswesens. Doch ließ man diese Punkte fallen, als man zu verhandeln begann. Der Verzicht auf so wichtige Forderungen zeigt deutlich, wieviel den Aufständischen daran lag, einen Vertrag zu erlangen. Diese 42 Artikel waren gemäßigt, die Herrschaft des Rates wurde ernstlich nicht angetastet. Die verschiedensten Wünsche standen nebeneinander: Einsetzung von besonderen Hurenvögten, Einrichtung eines Gemeinen Kastens für die Armen, allmähliches Aussterben der Klöster usw. Der Rat bewilligte sie, und damit war der Frieden wiederhergestellt. Als aber die Truppen des Schwäbischen Bundes nach ihren Siegen über die fränkischen Bauern sich Frankfurt näherten, Ludwig von der Pfalz und andere Fürsten drängten, entschloß sich die Stadt, Westerburg auszuliefern und die 42 Artikel wieder fallenzulassen. Wichtig ist, daß diese Frankfurter Artikel sehr bald im Druck erschienen, um auch für andere Städte als Vorbild zu dienen. Man sieht daraus, wie sehr man trotz der Zersplitterung der Aktionen der Städte, Dörfer oder Landschaften doch das Ganze als eine Einheit betrachtete, wo eine Stelle dem Beispiel der anderen nachfolgen konnte.

So geschah es denn, daß Wetzlar und Friedberg, also kleinere benachbarte Reichsstädte, das Frankfurter Muster übernahmen. Ähnlich wirkten die Rheingauer Artikel über ihre Grenzen hinaus. Boppard, Oberwesel und Wiesbaden folgten ihrem Vorbild, und auch Gießen und Limburg gingen von dem Frankfurter und Rheingauer Vorbild aus. Überall setzten sich die Artikel durch, nur in Limburg beschränkte man sich auf die weltlichen Forderungen und mußte aber von denen abstehen, die sich gegen die Rechte der Geistlichkeit richteten.

Daß bei dieser Haltung die Stadt Frankfurt auch den ihr untertänigen Dörfern wie Erlenbach, Bonames, Bornheim, Sulzbach, Soden und Hausen entgegenkam und ihre Beschwerden vollständig oder in Form eines Kompromisses annahm, ist selbstverständlich[43].

In Köln, Dortmund, Münster und Osnabrück ähnelten die Vorgänge denen in Frankfurt. Auch dort betrafen die Beschwerden städtische, meist politische Angelegenheiten, hielten sich jedoch in tragbaren Grenzen. In Köln wandte man sich energisch gegen die Privilegien der Geistlichkeit, vor allem in Steuerfragen, und suchte dem Wucher der Juden durch Einrichtung einer öffentlichen allgemeinen Hilfskasse zu steuern. In Münster in Westfalen dagegen konnten, ähnlich wie in Limburg, die gegen die Rechte der Geistlichkeit gerichteten Artikel sich nicht durchsetzen[44].

Gerade in dieser Frage ergab sich in Erfurt eine besondere Wendung. Erfurt gehörte zum Erzstift Mainz. Aber diese Herrschaft war sehr unpopulär, nicht zuletzt wegen der dort gehaltenen übermäßig zahlreichen Geistlichkeit. So ist es kein Wunder, daß die eingereichten Artikel dementsprechend verfaßt waren. In diesem Punkte fanden sich aber die Aufständischen und der Rat der Stadt zusammen. Der Oberstratsmeister Huttner verfolgte deshalb die Politik, mit Hilfe der Artikel die Oberhoheit des weit entfernten Mainz abstoßen zu können. 4000 Bauern aus der Nachbarschaft hatten sich vor Erfurt versammelt, und der Rat hatte ihnen die Tore geöffnet. Alles ging in bester Ordnung vor sich. Die Bauern zerstörten im Einverständnis mit dem Rat die Gebäude, in denen die Mainzer Herrschaft sich manifestierte. So kam es, daß der »Mainzer Hof«, in dem Ernteabgaben gespeichert waren, völlig geplündert wurde. Dann aber richtete sich das Begehren der Masse auch gegen den Rat. Überdies zogen die Bauern bald wieder ab, da sie für die Arbeit auf den Feldern gebraucht wurden. Die Stadt aber sollte alsbald erfahren, daß gegen das mächtige Mainzer Erzstift nichts auszurichten war, besonders seit die Bauern allenthalben geschlagen waren. Über die von Erfurt im Stich gelassenen Bauern wurde ein Strafgericht verhängt, und die Stadt mußte die zerstörten Gebäude selbst wieder aufbauen. Die Erfurter Ereignisse sind ein besonders anschauliches Beispiel dafür, daß der Aufstand erst durch das Zusammengehen mit einer Stadt kriegerische Form annahm, während anderwärts eine gütliche Beilegung des Konfliktes erreicht wurde. Bei der Betrachtung des Falles Erfurt erhebt sich überdies wieder die Frage: mit welchem Recht sprechen wir von einem Bauernkrieg im Jahre 1525 als einem einheitlichen Geschehen? Zerfällt das Ganze nicht vielmehr in eine unabsehbare Fülle von Einzelvorgängen, bei denen trotz gewisser Gemeinsamkeiten den entscheidenden Ausschlag die lokalen Verhältnisse geben, so daß man von einer einheitlichen Linie nicht sprechen kann. Eine solche Auffassung ist aber sicherlich falsch. Wir haben wiederholt schon gesehen, wie die in den Artikeln niedergelegten Forderungen der Bauern weitergegeben und von anderen Gemeinden und Haufen benutzt wurden. Wir haben gehört, daß die Artikel des Rheingaues und von Frankfurt, ebenso aber auch der Vertrag von Renchen und Weingarten gedruckt worden sind, um ihnen eine möglichst weite Verbreitung zu verschaffen. Und ebenso haben wir Zeugnisse dafür gefunden, daß einzelne Haufen Boten aussenden und Briefe ausschicken, um Nachbargemeinden oder nahe Landschaften und Städte zum Anschluß an ihre Sache zu bewegen. Noch klarer aber wird die Einheitlichkeit, wo jeder auf den anderen sieht im Willen, es ihm gleichzutun, und in der Sorge, vor dem Nachbarn zurückzustehen, in den Verträgen, in denen auf ein gemeinsames Ergebnis von Verhandlungen hingewiesen wird. Da heißt es z. B. in den Memminger Ratsprotokollen vom 17. 2. 1525 von den Ottobeurer Bauern: »... es hab inen auch der abt zugesagt, was ander bawrn bei fursten, herrn, stetten oder prelaten erlangen, das sollen sy bei ime auch erlangt haben, und wel inen dasselb yetz schon zugeben haben ...«[45]. Ebenso schreiben die beiden Ritter von Hutten dem Koadjutor von Fulda, daß sie stets ihren Untertanen versprochen, das, was ihre Fürsten und Herren, desgleichen die umsitzende Ritterschaft annehmen und nachlassen wollen, ebenfalls zu bewilligen[46]. So auch, wenn die Gemeinde zu Wasungen an den Bauernhaufen zu Salzungen schreibt, daß sie von Graf Wilhelm von Henneberg die Zusage habe, ihnen die gleichen Vergünstigungen zu gewähren, die die benachbarten Landesherren ihren Untertanen bewilligen[47]. Eine Urkunde von Hans von Schwarzenberg schließt sich hier fast gleichlautend an[48]. Ebenso berichtet die Weißenhorner Historie von Verhandlungen der Bauern mit dem Schwäbischen Bund, Mitte Februar 1525: »Fursten, graven, prelaten, der gemain adel handleten mit iren underthanen, verwilligten sich, inen brief und sigel zu geben, das sy stull sessen und dahaim beliben, was dye andren pauren zu wegen prechten bey dem schwebuschen bunt, dasselbug wöllten sy inen willicklich ach nachlassen ...«[49]. Lorenz Fries berichtet in gleicher Weise von einem Brief des Bischofs von Würzburg an den Markgrafen Friedrich von Baden: »Er soll sich aber auf Verhandlungen mit den Bauern einlassen, einen Tag beschicken. Er kann ihnen zusagen, was die andern Fürsten den Bauern nachließen, das wolle er auch nachlassen«[50]. Diese über das ganze Gebiet des Bauernkriegs verbreiteten Hinweise zeigen deutlich, wie sehr man sich der Einheit des ganzen Kampfes bewußt war. Denn sonst hätte es keinen Sinn gehabt, daß einer sich in dem, was er bewilligte, nach den andern richtete.

Sehen wir auf das Ganze, so ist die Gleichartigkeit im Vorgehen der Bauern, in der Reaktion der Herren darauf und in den Vertragsabschlüssen deutlich zu erkennen. Es steht demnach fest, daß der Bauernkrieg von 1525 eine erste Phase durchlief, in der erstens von Waffengewalt noch nicht die Rede ist, in der man zweitens es auf einen friedlichen Abschluß nach dem Vorbild der Weistümer abgesehen hatte und drittens diesen Abschluß durch Verhandlungen vielfach auch erreichte, und zwar so, daß, von wenigen Fällen abgesehen, die Herren diese Lösung durchaus ernst nahmen und für unbeschränkte Zeit gelten lassen wollten. Es ist richtig, daß der Bauernkrieg in seiner zweiten Phase, in der es zur kriegerischen Auseinandersetzung kam, ein ganz anderes Gesicht zeigt. Dieses einseitige, unvollständige Bild hat sich in der Erinnerung der nachfolgenden Jahrhunderte so in den Vordergrund gedrängt, daß die erste friedliche Phase in Vergessenheit zu geraten drohte. Um so wichtiger ist es, sie ins gebührende Licht zu rücken.

Eine schlagende Bestätigung findet diese Tatsache darin, daß die erste Schrift Martin Luthers zum Bauernkrieg warm für eine Beilegung des Streites durch Verträge eintritt. Und Luther kann für die damalige Zeit als einer der bedeutendsten Vertreter der öffentlichen Meinung in Deutschland angesehen werden, einerlei wie man sonst zu seinen Taten und Lehren stehen mag. Diese Schrift wendet sich gegen beide Parteien. Sie verurteilt das Vorgehen der Bauern, denn nach seiner Überzeugung war jede Art von »Rotterei und Aufruhr« Unrecht, weil sie sich gegen die Obrigkeit richten. Auch die Artikel der Bauern kritisiert er scharf, so z. B. den über den Zehnten, von dem er sagt, das sei »eitel Raub und öffentliche Strauchdieberei«. Aber ebenso greift er die Herren scharf an. So heißt es z. B.: »Es sind nicht die Bauren, liebe Herren, die sich wider euch setzen; Gott ist's selber, der setzt sich wider euch heimzusuchen euer Wütherei.« Und weiter: »Das Schwert ist euch auf dem Halse; noch meinet ihr, ihr sitzt so feste im Sattel, man werde euch nicht mügen ausheben. Solche Sicherheit und verstockte Vermessenheit wird euch den Hals brechen; das werdet ihr sehen.« Beide Seiten fordert er wiederholt auf, keine Gewalt anzuwenden, sondern nach dem Recht zu ent-

AETHERNA IPSE SVAE MENTIS SIMVLACHRA LVTHERVS
EXPRIMIT AT VVLTVS CERA LVCAE OCCIDVOS
·M·D·X·X·

L. Cranach d. Ä.: Martin Luther

scheiden. Darum schließt diese Schrift mit den Worten: »Darumb wäre mein treuer Rath, daß man aus dem Adel etliche Grafen und Herren, aus den Städten etliche Rathsherren erwählte, und die Sachen liessen freundlicher Weise handeln und stillen, dass ihr Herren euern steifen Muth herunter liesset, wilchen ihr doch müsset zuletzt lassen, ihr wöllet oder wöllet nicht, und wichet ein wenig von euer Tyrannei und Unterdrükkung, dass der arme Mann auch Luft und Raum gewünne, zu leben. Wiederumb, die Bauren sich auch weisen liessen und etlich Artikel, die zu viel und zu hoch greifen, ubergäben und fahren liessen, auf dass also die Sache, ob sie nicht mag in christlicher Weise gehandelt werden, dass sie doch nach menschlichen Rechten und Vertragen gestillet werde.« Luther sieht also in Verträgen die einzig mögliche und einzig fruchtbare Lösung der Streitigkeiten, und mit ihm wohl der größte Teil des deutschen Volkes, soweit es nicht der einen oder der anderen Partei zugehörte.

Außerdem versah Luther, als der Wortlaut des Weingartener Vertrages, den der Schwäbische Bund mit den Bauern schloß, gedruckt wurde, diese Ausgabe mit einem empfehlenden Vorwort, das ihn überall als Muster eines Vertrages mit den Bauern empfahl. Ob die Bauern das sehr begrüßten, ist zweifelhaft. Denn der Weingartener Vertrag gesteht ihnen verhältnismäßig wenig zu und wurde deswegen von einem Teil der Aufständischen nicht angenommen. Für uns aber ist das Wichtige dabei, daß Luther damit zu einer einheitlichen Lösung der Differenzen rät, die er als eine gemeinsame, einheitliche Sache ansieht. Daß er später die schnelle gewaltmäßige und grausame Niederwerfung der Bauern empfahl, ändert an seiner ursprünglichen Stellungnahme zugunsten einer friedlichen Vertragslösung über ganz Deutschland hin nicht das geringste. Daran muß man trotz aller späteren harten Worte festhalten.

Ranke ist einer der wenigen Historiker, der die Möglichkeit einer vertraglichen Beendigung der Unruhen ernst nahm. Er schreibt an der oben zitierten Stelle: »Es hätte sich denken lassen, dass die Bauern dabei stehen geblieben wären, die willkürlichen Anforderungen zu verweigern und sich die Freiheit der Predigt zu verschaffen; damit würden sie noch keineswegs alle Macht der bestehenden Ordnung wider sich aufgerufen, sie würden sich vielleicht eine bedeutende Zukunft gesichert haben. Ja selbst noch mehr liesse sich erreichen. An so vielen Orten sehen wir Verträge schliessen ... es liesse sich denken, dass man ... dadurch in ein rechtlich bestimmtes Verhältnis zu einander getreten wäre[51].«

Wir können aber noch weitergehen als Ranke. Eine friedliche Lösung durch Kompromisse und Verträge hätte sich nicht nur »denken lassen«, sondern sie wurde tatsächlich für große Teile Deutschlands gefunden, sie war da, und sie hätte sich behauptet, wenn diese zukunftversprechende Entwicklung nicht gestört worden wäre. Daß daran nicht so sehr die häßlichen Ausschreitungen der Bauern, die zweifellos vorkamen, schuld waren, werden wir im folgenden zeigen können. Entscheidend war ein von vornherein gegebenes politisches Wollen des Kreises von Fürsten, von dem schon die Rede war.

Petrarca-Meister: Luxus und Eitelkeit im Leben der Herren

Petrarca-Meister: Bürgerliche Schlemmerei

KAPITEL IV

ZWISCHEN VERTRAGSLÖSUNG UND NIEDERWERFUNG:

Der Schwäbische Bund und die Christliche Vereinigung in Oberschwaben

Wenden wir uns nun dem Allgäu und Oberschwaben zu, den Landschaften, in denen sich die zwei Phasen der Bauernerhebung besonders scharf abzeichnen und der Übergang vom Versuch, auf dem Verhandlungswege zum Ziel zu kommen, zur kriegerischen Auseinandersetzung sich am deutlichsten ablesen läßt, so haben wir in den früheren Kapiteln schon eine ganze Reihe von Einzelerkenntnissen gewonnen. Wir hörten von den schweren Kemptener Unruhen, die sich durch das 15. Jahrhundert hinziehen und 1525 nicht nur keinen endgültigen Abschluß gefunden hatten, sondern Erbitterung über die gewalttätige Herabdrückung der Lage der Bauern in das ganze Allgäu hinaustrugen, da das Reichsstift der größte Grundherr des Gebietes war, auf den man allenthalben seit langen Jahrzehnten mit scharfer Kritik zu sehen pflegte. Aber nicht allein in Kempten, sondern auch in Ochsenhausen ist es zu Unruhen gekommen, und es zeigt sich, daß der Wille, sich gegen Mißstände, wie sie in Kempten auf erschreckende Weise zutage getreten waren, gegen eine systematische Herabdrückung der Bauern in die Leibeigenschaft oder einen minderen Grad der Freiheit in größerem Umfang zu protestieren und dabei auch andere Beschwerden vorzubringen, immer lebhafter wurde und immer weitere Kreise ergriff.

Von den Haufen, die zu diesem Zweck zusammentraten, haben wir ebenfalls schon gesprochen. Wir verglichen sie mit heutigen Demonstrationszügen oder Massenversammlungen, die den Wünschen oder Beschwerden der Unzufriedenen besonderen Nachdruck geben wollen. Das war für die damalige Zeit etwas vollkommen Neues. Denn Beschwerden der Bauern waren bisher fast ausschließlich im engen Rahmen einer Herrschaft zwischen ihr und den Bauern verhandelt worden, gelegentlich auch in einem mehrere Dörfer umspannenden Tal, aber ein Zusammenschluß ganzer Landschaften zu solchem Zweck war durchaus ungewohnt und hatte daher für die Öffentlichkeit, aber auch für die Herrschaften und Obrigkeiten etwas sehr Erschreckendes.

Am Beispiel des Baltringer Haufens unter der Führung des Sulminger Schmieds Ulrich Schmid haben wir uns ein Bild von dem Willen und der Art der bäuerlichen Haufen gemacht. Bei den ersten Verhandlungen mit dem Schwäbischen Bund erklärte Ulrich Schmid: »... vielmehr ist diese Versammlung, zu deren Obersten ich erbeten bin, gar nicht der Absicht und des Willens, uns, die wir weniger sind, in Aufruhr und Gewalt-

A. Dürer: Ritter und Landsknecht

tätigkeit mit euch, unseren Herren einzulassen. Es hat aber diese Versammlung keine andere Meinung, Klage und Anliegen als dies: sie sind übermässig von euch, ihren Herren, beschwert in geistlichen und leiblichen Dingen, dass es ihnen nicht mehr möglich ist, solche Last weiter zu tragen ... Es begehren die allzumal Versammelten auf das untertänigste, ihr wollet euch künftig milder erzeigen, und sie sind der Hoffnung, sie werden solches von euch erlangen[1].« Das ist völlig eindeutig und klar.

Damit stimmt auch die Schrift überein, die einige Monate später Sebastian Lotzer, der Feldschreiber der Christlichen Vereinigung, als »Entschuldigung einer frommen christlichen Gemeinde zu Memmingen« verfaßte. Es heißt dort: »... ich habe fürwahr kaum eine Gemeinde kennen gelernt, die so gehorsam wäre, wo es Recht und Billigkeit erfordert ... Denn die ehrsame Gemeinde begehrt nichts anderes, als was göttlich und recht ist. Wo eine ordentliche Obrigkeit – wie sie auch genannt sein mag – danach handelt, wird man ihr gern untertänig und gehorsam sein.« So kann nur einer schreiben, der die Bauern und die zu ihnen stehenden Städte wirklich kennt und weiß, daß es sich um Menschen handelt, die nicht durch Gewalt die Abstellung ihrer Beschwerden zu erreichen hoffen, die eine Obrigkeit anerkennen und die keineswegs ihr Ziel mit Waffengewalt erkämpfen wollen[2].

Den Bauern gegenüber stand der Schwäbische Bund, »des Kaisers und des Reiches Bund im Lande Schwaben zur Erhaltung des Landfriedens«, wie er offiziell hieß. Über seine Stellung im Reich und besonders in Süddeutschland haben wir schon gesprochen[2a]. Zu Beginn der Unruhen hatten die Bauern noch ein gewisses Zutrauen zum Schwäbischen Bund. Denn noch im Januar 1525 beschlossen die an der Leubas versammelten Kemptener Bauern, beim Schwäbischen Bund wider ihren Herren, den Abt von Kempten, zu klagen, und das, obwohl der Bund nach 1502 Unruhen der Kemptener Bauern niedergeworfen hatte. Das Urteil fiel für die Bauern so günstig aus, als man es unter den gegebenen Verhältnissen nur erwarten konnte. Ende 1524 hatte jedoch der Bundesrat schon beschlossen, gegen Zusammenrottungen der Bauern einen »Zusatz« von 200 Reisigen und Knechten bereitzuhalten. Er sollte zur Hälfte in Ulm, zur Hälfte in Kempten allezeit bereit sein[3]. Am 28. Oktober 1524 wurde ein Abschied herausgegeben, der mit den Worten beginnt: »Empört sich eine Landschaft oder Gemeinde gegen ihre Obrigkeit und begehrt dieselbe Bundeshilfe ...«, und im einzelnen regelt, wie in einem solchen Fall vorgegangen werden soll[4]. Das heißt also, daß der Bund schon Stellung bezogen hatte, daß er in Zusammenrottungen der Bauern eine Sache sah, gegen die strafend mit Gewalt vorgegangen werden müsse. Von einer Prüfung der vorgebrachten Beschwerden der Bauern war hier keine Rede mehr. Am 7. Januar 1525 erklärten die verordneten Hauptleute und Räte des Bundes, daß Bauernunruhen im Westen nicht nur Erzherzog Ferdinand, sondern alle Bundesstände angingen. Der Bund sieht sich also schon am 7. Januar als eine Art Ersatz des Reiches in der Bauernfrage an[5]. Am 5. Februar – noch ehe die Verhandlungen mit den Bauern begannen – beschließt dementsprechend der Ausschuß der Bundesversammlung: »Der 3. Teil der eilenden Hilf soll vorgenommen werden. Jedem Bundesrat soll geschrieben werden sich mit dem 2. Drittel bereit zu halten.« Daraus geht hervor, daß der Bund am

A. Dürer: Versammlung von Kriegsleuten

5. Februar 1525 schon entschlossen war, Waffen gegen die Bauern zu gebrauchen und zu rüsten begann. In demselben Protokoll steht, daß man den Rat von Ulm fragen solle, wessen sich die gemeine Bundesversammlung von dem Rat und den Zünften zu versehen habe, da man von Gerüchten höre, daß die Ulmer Gemeinde es nicht zulassen werde, tätlich gegen die Bauern vorzugehen[6]. Man sieht: der Bund hat bereits Partei gegen die Bauern ergriffen und würde eine Stellungnahme der Ulmer Bürger für die Bauern als eine feindselige Handlung ansehen.

Aus dem Schreiben von Ulrich Artzt mit der Randglosse Leonhards von Eck
(siehe Seite 175 Mitte und Anhang)

Vorausgegangen war schon ein um die Jahreswende 1524/25 in Kempten gefaßter Beschluß, gegen die unruhigen Bauern im Schwarzwald, im Breisgau, Hegau, Sundgau und im Elsaß 3000 Knechte und 300 Pferde zu schicken. Doch stand das nicht in unmittelbarem Zusammenhang mit der Stellungnahme zu den Unruhen in Oberschwaben[7]. Wäre keine Störung seiner Absichten dazwischengekommen, so hätte der Schwäbische Bund unter Führung Leonhards von Eck schon in den ersten Wochen des Februar die Bauern angegriffen. Am 11. und 12. Februar berichtet einer der Hauptleute des Bundes[8] von energischen Rüstungen. Doch da forderte Erzherzog Ferdinand von Österreich Bundeshilfe gegen den aus seinem Lande vertriebenen Herzog Ulrich von Württemberg an, der nun versuchte, von Süden her es wieder zu erobern. Der Bund konnte sich diesem Ruf nicht versagen, zumal er zeitlich dem Beschluß, gegen die Bauern loszuschlagen, vorausgegangen war. So kam man auf den Gedanken, »dass nach Ankunft des Kriegsvolkes im Hinaufziehen die Bauern gestraft werden«[9]. Wenn sich der Bund nun auf Verhandlungen einließ, die selbstverständlich nicht ernst gemeint waren, so geschah es offenkundig nur in der Absicht, Zeit zu gewinnen. Zeitgenössische Zeugnisse bestätigen das. So berichtet unmißverständlich die Weißenhorner Historie: »Die bundischen ret zochen die sach (Verhandlungen) auf, solang sy mochten und kunten, richtent in mittler zeyt ach mit der gegenwer, dan die pauren waren fast starck an allen orten versamlet . . .[10].« Und gleicherweise Ulrich Artzt: »Zwei Drittheile der Bundeshilfe ist aufgefordert und die Stände sind zur Eile ermahnt . . . Wir sind des Willens, sobald man mit dem Kriegszug in Ulm versammelt ist, des wir uns in gar wenig tagen gewisslich versehen, alsbald den Auszug zu verordnen[11].« Dabei ist der Nebensatz: »des wir . . . versehen« eine Randglosse von der Hand Ecks. Sie zeigt deutlich seine Entschlossenheit zum Losschlagen, während er gleichzeitig Verhandlungen führt. In derselben Zeit schreibt er: ». . . gelingt uns dann mit dem Herzogen (Ulrich von Württemberg), wollen wir an den Widerzug den Bauern also abbrennen, dass sie wollten, sie hätten es unterwegen gelassen[12].« Etwas später berichtet Artzt an den Rat der Stadt Augsburg, daß man während der Abwesenheit Ecks in Sachen Herzog Ulrichs mit den Bauern verhandelt habe, daß Eck aber nach seiner Rückkehr damit gar nicht einverstanden gewesen sei, sondern erklärt habe: »Wir sollten vil tausend gulden dafür geben, das sollichs nit beschehen wer, dann wir seyen gefasst mit guten knechten wol 8000 starck und 1500 pferdt . . .[13].« Das gleiche Bild gewinnen wir aus der Chronik des Peter Haarer, der von Verhandlungen zu Ulm und Memmingen berichtet. Es heißt da: »Neben diesem ward von den Bundesräthen gütliche Vnderhandlung mit den versamelten . . . Bauernschafften gehalten, doch nichts desto weniger Herr Georg Truchsess oberster Feldhauptman den Ernst gegen jhnen zu gebrauchen, verordnet ward[14].« Es war nicht einfach für den Kanzler Eck, gleichzeitig die Rüstung neben den Verhandlungen voranzutreiben. Er selbst sagt einmal, es hätten nicht mehr als fünf Männer im ganzen Bundesrat von dieser zweigesichtigen Politik gewußt[15]. Denn es gab im Bund einige, wenn auch nicht zahlreiche Stimmen, die damit nicht einverstanden waren. Zu ihnen gehörte vor allem Markgraf Philipp von Baden, der Bischof Christoph von

Augsburg und die Grafen Hugo von Montfort und Ernst von Rotenfels. Dazu kamen die Reichsstädte, in denen die Zünfte und die ihnen anhängenden Teile der Bevölkerung für einen friedlichen Ausgleich mit den Bauern eintraten, während die Patrizier auf der Seite Ecks standen. Doch Eck wußte sich durchzusetzen.

Das waren die Gegebenheiten zu Beginn des Bauernkriegs von 1525. Das erste wichtige Ereignis war der Zusammenschluß von drei großen Bauernhaufen in der sogenannten »Christlichen Vereinigung«. Vorausgegangen war eine Demonstration von Allgäuer Bauern, die, erregt durch die Geschehnisse in Kempten, von denen schon die Rede war, im Januar auf der alten Versammlungsstelle an der Leubas zusammengekommen waren und beschlossen hatten, beim Schwäbischen Bund zu klagen, wobei sie aber ausdrücklich betonten, sie wollten keinerlei Empörung. Im Anschluß daran verhandelten sie in Ulm mit dem Bund durch ihren Führer Knopf. Doch während er noch verhandelte, riefen ihn die Bauern zurück. Denn inzwischen war die Bewegung im Allgäu so angewachsen, daß neue Verhandlungsgrundlagen gegeben waren. Am 14. Februar kamen die Allgäuer in Sonthofen zusammen, und hier kam es zum ersten Zusammenschluß über lokale kleine Vereinigungen hinaus. Der Allgäuer Bund oder Haufe trat in Erscheinung. Er hielt zu Oberdorf, zwischen Kempten und Sonthofen, eine Tagung am 24. Februar ab, bei der man die Allgäuer Artikel herausgab. Ihr erster Artikel lautet folgendermaßen: »In Christo Jesu liebwerte Brüder. Vernehmt was jetzt im Lande bevorsteht, und wozu man sich jetzt im besonderen im Oberland vereinigt und verbunden hat. Zum ersten will man bei einander ausharren und bei dem heiligen Evangelium und bei dem Gotteswort und bei dem heiligen Recht, und einander zu Recht verhelfen, und dafür einsetzen Leib und Gut und alles, was uns Gott verliehen hat, und darüber miteinander Leib und Leben verlieren: denn wir sind Brüder in Christo Jesu, unserem Erlöser. Und wer erschienen ist und noch erscheint, und sich meldet, und an Eides Statt das Gelöbnis tut wie ein Bruder, den will man in das Bündnis aufnehmen, damit jedermann zu seinem Rechte kommen möge.« Es folgen Artikel über die Einsetzung des Pfarrers und sein Amt. Dann heißt es: »Wer Aufruhr macht in Dörfern oder anderswo, dem soll der nächste beste (›der neuscht‹) Frieden gebieten, und wenn er dann nicht Frieden hält, so soll man zugreifen und ihn am Leib strafen und es soll sich niemand mit andern zu Rotten und Haufen zusammentun.«

Die Artikel zeigen, daß man sich der Bedeutung dieses Schrittes voll bewußt war und das deutliche Ziel verfolgte, jedem zu seinem Recht zu verhelfen, daß man aber überzeugt war, mit solchem Streben und Ringen im Sinne des Evangeliums zu handeln und das »heilige Recht« damit zu vertreten, und daß gerade daraus ein starkes Gefühl der Bürderlichkeit aller streitenden Bauern erwuchs[16].

Wenig später hatte in der Bodenseegegend sich die »christliche Versammlung« zu Rappersweiler, der spätere Seehaufe, zusammengefunden. Auch hier einigte man sich auf Artikel, deren erster in weitgehender Übereinstimmung mit dem der Allgäuer lautet: »Zum ersten begern und wellen wir, das uns das hailig ewangelium und wort gottes clar und luter, unvertunckelt und unvermischt menschlicher ler und gutbeduncken mit seinen fruchten und cristenlichem verstand und anhang durch gelert der

Der Weingartener Vertrag nach dem Druck von Silvan Othmar, Augsburg 1525

Der Römischen Kaysz. vnd

Hispañ. Kün. Ma. Churfürsten/ Fürsten vnd andrer
Stennd des Pundts zů Schwaben Potschafften/
Hauptleẅt vnd Räte Vertrage/ gegen den
Gepaẅrschafften der Hawffen
am Bodemsee/ vnnd
im Algaẅ.

Zu wissen sey Menigklichem / Als die vnderthonen am
Bodennsee / auch im Algew / vber / vnd wider die Gul=
din Bullen / der Rö. Kay. vnd Hispanischen Rö. Ma.
Churfürsten / Fürsten vnd ander Stennd des hailigen
Reichs Reformation vnd auffgesetzten Lanndtfriden
durch ain Conspiration / Ain Bündtnuß zusamen ge=
schworen / vnd sich darauf von jren Herrn / Junckher=
ren vnd Obern abgeworffen / Dartzü etlichem dersel=
ben Ire Schloß / flecken / dörffer vnd hewser / gewal=
tigklich eingenomen / zum tail verprennt / auch etliche
geplündert / Ir diener / Auch annder / die Iren getrun=
gen zü Inen zuschwören vnd hulldigung zethün / vnd
damit kriegs Empörungen / im hailigen Reich aufer=
wegt haben / dardurch dañ die Rö. Kay. vñ Hispanisch
Rö. Ma. Churfürsten / Fürsten vnd annder Stennd
des loblichen Bundts zu Swaben / den vbertzognen /
vnd beschedigten / Iren Bundtsuerwanndten / gepür=
lich hillff / schutz vnd schirm zubeweysen / Auch tätliche
gegenwör / fürzunemen / verursacht / vnnd todtschleg /
prannd vnd Nawm / verhörnus lannd / vnd lewt / dar
auß erwachsen / Das der Wolgeborn herr / herr Haug
Grave zü Montfort / vñ Rottenfells / herr Wolf Grem=
lich / von Jüngingen / Ritter / Auch die Fürsichtigen /
Ersamen vnd weisen Burgermaister vnd Rat zü Ra=
uenspurg / durch Ire verordnet Ratsfreünde / vnd bot=
schafften / Gwer Schöllang / vnd Johannes krieglin /
Söllich todtschleg / prannd / Nawm verhörung / Lannd
vnd Lewt / abzustellen / vnd souil müglich / fürter zuuer
hüten / Den Wolgebornen herren / herr Jörg Truch=

seſſen/ Freyherren zů Waltpurg/ Gemellter Bundts
Stennd oberſten Veldhauptman/ ſampt Graue Wil
helm von Fürſtenberg/ vnd herren Fröwein von Hut
ten/ oberſter ŏber die Fůßknecht vnd Gerayſigen/ auch
annder Churfürſten/ Fürſten vnd BundtsStennde/
Haubtlewt vnd Rät/ Bitlich/ vnd mit höchſtem fleyß
angeſůcht/ Jnen/ gütlicher vnderhanndlung hierin
nen zubewilligen/ Vnd nach bewilligter gütlicher vn
derred/ von vnnöten/ nach der lenge anzuzaigen/ vnd
gemelter kriegsEmpörung/ zwiſchen Rö. Kay. vnd Hi
ſpaniſcher Rö.Maie. Churfürſten/ Fürſten/ Auch an
der Stennd/ gemelts Bundts/ vnd vorbeſtimpten vn
derthonen/ gütlich hingelegt worden/ in maſſen wie
hernach volgt/

Zum Erſten/ Söllen die Zwen hauffen/ vom Algaŏ
vnd Bodemſee/ Jre Vertrags vnd Bündtnußbrieff/
ſo Sy mitainannder aufgericht/ vnd gegenainannder
ŏbergeben haben/ Gemainer verſamlung ŏberant
wurten.

Zum Andern/ Sy auch jrer pflicht/ ſo ſy obberŭrter jrer
Bündtnuß vnd Verainigung halben/ zuſamen gethon
haben/ ainannder/ endtlich vnd gäntzlich ledig zelen/
vnd kainer den anndern derhalben antziehen.

Zum Dritten/ Nach dem/ diſe Jr Empörung vnd Auf
rŭr/ Auch entziehung Jrer Obern vnd Herrſchafften
ſchuldige/ verpflichte gehorſame/ Wider Rö.Kay.Ma.

vnnd des hailigen Reichs Landtfriden / die Guldin Bullen / vnnd gemaine Recht / fürgenomen / sollen die selben Bawrschafft geloben vnnd schwören / dergleichen Bündtnuß / Vertrag / vnnd Auffrür hinfüro zu uermeyden.

Zum Vierdten / sollen Sy globen vnd schwören / das Sy sich vonainannder thün / Auch anhaims fügen / vnnd Iren Obern / Herrschafften / von deren Sy sich abgeworffen haben / widerumb pflicht thün / Inen getrew / gehorsam / vnnd gewertig zusein / Ire Zinß / Gült / Zehenden / vnnd andere gerechtigkait / wie Sy Inen die selben vor diser Auffrür gericht vnnd gethon haben / Nachmals zethün vnd zulaisten / biß solang Sy / sollichs alles / oder zum tail / ainen der Nachuolgenden Außträg / oder das ordenlich Recht / mit Recht / widertriben haben.

Zum Fünfften / sollen Sy auch / alle Clöster / Schlösser / Stett / Flecken / hewser / vnd güter / wie vil Sy dañ dero / in diser Auffrür vnd Empörung erobert vnd eingenomen haben / sampt der Entwerten haß / so vil Sy deren bey Inen erfinden / oder angezaigt werden mag / den Entwerten alßbald widerumb eingeben / vnd zustellen.

Zum Sechsten / ob Sy diser Empörung / yemandts zupflichten oder zu verbürgter oder vnuerbürgter Schatzung / derhalben / verschreybung zugeben / benötiget hetten / die all sollen tod vnd ab sein.

A iij

Zum Sybenden/so dann sollichs alles vnd yedes/so ob-
steet/völligklich beschehen vnd volltzogen worden ist/
ob dann ainer oder meer/gemainlich oder sonderlich/
auß obgemelten Zwayen Hauffen vermainen wol-
ten/durch Jre Obern vnd Herrschafften/in was weg
das wäre/beschwert zusein/darmit dañ dieselben/der
halben gebürende wendung/vñ erledigung bekomen
mügen/wie dann gemain Stennd/dartzü zufürdern/
zum höchsten genaigt sein/Auch herwiderumb/was
derselben Obern vnd Herrschafften/wider jre hinder
sessen vnd vnderthonen/gemainlich oder sonderlich zü
sprechen vnd zuklagen haß/das Sy aller vnd yeder sollicher sachen halben/den Außtrag gegenainander nemen vnnd geben wöllen/Als Nämlich/das ain ober-
kait/oder herrschafft/zwo/oder Drey Erber Stett jres
gefallens/Dergleichen die vnderthonen der geparten
Auch zwo/oder drey ErberStett/jres gefallenns für-
slagen. Vnd so die der Sachen/gütlich oder Rechtlich
nit ainß werden möchten/Alßdañ die Fürstlich durch-
leüchtigkait zü ainem Obman/Erkiesen/Vnnd bitten
dabey es auch vngewaigert beleyben.

Zum Achten/damit sich nyemandt des kosten/oder vn
glegenhait halben / das Recht für den Fürsten / oder
BundtsRichter zusüchen/zubeschärn haß/Wöllicher
Parthey dann gefelliger sein wöllt/das ain yede ober-
kait/oder herrschafft/vnd derselben vnderthonen vnd
hindtersessen/zwischen den sich irrung vnd gebrechen
gehalten / Zwen schydlich Erber mann / weltlichs

Stannds/ dartzů geben/ vnnd verordnen/ die sich mit
fleyß vnderstůnden/ sich sollicher gebrechenhalb in der
gůt mit wissen/ zůverainen vnd zůvertragen.

Zum Neündten / in welchen Artickeln/ Sy/ die gůt/ nit
finden wurden/ das alß dann die Parthey/ vnd die selbigen Nachuolgennd/ Endtlichen/ Rechtlichen Auf-
trags benůgig sein wöllen.

Zum Zehenden/ vnd Nemlich/ sollen sich die Parthey-
en/ Ains obmañs vergleichen. Vnd wa Sy sich deß/
nit vergleichen künden/ alßdann yeder ainen / zwen/
oder drey benennen/ vnnd darumb lössen/ oder das gemaine Stennd deß Bunds zů Swaben/ ainen auß inen
der Versamlung zů Obman/ erkiesen/ vñ geben sollen.

Zum Ailfsten/ Was dann durch dieselben Obmañ vnd
zůsatz samentlich / oder der merertail / auf aller Partheyen / mündtlich oder schrifftlich fürbungen/ in der
gůt gesprochen/ oder zu Recht erkant wirdet/ das Es
darbey Endtlich/ vnd vngewaygert beleyben/ von yedem tail/ den sollichs berůrt/ on widerred angenomen
vnd voltzogen werden.

Zum Zwelfsten/ Sich auch ain yede Oberkaitt/ derselben Vnderthonen/ hinderseſſen/ vnd zůgehörigen/ der
fürgeslagnen / Rechtlichen oder gütlichen Außträg/
Ains/ Nach dem vnd Sy/ ainnander/ oder jr ainer/ den
Andern / in Monatsfrist/ den nechsten / verainten/

Auch Notdurfftig Compromiß vnd Anlaßbrieff dar
umben/vergriffen/vnd mit gnügsamen glawben/ver
spruch vnd versiglung/wie sich gepürt/aufrichten/vnd
dannen fertigen/mit der sondern Clauseln/das sich die
gütlich oder Rechtlich handlung/Nach dato deß An
laß vnd Compromiß/in ainem Jar/vnd dreyen Mo
naten/den nechsten/Enden/Es were dann/das die
von denen/darauff sich die Partheyen veranlaßt/oder
dem Obman auß erhaischenden/vnd iñ Rechten ge
gründten vsachen/lennger vertzugen.

Zum Dreytzehenden/Damit frid/Rüw vnd Ainigkait
iñ hailigen Reych deßt statlicher/gehalten/vnd die ge
horsamen/fridlichen Vnderthonen/durch die Aufrü
rigen/Vngehorsamen nit widerumb verfürt/vnd zů
verderblichen schaden gebracht werden/sollen die ge
melten Vnderthonen der Zwayer hauffen/sampt vnd
sonnders/in allen Gerichten vnd Gmainden/ain ge
trew fleyssig auffsehen haben/ob Jren ainer/oder mer/
disem Vertrag/vnd allem dem/so dariñ begriffen/nit
geleben/vnnd nachkomen/oder weytter Auffrür/ vnd
vngehorsam stifften vnnd machen wurden / dieselben
der Oberkait/darunder die gesessen/antzaigen/vñ helf
fen fenngklich annemen/damit die vmb ir vngehor
sam vnd vbertretten/wie sich gebürt/gestraft werden.

Zum Viertzehenden / Ob sich begeb/ das obgemellter
vnderthonen/Herrñ/Junckherren/vnd Obern/disen
Vertrag/auch den Artickeln/darinnen begriffen/souil

Sy die betreffen / mit geleben vnd nachkomen / Auch die vnderthonen / sambt oder sonnder / wider Recht beschweren / vnd weyter dann vermelter vertrag inhalt / dienngen / vnnd die beschwerdten / sollichs gemelts Bundts Haubtleẅten vnd den Råten / antzaigen wurden / sollen gemain Stennd / dieselben / souil deren jnen verwanndt / mit hilff der beschwerdten / dem vertrag / seins ynnhallts / in allweg zugeleben / zugehorsam pringen / damit ainem yeden beschwerdten / so Rechtens begert / das / wie sich gepürt / gedeyhen / vnnd widerfaren møg.

Zum letsten / soll hiemit aller vnwill / der sich zwischen den oberkaiten / vnd vil gemeltñ Vnderthonen / vnder diser empørung zügetragen hingelegt / vnd absein auch kain tayl / den andern / ausserhalb Rechtens / vnd weyter dañ diser vertrag zügibt / nichts vnfreüntlichs noch schedlichs zü fügen / Hierauff so haben gemelter vnderthon / vom Bodensee vnnd Allgeẅ / verordenter außschuß / Råt vnd volmechtig anwållde des Sy herr Jörgen Truchsessen obersten Velldhaubtman / ainen versigelten gnügsamen gewalt / überantwurt / Nemlich / Dietrich Hurrlewag / von Lindaẅ / vnnd Thoman Maÿrhofer / von Raytnaw von wegen der vndertho nen deß platz / ober Raytnaw / Eytelhans zigelmiller / von vnder thürigen / Othmar kleck / vñ Hans Aggenbach / von Rietthün / von wegen / Bermetinnger blatz / Hans Katzmair / von Lottenweyler vñ Conrat scheẅer / von Wernßreẅting / von wegen Aylinnger blatz /

b

Conrat Hablützel / von wegen Marchdorffer Blatz /
Hanns hageū / von wegen Mörspurger blatz / Conrat
Hertzog von Süplingen vnd Jacob harsch / von Bon
dorff von wegen Obinger blatz / Hans bach von Ra
pensweyler / Hanns Brugker / von Linaw / vnd Cün
lin schmid von Rusried / von wegen Rappensweyler
blatz / Anthonius wager von Osterach / Jacob wickel /
von Rottenbühel / vnd Hanns schwelling von Galtz
rewtin von wegen Osteracher platz / Hanns wirt von
Hasenweyler vonn wegen Züpdorffer platz / Bastian
Rüp / Hans gerber / vn̄ Rüdolff scherer / von Tettnang
von wegen Tettnanger platz / Jörg beck von wegen
Argewer platz / Hans Horenstain / von Nunnenparn /
Clauß eberlin von Entzißweyler / vnd Hans hagk von
perg / von wegen wasserburger platz / Thoman pühe
lin vnnd Michel pfeyffer / von wegen newen Rauen
spurger blatz / Bastian Müller / von zell / Hans Nickel
von LangkRain / vnd Jörg schaup vom hof / von we
gen Zeller platz / Wilbolld Thurner von Riedhausen /
Franntz Müller von Ebenweyler / Thoman Michel
berg von Lützelbach / vnd Hans Moser von Furt / auff
dem platz im Alldorffer felld / Hanns Stücklin / Conrat
mayr von Althain / Jörg müller von langen Enßlin
gen / vn̄ Jörg kruß von Tawgendorff von wegen Vn
lenger platz / Hans kem / vnd Vrban Ziegelmüller von
wegen Alldorffer platz / Martin Resch von Pücherß /
Vnnd Bartholome Müller auß der Weytenaw / von
wegen Truchberger platz / Hans Schweiglin von Stie
senhofen vnd Hans Schaidpach / von lanngen Naw /,

von wegen Stoffer platz/ Jeck von schenaw/ von we
gen lindenberger platz/ vñ Caspar küttel/ von Rüßlegk
von wegen der pletz/ auff Lewtkircher hayd/ gelobt vñ
für sich selbs/ auch jr obgemellte vnderthon/ Jrer mit
uerwandten vnd principaln Seelen/ mit auffgehepten
fingern vnd gelerten wotten/ leyplich zů Got/ vnd den
hailigen/ geschwotn/ Das Sy alle samentlich vnd vn
uerschaiden/ Auch jr yeder in sonder/ alles das obange
zaigte Artickel/ Vnnd diser vertrag/ von wott zů wott/
begreiffen/ vermögen vnd innhalten/ nichts auß geno
men/ war/ vest/ steet/ vnd vnzerbrochen zuhalten/ auch
dem in allweg/ on ainich außzug/ vnnd widerred/ zům
getrewlichsten stat zuthůn/ zůgeleben/ nachzekomen/
vnd zů gehorsamen. Vnd deß zů noch merer sicherhait/
Sich samentlich vnuerschaiden/ Auch ain yeder in son
der/ zům höchsten verpunden/ vñ begeben/ Alles das/
Sy diser vertrag/ auch all vnd yed Artickel/ darinn be
griffen/ Bündt/ vñ jnen auflegt/ nichtzit aufgesündert/
gegen allen jren Herrn Junckherrn/ vnd obern/ Recht
geweren/ bürgñ/ vñ getröster/ hinderainander zůsein/
Allso ob sich begeb/ vñ zů tragen/ das Sy/ die vndertha
nen/ der zwayer hauffen/ samentlich oder sonnderlich/
disem vertrag/ inn allen auch yeden Artickeln/ wie die
darinn begriffen/ Jrs ynnhalts nit gestracks gelepten/
gehorsamten/ vñ nachkemen/ sonder in ainichen weg/
darwider thůn wurden/ Es wäre mit der that/ oder in
ander weyß/ nichtzit aufgesündert/ Das Sy als dañ/ de
facto/ in der Rö. Kay. vnd Hispanischen Küng. Maye.
vngnaden/ Auch des hailigen Reichs Acht vnnd Aber

B ij

Acht / gefallen fein / Auch die Rö. Kay. vnd Hiſpaꝝ.
Küng. Ma. Churfürſten / Fürſten / vñ andere Stennd
deſs loblichen Pundts zu Swaben / Dartzů jre Herren /
Junckherren / vnd Obern / Auch alle vnd yede annder /
die ſich / diſer ſachen beladen / vnnd annemen wöllen /
vollen gewallt / vnd erlangt Recht haben / Sy all / vnd
yeden in ſonnder / on ainich vorgeend denunciation /
declaration vnd weiter Rechtliche eruolgung / an jren
haß vnd güttern / ligenden / varendem / lehen vnd ay-
gen / antzugreyffen / zů jren handen ziehen / als jre aigne
güter ynnzuhaben / zunutzen / zuprauchen / zůuerſetzen /
zůuerkauffen / oder dagegen / vnnd jren leyben / als der
offen / aufſtürigen / vngehorſamen / denunctirten / de-
clarierten / verſchübnen Achtern vnnd Aberächtern /
mit todſchleg / Nawm / prannd / vnd aller / annder mittel / Auch weg / ſo wider aiñ yeden / aufrürigen / vngehorſamen vnd widerſpennigen zůgebrauchen fürtzunemen / vnd zuhandeln / ymmer alſlannng vnd vil / bis
dieſelben / jren Herren / Junckherren vnd Obern alles
jres abgangs / mangel vnnd gebrechen / nach vermög
vnd innhallt / diſs vertrags / ſampt aufgeloffen Coſten
vnd ſchäden / völligklich vernügt / vnclagbar gemacht /
vnd erſetzt / Auch ſo Sy all / vnd yeder in ſonders / zů ge-
horſame gepracht ſeind / dartzů alles das / diſer vertrag /
auch all vnnd yed artickel / darinnen begriffen / innhal-
ten / völlig erſtattet / vnd voltzogen haben . Vnnd wir
Jörg Truchſeſs / Freyherr zů Walltpurg / als oberſter
velldthauptman / Wilhalm / Graue zů Fürſtenberg ꝛc.
vnnd Fröwein von Hutten / Ritter / gemelter Bundts

Stennd füßuolck/vnd gerayßgen obersten/Auch die ob
angezaigten Vndertädinger/Haug/Graue zů Munt-
fort vñ Rotenfels/Gwer Schöllanng/vnd Johannes
Krieglin/bayd Burger/vnd des Rats zů Rauenspurg
als Burgermaister vnd Rat daselbst/verordneten/dar
zů vorbestimbter Zwayen hauffen/Außschutz/Rät vñ
volmechtig Anwald für vnns selbst/Auch gemelt vnderthonen / vnsere mituerwandten / vnnd principal/
Bekennen all/alles das/das in disem Brieff vnd Ver-
trag/begriffen/mit vnser aller/vnd besonnder/offftge-
melter vnderthonen / der Zwayen hauffen / wissen/
willen/ gehell/ vnd zůlassen/ gehandelt/ Endtlich An-
genomen/vñ beschlossen sein/ Vnd wir Georg Truchseß ꝛc. Wilhalm/Graf zů Fürstennberg/vnd Fröwein
von Hutten/Ritter/an statt/vnd in Namen/ gmainer
Bundts Stennd / bey vnnsern Eeren / wirdenn / vnd
höchsten glawben / Vnd wir die Außschüß/Rät/vnd
volmechtig anwälld/ der gemelten Zwayer hauffen/
Für vns vñ vilgemelte vnderthonen/vnsere principal/
Auch mitverwandten / sampt vnd sonnders / bey ob-
angezaygten/vnnsern geschwornen Ayden / vnd deß
peenfals/hierynnen begriffen/versprechende/Das al-
les/souil söllichs ainen yeden berürt/war/steet/vnd vn
zerbrochen/zuhalten / dem zum getrewlichsten zugele-
ben/nachzekomen/Vñ durch vns selbs oder yemandts
anndern/ von vnnsern wegen / hiewider nit zethün/
noch schaffen gethan werden / alles getrewlich vnge-
uerlich. Des zů warem vrkundt / So haben wir Jörg
Truchseß/ Freyherr zů Walltpurg/ Wilhalm Graf

zu Fürstenberg/ Fröwein von Hutten Ritter/ Haug
Graf zu Monntfort/ Burgermaister vnd Rat zů Ra
uenspurg. Vnd wir die Amman/ Burgermaister/ auch
Råt/ der Stett vnnd flecken/ Tetnanng/ Marchdorff/
Mörspurg/ vnnd Alltdorff/ für vnns selbs als mitver-
wanndten/ bestympter Bündtnuss der zwayer hauf-
fen/ vom Bodensee/ vnd Allgaw/ Auch auff Ernstlich
bit/ vorgenanter/ derselben Auffschutz/ Råt vnnd vol
mechtig Anwalld/ dess wir die Auffschuss/ Råt vnnd
Anwald/ vnns bekennen/ Sy allso gepetten/ vnd erpet-
ten haben/ All vnnser gemelter Stett/ Innsigil/ doch/
vnns/ den vndertådingern/ vnd gemainer Statt Ra
uennspurg/ in allweg/ vnschaden/ offenlich gehengkt
an disen Brieff/ Der geben ist auf den Zwenundzwain
tzigsten tag/ dess Monats Aprilis/ Nach Christi geburt
Tausent/ Fünff hundert vnd im Fünffvndzwaintzig-
sten Jar.

1 5 1 8 AD

A. Dürer: Reiter mit der böhmischen Trophäe

A. Dürer: Reiter mit der ungarischen Trophäe

hailigen geschrift, so dazu tugenlich und gut sind, allain zu unser sel hail geprediget, angezaigt und underwisen werden, auch dieselbigen uns mit allen cristenlichen cermonien und notdurften umbsonst und nit umbs gelt, wie bisher beschehen ist, mittailen und fursehen wöllen[17].«

Währenddessen hatten aber auch die Bauern zwischen Biberach und Laupheim sich vereinigt unter der Führung von Ulrich Schmid, dem Schmied von Sulmingen. Die Nonnen des benachbarten Klosters Heggbach berichten, schon am 24. Dezember 1524 hätten die Bauern von Sulmingen und Baltringen im Baltringer Wirtshaus beratschlagt, und der Pfleger von Schemmerberg, Amand Scheffer schreibt von weiteren solchen Zusammenkünften am 29. Januar, am 2. Februar und am 9. Februar 1525. An diesem 9. Februar kamen die Bauern bewaffnet im Baltringer Ried zusammen. Es sollen 2000 Mann gewesen sein, die sich bald bis 12 000 vermehrten. In diesen Tagen begann Ulrich Schmid mit dem Schwäbischen Bund zu verhandeln, freilich ohne rechten Erfolg. Die Haltung des Baltringer Haufens ergibt sich aus dem, was wir oben über die entschieden alle Gewaltmaßnahmen ablehnenden Ansichten Ulrich Schmids gesagt haben. Auch hier spielen religiöse Motive herein, jedoch im Sinne einer gottgewollten Sozialrevolution, im Mittelpunkt aber standen die typischen Forderungen der Bauern und die Hoffnung, durch geschlossenes Auftreten ihr Recht zu erlangen. Bezeichnend dafür ist das Siegel des Baltringer Haufens, das eine Pflugschar aufweist.

Diese drei Ansammlungen der Bauern, der Baltringer Haufe, der Seehaufe und der Allgäuer Haufe fanden nun am 6. März zu Memmingen in der »Christlichen Vereinigung« zusammen. Es war dies einer der wichtigsten Entschlüsse der Bauern im Jahre 1525. Denn damit war zum erstenmal der Schritt von lokalen Beschwerden zum gemeinsamen Vorgehen der Bauern einer großen Landschaft (Oberschwaben) getan. Die Folge war zunächst, daß die lokalen Einzelbeschwerden, die natürlich für jedes Dorf oder jede Herrschaft etwas anders lauten, aus den Schriften und Briefen der Haufen verschwinden und an deren Stelle allgemeine Forderungen, wie »der Gerechtigkeit ein Beistand zu tun« oder ähnliche treten. Die Einzelbeschwerden waren keineswegs vergessen, sie sollten nur zu einem späteren Zeitpunkt, wenn man einen günstigen Vertrag abgeschlossen hätte und damit der Weg für Verhandlungen über Einzelfragen geebnet wäre, wieder hervorgeholt werden. Für den Schwäbischen Bund bedeutete es aber, daß er es nun mit einem Gegner zu tun hatte, der, wenn er sich wirklich zu großen gemeinsamen Aktionen entschloß, sehr gefährlich werden konnte.

Genaue Zahlen über die Größe der Haufen sind sehr schwer anzugeben. Während der Truchseß von Waldburg das ihm bei Weingarten gegenüberliegende Heer auf 12 000 Mann schätzt, hören wir von einem Berichterstatter aus Trient im April, es seien über 300 000 Bauern im Bündnis. Jedenfalls muß diese Masse von Bauern dem ganzen Adel und auch einem großen Teil der bürgerlichen Welt einen gewaltigen Schrecken eingejagt haben. Die Angst vor den Bauern kommt beispielsweise in einem Brief der Frau von Christoffel von Lichtenstein an ihren Mann sehr anschaulich zum Ausdruck, in dem sie ihn flehentlich bittet, doch nach Hause zu kommen und sie und ihr Mündel gegen die Bauern zu schützen[18].

Die »Christliche Vereinigung« ist ein entscheidendes Ereignis in der Geschichte des Bauernkrieges. Denn wenn sich auch zunächst nur oberschwäbische Bauern verbündeten, so war es damit doch deutlich, daß man es nicht mehr mit den Forderungen einzelner Dörfer und Täler zu tun hatte, sondern daß man mit einer gesamtdeutschen Aktion rechnen mußte.

Der Zusammenschluß am 6. März kam jedoch nicht ohne Schwierigkeiten zustande. Denn die Bodenseer und Allgäuer Bauern wollten sich nicht darauf einlassen, die allgemeinen Grundsätze des Kampfes für die göttliche Gerechtigkeit herauszustellen und der Gegenpartei gegenüber zu betonen, sie wollten an ihren realistischen Beschwerden festhalten, auch wenn sie nur lokale Einzelforderungen waren. Außerdem aber wollten sie sich nicht auf eine friedliche Erledigung der Streitfragen unter allen Umständen festlegen, wie das Ulrich Schmid, Sebastian Lotzer und mit ihnen die Baltringer wünschten. Sie wollten mit dem Schwert drohen und gegebenenfalls auch mit ihm dreinschlagen. Es waren ernste und tiefgehende Meinungsverschiedenheiten, und vergeblich redeten Ulrich Schmid und Lotzer, die wichtigsten Männer der Baltringer, ihnen zu. Auch der Memminger Prediger Christoph Schappeler bemühte sich ohne Erfolg, die Haufen zur Annahme der Grundsätze der Baltringer zu bewegen. Am Nachmittag ging man auseinander, ohne Einmütigkeit erreicht zu haben. Gegen Abend kamen jedoch die Abgesandten des Bodenseer und des Allgäuer Haufens zurück, und nun einigte man sich auf die Grundsätze der Baltringer[19]. An den folgenden Tagen gab man dann eine Reihe von Veröffentlichungen gemeinsam heraus: Schwörartikel, eine Bundesordnung, eine Landes- und eine Predigtordnung. Die Schwörartikel lauten: »Die articl so zusamengesworn sindt. Item das wir welln, uns das heilig ewangelium und wort gots lauter und clar anvermischt menschlicher lere mit seinen fruchtn von geschicktn verstandign der heiligen geschrift gepredigt und furtragen werdt.

Item zum anderen, das wir gotlichs und cristenlichs rechtn an geburlichn orten und endten gegen meniglichen, so uns bisher beschert haben, erbieten, nemen und geben welln etc. da sy bleibn.

Item zum dritten das wir wider got nyemandt anderst, dann wer uns bey solh furnemen nit bleibn lassen, zusammengeschworn haben und kein wider sein herrn und obrigkeit weiter dann die obgeschriben articl ausweisendt, schwern noch sein solln etc.« Die zweite Veröffentlichung, die Bundesordnung, schlägt einen anderen Ton an, mit Ausnahme der Einleitung, die einen theoretischen und allgemeinen Charakter aufweist. Dann folgen konkretere Bestimmungen. Zunächst wird festgesetzt, daß man das, was man der Obrigkeit nach göttlichem Recht zu leisten schuldig sei, gehorsam halten wolle, wobei es offen bleibt, was unter »göttlicher Gerechtigkeit« zu verstehen sei. Dann folgt eine Bestimmung über den Landfrieden, die jeglichen Aufruhr untersagt. Der dritte Satz lautet: »Was anerkannte Schuld ist, und worüber es Brief und Siegel oder glaubwürdige Zeugnisse gibt, das soll, wenn es fällig ist, bezahlt werden. Wenn aber jemand Einspruch geltend machen zu können glaubt, so soll ihm der Rechtsweg vorbehalten sein, doch für jedermann auf seine Kosten und ohne dass die gemeine Landschaft dieser christlichen Vereinigung dafür haftbar ist.« (Das bedeutet ein deut-

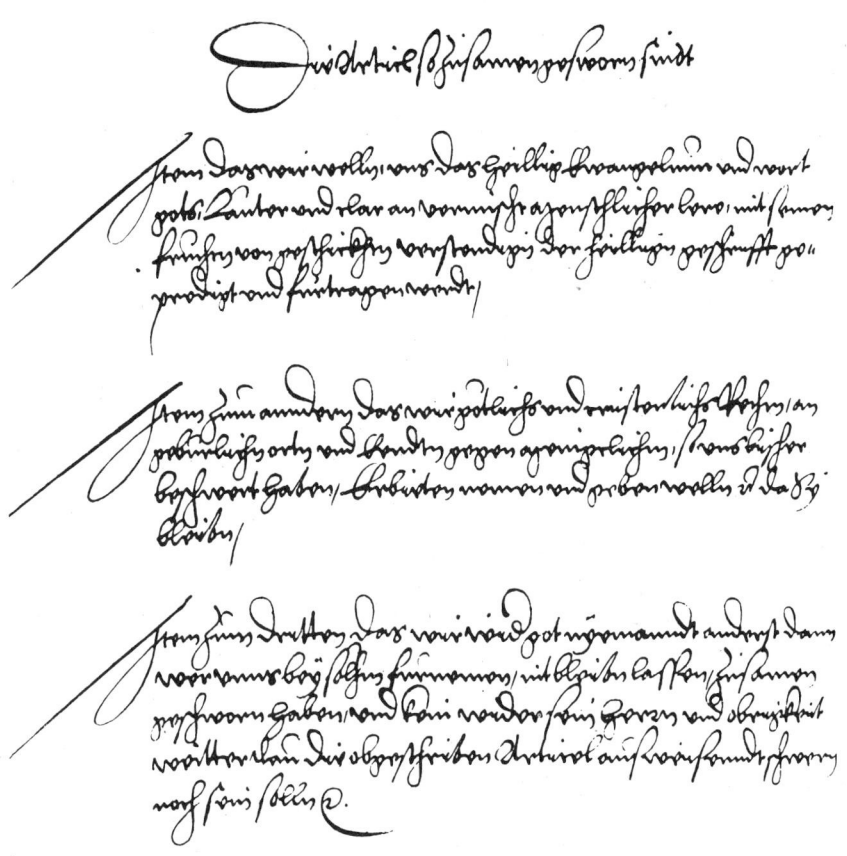

Die Schwörartikel der Christlichen Vereinigung (siehe Seite 180 Mitte)

liches Abrücken von den Einzelbeschwerden der Dörfer und Landschaften.) Anders klingt der vierte Absatz:»Wo Schlösser in der Gegend dieser Landschaften gelegen sind, die nicht im Bündnis mit dieser christlichen Vereinigung stehen, so sollen die Eigentümer selbiger Schlösser mit freundlicher Mahnung ersucht werden, dass sie in ihren Schlössern nur mit dem für sie notwendigen Proviant versehen sein und dass sie selbige Schlösser weder mit Geschütz noch mit Personen, die nicht in dieser Vereinigung sind, besetzen sollen. Wenn sie aber ihre Schlösser weiter wie bisher besetzt halten wollen, so sollen sie das mit Leuten tun, die dieser Vereinigung verpflichtet und zugehörig sind, und zwar auf ihre Kosten. Das Gleiche gilt für die Klöster.«

V.»Wo Dienstmannen sind, die Fürsten und Herren dienen, die sollen ihren Eid aufsagen. Und wenn sie das tun, sollen sie in die Vereinigung aufgenommen werden.

Wer es aber nicht tut, der soll Weib und Kind zu sich nehmen und die Landschaft unangefochten verlassen dürfen. Wo aber ein Herr einen Amtmann, oder einen anderen, der in diesem Bündnis ist, vor sich fordert, so soll derselbe nicht allein die Verhandlung mit dem Herren führen, sondern zwei oder drei zu sich nehmen und hören lassen, was mit ihm verhandelt werde.«

VI betrifft Ein- und Absetzung von Pfarrern und Vikaren.

VII. »Wenn sich jemand mit seiner Obrigkeit in einen Vertrag einlassen will, so soll er ohne unser Wissen und Verwilligung gemeiner Landesversammlung dieser Vereinigung nichts beschließen. Und wenn – mit Verwilligung der Landesversammlung – etwas beschlossen wird, so sollen die Betreffenden nichtsdestoweniger in ewigem Bündnis bei der christlichen Vereinigung bleiben.«

XII. »Es soll sich niemand gegen seine Herrschaft und Obrigkeit empören, noch sonst irgend etwas in der Richtung unternehmen, daß man sie mit Gewalt angreifen und ihnen das Ihre nehmen wolle, bis weiterer Bescheid kommt. Das verbieten wir bei Strafe an Leib und Gut, was auch geschehen möge, betreffe es nun Wald- oder Wassergerechtsame oder sonst etwas[20].«

An diese Bundesordnung schloß sich eine »Landesordnung« an, d. h. eine Ordnung der Haufen während der Unruhen oder für den Fall eines Krieges. Die Spitze eines jeden der drei großen Haufen bildet ein Oberster. Ihm unterstehen die Oberen oder Hauptleute und Räte der Haufen. Der Oberste wird in jedem Haufen durch einen Kriegsrat unterstützt. Gegen Schluß heißt es: »Wird ein Quartier angegriffen, so tritt dasselbe mit aller seiner Macht dem Feinde entgegen, die anderen Quartiere aber senden ihm auf die erste Mahnung hin den zehnten, auf die zweite den sechsten, auf die dritte den vierten Mann.« Dazu kommen noch Bestimmungen über Fahnen, Lagerzucht, Wachen im Lager und zu Hause, Steuer und das Gebet für die Vereinigung[21].

Den Beschluß macht eine Predigtordnung der Christlichen Vereinigung. Dort wird bestimmt: »... wa Pfarrer oder prediger weren ... so mit dem hawfn verainiget und dieselben priester das wort gottes nit nach dem rechten verstand verkundten, sonder auf irem alten wesen und pruchen legen, dieselben pfarrer und diener sollen von ersten ermant werden, abzustan und allain das wort gottes furnemen und erkunden, auch nach rechtem verstand erkleren; wa aber ein solicher priester nit abstan, sonder in seinem furnemen bleyben wöllt, alsdann mag im ain pfarmengin urlob geben und ainen andern an sein statt verordnen, der inen taugenlich und gefellig sey ...[22].«

Diese vier Dokumente geben uns ein authentisches Bild der Bauernbewegung unter der Führung der Christlichen Vereinigung. Sie unterscheidet sich wesentlich von dem, was wir zu Beginn der Erhebung kennengelernt haben, und auch von dem, was wir in anderen Landschaften als Ausgangspunkt der Unruhen gefunden haben und noch finden werden. Zwar wird auch hier an der Absicht einer friedlichen Lösung festgehalten. Aufruhr und Empörung wird den angeschlossenen Gemeinden untersagt, hauptsächlich alle Einzelaktionen. In Kapitel XII heißt es ausdrücklich, Empörung sei verboten, »bis weiterer Bescheid kommt«. Man rechnet also mit einem Kampf, aber nur als einer gemeinsamen Angelegenheit der Christlichen Vereinigung, nicht der einzelnen Gemeinden oder kleinen Haufen. Dem entspricht auch die Bundes- und Landesordnung im ganzen. Sie treffen Bestimmungen für den Kampf. Auch der vielbesprochene Schlösserartikel (Bundesordnung Kapitel IV) ist so aufzufassen, daß verhindert werden soll, daß die Burgen, Schlösser und Klöster zu Waffen- und Proviantlagern für die Truppen des Schwäbischen Bundes ausgestaltet werden und darüber hinaus als Stützpunkte der feindlichen Streitkräfte dienen können. Auch der folgende Artikel über das Dienstverhältnis der Dienstmannen ist unter diesem Gesichtspunkt zu verstehen. Erstaunlich ist in diesen Artikeln das Selbstvertrauen und die Zuversicht der Bauern. Augenscheinlich hatten zahlreiche Anschlüsse von Burgen und Dienstmannen an ihre Sache stattgefunden, und man rechnete wohl damit, daß viele weitere diesem Beispiel folgen würden. Denn der Anschluß wird als eine gewohnte, ja geradezu alltägliche Sache betrachtet. Doch ist dabei nirgends von Zwang oder Waffengewalt die Rede. Jedenfalls ist man hier zu einem großzügigen gemeinsamen Vorgehen entschlossen und überzeugt, nur auf diesem Wege das Ziel zu erreichen. Diese Dokumente zeigen deutlich, welche Gefahr der Sache des Schwäbischen Bundes drohte, und machen die Angst vor den Bauern verständlich, von der wir bereits gesprochen haben. Sehr aufschlußreich ist die Predigtordnung, weil sie eindringlich zeigt, wie stark sich die religiöse Antriebskraft bei den Bauern auswirkte. Sie verlangen Pfarrer oder Prediger, die sich dem Haufen angeschlossen haben und das Wort Gottes »nach dem rechten Verstand« verkündigen, oder, wie es an einer anderen Stelle heißt, ihnen »taugenlich und gefellig« sind. Das hat mit Luthers Lehre gar nichts zu tun. Es handelt sich vielmehr um Werbung für die christlich-soziale Revolution, die ihnen vor Augen schwebt. Sie wünschen nur Pfarrer, die namens des Evangeliums die Neugestaltung der bäuerlichen und dann auch der städtischen sozialen Welt nach dem Gesichtspunkt der »göttlichen Gerechtigkeit« verkündigen und propagieren.

Diese vier Schriften klären den Standpunkt der Bauern untereinander und füreinander. Sie münden ein in ein Dokument, das nach außen hin die Sache der Bauern vertreten soll und zugleich Anhänger für die Bewegung gewinnen will. Das sind die berühmten 12 Artikel. Sie haben ihre letzte und endgültige Fassung wohl erst ein paar Tage nach den genannten vier Schriften erhalten und gehen auf frühere Artikel fast gleichen Inhalts und ähnlicher Form zurück. Daraus erklärt es sich, daß sie in der Zusammenstellung, Ordnung und Ausführung einen etwas älteren Charakter aufweisen als die Schriften vom 6. und 7. März 1525 (vgl. Seite 95 f. und Faksimile 96/97)[22a].

Diese 12 Artikel sind zwar nur eine Zusammenfassung der alten Beschwerden der Dörfer, Täler und Landschaften, werden jedoch vorgetragen mit dem religiösen Ernst, der seit den Tagen von Memmingen allen Verlautbarungen der Bauern eigentümlich ist. Aber im Gegensatz zu den vier oben genannten Schriften der Christlichen Vereinigung, stehen die realen Einzelforderungen der Bauern hier im Vordergrund, während sie in den Schriften der Memminger nirgends mehr genannt werden. Augenscheinlich fürchtete man im Kreis um Lotzer, Schappeler u. a., zu eng zu bleiben, wenn man sich auf Einzelfragen einlassen würde, und dadurch nicht genug Bauern zum Anschluß an die Christliche Vereinigung bewegen zu können. Doch das Gegenteil war der Fall: die

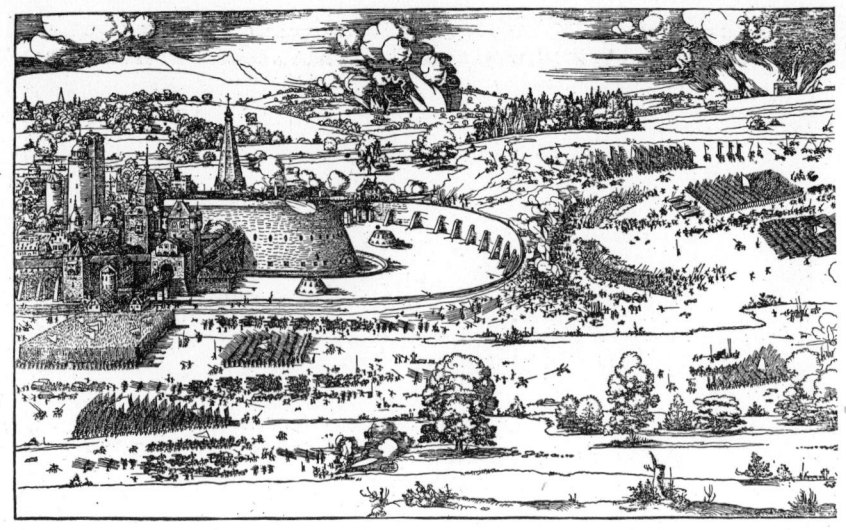

A. Dürer: *Belagerung einer befestigten Stadt (Seite 184/85)*

12 Artikel griffen um sich, soweit die bäuerliche Bewegung reichte. Die Bauern spürten hier Blut von ihrem Blut, die Gemeinsamkeit ihrer Nöte, ihres Schicksals, ihres Willens, und das alles zusammengehalten von der Überzeugung, daß Gott durch sein Wort ihr Wollen und Vorgehen gutheiße und unterstützen werde. Das machte die 12 Artikel so geeignet als Fahne, als Werberuf, als Kennzeichen der gemeinsamen Sache.

Gewiß sind die Bundes- und Landesordnung schärfer auf die drohenden Auseinandersetzungen eingestellt, seien sie nun blutiger oder unblutiger Art, sie waren sicherlich klüger den Notwendigkeiten des Tages angepaßt, aber an Werbekraft bei den Bauern, gerade bei den geistig unentwickelten Bauern standen sie den 12 Artikeln nach. Hier liegt die große Bedeutung der 12 Artikel für das Ganze des Bauernkrieges von 1525. Darum fand auch jeder Artikel, ja jedes Wort, das sie aussprachen, wie z.B. das der Friedfertigkeit und der Waffenlosigkeit, in weiten Kreisen des Volkes ein sehr offenes Ohr. Sie galten als die Stimme des Volkes schlechthin.

So standen sich in Oberschwaben die Kräfte der beiden Seiten, der Bauern und des Schwäbischen Bundes, gegenüber. Verhandlungen knüpften sich nun an, die von den Bauern sehr ernst gemeint waren und alle Hoffnungen auf einen guten Ausgang setzten. Die Massen der zusammengezogenen Bauern sollten einen Druck auf diese Verhandlungen ausüben, die Dringlichkeit der Frage den Männern klar machen, die sie nicht sehen wollten oder zu träge waren, ohne einen solchen aufschreckenden Hinweis

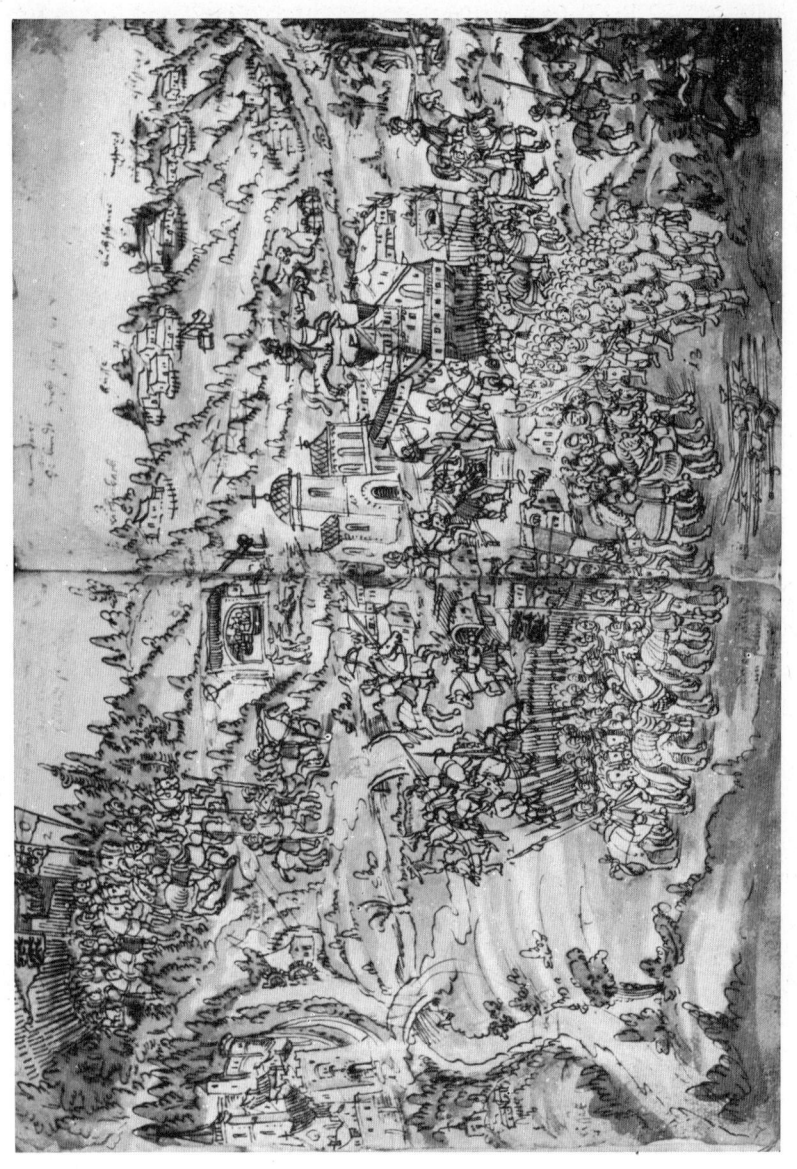

Bauernunruhen um Ummendorf und der Weingartener Vertrag

Vorhergehende Seite:
Urs Graf Fähnrich

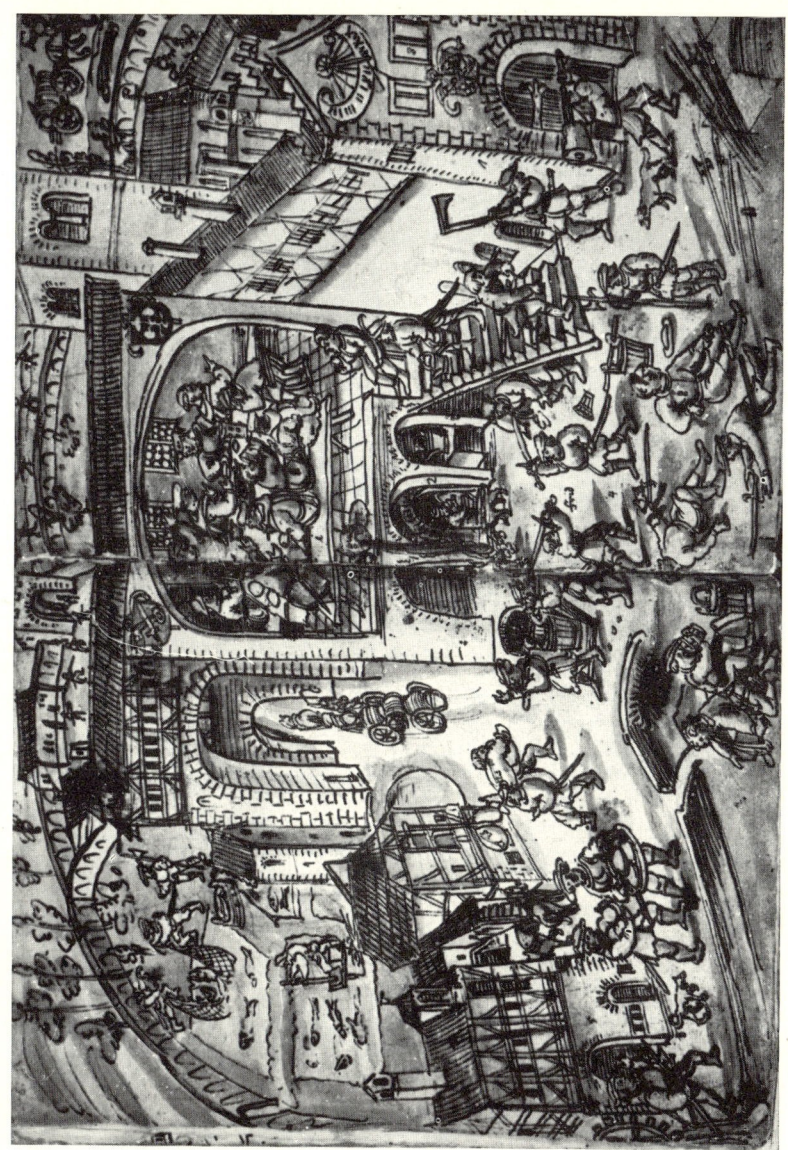

Plünderung des Klosters Weißenau

Folgende Seite:

Urs Graf Fähnrich

n. g. 18a.

sich ernstlich damit zu befassen. Ganz anders sah es auf Seiten des Schwäbischen Bundes aus. Hier sah man klar, um was es ging. Aber man sah auch, daß man im Februar und zu Anfang März 1525 noch nicht in der Lage war, die Bauern niederzuwerfen, da die Macht des Bundes gegen Herzog Ulrich von Württemberg gebraucht wurde, der Anstalten machte, mit Gewalt wieder in sein Land einzudringen. Dem mußte man mit Gewalt entgegentreten. Das verlangte vor allem Österreich mit allem Nachdruck, dem die Verwaltung des Landes Württemberg zunächst einmal übertragen worden war. Und gegen den ausgesprochenen Willen von Habsburg-Österreich konnte auch Dr. Eck im Schwäbischen Bund nicht handeln. Beides aber, den Kampf mit Herzog Ulrich und mit den Bauern gleichzeitig aufzunehmen, konnte man nicht wagen. Aus diesem Grund verhandelte der Bund im Februar und Anfang März, nicht um die Bauernfragen zu einem friedlichen Abschluß zu führen, sondern um die Bauern, die sich damals in einer sehr guten Position befanden, hinzuhalten, bis Herzog Ulrich besiegt und weitere Streitkräfte von den Mitgliedern des Bundes bewilligt worden waren. Die Einstellung zu diesen Verhandlungen war also auf beiden Seiten grundverschieden. Am 9. Februar begannen die Verhandlungen zunächst des Baltringer Haufens mit dem Schwäbischen Bund. Johannes Kessler berichtet darüber[23]. Wie leicht man seitens des Bundes die Sache damals nahm, geht daraus hervor, daß der Führer der Gesandtschaft, der Ulmer Bürgermeister Ulrich Neidhard, nach Kesslers Bericht die Bauern folgender-

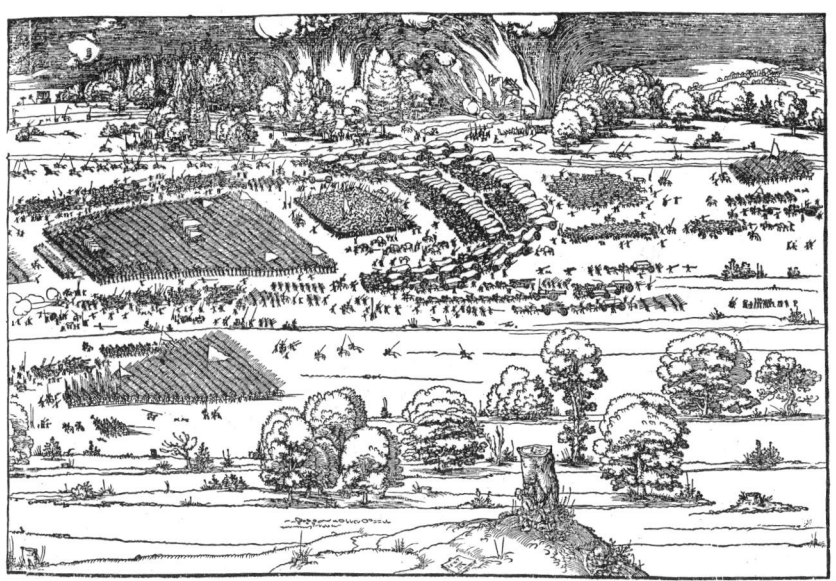

maßen anredete: »Mit euch Bauern ist's jetzt wie mit den Fröschen im Frühling. Dann kommen sie zusammen, schreien und quaken quak, quak. Dann kommt der Storch und verschlingt sie. Gleicherweise schreit ihr: Wau! wau! Dann kommen die Herren und schlagen euch tot.« So konnte man nur reden, wenn man das Ganze nicht ernst nahm. Man verabredete, jeder solle seiner Herrschaft seine Klagen vorbringen, in acht Tagen wollte man wieder zusammenkommen und die Beschwerden schriftlich den Gesandten des Bundes vorlegen. Der Bund wollte also die Bewegung in sehr viele kleine Einzelunternehmungen zerschlagen, bei denen die Bauern jedenfalls den kürzeren gezogen hätten. Als man acht Tage später, am 16. Februar wieder zusammenkam, konnte man nicht mehr so reden. Denn nun hatte sich der Haufe auf 7000 bis 10 000 Männer vermehrt. Das war der entscheidende Augenblick, wo es sich zeigen mußte, ob es den Bauern mit ihren friedlichen Absichten, ihrer Hoffnung auf eine Vertragslösung auch hier in Oberschwaben ernst war. Denn damals waren ihre Scharen der Macht des Schwäbischen Bundes bei weitem überlegen, da dessen Streitkräfte noch größtenteils durch den Kampf gegen Herzog Ulrich von Württemberg festgelegt waren. Doch die Bauern ließen den günstigen Augenblick verstreichen und blieben bei ihrer friedlichen Vertragspolitik. Man übergab 300 verschiedene Artikel den Bundesgesandten, und diese versprachen sie den einzelnen Herren weiterzureichen und sich um einen guten Ausgleich zu bemühen. Augenscheinlich wollte der Bund Zeit gewinnen und so über den kritischen Augenblick wegkommen. Am 27. Februar trat man nochmals zusammen. Ulrich Schmid lehnte das Kammergericht des Reiches als Instanz für die Streitfragen ab und verlangte, daß man gelehrte christliche Männer zusammenrufe, die als Schiedsrichter entscheiden sollten, da die «göttliche Gerechtigkeit« als entscheidend betrachtet werden müßte. Der Bund ging darauf ein, da ihm Herzog Ulrich noch zu viel zu schaffen machte.

Auf einem zweiten Bundestag der Bauern in Memmingen änderte man die vorgelegte Liste noch dahin ab, daß nur Laien zur Entscheidung dieser Fragen herangezogen werden sollten. Die Bereitschaft der Bauern zu einer friedlichen Lösung war nach wie vor vorhanden, aber inzwischen war Herzog Ulrichs Versuch, sich seines Landes wieder zu bemächtigen, gescheitert. Er war geschlagen, und das Heer des Schwäbischen Bundes konnte sich nun gegen Oberschwaben und seine Bauern wenden.

Am 25. März setzte man die Verhandlungen fort. Eck war gerade abwesend, sonst hätte man wohl kaum verhandelt, denn er war, wie wir schon hörten, nach seiner Rückkehr sehr unzufrieden damit. Aber man schlug jetzt ganz andere Töne an und verlangte von den Bauern völlige Unterwerfung und Auflösung der Haufen, so daß man von Verhandlungen eigentlich nicht mehr sprechen kann. Ein Schiedsgericht sollte später verbindliche Urteilssprüche über ihre Beschwerden fällen. Solche Bedingungen konnte man den Bauern nach einer Niederlage auferlegen, aber nicht, solange sie ungeschlagen in überlegenen Massen auftreten konnten. Dennoch gingen ihre Delegierten auf diese Bedingungen ein und versprachen, sie den Haufen zur Annahme vorzulegen. Das ist außerordentlich auffällig und nur zu erklären aus einer Verschüchterung dieser Abgesandten und außerdem aus einer ganz monomanen Ausrichtung auf eine Vertragslösung, die den Blick für die realen Verhältnisse völlig verloren hatte. Die Haufen verhielten sich anders. Sie lehnten diese Bedingungen entschieden ab. Die radikaleren Elemente drängten sich vor und bekamen die Oberhand. Die Haufen fühlten sich durch die Delegierten und durch ihre Führer verraten. Es kam zu gewalttätigen Handlungen, die aber noch in gewissen Grenzen blieben. Im Allgäu wurde unter der Führung von Jörg Knopf Kloster Kempten und Schloß Liebenthann eingenommen, ferner Schemmerberg und zwei Schlösser des Bischofs von Augsburg. Mutmaßlich hatte man es hier auf den gelagerten Proviant abgesehen, den die Bauern so nötig brauchten, während in Kempten der jahrhundertealte Haß gegen den Fürstabt als Bedrücker der Bauern sich entlud.

Nach dem Scheitern der Verhandlungen war die Stunde für Leonhard Eck gekommen. Am 25. März erschien ein Bundesmandat, das unter dem Landvolk verteilt wurde und die Bauern dringend warnte, sich einem der drei Haufen anzuschließen. Es wurde in Augsburg in 5000 Exemplaren gedruckt. Kein Zweifel, daß der Bund nun Ernst machte. Am 22. März faßte er einen Beschluß in diesem Sinn. Am 23. März sandte er dem Bischof von Konstanz Nachricht, er möge sich noch etwas gedulden, »der Bund stehe in Rüstung«. Am 26. März rückten neue Truppen des Bundes in Ulm und Ehingen ein.

Auch die Bauern waren in diesen Tagen in Bewegung. Haufen von Leipheim und Illertissen nahmen eine Reihe von Klöstern ein und plünderten sie, wobei wahrscheinlich der Hunger und die Kenntnis von den in den Klöstern liegenden Vorräten die treibende Kraft waren.

Der Truchseß hatte sich zunächst von Erbach aus gegen die im Donauried stehenden Bauern gewandt und war, als diese sich zurückzogen und das Kloster Marchtal plünderten, ihnen nachgerückt, um Kloster Zwiefalten zu decken. Dort erreichte ihn am 1. April ein Schreiben des Bundes, er solle Ulm gegen die Bauern von Leipheim und Umgebung schützen, da diese gerade das Kloster Elchingen bei Ulm überfallen hatten. Am 2. April folgte ein zweites Schreiben gleichen Inhalts, doch mit größerem Nachdruck. Das zeigt, wie wenig frei der Truchseß in seinen Maßnahmen war und wie wenig Vertrauen man seitens des Bundes damals in seine Kriegführung setzte[24]. Er folgte diesem Befehl. Am 4. April stieß er zwischen Fahlheim und Bühl bei Leipheim auf die Bauern. Ihre Zahl wird sehr verschieden angegeben. Man hört von 3000 und 8000. Jedenfalls muß der Haufe dem Bundesheer einen großen Eindruck gemacht haben. Die Bauern hatten eine günstige Stellung zwischen dem Ried und dem Wald gewählt, aber beim Anrücken der Bundestruppen feuerten sie nur wenige Schüsse ab und zogen es vor, sich auf die Stadt Leipheim zurückzuziehen. Aber das Bundesheer, das ihre Stellung umgangen hatte, verhinderte diesen Rückzug. Zu einer regelrechten Schlacht kam es nicht mehr. Haltlose Flucht und hemmungsloses Niedermachen der Bauern war das Ende. Der Chronist des Truchsessen berechnet die Zahl der Erschlagenen und in der Donau und im Ried Ertrunkenen auf 4000 Mann[25].

Überraschend ist, daß die anderen Bauernhaufen den Leipheimern nicht zu Hilfe kamen. Denn diese gehörten zum Kreis der Christlichen Vereinigung, die nach ihren Satzungen die gegenseitige Hilfe der Haufen ausdrücklich festlegte. Der Truchseß ver-

Christoph Amberger: Matthäus Pappenheim, der Verfasser der Truchsessenchronik

langte nach seinem Erfolg von den Gemeinden, die zur Christlichen Vereinigung gehalten hatten, daß sie mit einem Eid dem Bündnis mit den drei Haufen der Allgäuer, der Bodenseer und der Baltringer entsagten und diese Absage öffentlich bekanntgaben[26]. Daß gerade in diesem Augenblick, wo die Lage es dringend forderte, die Erfüllung der eingegangenen Hilfspflicht ausblieb, zeigt deutlich, daß es den Bauern an dem nötigen aktiven Gemeinschaftsbewußtsein fehlte. Sie hatten von jeher nur in dem engen Kreis ihres Dorfes oder der engsten Landschaft gelebt und gedacht. Da fiel ihnen nun die Umstellung zu schwer. Theoretisch bekannten sie sich zu dem großen Kreis der Christlichen Vereinigung, aber jetzt, wo es zu handeln galt, versagten sie. So wurde die Schlacht von Leipheim nicht nur der fehlenden Hilfe wegen zu einem schlimmen Vorzeichen für den ganzen Bauernkrieg. Die Gefahr für den Bund hatte groß geschienen, in Ulm herrschte geradezu eine Panik. Aber sobald sich Heer und Heer gegenüberstanden, war der Sieg über die Bauern den Bundestruppen sehr leicht zugefallen, sie hatten kaum Verluste gehabt, und ein furchtbares Bauernsterben war die Folge. Die Bauern hatten angesichts des Feindes offenbar völlig den Mut verloren und waren nicht fähig zu einem geordneten Rückzug, was ohnehin eine sehr schwere Aufgabe darstellt. Diese plötzliche Panik und Mutlosigkeit ist eine Auswirkung der Tatsache, daß sie jahrhundertelang gewohnt waren, zu ihren gewappneten Herren und deren Kriegsknechten mit Scheu oder Angst aufzusehen und ihnen ohne weiteres zu gehorchen. Das galt für alle Bauern und ließ sich nicht so leicht überwinden. Denn das gehört nicht in das Gebiet gedanklicher Überlegungen und Entschlüsse, sondern unbewußter Reaktionen. Sollte sich das auch in den anderen bevorstehenden Kampfhandlungen des Bauernkrieges wiederholen? Und sollte der mangelnde Zusammenhalt über die Grenzen der Landschaften hinaus sich auch weiterhin so verhängnisvoll auswirken? Das waren bange Fragen, die diese erste Niederlage aufwarf.

Georg von Waldburg wandte sich nun gegen den Seehaufen. Zunächst jedoch stieß er bei Wurzach auf seine eigenen Bauern und brachte ihnen eine vernichtende Niederlage bei. Sein Vorgehen ist überraschend. Denn der Truchseß hatte schon wiederholt Schwierigkeiten mit seinen Bauern kampflos durch Verträge zu lösen gewußt, so daß man von einer Tradition im Hause Waldburg reden kann: zunächst um 1480 mit den Bauern von Ummendorf, wo er die Vogtei über Kloster Weißenau innehatte[27]. 1515 wiederholte sich das, diesmal aber mit seinen eigenen Untertanen, und auch nach dem Bauernkrieg schloß er 1526 einen entsprechenden Vertrag mit ihnen ab[28]. Dazu steht die Schlacht von Wurzach am 14. April 1525 in scharfem Gegensatz. Augenscheinlich hatten ihn die Verhandlungen mit dem Schwäbischen Bund so in ihren Bann gezogen, daß er es für richtig hielt, nun nicht mehr seiner eigenen Tradition gemäß zu handeln, sondern mit bewaffneter Faust zuzuschlagen. Ein Beispiel, das zeigt, wie stark die Propaganda des Schwäbischen Bundes gegen die Bauern wirkte, und anderseits, wie leicht der Truchseß von dieser Seite her zu beeinflussen war. Das ist für die Beurteilung des »Strafens« der Bauern durch seine Hand wichtig.

Der Haufe der Seebauern trat am 15. April dem Truchseß bei Gaisbeuern gegenüber, und zwar in einer vorteilhaften Stellung, die einen Angriff der Reiter des Bundesheeres

Schluß eines eigenhändigen Briefes Georgs von Waldburg (siehe Anhang)

ausschloß. Die Seebauern galten als die kriegstüchtigsten unter den Bauern. Der brandenburgische Hauptmann von Wolfstein schrieb über sie, er habe noch nie ein so wohlgerüstetes Volk beieinander gesehen. Auch Geschütz hatten sie und wußten es zu bedienen. Der Truchseß täuschte sich darüber nicht, daß er es mit einem gefährlichen Gegner zu tun hatte. Er mußte mit einem nächtlichen Angriff rechnen. Um so größer war sein Erstaunen, daß in der Nacht die Bauern diese günstige Stellung aufgaben und sich auf Weingarten zurückzogen. Dort erwarteten sie Verstärkungen, und dort boten sie alles auf, was Waffen tragen konnte. Der Truchseß selbst schätzte das Heer der Bauern nun auf 12000 Mann, während ihm nur 7000 Mann zur Verfügung standen. Wie er die Lage beurteilte, geht daraus hervor, daß er den Angriff verbot. Statt dessen versuchte er die Unterwerfung der Bauern durch Verhandlungen zu erreichen. Das waren allerdings nun ganz andere Verhandlungen, als sie die Bauern lange geführt und monatelang als ihr Ziel angesehen hatten. Denn jetzt verlangte der Truchseß, wenn auch in etwas verhüllter Form, die volle Unterwerfung, d. h. die Auflösung der Haufen und eine erneute Huldigung den Herren gegenüber, also eine Auflösung ihrer Macht, ehe über ihre Beschwerden und Forderungen irgend etwas entschieden war[29].

Das war der Inhalt des Weingartener Vertrages, der zwischen den Bauern und Georg von Waldburg am Ostermontag, den 17. April zustande kam. Es ist fast unbegreiflich, daß die Bauern diese Bedingungen annahmen, denn sie gaben damit ihre ganze Sache verloren. Die Abmachung, daß ein Schiedsgericht zusammentreten sollte, das von Vertretern von vier bis sechs Städten unter dem Vorsitz von Erzherzog Ferdinand gebildet werden sollte, die halb die Bauern, halb der Bund ernennen, und das dann über die Beschwerden der Bauern entscheiden sollte, war ein schwacher Trost. Denn in dem Augenblick, in dem die Haufen aufgelöst waren und die Bauern neu gehuldigt hatten, verloren diese Beschwerden alles Gewicht, und von einer Prüfung der Streitfragen am Evangelium und der Frage der göttlichen Gerechtigkeit wäre sicherlich nicht mehr die Rede gewesen.

Auch die anderen Haufen nahmen den Weingartener Vertrag an. Doch regte sich auch Widerstand gegen ihn. Jörg Knopf, der Führer der Radikalen im Allgäuer Haufen, suchte vergeblich die widerstrebenden Gruppen zusammenzufassen und in Bewegung zu bringen. Überall drängte man nur auf einen neuen besseren Vertrag und glaubte immer noch auf diesem Wege die Beilegung der Streitigkeiten zu erreichen. Dabei hoffte man auf den Erzherzog Ferdinand von Österreich, der als Freund der Bauern galt. Wirklich kam es auch zu einer Vereinbarung mit den Österreichern. Doch das dauerte bis zum 25. Mai, und inzwischen war schon zu viel geschehen, mancher Haufe geschlagen und »gestraft« worden. Und als man die Bestimmungen des neuen Vertrages näher besah, waren sie fast mit denen des Weingartener Vertrages identisch. Die verhandelnden Beamten Österreichs hatten die Bauern in der Überzeugung festgehalten, der Vertrag werde ihnen eine wesentliche Verbesserung ihrer Lage gegenüber dem von Weingarten bringen. Und sie ließen sich täuschen, bis es zu spät war.

Ein Nachspiel folgte noch im Juli. Am 9. Juli nach der Niederwerfung des Aufstandes in Franken zog der Truchseß ins Allgäu, um den letzten Widerstand der Bauern zu brechen. Eine Schar von Bauern, die den Weingartener Vertrag ablehnte, hatte unter Führung von Jörg Knopf eine gute Stellung an der Leubas in der Nähe von Kempten bezogen. Aber es wiederholte sich nur der Vorgang, der in Leipheim und auch bei Gaisbeuren zu beobachten war: ehe es zum Gefecht kam, räumten die Bauern ihre Stellung. Die meisten zerstreuten sich. Nur ein Rest sammelte sich am Kohlenberg und setzte sich dort zur Wehr, mußte sich aber bald auf Gnade und Ungnade ergeben und das Strafgericht des Bundes hinnehmen. Doch davon soll später die Rede sein.

Damit war der erste und ein sehr wichtiger Teil des Bauernkrieges abgeschlossen. Die Bauern waren geschlagen, nicht so sehr durch die beiden Niederlagen von Leipheim und Wurzach, sondern mehr noch durch den Weingartener Vertrag. Gerade die Haufen, die am meisten von Verträgen geredet und darauf ihre Hoffnungen gesetzt hatten, waren durch einen Vertrag besiegt worden, der alles andere war als ein Abkommen zwischen zwei streitenden Parteien, sondern das Diktat eines Siegers, eines Überlegenen über Unterworfene, über Untertanen, die nur als solche gewertet wurden.

Die Erhebung der Bauern in Oberschwaben war kein Aufruhr, der mit den Waffen den Umsturz der sozialen Verhältnisse ihrer Heimat erzwingen wollte. Die Haufen glaubten vielmehr unentwegt an die Möglichkeit einer gewaltlosen Beilegung der Konflikte, die Ulrich Schmid und den Memminger Predigern vorgeschwebt hatte. Aber gerade dieses sture Festhalten an der Illusion führte sie ins Verderben. Waldburg hingegen beschritt beide Wege der Politik: den militärischen und den diplomatischen, indem er bei Leipheim und Wurzach die Bauern durch den lähmenden Eindruck der Waffen zu treffen wußte und sie im Weingartener Vertrag vermöge ihres blinden Glaubens an eine friedliche Lösung überwand und ins Unglück rennen ließ. Die Geschichte des Bauernkriegs in Oberschwaben ist ein besonders signifikanter Beweis für die Grundverschiedenheit der Haltungen der beiden Parteien, die sich hier gegenüberstanden.

KAPITEL V

DER BAUERNKRIEG IM SCHWARZWALD UND AM RHEIN

Da der Bauernkrieg nicht in einer einheitlichen, die verschiedenen Gebiete umfassenden Handlung geführt wurde, sondern in landschaftlich gebundenen Teilaktionen, müssen wir uns nun den einzelnen vom Kampf betroffenen Gegenden zuwenden. Wir werden dabei auf eine weitgehend einheitliche Grundstruktur der Ereignisse stoßen, aber auch mit starken Verschiedenheiten der Landschaft rechnen müssen, je nachdem welcher soziologischen Schicht die ersten Träger der Bewegung angehörten, je nach der Geistesart der Führer und allenfalls der Vermischung mit anderen politischen Bestrebungen. Alledem steht die Macht des Schwäbischen Bundes gegenüber, der entschlossen ist, im Interesse der Landesfürsten die Aufständischen niederzuschlagen, während diese noch durch Verhandlungen und Demonstrationen eine Verbesserung ihrer Lage und ihrer politischen Stellung zu erreichen hoffen. So ergibt sich – das wird sich zeigen – trotz aller Mannigfaltigkeit doch ein geschlossenes Bild.

Wir wenden uns zunächst dem südlichen Schwarzwald zu. Dort war es schon vor dem Beginn des eigentlichen Bauernkrieges zu Unruhen gekommen. Die damals geführten Verhandlungen waren ergebnislos verlaufen. 1525 lebte die Bewegung von neuem und in verstärktem Maße wieder auf. Führer war, wie bereits früher, Hans Müller von Bulgenbach. Er gründete auch hier eine Christliche Vereinigung, deren Aufgabe es sein sollte, die Bauern von den ihnen auferlegten unerträglichen Lasten zu befreien, und zwar soweit irgend möglich ohne Anwendung von Waffengewalt. Er ist darin also völlig eins mit den Baltringer und Allgäuer Bauern und der Memminger Christlichen Vereinigung. Die Bauern der Umgegend werden freundlich aufgefordert, der Vereinigung beizutreten. Wer das aber nicht tut, wird mit dem weltlichen Bann belegt, d. h. er wird aus aller Gemeinschaft ausgeschlossen, alle nachbarliche Hilfe wird ihm verweigert, an allem, was Gemeingut der Gemeinde ist, soll er keinen Anteil haben usw. Hiermit ist für die Bauern ein Zwangsmittel geschaffen, das auch gegen Klöster oder Adelsherren angewendet werden konnte. Das führt über die Memminger Bauern und ihre Rechte hinaus. Die Vereinigung richtet sich hauptsächlich gegen Klöster und Burgen der näheren Umgebung. Wenn sie sich der Vereinigung anschließen, sollen sie freundlich aufgenommen werden und das, was ihnen nach göttlicher Gerechtigkeit gebührt, erhalten und zugesichert bekommen. Andernfalls werden auch sie mit dem

MDXX III
SIC·OCVLOS·SIC·ILLE·GENAS·SIC·ORA·FEREBAT·
ANNO·ETATIS·SVE·XXXIIII

ALBERTVS·MI·DI·SA·SANC·ROMANAE·ECCLAE·TI·SAN·
CHRYSOGONI·PBR·CARDINA·MAGVN·AC·MAGDE·
ARCHIEPS·ELECTOR·IMPE·PRIMAS·ADMINI·
HALBER·MARCHI·BRANDENBVRGENSIS·

A. Dürer: Der Kurfürst von Mainz, Kardinal Albrecht von Brandenburg

Bann belegt. Ein Programm also, das in seiner Gewaltlosigkeit und in seinem Hinweis auf die göttliche Gerechtigkeit als letztem Maßstab den Forderungen der oberschwäbischen Bauern sehr nahe steht. Der Verfasser der Artikel ist jedoch nicht Hans Müller, sondern der Pfarrer von Waldshut, Balthasar Hubmayer. Dieser stammte nicht aus lutherischen Kreisen, er war vielmehr ein Schüler von Luthers erbittertem Gegner, Professor Johannes Eck, wiederum ein Beweis, wie wenig die »Reformation« der Bauern mit der Martin Luthers gemeinsam hat. Hubmayer war Professor in Ingolstadt, dann Domprediger in Regensburg. Dort stand er an der Spitze einer Bewegung gegen die Juden, die damals aus der Stadt vertrieben wurden. 1521 ging er nach Waldshut. Dort kam er in Berührung mit Zwingli und seinen Anhängern. Er schloß sich ihnen an, doch nicht so sehr aus religiösen wie aus sozialreformatorischen Gründen. Ein Verfassungsentwurf, den man später bei ihm fand, stimmt großenteils mit einer Schrift Zwinglis überein. Der Hauptgedanke der Hubmayerschen Schrift ist, daß auch die Obrigkeit dem göttlichen Recht unterworfen sei und daß deshalb das Volk das Recht und die Pflicht habe, die Obrigkeit daraufhin zu überwachen und sie, wenn sie nicht dem göttlichen Recht entsprechend handele, abzusetzen. Das legitimierte den Aufstand[1].

Darauf fußend, warben nun die Hegauer und Schwarzwälder Bauern für ihre Bewegung und mit gutem Erfolg. Nun aber schritt der Schwäbische Bund ein. Doch in Stockach erhielt Truchseß Georg den Befehl, mit dem Bundesheer nach Norden zu marschieren, um für die Tat der Bauern zu Weinsberg Rache zu nehmen, und so rückte er denn, sehr gegen seine Überzeugung, ab.

Inzwischen hatte sich fast der ganze Südwesten Deutschlands der bäuerlichen Bewegung angeschlossen. Nur Villingen, Radolfzell und vor allem Freiburg weigerten sich beizutreten. So zog Hans Müller nach Freiburg, um zusammen mit den dortigen Bauernhaufen die Stadt zum Anschluß zu zwingen. Das gelang, und am 23. Mai öffnete Freiburg seine Tore. Ein Vertrag wurde zwischen der Stadt und den Bauern abgeschlossen. Er gehört zu jenen Abmachungen, die im ganzen Südschwarzwald, dem Breisgau und dem Oberrheintal ein abgerundetes Gebiet schaffen, in dem die Bauern erreicht haben, was sie erreichen wollten: eine friedliche Lösung, die ihre Forderungen im wesentlichen erfüllte und dadurch für die Zukunft die politische Gesamtlage der Bauern verbessern sollte. Die innenpolitsche Entwicklung Süddeutschlands und vor allem die Lage des Bauerntums wäre eine völlig andere geworden, wenn sich dieser Zustand erhalten hätte und andere Landschaften zu einer Einigung gekommen wären, wie es z. B. im Rheingau geschah. Wir haben ja schon von diesen Verträgen gesprochen.

Doch die Hegauer Bauern wurden Anfang Juli geschlagen, und im September zwang die österreichische Regierung ihre vorderösterreichischen Untertanen im Südschwarzwald zur Unterwerfung auf Gnade und Ungnade. Nur der Klettgau hielt bis zum November stand. Am 4. dieses Monats unterlag er bei Grießen, und bald darauf wurde auch Waldshut von österreichischen Truppen besetzt. Damit war dieser hoffnungsvolle Ansatz zu einer Neuregelung der Lage des Bauernstandes vernichtet.

In der Pfalz schloß Kurfürst Ludwig von der Pfalz zu Forst bei Neustadt einen Vertrag mit den Bauern[2], der ihnen allerdings sehr wenig zugestand: ein Landtag sollte über die

Beschwerden der Bauern entscheiden, sie sollten aber sofort auseinandergehen, ehe noch der Landtag zusammengetreten war. Freundliche Gesten des Kurfürsten halfen dazu, daß die Bauern sich mit diesem Vertrag zufrieden gaben. Nicht so der Kurfürst. Er besetzte zunächst Bruchsal und unterwarf den Bruhrain. Als die Truppen des Schwäbischen Bundes von Osten heranzogen, unterwarfen sie auch die Bauern der Markgrafschaft Baden-Bruchsal ihrem Herrn. Der Kurfürst aber warf sich auf noch bestehende Reste der Bauernhaufen, er traf sie bei Pfeddersheim in der Nähe von Worms und brachte ihnen am 23. und 24. Juni eine vernichtende Niederlage bei[3]. Hunderte von Bauern sollen auf dem Rückzug oder auf der Flucht erschlagen worden sein. Auch hier war der Vertrag nur eine Scheinlösung, um die Bauern zu unterwerfen.

Von den Verträgen des Rheingaus und von Miltenberg für das ganze Erzbistum Mainz, die beide von den Fürsten ernst gemeint waren, war schon die Rede. Aber auch hier konnte die mit gutem Willen und mit friedlichen Maßnahmen beschrittene Bahn nicht zu Ende gegangen werden, da das am Neckar und in Franken siegreiche Heer des Schwäbischen Bundes einen starken Druck ausübte und zudem heranrückte mit dem klar ausgesprochenen Willen, die Bauern zu »strafen«. So mußten die Verträge wieder rückgängig gemacht werden.

An die mittelrheinische Landschaft schließen sich die Städte der Rhein-Main-Gegend, des Niederrheins und Westfalens an. Hier sind es die Städte, die zum Schauplatz einer Aufstandsbewegung werden, die dem Bauernkrieg zugerechnet werden muß. Dabei sind es die Zünfte, die zum Träger der Erhebung werden und daneben oft die Leute der Vorstädte, die meist halbbäuerlich lebten. Dazu kamen Beschwerden der Dörfer, die den Städten untertan waren. Da die Forderungen des Rheingaues, wie wir sahen, teilweise städtischen Charakter tragen, war ein Übergreifen auf die Stadt Mainz zu erwarten, was auch bald geschah[4]. Am 18. Mai wurden die Artikel des Rheingaus von Bischof Wilhelm von Straßburg, dem damaligen Stellvertreter des Mainzer Erzbischofs, angenommen, am 25. Mai begannen die Unruhen in der Stadt Mainz, und am 27. Mai nahm das Domkapitel die eingereichten 31 Artikel der Bürgerschaft an. Es sind in der Hauptsache Beschwerden der Zünfte, die vor allem die Konkurrenz der Geistlichen, die Gewerbe trieben oder Gewerbetreibende unterhielten, beseitigen wollten. Weitere Forderungen kennen wir bereits aus den 12 Artikeln und anderen Beschwerdeschriften. Als die Artikel vom Domkapitel angenommen waren, kehrte Ruhe und Ordnung wieder. Doch als das Heer des Schwäbischen Bundes herannahte, boten Abgesandte aus Mainz schon im Lager von Pfeddersheim ihre volle Unterwerfung an. Man sieht, welchen lähmenden Schrecken das drohende Heer schon von weitem verbreitete, obwohl die gemachten Zugeständnisse bescheiden waren.

Die Ereignisse in Frankfurt[5] glichen weithin denen im benachbarten Mainz. Dort hatte Dr. Gerhard Westerburg, nachdem er als Freund Karlstadts aus Sachsen ausgewiesen war, gepredigt und einen kleinen Kreis von Bürgern als »christliche« oder »evangelische Brüder« zusammengeschlossen. Sie überreichten am 20. April dem Rat der Stadt 42 Artikel. Diese verlangten, wie dies auch anderwärts geschah, die freie Wahl der Geistlichen, die anderen Forderungen hatten wirtschaftlichen oder politischen Charakter. So sollten etwa die Geistlichen nicht mehr von Steuer und Diensten der Stadt befreit sein, Gülten und ewige Zinsen ablösbar werden und nur dann noch weiter zu zahlen sein, wenn sie urkundlich beglaubigt waren. Judenwucher sollte verboten sein, das Ungeld ermäßigt werden. Die politische Forderung, daß der eine der beiden Bürgermeister aus dem Kreis der Gemeinde, also vor allem der Zünfte genommen werden sollte, war bedeutsam, wurde aber im Lauf der Verhandlungen bald aufgegeben. Andere, kleinbürgerliche Forderungen schlossen sich in ziemlich willkürlicher Aufreihung an. Radikal waren diese Artikel also keineswegs. Denn die Rechte und die wirtschaftliche Stellung der Patrizier wurde in ihnen nicht ernstlich angegriffen.

Der Rat nahm denn auch die Forderungen an. Ein Zehnerausschuß sollte die Durchführung regeln. Daraufhin kehrte die Ruhe wieder ein. Alles schien zur Zufriedenheit beigelegt. Doch unter dem Druck des Schwäbischen Bundes, der nach seinen Siegen in Franken Frankfurt mit seinem Heer bedrohte, ehe es nach Würzburg weiterzog, wurde

A. Dürer: Fackeltanz zu Augsburg

Meister MZ: Tanzfest von Patriziern

Gerhard Westerburg, das Herz der Bewegung, ausgewiesen, und bald darauf lieferte man den Kurfürsten von der Pfalz und von Trier, die mit dem Schwäbischen Bund zusammen gefochten hatten, die Artikelbriefe aus.

Doch wirkten die Frankfurter Artikel am Niederrhein, in Westfalen, in Hessen usw. zusammen mit den schwäbischen 12 Artikeln auf die dortigen Geschehnisse ein. Sie wurden in Frankfurt sofort nach ihrer Vorlage gedruckt und dadurch weit verbreitet.

Dem Frankfurter Vorbild folgten in freier Form Wiesbaden, Hanau, Friedberg und Gießen, Wetzlar und Limburg, ebenso rheinabwärts Oberwesel und Boppard.

Eine besondere Stellung nahm Köln ein. Zwar holte sich der Führer der Aufständischen, der Faßbinder Wilhelm Krieger, bei den Rheingauern Rat, so daß eine Verbindung zu den bäuerlichen Aufständischen besteht, doch der ganze Verlauf der Kölner Unruhen und der Gegenstand der Auseinandersetzungen weist ihnen einen Platz in den Jahrhunderte hindurch andauernden inneren Kämpfen in Köln zwischen den Handelsherren und den Zünften an, nicht aber in der bäuerlichen Erhebung. Die

154 Artikel der Zünfte richten sich vor allem gegen die »große Gesellschaft«, also gegen die Stellung der Patrizier in der Stadt, sodann verlangen sie u. a. Ablösbarkeit der Renten und eine Hilfskasse, die zu 5 % Geld an alle Bürger Kölns verleihen sollte, sie protestieren gegen die Sonderstellung der Geistlichen und gegen die städtische Verwaltung. Damit nehmen sie eine gewisse Sonderstellung trotz der Übereinstimmungen mit den Frankfurter Forderungen ein.

Ähnlich wie in Frankfurt spielen sich die Auseinandersetzungen in Dortmund, Münster, Osnabrück und Bonn ab. Aber überall dort sind es nur die Städte, wo es zu Unruhen kommt. Das flache Land verhält sich noch still, aber es ist anzunehmen, daß sie auch dorthin übergegriffen hätten, wenn sie lange genug gedauert hätten.

Von Fulda, das seinen eigenen Weg ging und sein eigenes Schicksal hatte, war schon oben die Rede. Es ergänzt das hier gewonnene Bild.

So verbleiben uns noch zwei Gebiete der Unruhen in Deutschland und der Bauernkrieg in Österreich, Salzburg, Kärnten und Tirol. Dort sind es die neben Oberschwaben am meisten behandelten und am stärksten im Gedächtnis des ganzen Volkes haftenden Kämpfe in Franken, am Neckar und am Main einerseits und anderseits die Unruhen und blutigen Kämpfe in Thüringen, besonders in Mühlhausen, die geführt wurden von Thomas Müntzer. Anschließend daran werden wir noch vom österreichischen und Tiroler Bauernkrieg sprechen müssen, um das Bild abzurunden.

A. Altdorfer: Pfeifer

KAPITEL VI

DER BAUERNKRIEG IN WÜRTTEMBERG UND FRANKEN

Weinsberg — Luthers Wendung gegen die Bauern — Württemberg — Das Ries und
Franken — Aufbaupläne — Niederwerfung

Unabhängig von den württembergischen Bauern, an deren Spitze Matern Feuerbacher
stand, sammelten sich Bauernhaufen im Neckar- und Taubertal. Dabei spielte Rothenburg o. d. Tauber eine führende Rolle. Auch der südliche Odenwald und das Hohen-
lohische Land schlossen sich mit ihren eigenen Forderungen an. Einer dieser Haufen,
den Jäcklin Rohrbach, ein händelsüchtiger Hitzkopf, führte, stieß auf die Stadt und
Burg Weinsberg bei Heilbronn. Dorthin hatte die Stuttgarter Regierung eine Besatzung
unter dem Kommando des Grafen Ludwig von Helfenstein gelegt, der als das Haupt
der württembergischen, das Land gegen die Bauern verteidigenden Truppen wirken
sollte. Infolgedessen hatten die Bauern alles Interesse daran, Weinsberg zu nehmen
und nicht einen militärischen Stützpunkt von solcher Bedeutung in ihrem Rücken oder
mitten in ihrem Aktionsgebiet bestehen zu lassen. Dazu kam, daß Graf Helfenstein
im Gegensatz zu den meisten anderen Fürsten und Herren einen sehr scharfen Ton
gegen die Bauern angeschlagen und dementsprechend auch gehandelt hatte. Bauern,
die dem Haufen zuziehen wollten, ließ er niederstechen, und diejenigen aus dem Amt
Weinsberg, die den heimatlichen Hof verlassen hatten, um sich den Haufen anzuschließen, rief er mit der Drohung zurück, er werde, wenn sie nicht gehorchten, ihre
Höfe anzünden lassen und ihre Frauen und Kinder ihnen nachjagen. Das hatte böses
Blut gemacht, hauptsächlich des angeschlagenen Tones wegen. Die Chronik des Thomas Zweifel berichtet außerdem, die Weinsberger hätten, während die Bauern mit
ihnen verhandelten und die Übergabe der Burg vorschlugen, einen noch rückwärts
liegenden Teil der Haufen überfallen und dabei einige Leute getötet und verwundet.
Wie das im einzelnen auch sei, jedenfalls waren die Bauern gereizt und der Helfen-
steiner mehr noch als bisher zu einer verhaßten Figur geworden.
So griffen denn die Bauern am Ostermorgen, am 6. April, Weinsberg an. Wir wären
geneigt, es der Stellung des Grafen wegen als das feindliche Hauptquartier zu bezeichnen, doch würde das eine Überschätzung der Streitkräfte Württembergs in der damaligen Zeit bedeuten. Aber wichtig war Weinsberg für die Bauern rein militärisch auf
jeden Fall.
Der Angriff verlief durchaus in den damals üblichen Formen. Zwei Herolde erschienen
vor der Stadt und verkündeten: »Eröffnet Schloß und Stadt dem hellen christlichen

Götz von Berlichingen, Glasbild im Schloß Jagsthausen

H. Baldung Grien   Schloß Weinsberg

Gegenüberliegende Seite:
H. Baldung Grien   Deutschordensschloß Stocksberg

A. Dürer Matthäus Lang, Erzbischof von Salzburg

Haufen, wo nit, so bitten wir um Gottes willen, tut Weib und Kind aus ihr: denn beede, Schloß und Stadt, werden den freyen Knechten zum Stürmen gegeben.« Ehe noch Graf Helfenstein antworten konnte, stieß einer seiner Ritter Drohworte gegen die Bauern aus und ließ zwei Schüsse aus Feuerbüchsen abgeben. Daraufhin begann der Angriff. Die Ritter verloren bald den Mut und wollten auf ihren Pferden entfliehen, aber die Bürger riefen ihnen zu:»Wollt ihr uns allein in der Brühe stecken lassen?« Die Ritter flüchteten nun in eine Kirche, die über der Stadt auf einer Anhöhe stand, aber vergeblich, denn von allen Seiten drangen die Bauern in die Stadt und in die Burg ein. Die ganze Besatzung — es waren 80 Ritter mit den dazugehörigen Knechten — wurde entweder im Kampf getötet oder gefangengenommen.

Die Bewohner von Weinsberg wurden geschont, 18 von ihnen waren gefallen, den anderen nahm man nur die Waffen ab. Die ganzen Maßnahmen waren also wohl-überlegt und nicht Affekthandlungen der Bauern oder Jäcklin Rohrbachs. Am nächsten Morgen in aller Frühe entschied man über das Schicksal der Gefangenen. Man beschloß, die gefangenen Ritter zu töten. Ein verpflichtendes Gewohnheitsrecht über die Gefangenenbehandlung gab es noch nicht, aber es galt doch als häßlich, sie nicht zu schonen. Immerhin war es in diesem Fall sehr verständlich; denn einen sicheren Gewahrsam, aus dem sie nicht ausbrechen oder befreit werden konnten, hat-ten die Bauern in den unsicheren Verhältnissen nicht, und einen so energischen Offi-zier wie den Grafen Helfenstein am Leben zu wissen, bedeutete für sie eine große Gefahr.

Aber — und das hatte Folgen für die Zukunft — die Bauern ließen die Ritter durch eine Gasse von Spießen laufen, und das war eine schimpfliche Form der Hinrichtung, wie sie nur bei den Landsknechten üblich war. Das verdachte man den Bauern sehr, daß sie eine so gar nicht standesgemäße Form für den Tod dieser Ritter wählten. Die Zahl war nicht groß, es dürften etwa 15 Ritter gewesen sein. Die Frau des Grafen von Helfen-stein, eine natürliche Tochter Kaiser Maximilians, ließ man mit ihren Kindern und einer Begleiterin auf einem Mistwagen nach Heilbronn fahren, was die Entrüstung allenthalben noch steigerte. Die Gräfin scheint eine ausgezeichnete Haltung bewahrt zu haben. Die beste Schilderung des Tages von Weinsberg verdanken wir Justinus Kerner (1786—1862). Er ließ sie unter dem Titel erscheinen: Die Bestürmung der würt-tembergischen Stadt Weinsberg durch den hellen christlichen Haufen im Jahre 1525 und deren Folgen für die Stadt, aus handschriftlichen Überlieferungen der damaligen Zeit dargestellt[1]. Dieser Tag von Weinsberg bewirkte einen großen Umschwung in der Stimmung des ganzen Volkes gegenüber den Bauern, und bald wird man überall nur mehr von der »Schreckenstat von Weinsberg« sprechen. Der Bund tat dazu, was er konnte. Er berief seinen Feldherrn, den Truchseß von Waldburg, schnellstens von seinem Kriegsschauplatz ab, um für Weinsberg Rache zu nehmen, obwohl er gerade im Begriff war, den Aufstand der Hegauer und des südlichen Schwarzwaldes zu einem für den Schwäbischen Bund günstigen Abschluß zu bringen.

Zu verstehen ist dieser Umschwung der öffentlichen Meinung nur aus dem noch un-erschütterten ständischen Denken des deutschen Volkes dieser Zeit. Denn an sich übertrafen die Zahlen der in Oberschwaben und im Elsaß erschlagenen oder in den Tod in Sumpf und Wasser gedrängten Bauern die Zahl der Opfer von Weinsberg um das Viel· hundertfache. Aber davon redete man nicht. Die Tatsache aber, daß die Bauern hier *Ritter* durch die Spieße gejagt hatten und daß sie die Kaisertochter auf einem Mistwagen hatten fahren lassen — das war es, was die öffentliche Meinung gegen die Bauern aufbrachte, und das ist es auch, was heute noch in der Literatur das Urteil über die Bauern von 1525 weithin bestimmt. Wenn wir uns an die schweren Verluste, die die Bauern damals schon erlitten hatten, erinnern und die sie in den folgenden Jahren noch erleiden sollten, so ist dieser Stimmungswechsel wohl nur daraus zu erklären, daß man es seit Jahrhunderten für selbstverständlich hielt, daß der Bauer dem Adel untertan sei[1a] und daß sein Tun mit anderem Maßstab gemessen werden müsse als das der Herren. Das kam natürlich dem Schwäbischen Bund sehr zugute, und wir dürfen annehmen, daß er den »Tag zu Weinsberg« für seine Zwecke zu nutzen verstand.

Luthers Wendung gegen die Bauern

Den deutlichsten Ausdruck fand dieser Umschlag der Stimmung in Luthers Schriften, die ihrerseits die neue Meinungsbildung aufs stärkste beeinflußt haben. Es handelt sich um folgende Schriften:
An den Christlichen Adel teutscher Nation, 1520
Von der Freyheyt aines Christenmenschen, 1520
Eyn trew Vormanung tzu allen Christen, sich tzu vorhuten fur Auffruhr und Empörung, 1522
Ermanunnge zum fride auf die zwelf artikel der Paurschafft in Swaben, 1525
Wider die mordischen und reubischen Rotten der Pawren, 1525
Eyn Sendebrieff von dem harten buchlein widder die bauren, 1525
Eyn Schrecklich geschicht und gericht Gottes über Thomas Müntzer, 1525.
Wir erinnern uns, daß Luther in den älteren dieser Schriften großes Verständnis für die Nöte der Bauern und für die Gründe einer Bewegung zeigt. Er schreibt 1522 in »Ein treu Vermahnung«: »... denn der gemeyne man, yn bewegung und vordreiess seyner beschedigung am gut, leyb und seel erlitten tzu hoch vorsucht und ubir alle mass vonn yhn auffs aller untreulichst beschweret, hynfurt solchs nymmer leydenn muge noch wolle, und datzu redliche ursach habe mit pflegeln und kolben dreyn tzu schlagen, wie der Karst hans drauet.« Noch im April 1525 heißt es in der »Ermahnung zum Frieden« zu den Fürsten gewendet: »Erstlich mügen wir niemand auf Erden danken solchs Unraths und Aufruhrs, denn euch Fürsten und Herrn ... die ir ... im weltlichen regiment nicht mehr thut, denn das ir schindet und schatzt, euren Pracht und Hohmuth zu fuhren, bis der arme gemeine Mann nicht kann noch mag länger ertragen. Das Schwert ist euch auf dem Halse; noch meinet ir, ir sitzt so feste im Sattel, man werde euch nicht mügen ausheben. Solche Sicherheit und verstockte Vermessenheit wird euch den Hals brechen; das werdet ihr sehen ...« Und weiter: »... sollt ir das Toben und störrige

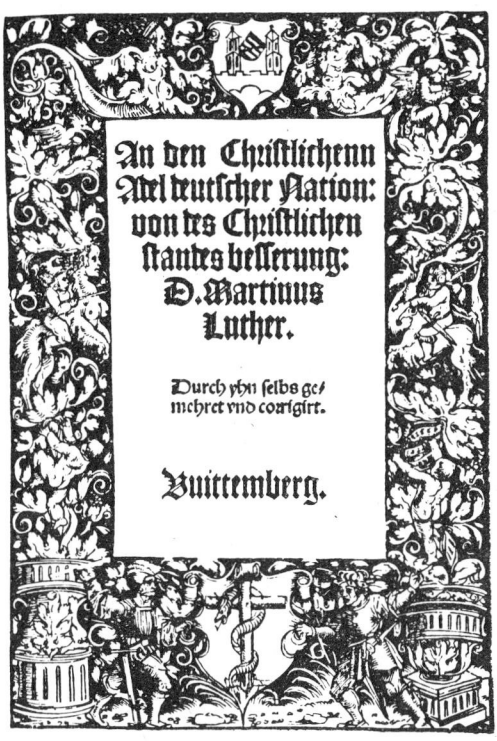

Titelblatt der Wittenberger Ausgabe von Luthers Flugschrift, 1525

Tyrannei lassen und mit Vernunft an den Bauern handeln ... Suchts zuvor gütlich ...
sie haben zwölf Artikel gestellet, unter wilchen etliche so billig und recht sind ... die
anderen Artikel, so leibliche Beschwerunge anzeigen, als mit dem Leibfall, Aufsätze
und dergleichen, sind ja auch billig und recht ...« '
Diese Stellen zeigen deutlich sein Verständnis für die weltlichen Forderungen der
Bauern. Er sagt ja zu der Empörung der Bauern über ihre Lage und darum auch ja zu
ihren Forderungen. Aber nicht zu der Art, wie sie diese Forderungen vertreten. In seinen Augen ist es schon Aufruhr, wenn sie sich »zusammenrotten«, sei es auch nur zu
dem Zweck, ihren Forderungen dadurch Nachdruck zu verleihen und nicht Gewalt anzuwenden. Aufruhr verträgt sich nicht mit seinem Begriff von Obrigkeit und ist für ihn
Unrecht. Darum schreibt er auch schon im zweiten Teil der zitierten »Eyn trew Vormanung«: »... eyn affruhr ... so ist doch die weyse keyn nutz, brengt auch nymer
mehr die besserung, die man da mit sucht. Denn auffruhr hat keyn vernunfft, und
gehit gemeynicklich mehr ubir die unschuldigen denn ubir die schuldigen. Darum ist
auch keyn auffruhr recht, wie rechte sach er ymer haben mag. Und folget allerzeyt

mehr schadens denn besserung dar auss … Item niemand kan seyn eygen richter seyn … ist ynn disser sach, der auffruhr eyn sonderlich gewiss eyngeben des teuffels …« 1525 folgte die »Ermahnung zum Frieden auf die 12 Artikel der Bauernschaft in Schwaben«. Sie wiederholt die Mahnung von 1522, vom Aufruhr abzustehen. Doch sind andere Warnungen hinzugefügt. Es ist nicht *allein* die Radikalität des Vorgehens der Bauern, die Luther gegen sie aufruft. Denn mit einem harten Ringen hatte er schon 1522 gerechnet. Er schrieb damals: »Fahren die Fürsten fort … so befürchte ich sehr, es stehe ein Aufruhr bevor, welcher in ganz Deutschland Fürsten und Magistrate vernichten und zugleich den ganzen Klerus mit einwickeln wird[2].« Nicht eine Gewalttat wie die von Weinsberg allein ist es, was sein Verhalten bestimmt. Vor allem erregt es seinen Unwillen, daß die Bauern, wie wir oben besprochen haben, sich auf das Evangelium berufen und die göttliche Gerechtigkeit zum Maßstab dessen, was recht und billig ist, machen wollen. Er schreibt: »… nachdem der leidige Satan itzt viel wilder Rottengeister und Mordgeister unter dem Namen des Evangeli hat erweckt, und damit die Welt erfüllet … lieben Brüder, ihr führet den Namen Gottes und nennet euch eine christliche Rotte oder Vereinigung und gebt fur, ir wöllet nach dem Göttlichen Recht fahren und handeln. Wohlan so wisset ihr ja auch, daß Gottes Name, Wort und Titel soll nicht vergeblich noch unnütze angezogen werden …« Hier stoßen wir auf den entscheidenden Punkt in der Stellung Luthers zum Bauernkrieg 1525. Das wird noch deutlicher, wenn es in derselben Schrift weiterhin heißt: »Auf dass ihr euch noch weiter versündigt, und ja ohn alle Barmherzigkeit zu scheitern gehet: so fahen etliche an und geben dem Evangelio die Schuld, sprechen: das sei die Frucht meiner Lehre … Ihr und jedermann muss mir Zeugnis geben, dass ich mit aller Stille gelehret habe, heftig wider Aufruhr gestritten, und zu Gehorsam und Ehre, auch euer tyrannischen und tobenden Oberkeit, die Unterthanen gehalten und vermehnet mit höchstem Fleiss, dass diese Aufruhr nicht kann aus mir kommen; sondern die Mordpropheten, wilche mir ja so feind sind, als euch, sind unter diesen Pöfel kommen … und niemand so fast gewehret und widerstanden, als ich alleine.« Und an einer anderen Stelle: Wenn sie weiter sich auf das Evangelium beriefen, »so muss ich die Sache nicht anders verstehen, denn dass sie mir gelte und euch für Feinde rechnen und halten, die mein Evangelion dämpfen oder hindern wollen, mehr denn Papst und Kaiser bisher getan haben …« Und schließlich: »Wenn nu diess zu euch kompt, so schreiet nicht sobald: Der Luther heuchlet den Fürsten, er redt wider das Evangelion. Leset zuvor, und sehet meinen Grund aus der Schrift; denn es gilt euch …« Hier wird es völlig deutlich, daß Luther erst jetzt erkannt hat, daß die Erhebung der Bauern als religiös-soziale Bewegung anzusehen war, die glaubte, sich auf das Evangelium berufen zu können, und damit in die Nachbarschaft seiner eigenen Reformation geriet, obwohl diese andere Ziele verfolgte. Das konnte gefährlich für seine Sache werden, wenn er vor der Öffentlichkeit nicht den Unterschied und Abstand seiner Lehre von den bäuerlichen Reformgedanken mit aller Entschiedenheit zum Ausdruck brachte. Sein »Evangelion« mußte auf alle Fälle und trotz allen Schadens, den er damit anrichtete, vor Mißdeutungen geschützt werden. Doch war er in seiner Stellungnahme noch nicht so weit, als er die »Ermahnung zum Frieden« schrieb. Denn da schwebt ihm noch eine vertragliche Lösung der Differenzen vor, denn er schreibt:»Darum wäre mein treuer Rath, dass man aus dem Adel etliche Grafen und Herren, aus den Städten etliche Rathsherren erwählete, und die Sachen liessen freundlicher Weise handeln und stillen, dass ihr Herren euren steifen Muth herunter liesset, wilchen ihr doch müsset zuletzt lassen, ihr wöllet oder wöllet nicht, und wichet ein wenig von euer Tyrannei und Unterdrückunge, dass der arme Mann auch Luft und Raum gewünne zu leben. Wiederumb, die Bauren sich auch weisen liessen, und etlich Artikel, die zu viel und zu hoch greifen, ubergäben und fahren liessen, auf dass also die Sache, ob sie nicht mag in christlicher Weise gehandelt werden, dass sie doch nach menschlichen Rechten und Vertragen gestillet werde[3].«

Und doch besteht auch hier schon ein weitgehender Unterschied in der Haltung Luthers und der Bauern. Luther wendet sich voll Optimismus an die Fürsten und Herren. Er hofft auf ein freundliches Entgegenkommen der Fürsten aus Gnade und Erbarmung auf Grund der Einsicht, daß sie die Bauern zu sehr unterdrücken und belasten. Das aber ist nicht der Gedankengang und Wille der Bauern. Sie wollen keine Gnade, kein Geschenk, sondern sie fordern ihr Recht. Das ist ein sehr großer Unterschied, und daher lehnt Luther jene Artikel ab, die sich auf das Recht berufen.

Denn man darf über dem den Bauern günstigen Drängen Luthers auf eine gütliche Einigung nicht übersehen, daß die »Ermahnung zum Frieden« auch eine sehr heftige Kritik enthält, die sich, abgesehen von einer scharfen Wendung gegen jeden Aufruhr, auch gegen ganz bestimmte Forderungen richtet, am deutlichsten an folgender Stelle: »Auf den andern Artikel. Die Zehnte sollen dem Pfarrherr und armen Leuten ausgetheilet werden, das Übrige behalten zur Lands Noth etc. Dieser Artikel ist eitel Raub und offentliche Strauchdieberei. Denn da wöllen sie den Zehenden, der nicht ihr, sondern der Oberkeit ist, zu sich reissen, und damit machen, was sie wöllen ... Auf den dritten Artikel ... Darumb ist dieser Artikel straks wieder das Evangelion und räubisch ...« Das zeigt, daß Luther dadurch, daß er an dem ererbten sehr starren Begriff der Obrigkeit unbedingt festhält, doch von vorneherein einen weiten Abstand von der Bewegung der Bauern hat.

Deutlicher noch wird das aus einer Korrespondenz Luthers und Melanchthons mit einem sächsischen adeligen Herrn von Einsiedel. Dieser hatte sich an Luther gewandt, da er sich in seinem Gewissen bedrückt fühlte durch die Frondienste, die er von seinen Bauern verlangte. Luther redete ihm diese Bedenken aus zusammen mit Melanchthon, der sich dabei auffallend scharfer Worte bediente. Denn er ist der Ansicht, für ein so ungezogenes Volk wie die Deutschen sei die Leibeigenschaft eher zu milde, und auf alle Fälle müsse die Obrigkeit ihre Strafgewalt strenger handhaben[4].

Diese Anschauung kann zwar nicht ohne weiteres von Melanchthon auf Luther übertragen werden, aber da sie in einem gemeinsamen Brief an den Herrn von Einsiedel steht, fällt auch ein Schatten davon auf Luther. Denn bis zu gewissem Grade muß doch eine Übereinstimmung zwischen beiden Reformatoren vorausgesetzt werden, da nirgends eine Gegensätzlichkeit oder Verschiedenheit der Meinung zu spüren ist. Jedenfalls scheinen beide von hier aus gesehen der Sache der Bauern sehr fernzustehen.

L. Cranach d. Ä.: Melanchthon

In diesem Zusammenhang ist noch einer anderen Äußerung Luthers zu gedenken. 1524 hatte er sich wegen Thomas Müntzer, seinen einstigen Gesinnungsgenossen, an den Kurfürsten Friedrich den Weisen von Sachsen gewendet und ihn an seine Obrigkeitspflicht erinnert. Er schrieb damals: »Darum Euer Kurfürstlichen Gnaden hier nicht zu schlafen noch zu säumen ist, denn Gott wird's fordern und Antwort haben wollen um solch hinlässigen Brauch und Ernst des anvertrauten Schwerts.« In dem Augenblick nun, wo beides, die Radikalisierung der Bauernbewegung und das Sichberufen auf Gottes Wort, deutlich wird und unmittelbar vor Luther hintritt, vollzieht sich die endgültige Wendung in seiner Haltung, die entsprechend seinem leidenschaftlichen Temperament in den allerschärfsten Worten in einer Flugschrift sich äußert, die über ganz Deutschland verbreitet wird.

Vom 30. April bis zum 12. Mai war es bei den Thüringer Bauern zu einem wüsten Ausbruch gekommen. Zahlreiche Klöster in der Harzer Gegend wurden überfallen und zum Teil niedergebrannt. Luther stellte sich diesen Haufen entgegen. Aber vergeblich. In Nordhausen gerät er in unmittelbare Gefahr. Als er dort in seiner Predigt auf das Bild des Gekreuzigten hinweist, wird er verhöhnt. Man läutet Sturm, und Luther entkommt nur mit Mühe der aufgeregten Masse[5]. Hier stand er zum erstenmal kämpfenden Bauern gegenüber, und zwar solchen, die jede ruhige Überlegung verloren hatten.

Dumß ließe herrē lofet hie, rettet hie, helfft hie, erßarmet euch der armen leut, Steche, fchlahe, würge hie wer da kan,

In höchster Erregung schrieb er unmittelbar unter dem Eindruck dieser Thüringer Ausschreitungen in Nordhausen, Mansfeld und Stolberg die Flugschrift:»Wider die räuberischen und mörderischen Rotten der Bauern.« Sie gipfelt in dem Satz:»Steche, schlahe, würge, hie wer da kan. bleybstu drüber tod, wol dyr, seliglicheren tod kanstu nymer mehr vberkomen. Denn du stirbst ym gehorsam göttlich worts.« Das war an Schärfe kaum noch zu überbieten und war geschrieben von einem Mann, auf den sich manche Bauern beriefen als einen der Ihrigen und der selber in Flugschriften teilweise zu ihren Gunsten gesprochen und für eine friedliche Beilegung des Konfliktes geworben hatte. Es ist nicht nur der eine Satz, der diesen Ton anschlägt, sondern die ganze Flugschrift redet die gleiche Sprache. Man sehe sich nur die Stelle an:»... eitel Teufelswerk treiben sie ... dreierlei greuliche Sunden wider Gott und Menschen laden diese Baurn auf sich ... als die offentlichen Strassenräuber und Mörder ... der Oberkeit, so da kann und will ... solche Baurn schlahen und strafen, will ich nicht wehren ... treulose, meineidige, ungehorsame, aufrührische Mörder, Räuber, Gotteslästerer ... so sol nu die Oberkeit hie getrost fortdringen und mit gutem Gewissen dreinschlahen, weil sie eine ader regen kann ... wer auf der Oberkeit Seiten erschlagen wird, ein rechter Märterer für Gott sei ...«
Allerdings darf man auch nicht übersehen, daß Luther seine Schrift »Wider die räuberischen und mörderischen Rotten der Bauern« zuerst als Anhang zu seiner »Ermahnung zum Frieden« unter dem Titel:»Auch widder die reubischen und mordischen Rotten der anderen bawren« herausgebracht hat[6]. Dieser Titelfassung nach scheint also Luther zunächst die räuberischen und mörderischen Bauern von den »anderen Bauern«, d. h. von denen, welche zum Frieden neigen und an welche die Ermahnung sich gerichtet hatte, zu unterscheiden, und man könnte meinen, seine entschiedene Abkehr und seine Aufforderung zum Niederwerfen sollte nur den gewalttätigen Elementen, wie er sie am Harz kennengelernt hatte, gelten. Doch der Wortlaut der Schrift selbst läßt diese Annahme nicht zu. Denn sie unterscheidet deutlich die Bauern von früher, d. h. zu Beginn der Unruhen, von den Bauern heute, vom Mai 1525. Denn es heißt deutlich: »... greifen mit der Faust drein, mit Vergessen ihres Erbietens ... nu denn sich solche Baurn und elende Leute verführen lassen, *und anders thun, denn sie geredt haben, muss ich auch anders von ihnen schreiben ...*[7].« Daraus geht unmißverständlich her-

Titelblatt der Lutherischen Flugschrift gegen die Bauern, 1525

vor, daß für ihn jetzt *alle* Bauern mit den radikalen Elementen gleichzusetzen sind. Und so ist denn auch keine Rede mehr von der Möglichkeit eines friedlichen Ausgangs der Streitigkeiten, vielmehr wird nun die Obrigkeit aufgefordert, rücksichtslos das Schwert zu gebrauchen.

Luther selbst muß es, kaum daß er die Flugschrift herausgegeben hatte, nicht ganz behaglich gewesen sein. Denn er ließ kurz darauf eine weitere Schrift in die Welt hinausgehen mit dem Titel »Ein Sendebrief von dem harten. Büchlein wider die Bauern«. Darin heißt es: »... habe ich mussen ... antworten, weil des Klagens und Fragens uber mein buchlin wider die aufruhrischen Baurn ausgangen, so viel wird, als sollt es unchristlich und zu hart sein ... sie rufen und ruhmen: Da siehet man des Luthers Geist, dass er Blutvergiessen ohn all Barmhericeit lehret, der Teufel muss aus ihm reden!« Aber die Schrift wider die räuberischen Bauern war verbreitet worden, eine zweite konnte ihre Wirkung nicht mehr eindämmen oder gar auslöschen, sie ist nur ein Zeugnis für Luthers innere Unruhe über die erste.

Die Folgen können kaum ernst genug eingeschätzt werden. Zunächst einmal lösten sich die Bauern nun ganz von Luther. Ihnen schlossen sich weite Kreise der Intellektuellen an, die diese Wendung des Reformators nicht gutheißen konnten oder wollten. Das bedeutete aber, daß seine Sache erheblich an Volkstümlichkeit verlor. Denn die Bauern bildeten damals die Hauptmasse des Volkes und wurden, wo sie Untertanen von Fürsten und Herren, die zur Reformation hielten, waren, in ausgedehnten Landstrichen zwangsweise zu Angehörigen von Luthers Kirche. Da Luther zu derselben Zeit sich enger an einzelne Landesherren anschloß und sich in deren Schutz begab, bedeutete das eine starke Veränderung der hinter ihm stehenden Anhängerschaft.

drumb wie ich dazu mal ge=
schrieben habe / so schreybe ich noch / der hallstar=
rigen/ verstockten/verblendten bauren/die yhn nicht
sagen lassen / erbarme sich nur niemand / sondern/
hawe / steche/ würge /schlahe dreyn'/ alls vnter/die
tollen hunde / wer da kan / vnd wie er kan /

Dunckt sie solch antwort zu hart/ vnd geben
fur/es sey mit gewallt geredt vnd das maul gestopfft/
Sage ich / das ist recht / denn eyn auffrurischer ist
nicht werd /das man yhm mit vernunfft antworte/
denn er nympts nicht an /Mit der faust mus man
solchen meulern antworten / das der schweys zur=
nasen ausgehe/

Auf der anderen Seite waren die Folgen auch für die Bauern augenfällig. Die ruhigeren Elemente, die vorher mit ihnen sympathisiert hatten, wollten nun mit einer Sache, die selbst Luther leidenschaftlich von sich stieß und die er blutig verfolgt wissen wollte, nichts mehr zu tun haben.

Die Obrigkeit wurde von Luther zur Erledigung der Frage aufgerufen. Das aber hieß, daß die Bauern den Landesfürsten, welche die Macht ihres Staates durch die Überwältigung dieser Untertanen vergrößern wollten, ausgeliefert wurden. Nur so ist es zu verstehen, daß die blutige Unterwerfung der Bauern und das darauffolgende »Strafen« allenthalben ohne Widerspruch hingenommen wurde.

Selbstverständlich bedeutete das nicht, daß die mit den Bauern gemeinsame Sache machenden sozial niederen Schichten der städtischen Bevölkerung, die Zünfte u. a. nun ihre Bundesgenossenschaft mit den Haufen aufgegeben hätten. Die Sache der Bauern war auch ihre Sache, und sie mußten sich von Luthers Schimpf- und Schmähreden auch selbst angegriffen fühlen. Sie blieben der Sache der Bauern treu. Den Gegnern Luthers gaben natürlich diese Bauernschriften neuen Auftrieb. Die katholischen Schriftsteller Cochläus und Surius werfen ihm den Wechsel seines Standpunktes nachdrücklich als Verrat an ihrer Sache vor, obwohl sie keineswegs mit den Bauern sympathisierten. So schreibt Surius in seinem Commentarius brevis: »Lutherus, ubi vidit miseram turbam armis principum ... horrendum in modum concisam et profligatam, mox verso stylo scripsit librum in rusticos: ut se principibus venditaret homo nequam est versutus ...[8]«, und 1526 verfaßte Johann Fündling eine Schrift: »Anzaigung zwayer falschen Zungen des Luthers, wie er mit der einen die paurn verfüret, und der andern sy verdammt hat[9].« Sebastian Franck erzählt: »So oft die Päpstlichen von da an zu der Lutherischen Predigt läuten hörten, sagten sie: da läutet man wieder die Mordglocke.« Luthers Bauernschriften bewirkten also eine Minderung der den Bauern, aber auch Luther entgegengebrachten Sympathien. Daß sie für die Bauern selbst eine bedeutsame Folge hatten, ist anzunehmen, wenn auch nicht zu beweisen. Sie waren offenbar aus dem Gleis geworfen. Hatte man bisher immer wieder eine gewaltlose Lösung angestrebt, so schien das nun angesichts der leidenschaftlichen Aufforderung Luthers zur blutigen Niederwerfung der Haufen endgültig ausgeschlossen. Jetzt hörte man nur mehr auf die Stimme radikaler Werbung für den Kampf mit allen Mitteln, auch wenn sie mit so starken Tönen und leidenschaftlichen Worten wie z. B. Thomas Müntzer kam. Der Glaube an die den Bauern zum Sieg verhelfende Macht der »göttlichen Gerechtigkeit« war sicher schwer erschüttert.

Württemberg

Doch kehren wir nun zurück zu den kriegerischen Ereignissen! Ihr Schwerpunkt lag im ersten Abschnitt des Krieges in Oberschwaben, im zweiten in Franken, am Neckar und Main, im dritten in Thüringen. Doch gibt es — und das ist für die Kämpfe von 1525 charakteristisch — einzelne Landschaften, die sich an keinen der Hauptschauplätze und die dort kämpfenden vereinigten Haufen der Bauern angegliedert haben, sondern ihren eigenen Krieg für sich selbst geführt haben, ja, die sich, wie z. B. Württemberg, systematisch gegen die anderen Haufen abgeschlossen haben, natürlich nicht zum Vorteil des Ganzen. Es sind dies Württemberg, das Ries und das Bistum Würzburg.

Für Württemberg ergab sich diese Sonderart vor allem aus der Verbindung mit dem Schicksal des Herzogs Ulrich. Er war 1516 und 1518 mit der Begründung, daß seine Regierung Mißstände aufwies, vom Kaiser geächtet und vom Schwäbischen Bund, nachdem er noch die Reichsstadt Reutlingen erobert hatte, vertrieben worden. Nun versuchte er mit Hilfe der Bauern, die er ein paar Jahre vorher keineswegs freundlich behandelt hatte, sein Land wieder in die Hand zu bekommen. Für einen Teil der Bauern war die Sache des Herzogs das wichtigste, für den anderen jedoch die Bauernbewegung, vor der alles andere, auch die Rückführung des Herzogs in den Hintergrund treten mußte. Dieser Gruppe gehörte der eigentliche Führer der württembergischen

H. S. Beham: Von Landsknechten überfallene Bauern

Bauern, Matern Feuerbacher, an. Er war ein wohlhabender Mann aus Bottwar. Ihm kam es vor allem darauf an, die Ordnung wiederherzustellen oder aufrechtzuerhalten. Er übernahm, wie er gesagt haben soll, die Hauptmannschaft des Haufens, um den Anschluß an die Scharen, die am Tage von Weinsberg beteiligt waren, zu verhindern, von denen er sich nicht Gutes versprach. Im Grunde war er kein Mann der Bauernbewegung. Er suchte, soweit er irgend konnte, Adel und Geistlichkeit zu schützen und stellte ihnen sogar Schutzbriefe aus. Er hatte eine so ruhige, besonnene und bestimmte Art in seinen Maßnahmen, daß ihm die Bauern zwar großenteils mißtrauten, ihn aber doch nicht als Verräter an ihrer Sache ansahen, obwohl das auch heute noch behauptet wird. Außer ihm tritt der Baumeister Hans Wunderer als Führer der Bauern hervor, ein leidenschaftlicher Redner, dem vor allem an der Wiedereinsetzung des Herzogs lag. Er hatte gleich nach der Erhebung seines Haufens das Schloß des Deutschordens in Stocksberg geplündert. Hier wehte also ein anderer Wind als bei Matern Feuerbacher. Zwei ihnen untergeordnete Hauptleute kamen hinzu. Der eine ist Jäcklin Rohrbach. Ihn hatte der Odenwälder Haufen nach dem Tag von Weinsberg, den er hauptsächlich verschuldete, ausgestoßen. Er wurde später gefangengenommen, an einen Weidenbaum gebunden und lebendig verbrannt. Der zweite Unterführer war Anton Eisenhut, ein ehemaliger Geistlicher. Er war ein radikaler Politiker, ein Propagandist von Haß und Gewaltmaßnahmen aller Art. Sein Haß galt dem Adel und der Geistlichkeit gleichermaßen.

Feuerbacher gelang es zunächst, diese verschiedenen Elemente im Zaum zu halten und trotz entgegenstehender Meinungen und Absichten eine geordnete improvisierte Regierung zu schaffen, die mit einer ausgebauten Kanzlei arbeitete. Stehlen u. a. wurde unnachsichtig bestraft. Ein Scharfrichter gehörte zur Gefolgschaft der Führer im Bauernlager. Der Geistlichkeit wurde eine Steuer auferlegt, die Vorräte der Klöster, die anderwärts die Plünderungen verursacht hatten, sowie auch die Reserven des Adels wurden für die Verpflegung der Bauernhaufen sichergestellt. Als Ziel wurde immer wieder verkündet, das Evangelium und die Gerechtigkeit wolle man »handhaben«. Feuerbacher verlangte sogar, daß dem Haufen zweimal am Tage gepredigt werden sollte, doch ist sein Ziel im wesentlichen nicht religiösen Charakters. Recht und Gerechtigkeit haben bei ihm einen recht realen Klang. Auch hierin zeigt sich ein gewisser Abstand zur Mentalität der anderen Bauernhaufen. Im übrigen gehörte Feuerbacher als wohlhabender Mann zu der sogenannten »bäuerlichen Ehrbarkeit«. Ihr kam es vor allem auf Ordnung an, womöglich unter einer unmittelbaren Herrschaft des Kaisers, und dem schien die österreichische stellvertretende Verwaltung des Landes entgegenzukommen. Er plante deshalb einen Zwölferausschuß, der neben dem Herzog oder seinem Stellvertreter die eigentlich entscheidende Stimme im Lande haben und sich aus gewählten Vertretern des Adels, der Städte und der Dörfer zusammensetzen sollte. Das Gericht sollte von den Gemeinden der Dörfer wie der Städte bestellt werden. Die Klostergüter sollten eingezogen und für den gemeinen Nutzen verwendet werden. Die Bauern waren mit diesen Plänen nicht recht einverstanden, obwohl die Zerschlagung der Macht des Adels und der Geistlichkeit ihnen fühlbar zugute gekommen wäre.

Schon am 25. Mai besetzten die Bauern Stuttgart. Haufen aus der Umgebung schlossen sich ihnen an, so daß nun, wie es hieß, 12 000 Mann hinter Feuerbacher und seinen Leuten standen. Mit den Haufen der benachbarten Landschaften wie Allgäu, Odenwald, Ries und Hegau schlossen die Württemberger Bündnisse ab. Hier ging also Feuerbacher von seiner ursprünglich besonders stark betonten Absicht jeder Vereinigung mit anderen Bauernhaufen ab. Er konnte es, sobald er sich stark genug fühlte, um schädliche Einflüsse abhalten zu können.

Als der Schwäbische Bund gegen die württembergischen Haufen heranrückte, verloren diese im Gegensatz zu den Bauern anderer Landschaften den Mut nicht. Sie eroberten die Stadt Herrenberg, setzten sogar Feuerbacher ab, der einen friedlichen Ausgleich suchte, und wählten einen Herren vom Adel, Bernhard Schenk von Winterstetten, zu ihrem Hauptmann. Bei Herrenberg traten sich die Bauern und das vom Truchsessen Georg geführte Heer des Schwäbischen Bundes gegenüber. Doch die Bauern zogen sich, ähnlich wie die Oberschwaben in Weingarten, auf eine rückwärtige Stellung zwischen Böblingen und Sindelfingen zurück. Es war eine gut gewählte und ausgebaute Stellung, und doch war es ihr Verhängnis. Denn am 12. Mai gelang es dem Truchseß, mit der von ihm so gern angewendeten Verhandlungstaktik die Stadt Böblingen auf seine Seite zu ziehen. Nun waren die Bauern leicht anzugreifen, da Böblingen einen entscheidenden Punkt in ihrer Stellung darstellte. So errang der Truchseß einen vollständigen Sieg. 2000 bis 3000 Bauern sollen gefallen sein. Nur ein kleiner Rest entkam in die Wälder des Schönbuch. Damit war der Aufstand zusammengebrochen. Die Regierung kehrte nach Stuttgart zurück.

Der württembergische Bauernkrieg, der verhältnismäßig wenig bekannt geworden ist, verläuft also ganz ähnlich wie in Oberschwaben und am Rhein. Die Bauern versuchen durch Verhandlungen, Verträge oder Kompromisse zu einer neuen befriedigenden Ordnung zu kommen, haben wenigstens stückweise auch dieses Ziel erreicht, ohne viel Blutvergießen und nur mit wenigen, vor allem durch die Verpflegungsnöte ausgelösten Ausschreitungen, werden dann aber von den Truppen des Schwäbischen Bundes, dem an keiner friedlichen Lösung gelegen ist, schnell überwunden, wodurch alle ihre Errungenschaften zu Verlust gehen. Es wiederholt sich also hier wiederum das Gesamtbild des Geschehens von 1525, nur in kleinerem Rahmen.

Das Ries und Franken

Eine andere, wesentlich kleinere Landschaft, die einen Bauernkrieg oder Ansätze dazu in eigenartiger Form aufzuweisen hat, ist das Ries, die kleine Ebene östlich von Nördlingen. Das Ries war von jeher die Heimat vieler Landsknechte. So wurden auch die sich erhebenden Bauern nach Art der Landsknechtformationen zusammengefaßt und wohl organisiert. Es sollen 3000 Leute gewesen sein. Zunächst verhandelte man mit der Reichsstadt Nördlingen und wollte mit ihr zusammen eine Einigung mit den Landesherren, den Grafen von Öttingen, herbeiführen. Doch die Grafen lehnten in der

Hoffnung auf das Heer des Schwäbischen Bundes und auf den Markgrafen Kasimir von Brandenburg jeden Vertrag oder eine ähnliche Lösung ab. Markgraf Kasimir hatte sich zunächst zurückgehalten und versucht, eine unparteiische Stellung einzunehmen. Als aber in der ersten Hälfte des Mai die Bauern wiederholt geschlagen wurden, entschloß er sich, einzugreifen, und wurde nun einer der schärfsten Gegner der Aufständischen. Inzwischen hatten vom Neckar her die Sturmwellen ins Ries herübergeschlagen. In Gaildorf sammelte sich ein Haufe, der Beziehungen zu den fränkischen Haufen unterhielt. Ähnlich wie der Odenwälder berief er sich auf die »göttliche Gerechtigkeit«, die er handhaben wollte. Klöster wurden geplündert, schon um die Massen ernähren zu können. Damals wurde auch der Hohenstaufen niedergebrannt. Die Städte Ellwangen und Dinkelsbühl sowie mehrere Adelige schlossen sich den Bauern an. Graf Ludwig von Öttingen wurde sogar gezwungen, mit ihnen zu ziehen. Führer war ein reicher Bauer der Gegend, der Schmalzmüller.

Doch das war alles nicht von langer Dauer. Der Gegner war hier Markgraf Kasimir von Brandenburg, von dem oben schon die Rede war. Am 8. Mai schlug seine Vorhut die Ries-Bauern bei Ostheim. Es hieß, damals seien von ihnen 400 gefallen und 3000 hätten sich ergeben, während das Heer des Markgrafen nur drei Mann Verlust gehabt habe. Ob das übertrieben ist oder nicht, jedenfalls leisteten auch hier die Bauern, wenn sie einem kriegserfahrenen Heer gegenüberstanden, keinen ernstlichen Widerstand.

Ein schwaches Nachspiel gab es im Bistum Eichstätt. Dort fanden sich zwar 8000 Bauern zusammen, aber sie hatten kein klares Programm, keine besonderen Beschwerden, sondern sie beriefen sich nur allgemein auf die 12 Artikel. Als ein Heer anrückte, zerstreuten sie sich, ohne daß es zum Kampf gekommen wäre.

Noch an einer anderen Stelle finden wir ein Abbild des Bauernkrieges, wie er im ganzen abgelaufen ist, in kleinem Format: in Bamberg. Am 10. April traten die Aufständischen zum erstenmal in Erscheinung. Unmittelbarer Anlaß war, daß der Bischof rüstete und seine Ritter aus der Nachbarschaft nach Bamberg lud. Als erstes verlangten die Aufständischen die Wiedereinsetzung des ausgewiesenen Predigers Johann Schwanhausen. Wie in den 12 Artikeln wurde vor allem freie Predigt des Evangeliums gefordert. Aber die weiteren Beschwerden tragen einen besonderen Charakter. Sie wenden sich mit allem Nachdruck gegen das Domkapitel, das in Bamberg alle Macht an sich zu bringen und den Bischof zurückzudrängen vermocht hatte. Jetzt wollte man keinen anderen Herrn mehr anerkennen außer den Bischof. An diese rein politische und lokal bedingte Forderung schließt sich eine andere, die große soziale Folgen haben konnte: daß nämlich alle Einwohner, auch Adel und Geistlichkeit, Bürger werden sollten. Es war, wie man sieht, zunächst eine städtische politische Empörung, die auf dieser Stufe nur kurz verharrte, denn sie ergriff sehr bald die Bauern aus dem bambergischen Gebiet, dem Stift, und nun drängten 8000 Mann in die Stadt, so daß sich das Schwergewicht zu ihren Gunsten verschob. Sie beklagten sich, wie wir das aus vielen Fällen kennen, über Zinsen, Fronden, Gülten, Steuern und Belastungen verschiedener Art, waren aber mit den städtischen Empörern darin einig, daß sie »keinen anderen Herren denn Gott und meinen gnädigen Herren« (das ist der Bischof) haben wollten,

Hans Lützelburger: Gefecht im Walde

»Prälaten, Mönche, Pfaffen, Nonnen alles ausgeschlossen, allein die vom Adel nicht«. Das lief auf die Beseitigung geistlicher Herrschaftsrechte hinaus. Denn der Bischof, Weigand von Redwitz, sollte Erbherzog werden. Dazu forderte man die Aufhebung des kleinen Zehnten. Es war eine besondere Variante der Unruhen insofern, als es hier vorwiegend um politische und speziell das Bistum Bamberg betreffende Fragen ging. Der Bischof zögerte zunächst, sich auf solche Wünsche einzulassen. Als aber die Bauern anfingen, die geistlichen Besitzungen, Klöster und Domherrenhöfe anzugreifen und zu plündern, bewilligte er die ihm vorgelegten zwölf Artikel am 15. April (Ostersamstag). Nur fünf Tage hatte der Bamberger Bauernkrieg gedauert. Ein Ausschuß wurde eingesetzt, dessen Mitglieder vom Bischof, von den Städten und von den Bauern ernannt wurden. Er sollte über die Beschwerden entscheiden, und so schien alles zu einem guten Ende gekommen zu sein. Am 2. Mai trat der Ausschuß zusammen. Er bewilligte die freie Predigt des Evangeliums, die Beseitigung des kleinen Zehnten und aller neuerdings auferlegten Fronden, vor allem aber sollten drei reiche Klöster aufgehoben und ihre Einkünfte für Landeszwecke zur Verfügung gestellt werden. Es war wieder ein Beispiel für die Möglichkeit einer Verständigung ohne Blutvergießen.

Doch dabei blieb es nicht. Inzwischen hatte sich vor Würzburg die Lage zugespitzt. Das Heer des Schwäbischen Bundes war im Anmarsch. Der Bruhrainer Haufen war geschlagen, die Württemberger bei Böblingen. Die Folge war, daß sich unter dem zunehmenden Einfluß radikaler Elemente die Bauern immer mehr an den offenen Krieg

Heinrich Aldegrever:
Sogenannte Hochzeitstänzer
(aus dem Herrenstand)
siehe auch Seite 217 und 218

gewöhnten. So wurden nun mehr und mehr Burgen und Schlösser gestürmt und zerstört, um dem Feind diese gefährlichen Stützpunkte zu nehmen. Die Würzburger Bauern forderten sogar die Niederlegung der Bamberger Schlösser und Burgen. Für sie war auch der Adel ein Feind, mit dem sie Krieg führten, anders als für die Bamberger Aufständischen. Es ist nicht verwunderlich, daß diese Tendenzen der benachbarten Haufen auch auf die Bamberger Bauern übergingen. So kam es Mitte Mai zu einem neuen Bambergischen Aufstand. Es war ein reiner Bauernaufstand, die Bürger von Bamberg hielten sich diesmal zurück. Die kleinen Städte des Stiftes beteiligten sich lebhaft. Dennoch blieb das Bistum für sich, auswärtige Bauern wurden nicht in die Bamberger Haufen aufgenommen. In kürzester Zeit wurden nahezu 150 Burgen, Schlösser und Klöster im Bamberger Bistum zerstört.

Dieser zweite Aufstand dauerte nur wenige Tage. Da das Heer des Schwäbischen Bundes nicht weit von Bamberg lag, stand Bischof Weigand von Redwitz vor einer schweren Entscheidung. Entweder mußte er den Bund um Hilfe anrufen: dann aber war vorauszusehen, welches Schicksal den Bauern bevorstand. Oder er konnte zu seinen Bauern stehen: mit dem Ergebnis, daß er selbst vom Bund als Feind betrachtet, geschlagen und gebrandschatzt und seinen Bauern die »Bestrafung« nicht erspart worden wäre. So entschloß er sich, den Bund herbeizurufen. Am 17. Juni schlug der Schwäbische Bund sein Lager vor Bamberg auf, und das Schicksal der Bauern nahm seinen Lauf. Im nahegelegenen Nürnberg meinte man, die Reisigen des Bundes seien »als Freunde schädlicher denn als Feinde«.

So fügt sich Bamberg in die Reihe der Landschaften ein, in denen eine gütliche Lösung der Differenzen durch einen Vertrag gefunden schien, bis das Heer des Schwäbischen Bundes mit der Waffe die Niederwerfung der Bauern erzwang.

Inzwischen aber hatte sich die unglückliche Wendung auch in Franken, vor Würzburg, vollzogen, und zwar betraf sie hier drei Bauernhaufen auf einmal, den Taubertaler, den Odenwälder (oder Neckartäler) und den Bildhäuser Haufen. Sie sahen schon auf beachtliche Erfolge zurück, als diese Wendung eintrat, und hatten die umfassendsten Pläne für eine Neugestaltung des ganzen deutschen Lebens geschmiedet.

Der Taubertaler Haufen ging von rein bürgerlichen Unruhen und Auseinandersetzungen in Rothenburg o. d. Tauber aus. Zu dieser Stadt gehörte ein beträchtliches Stück bäuerlichen Landes mit 163 Dörfern und zahlreichen Burgen. Sie unterstanden dem Rat von Rothenburg, der damals nur aus Patriziern bestand. Dagegen empörten sich die Bauern der Landschaft und die Handwerkerschicht der Stadt. Diese Gegnerschaft schwelte schon lange und kam nun im März 1525 dadurch zum Ausbruch, daß in Rothenburg ein Prediger tätig war, Dr. Teuschlein, für den seine sozial-revolutionären Ideen Gottes Gebot und Inhalt des Evangeliums waren. Das verfehlte seine Wirkung auf die innerlich ohnehin unruhigen Bauern und Bürger nicht. Am 21./22. März 1525 sammelten sich die Bauern, Bürger schlossen sich ihnen an, und man wählte einen Ausschuß von 42 Mann, der sie vertreten sollte. Die Artikel der Bauern richteten sich vor allem gegen die finanziellen Belastungen durch die Herrschaft der Stadt. Mit dem Zusammengehen der Bauern und Bürger war es jedoch bald zu Ende. Denn die Forderungen der Handwerker wurden vom Rat in einer neuen Stadtordnung angenommen. Die Bauernbewegung aber wuchs über die Grenzen des Rothenburger Gebietes hinaus. Zunächst mußte ein Ritter der Nachbarschaft, Zeisolf von Rosenberg, sich damit einverstanden erklären, daß ein Schiedsgericht über die Beschwerden seiner bäuerlichen Untertanen entscheiden sollte. Doch wichtiger war, daß die Würzburger Bauern und die Untertanen des Deutschordensmeisters in Mergentheim sich mit dem Taubertaler Haufen vereinigten. Diese Gruppe gab auch neue Artikel heraus. Diese schlossen sich zunächst an die oberschwäbischen 12 Artikel an, auch darin, daß sie den Grundsatz aufstellten:»Was das Evangelium aufrichtet, soll aufgerichtet sein, was es niederlegt, soll niedergelegt sein.« Doch begnügte man sich nicht damit, sondern verlangte, daß alle Schlösser und Burgen abgebrochen und alle Privilegien des Adels und der Geistlichkeit aufgehoben werden sollten. Das waren Forderungen, die über die von den Schwaben zu Memmingen aufgestellten weit hinausgingen und grundsätzlich abwichen. Denn diese Ziele waren nur durch einen Umsturz, nicht aber durch friedliche Verhandlungen zu erreichen. Sie zeigen den Bauernkrieg in einem neuen Stadium. Dies ist damals nicht überall zu bemerken. Gar manche Haufen lehnten noch solche Forderungen ab. Die Entwicklung ging ja im Bauernkrieg nicht einheitlich vor sich, sondern getrennt und in verschiedenem Tempo. Die Taubertaler beschränken sich nicht auf die Abschaffung der Adelsvorrechte, sondern fordern einen neuen Staatsaufbau: nur der Landesherr soll ihr Herr sein, ohne Zwischenschaltung des Adels oder geistlicher Herren. Doch das waren Zukunftspläne, mit denen die Landesherren im Grunde einverstanden sein konnten. Zunächst aber galt es, auch in der Gegenwart schon für Ordnung im öffentlichen Leben zu sorgen. Deshalb wurden von den vereinigten Haufen Ordnungen beschlossen[10], die militärische Führer bestimmten und Einzelvorschriften für das Lagerleben und kriegerische Aktionen erließen. Auch Feldhauptleute wurden gewählt, unter denen allerdings keiner größere Bedeutung hatte. Nur ein außergewöhnlicher, aus der Menge seiner Standesgenossen herausragender Mann war damals im Lager der Bauern tätig: Florian Geyer. Wir haben von ihm schon gesprochen. Er war zwar nicht der Führer der vereinten Bauernhaufen, wie man lange gemeint hat. Doch führte er für sie wichtige Verhandlungen mit Städten, Rittern und Fürsten. Er war kein heruntergekommener Adeliger, wie behauptet wurde, sondern ein wohlhabender Mann, der sich aus Überzeugung den Bauern angeschlossen hatte. Denn er sah deutlich, daß die bestehenden verworrenen Verhältnisse im Südwesten Deutschlands nicht weiter so belassen werden durften, und erhoffte von den Bauern, daß sie die Macht darstellen würden, die eine neue Ordnung des öffentlichen Lebens in Deutschland gewährleisten könnte. Deshalb stellte er sich auf ihre Seite. Eine überragende Führergestalt war er nicht, wohl aber ein ehrlich denkender und handelnder Mann, der auch der religiös-sozialen Bewegung der Bauern sehr nahestand.

Sonst aber befand sich der Adel in seiner großen Mehrheit auf seiten der Fürsten. Von einzelnen Ausnahmen war schon die Rede. So von Götz von Berlichingen, von dem noch zu sprechen sein wird, oder von Stephan von Menzingen, der aus egoistischen Gründen mit den Rothenburger Bauern gemeinsame Sache machte. Eine eigene Stellung nahmen die Ritter um Graf Wilhelm von Henneberg ein. Sie schoben die Schuld an der Belastung und Bedrückung der Bauern den *geistlichen* Fürsten und Herren allein zu, auf deren Entmachtung sie rechneten, um ihren Nutzen daraus zu ziehen. Sie erkannten die schwere Lage der Bauern, nahmen aber deren Bemühungen nicht ernst und versuchten so zwischen den Parteien zu stehen und daraus Gewinn zu schlagen, was ihnen jedoch mißlang.

Eine weitere große Gruppe von Bauern, die sich den geschilderten vereinigten Haufen anschloß, war der Neckartaler oder Odenwälder Haufen. Ihr Sammelpunkt wurde das Kloster Schöntal an der Jagst. Dieser Haufe hatte einen merkwürdig zwiespältigen Charakter. Auf der einen Seite hatte er Jäcklin Rohrbach zum Hauptmann gewählt, der mit Endres Remÿ und Margarete Renner, genannt die Schwarze Hofmännin, ein von leidenschaftlichem Haß gegen die Geistlichkeit getriebenes Konsortium bildete. Neben ihm aber stand an der Spitze des Haufens ohne eigentliches Amt Wendel Hipler, von dem schon die Rede war, ein wohlhabender Mann, der auf Grund seiner Vergangenheit in wirtschaftlichen und politischen Fragen sehr bewandert war.

Dazu kam noch Götz von Berlichingen, den man offiziell zum Führer wählte und der doch nicht der Mann war, den Haufen wirklich zu leiten. Auch von Götz haben wir oben gesprochen und gesehen, daß er nicht der Raubritter und Fehdekämpfer war, den man meist in ihm gesehen hat, aber auch nicht der ideale Vorkämpfer für freiheitliche politische Ziele, als welchen ihn Goethe geschildert hat.

Von der Tat von Weinsberg, die so viel böses Blut machte und so viele Gegnerschaft gegen die Bauern auslöste, war schon die Rede. Sie war in der Hauptsache das Werk Jäcklin Rohrbachs, doch jetzt zeigte es sich, daß der Einfluß des erwähnten Dreigespanns gering war. Denn in den Tagen nach Weinsberg entschied man sich gegen Jäcklin Rohrbach. Er mußte den Haufen verlassen. Der Odenwälder Haufe bekam dadurch ein klareres Gesicht. Seine Ziele waren gemäßigter als die des Tauberhaufens. Das zeigte sich in ihrer »Schlösserpolitik«, d. h. in ihrem Verhalten dem Adel gegenüber. Sie verlangten nur, daß die ritterlichen, sich ihnen zugesellenden Herren die 12 Artikel annehmen und in ihre Bruderschaft eintreten, sich also öffentlich, wenigstens theoretisch zu ihrer Sache bekennen und sich mit ihnen verbünden sollten.

Noch ein weiterer Haufe schloß sich den Bauern vor Würzburg an. Es waren die Bauern der Landschaft zwischen dem Main und dem Thüringer Wald, also aus dem Norden des Bistums Würzburg, der sogenannte Bildhäuser Haufe. Er hatte sich seit etwa dem 12. April um Münnerstadt gesammelt. Als sein Ziel stellte er auf, »das Evangelium, das Wort Gottes und die Gerechtigkeit zu handhaben«. Unter ihren Forderungen steht die Abstellung der Belastungen der Bauern im Vordergrund. Allgemeine politische oder umstürzlerische Ziele fehlten vollständig, dafür finden wir eine ausdrückliche Berufung auf das Neue Testament. Aber auch die 12 Artikel spielen hier keine Rolle. Kennzeichnend ist, daß man sich anderen Haufen gegenüber abschloß. Der Bildhäuser Haufe steht an Bedeutung den anderen Haufen nach, die sich vor Würzburg vereinigten, ergänzte sie aber und stellte die Verbindung zu der thüringischen Bauernbewegung her, von der wir noch ausführlich reden müssen. Die vor Würzburg vereinigten Haufen, zu denen noch kleinere Gruppen stießen — es waren schätzungsweise insgesamt 15 000 Mann —, stellten eine Macht dar, die gewaltigen Eindruck machte, ja Furcht erregte. Es ist nicht zu verkennen, daß wir uns bereits in der zweiten Phase des Bauernkriegs befinden, denn das ist nicht mehr die Bauernbewegung unter Ulrich Schmid von Sulmingen, nicht mehr die der Tagungen in Memmingen, sie hat nun andere Ziele und verwendet bewußt andere Kampfmittel, sie steht im Kampf auf biegen oder brechen. Kennzeichnend für den Übergang von der einen Phase zur andern ist die sogenannte »Amorbacher Erklärung« vom 4./5. Mai[11]. Sie setzt die ersten fünf der 12 Artikel in Kraft, beschränkt das Jagdrecht auf den eigenen Besitz und übergibt die Verwaltung der Wälder an die Gemeinden. Die Artikel 6—10 aber, die Einzelfragen, vor allem der Abgabenpflicht, betrafen, konnten allein von den Bauern aus nicht geregelt werden. Man sah daher vor, daß Verhandlungen sie klären sollten, und zwar im Zusammenhang mit der kommenden »Reformation«. Bis dahin sollten der große Zehnt — der kleine war abgeschafft — und andere Abgaben vorläufig geleistet werden. Die Ausrichtung auf eine kommende »Reformation« verlangte aber auch für die Zwischenzeit eine Regelung des Lebens der Bauernhaufen und eine vorläufige Wiederherstellung von Ordnung und Recht. Wir haben eine solche Interimslösung bei den oberschwäbischen Bauern in Memmingen schon kennengelernt. Hier in Franken war die »Ochsenfurter Ordnung« die bekannteste und wichtigste[12]. Sie wurde Anfang Mai von den Taubertalern erlassen. Zunächst regelte man das Leben im Bauernlager, die Befugnisse und Pflichten des Zeugmeisters, des Troßmeisters, des Proviantmeisters, der Profosen usw. Dann aber schritt man auch über die Grenzen des Lagers hinaus. Man setzte fest, daß den bestehenden Obrigkeiten vorläufig Gehorsam geleistet werden solle und daß die Obrigkeiten die Güter des Adels und der Geistlichkeit zu schützen haben. Burgen, Schlösser und Klöster zu plündern oder zu zerstören, wurde verboten — alles im Interesse einer guten Ordnung im Lande, für welche die Bauern als Herren der Lage nun verantwortlich seien.

Diese »Erklärung« und »Ordnung« mißfiel aber einem Teil der Bauern sehr. Denn daß man zunächst weiter seine Abgaben zahlen und eine Kommission die Einzelfragen der Frondienste etc. regeln sollte, betrachteten sie mit Mißtrauen. Sie fanden sich von ihren Führern verraten und setzten daher trotz der Verbote das Plündern der Burgen fort. Sie spürten, daß diese Männer sich zwar zu ihnen bekannten, aber aus der bürgerlichen Umsturzbewegung kamen, denen eine politische Neuordnung im großen Rahmen wichtiger war als nur eine Verbesserung von Einzelheiten in der Lage der Bauern.

Aufbaupläne

Wir konnten schon früher, in der Zeit der Memminger Beratungen der oberschwäbischen Haufen, einen solchen Einfluß der bürgerlichen politischen Umsturzbewegungen auf die Bauern beobachten, doch blieb das damals ohne Nachwirkungen. Diesmal war der Einfluß viel stärker. Dies tritt besonders hervor in den Vorschlägen für das Bauernparlament, das in Heilbronn zusammentreten sollte. Als Tagesordnung für dessen Verhandlungen wurden sie vorgelegt, und zwar in zwei Fassungen. Sie stammten von Friedrich Weygandt, den Wendel Hipler unterstützt hatte, der sie auch den Bauern vorlegte.

Der Plan zu einem neuen Staatsaufbau, den Weygandt, von dem wir schon Seite 35, 103, 124 hörten, zur Beratung auf dem Bauernparlament zu Heilbronn stellte[13], ist ein gut ausgearbeitetes politisches Programm. Er vermischt in eigentümlicher Weise Altes, das er konservieren will, mit Neuem. So will er das damals schon im Verfall begriffene Lehenswesen als Grundlage des Staatsaufbaues beibehalten oder neu aufrichten. Im übrigen ist er dem Adel gegenüber außerordentlich zurückhaltend und vorsichtig und vergißt hier völlig, daß diese »Reformation« am Ende eines erfolgreichen Bauernkrieges stehen sollte. Was das Verhältnis der Herren zu den Bauern anlangt, so findet sich nur der Satz: »... auch dass sie die Untertanen, ohne dass sie ihnen neue Lasten auferlegen, schützen und schirmen und jedermann mit Rat und Tat zu seinem Rechte verhelfen, damit sich niemand über Rechtsverkürzung zu beklagen habe[13a].« Anders steht es mit den geistlichen Fürsten und allen »regulierten Personen«. Hier ist eine durchgreifende Neuordnung vorgesehen. Nachdrücklich wird auch eine Änderung der rechtlichen Verhältnisse verlangt. Die »doctores« und mit ihnen das römische Recht sollen ihrer starken Stellung beraubt werden. Das göttliche und natürliche Recht soll allein maßgebend sein. Auch der große Einfluß der Geistlichen soll beseitigt werden, kein Geistlicher soll ein weltliches Amt versehen oder in einem Gericht eine entscheidende Stimme haben. Ein einheitliches Gerichtssystem mit dem Instanzenzug Stadt- und Dorfgerichte, Freigerichte, Landgerichte, Hofgerichte und Kammergericht soll überall eingeführt werden. Die Zusammensetzung der Gerichte wird für jeden Fall vorgesehen, z. B. bei den Hofgerichten: drei Fürsten, Grafen und Herren, drei Ritter und Edelknechte, drei Reichsstädte, drei landesfürstliche Städte und vier Kommunen und Gemeinden aus dem Reich. Den Bauern ist hier also nur ein sehr schmaler Anteil am Gerichtswesen zugeteilt, denn bei den anderen Gerichten ist es nicht viel anders als bei den genannten Hofgerichten. Steuern und Beden sollen abgeschafft werden mit Ausnahme einer Steuer, die der Kaiser erheben läßt. Es folgen sehr gute und wohldurchdachte Bestimmungen über Straßenbau, Straßensicherheit, Bergbau, Münzwesen, Einheitlichkeit von Maß und Gewicht und nicht zuletzt über die Auflösung aller politischen Bündnisse der Fürsten, Herren und Städte. Aufschlußreich ist die Forderung Weygandts, daß alle Handelsgesellschaften, wie die der Fugger und Welser, aufgelöst werden sollen und daß keine Handelsgesellschaft mehr als 10 000 Gulden Kapital haben darf. Weitere Bestimmungen wollen die Existenz des Kleinhandels sichern. Hier sieht man deutlich: das ist das Gebiet, in dem Weygandt zu Hause ist und wo sein Hauptinteresse liegt. Seine Schrift ist zweifellos einer der bedeutendsten Vorschläge dieser Zeit für eine Neugestaltung des politischen und wirtschaftlichen Lebens in Deutschland, doch sind die Beziehungen zum Bauernkrieg gering.

Beide, Weygandt wie sein Mitarbeiter Hipler, waren keine Führer der Bauern im eigentlichen Sinne. Denn sie besaßen das Vertrauen der Bauern nur in beschränktem

An die verſamlung gemayner Pawer-
ſchafft/ſo in Hochteütſcher Nation/vnd vil ande
rer ort/mit empörung vñ aufftür entſtanđē.ꝛc̄.
ob ir empörung billicher oder vnpillicher ge
ſtalt geſchehe/ vnd was ſie der Oberkait
ſchuldig oder nicht ſchuldig ſeinđ.ꝛc̄.
gegründet auß der heyligen Göt-
lichen geſchrifft/ von Oberlen-
diſchen mitbrüdern gütter
maynung aufgangen
vnd beſchriben.ꝛc̄.

Hie iſt des Glückradts ſtund vnd zeyt
Gott wayſt wer der oberiſt bleybt.

Hie pawrßman   Hie Romaniſten
güt Chriſten.   vnd Sophiſten.

Wer mürrt Schwytz   Der herren gyg.

Titelblatt der Flugschrift »An die Versammlung . . .«

Maße. Und doch sind sie aus der Geschichte des Bauernkrieges nicht wegzudenken. Sie haben geholfen, ihm sein Gepräge zu geben. Zunächst einmal: niemals ist mit der Zusammenfassung der Bauernhaufen der einzelnen Landschaften so ernst gemacht worden wie unter dem Einfluß dieser beiden Männer. Auf Hiplers Anregung hin berief man für Mitte Mai 1525 ein Bauernparlament nach Heilbronn. Und zwar wurden nicht nur die vor Würzburg vereinigten Neckartaler, Taubertaler, Odenwälder und Bildhäuser Bauern aufgefordert, Abgeordnete zu schicken, sondern auch die Bauernhaufen in Schwaben, in Württemberg, am Rhein und in Franken. Das ist eine Erweiterung des Aktionsradius, wie er im allgemeinen im Bauernkrieg nicht zu finden ist. Man erinnere sich nur daran, wie beflissen der württembergische und der Bildhäuser Haufe bemüht waren, ihre Sache nicht mit der einer benachbarten Landschaft zu verquicken.

Von der Mitarbeit noch einer anderen Gruppe gibt uns ein Schriftstück Nachricht, auf das M. M. Smirin erst kürzlich die Aufmerksamkeit gelenkt hat[14]. Es trägt die Überschrift:»An die Versammlung gemeiner Bauernschaft, so in hochdeutscher Nation und viel anderer Ort mit Empörung und Aufruhr entstanden. Ob ihre Empörung billiger oder unbilliger Gestalt geschehen, und was sie der Obrigkeit schuldig oder nicht schuldig sind, gegründet auf der heiligen göttlichen Schrift, von oberländischen Mitbrüdern guter Meinung ausgangen und beschrieben.« Die Schrift wurde in Nürnberg gedruckt. Smirin weist in ausführlicher Untersuchung nach, daß sie nicht von Thomas Müntzer oder aus seiner näheren Umgebung stammen kann. Das ist sicher richtig. Aber wenn Smirin behauptet, daß diese Schrift und der sogenannte »Artikelbrief« nicht den gleichen Verfasser haben oder aus dessen Umgebung herrühren kann, so beweist das noch nichts, da der »Artikelbrief«, wie wir oben gezeigt haben[15], nicht von Thomas Müntzer verfaßt sein kann oder von der »Müntzerschen Partei«, wie sich Smirin ausdrückt. Wie die Überschrift zeigt, geht die Flugschrift von »oberländischen Mitbrüdern« aus und wendet sich an eine »Versammlung gemeiner Bauernschaft«. Da nun Smirins Datierung der Schrift auf Ende April oder Anfang Mai 1525 sicher stimmt, wie sich aus ihrem 11. Kapitel ergibt, kann diese »Versammlung gemeiner Bauernschaft« nur die Zusammenkunft in Heilbronn unter der Leitung von Friedrich Weygandt oder eine der dieses Bauernparlament vorbereitenden Versammlungen sein. Da die Schrift aber von »Mitbrüdern« ausgegangen ist und die sehr zahlreichen Bibelzitate auf einen Prädikanten als Verfasser schließen lassen, müssen wir uns in Oberdeutschland umsehen, wo aufständische Bauern und ihre Prädikanten besonders eng miteinander verbunden sind. Wir werden nicht fehlgehen in der Annahme, daß sie in Memmingen entstanden ist. Das bestätigt auch ihr Inhalt. Denn ihre gewaltlose, aber doch sehr entschiedene Haltung ist mit der der Memminger Beratungen, die kurz vorher stattgefunden hatten, sehr verwandt. Damit wäre also ein Beweis für die Mitarbeit der oberschwäbischen, in Memmingen konzentrierten Bauernschaften mit der Heilbronner Bauernversammlung erbracht. Der Umkreis der Wirksamkeit des Heilbronner »Parlaments« wäre dann noch größer gewesen, als man bisher vermutete. Der Zusammenhalt der Bauernhaufen verschiedener Landschaften war also doch nicht so gering, wie wir bisher anzunehmen alle Ursache hatten. Die Schlußworte der Schrift deuten auf eine etwas verzweifelte Aktivität trotz Mißerfolgen hin, wie sie dieser Periode des Bauernkriegs entsprechen würde. Sie lauten:

>»Hierum tummel dich, und kurzum,
du musst rum, und sähest du noch so krumm[16].«

Dieses Parlament der Bauern trat tatsächlich Mitte Mai im Schöntaler Hof in Heilbronn zusammen. Aber als die Verhandlungen beginnen sollten, traf die Nachricht von der Niederlage der württembergischen Bauern bei Böblingen und von dem Vorrücken der Bundestruppen gegen Heilbronn ein. Die Folge war, daß die Delegierten der Bauern Heilbronn verließen und zu ihren Haufen eilten, da nicht nur diese, sondern

A. Altdorfer: Troßwagen (Seite 225 bis 229)

auch ihre heimatlichen Landschaften in Not waren. Nun überstürzten sich die Ereignisse, und von einer Wiedereinberufung des Heilbronner Tages konnte nicht mehr die Rede sein.

Noch aus einem anderen Grund sind die Vorschläge für die Verhandlungen des Heilbronner Bauernparlaments für die Geschichte der Bewegung von 1525 wichtig. In ihnen wuchs die Bauernbewegung über sich selbst hinaus. Ihr Streben galt nun nicht mehr nur den Bauern und ihren wirtschaftlichen Alltagsfragen, sondern es galt nun der Lebensgestaltung des ganzen deutschen Volkes. Was hier Weygandt und Hipler dem Parlament an Vorschlägen unterbreiteten, zielte auf die Schaffung eines starken einheitlichen Staates und auf eine Herabdrückung der Territorialstaaten, die durch den Schwäbischen Bund die Verschärfung des Bauernkriegs verschuldet hatten, in die

Unbedeutendheit. Freilich muß man sich fragen, ob diese Pläne durchführbar waren. Aber wenn Bauerntum und Bürgertum gemeinsam mit allem Nachdruck dafür eingetreten wären, war das nicht unmöglich, jedoch nur mit einem Kraftaufwand, der dem Schwäbischen Bund Widerpart halten konnte. Doch selbst wenn wir von den Erfolgsaussichten zunächst einmal absehen, bleibt dieses Dokument sehr bedeutsam. Ist es doch der einzige ernsthafte Versuch in der deutschen Geschichte, den Aufbau des öffentlichen Lebens von Grund auf zu ändern und das unselige Erbe des Mittelalters zu überwinden, das in der Schwäche des Gesamtstaates und im Übergewicht der partikularen Mächte bestand. Und wenn dieses Programm auch nicht verwirklicht werden konnte, so bleibt doch der darin sich aussprechende weite Blick der Männer dieses Parlamentes und die kühnen und doch sicheren Linien ihres Wollens und Planens eine sehr bedeutsame Tatsache, nicht nur im Rahmen des Bauernkriegs, sondern der ganzen Geschichte der beginnenden Neuzeit.

Doch, wie gesagt, es blieb damals wenig Zeit für solche Planungen. Die Nachricht von der Schlacht von Böblingen trieb die Bauernführer auseinander, und die stolzen Pläne waren in den Schrecknissen der Niederlagen bald vergessen.

Niederwerfung

Kehren wir jedoch zurück zu den Haufen, die sich in der ersten Hälfte des Monats Mai vor Würzburg vereinigt hatten und eine so imposante Macht darstellten! Sah man auf die Ereignisse in den einzelnen Landschaften, auf die Zahl der erfolgreich abgeschlossenen Verträge, die im Miltenberger Abkommen mit dem Erzstift Mainz ihren Höhepunkt fanden (7. Mai 1525) und denen der Vertrag von Renchen am 25. Mai noch nachfolgen sollte, so konnten die Bauern sich als die Sieger in ganz Südwestdeutschland fühlen. Eine neue Grundlage für die Weiterentwicklung ihres Standes schien gewon-

nen. Überall gab es Anzeichen dafür, wie sich ihre Position verstärkt hatte, sei es, daß
ihnen, etwa in Franken, Ritter zuströmten, sei es, daß die sozial niederen Bürger-
schichten mit ihnen gemeinsame Sache machten oder wenigstens sich gegen die herrschenden Geschlechter und die Stadtherren durchzusetzen wußten. Überdies hatten
sich zahlreiche kleinere Landstädte offen zur Sache der Bauern bekannt, und so konnten sie wohl glauben, daß der Sieg nahe sei. Die Heilbronner und Miltenberger Ideen
von einer Neugestaltung der innenpolitischen Welt Deutschlands auf der Grundlage
sozialer Gerechtigkeit hängen eindeutig mit dieser Siegesgewißheit zusammen. Diese
optimistische Stimmung konnte bei den vor Würzburg lagernden Haufen nur aufkommen, weil die Bauern doch nur in kurzen Zeitabschnitten und kleinen Räumen dachten und außerstande waren, über den engen Gesichtskreis ihrer Heimat und Landschaft
hinauszublicken. Leipheim oder Weingarten lagen weitab, und das Unglück, das hier
durch den Truchsessen-Vertrag, dort durch eine vernichtende Niederlage über die

Bauern gekommen war, war vergessen angesichts der Erfolge innerhalb eines begrenzten Gebiets, wo fast kein Widerstand sich mehr zeigte. Auf ganz Süddeutschland aber traf das keineswegs zu. Dort stand vielmehr ungeschlagen und unversehrt das Heer des Schwäbischen Bundes, das, über die einzelnen Landesstaaten hinausblickend, wußte, daß die Ruhe nicht wiederhergestellt sei, solange noch in einer benachbarten oder weiter entlegenen Landschaft ein Haufe unbesiegt stehe, und unerschütterlich entschlossen war, seine Absichten durchzusetzen. Es war also ein großer Unterschied im Denken und Wollen auf beiden Seiten des Kampfes, den man sich stets vor Augen halten muß, wenn man ein richtiges Bild gewinnen will, und der im Grunde von Anfang an keinen Zweifel ließ, wer der überlegene Partner war.

Der Zusammenschluß der Bauern vor Würzburg sollte nun feste Formen annehmen. Zunächst schuf man einen obersten Rat, der für eine einheitliche Leitung der Haufen sorgen sollte. Doch das genügte nicht, vor allem nicht, um Disziplin und Ordnung in der Masse von Bauern aufrechtzuerhalten. Darum wurde der Ruf nach einer Obrigkeit immer lauter und dringender. Dem sollte ein Landtag »der ganzen fränkischen Brüderschaft und Versammlung« abhelfen, den man für den 1. Juni nach Schweinfurt berief. Im ganzen fanden sich etwa 100 Abgeordnete ein. Aber es war zu spät.

Fast hätten die Bauern auch die Übergabe des letzten mächtigen Widerstandsnestes, das sich in den Händen der Gegner befand, des festen Schlosses Unserfrauenberg über Würzburg noch erreicht. Man verhandelte schon, doch die Bauern stellten nach dem Vorbild des Miltenberger Vertrags mit Kurmainz viel zu harte Forderungen, eine Zahlung von 100 000 Gulden und die bedingungslose Übergabe der Festung. Darauf ging die Besatzung nicht ein. Die Bauern versuchten daraufhin zu stürmen, aber es mißlang. So blieb ihnen ein letzter stolzer Triumph versagt.

Die Stimmung der Bauern und mancher ihnen nahestehenden Kreise, in der ersten Hälfte des Mai 1525, am Rande des Abgrundes ist zu verstehen. Und doch tönte schon mitten in ihre hochgemuten Gedanken hinein das Grollen der Schlacht von Böblingen (12. Mai), in der die Württemberger Bauern vom Schwäbischen Bund geschlagen wurden, der Schlacht von Zabern (17. Mai), in der die Pfälzer Bauern vom Herzog von Lothringen völlig vernichtet wurden, der Schlacht von Frankenhausen (15. Mai), in der Thomas Müntzer und die Thüringer Bauern erlagen. Diese drei Schlachten bildeten den finsteren, gewitterdrohenden Hintergrund der siegesgewissen Tage von Würzburg, Heilbronn und Miltenberg.

Und nun nahte das Unheil mit erschreckender Schnelligkeit. Am 21. Mai ließ der heranziehende Truchseß von Waldburg in Erinnerung an die vielberedete Schmach Weinsberg niederbrennen. Am 28. Mai wuchs seine Streitmacht noch bedeutend an durch das Heer des Kurfürsten Ludwig von der Pfalz, das sich bei Neckarsulm mit dem seinen vereinigte. Zunächst ließen die Neckartaler von der Belagerung der Würzburger Festung ab und zogen Waldburg entgegen. Götz von Berlichingen und Wendel Hipler versuchten noch Verhandlungen mit dem Schwäbischen Bund anzuknüpfen, doch vergeblich. Die Bauern mußten sehr bald weichen, was schon vielen den Mut nahm. Zwar erhielten sie Zuzug aus dem Hinterland, doch das war keine entscheidende Hilfe mehr. Am 2. Juni stieß an der Tauber das bündische Heer mit den Bauern zusammen. Diese suchten den Flußübergang zu verteidigen, doch vergeblich. Sie zogen sich nun auf die Höhen zurück. Dort, bei Königshofen, griff sie der Truchseß an. Es kam gar nicht mehr zu einem eigentlichen Kampf, sondern die Bauern flohen und wurden auf der Flucht niedergemacht, nur eine kleine Schar setzte sich ernsthaft zur Wehr.

Die Kopflosigkeit und der geringe Widerstand der Bauern in den entscheidenden Tagen erklärt sich auch daraus, daß es ihnen an fähigen Führern fehlte. Ihre Führer verstanden sich darauf zu verhandeln, zu plündern und kleinere Gefechte zu liefern; aber jetzt, wo es darauf ankam, versagten sie und gehörten oft zu denen, die sich zuerst in die Flucht stürzten. Besonders unerfreulich war das Verhalten des Götz von Berlichingen. Schon bevor bei Königshofen die Gegner aneinandergerieten, zog er sich zurück, unter dem Vorwand, er habe sich nur für eine begrenzte Zeit verpflichtet, und diese Zeit sei inzwischen abgelaufen. Ganz anders handelte Florian Geyer.

Die Nachricht von der Niederlage bei Königshofen löste bei den Würzburger Haufen große Verwirrung aus. Trotzdem sammelte sich noch ein Heer, das den anrückenden Bundestruppen entgegenzog. Auf der Hochebene westlich von Ochsenfurt, bei den Dörfern Giebelstadt und Ingolstadt, stieß das Heer des Truchsessen mit den Bauern zusammen. Es war am 4. Juni, also zwei Tage nach dem Ereignis von Königshofen. Aber die Bauern standen noch so sehr unter dem Eindruck dieser Niederlage, daß sie nach ganz kurzer Zeit den Kampf aufgaben und flohen. Damit aber gab es keine Rettung mehr für die versprengten Bauern, die auf der Hochebene keinen Schutz fanden. Sie wurden größtenteils niedergemacht. Nur im Schloß Ingolstadt, das Florian Geyer gehörte, leisteten ehemalige Landsknechte, die sich im Bauernheer befanden, verzweifelten Widerstand. Eine Zeitlang vermochten sie das großenteils zerstörte Schloß mit Mut und Todesverachtung zu halten. Dann aber erlagen auch sie.

Florian Geyer war an diesem Tag nicht unter den Kämpfenden. Er hatte sich von seiner Burg Ingolstadt nach Rothenburg begeben, um dort mit dem Markgrafen Kasimir von Brandenburg zu verhandeln, wurde jedoch aus der Stadt vertrieben. Er suchte nach Norden zu entkommen. Aber in der Nacht vom 9. auf den 10. Juni wurde er überfallen, ausgeraubt und ermordet.

Das Heer Waldburgs war jetzt völlig Herr der Situation. Die Stadt Würzburg öffnete bereitwillig ihre Tore, und nun konnten die Fürsten mehr oder weniger hemmungslos »die Bauern strafen«, d. h. sich an den Bauern rächen oder sich an ihnen schadlos halten. Wir werden unten ausführlicher davon zu reden haben.

Gefangene Bauern. Aus dem Mainzer »Livius«

KAPITEL VII

DER BAUERNKRIEG IN THÜRINGEN · THOMAS MÜNTZER

Was die Bauernbewegung weiter im Norden anlangt, so haben wir von Fulda und Erfurt schon gesprochen. Von Fulda breitete sie sich weiter nach Hersfeld aus und von dort das Werratal entlang in den Raum zwischen Thüringer Wald und Harz. Beherrschend in diesem Gebiet waren die Reichsstädte Nordhausen und Mühlhausen. Etwa doppelt so groß wie Leipzig, gehörte letzteres damals im Gegensatz zu heute zu den bedeutenden Städten Deutschlands. Außerdem unterstand ihm ein Gebiet mit 19 Dörfern. Die Stadt hatte einen starken Mittelstand, der den Ton angab, daneben aber eine sehr große Zahl ganz mittelloser Leute. Fast die Hälfte der Einwohner besaß weniger als 80 Gulden. Diese Armen waren politisch völlig rechtlos. Der aus 120 Mitgliedern bestehende Rat regierte selbstherrlich die Stadt, die damals schon nicht mehr auf der Höhe ihrer Macht und ihres Reichtums stand. Sie war daher ein sehr geeigneter Nährboden für soziale und politische Unruhen. Dort wirkte Heinrich Pfeiffer im Sinn recht primitiver religiös-sozialer Ideen. Doch die Menge wußte er damit zu fesseln. Im Februar 1523 sammelten sich zahlreiche Anhänger um ihn, aber der Rat ging noch nicht gegen ihn vor. Erst im April wurde Pfeiffer vorgeladen. Seine Anhänger hatte er in einem Bund »bei dem Evangelium« zusammenschwören lassen. Ein Ausschuß wurde gewählt, der nun dem Rat gegenüberstand und 54 Artikel vortrug. Es waren im wesentlichen politische Forderungen der unbemittelten Schichten unter der Einwohnerschaft Mühlhausens, also eine Angelegenheit, die mit der Bauernbewegung nur insofern sich berührte, als sie sich auch gegen die Klöster und vermutlich auch gegen den Adel wendete. Im Juli kam es zum offenen Aufstand, und der Rat nahm die vorgelegten Artikel an. Pfeiffer ließ man augenscheinlich fallen.

Es herrschte nun ein ganzes Jahr lang Ruhe in der Stadt, bis Mitte August 1525 Thomas Müntzer von Allstedt aus nach Mühlhausen kam, wie wir schon in anderem Zusammenhang erfahren haben. Er war damals etwa 35 Jahre alt, also ein junger Mann. Auch von seinem Zorn auf die Fürsten haben wir schon gehört und gesehen, daß dieser keine politischen oder sozialen Gründe hatte, sondern religiöse, weil ein Fürst »kein Recht zu leben habe, so er die Frommen verhindert«. Wenn sie ihm nicht folgten, »würde ihnen das Schwert genommen und dem gläubigen Volk gegeben werden ... Man wird sie erwürgen ohn alle Gnade«. Müntzer wird ein Agitator von gewaltiger Kraft, je mehr er mit der sozial-revolutionären Bewegung in Berührung kommt, mit der er ursprünglich nichts zu tun hatte. Aber noch trennt ihn vieles davon. Doch das ändert sich, als er in Mühlhausen auf den politischen Kampf der kleinen Leute unter Pfeiffer stößt und als er, aus der Stadt ausgewiesen, auf seiner Wanderschaft durch Süddeutschland in den Bauernkrieg gerät. Das reißt ihn mit, und er stellt seine glühende Beredsamkeit in den Dienst der bäuerlichen und der Mühlhausener Sache. Kennzeichnend ist, daß er an den ihm verhaßten Grafen Ernst von Mansfeld am 12. Mai 1525 schreibt: ».. . dass du um des lebendigen Gottes Namens willen deines tyrannischen Wütens wollest müssig sein und nicht länger den Grimm Gottes über dich erbitten. Du hast die Christen angefangen zu martern. Du hast den heiligen christlichen Glauben eine Büberei gescholten. Du hast die Christen unterstanden zu vertilgen. Sag an, du elender dürftiger Madensack, wer hat dich zu einem Fürsten des Volkes gemacht, welches Gott mit seinem teuren Blut erworben hat?«[1]. Man spürt, wie seine eigenen Gedanken an der Mühlhausener Rebellion sich entzünden und in einer fanatischen Sprache zum Ausdruck kommen. Ein weiteres sehr gutes Beispiel dafür ist sein auf Seite 131 wiedergegebener Aufruf an die Mansfelder Berggesellen. Man kann sich vorstellen, welch überwältigende Wirkung von ihm ausgegangen sein muß. Das ist die letzte Entwicklungsstufe Müntzers. Die Wandlung ist erstaunlich groß. Einmal reißt ihn seine eigene Beredsamkeit fort, sie dort einzusetzen, wo sie am erfolgreichsten werden kann, dann treibt ihn der Beifall der erregten Hörer immer weiter in die Radikalität hinein, und schließlich hört er, um des Beifalls willen, nur mehr darauf, was der Hörer will, und spricht es in unwiderstehlicher Weise aus. Der Demagoge wird zum Opfer der Demagogie.

Inzwischen war der Bauernkrieg von verschiedenen Seiten her in das Gebiet von Mühlhausen eingedrungen. Der Adel vermochte von sich aus keinen Widerstand zu leisten. Die Grafen Heinrich von Schwarzburg und Ernst von Hohenstein erschienen vor Müntzer im Lager der Bauern, die Grafen von Stolberg und Ernst von Gleichen schlossen sich den Bauern an[2]. Man muß sich das vor Augen stellen, um die Macht der Beredsamkeit Müntzers ganz zu ermessen. Zwar wußten die Grafen von Mansfeld den Anschluß der Mansfelder Bergknappen, auf die Müntzer gerechnet hatte, zu verhindern, aber eine ganze Reihe von Klöstern fiel den Bauern in die Hände: Walkenried, Ilfeld, Jechaburg u. a. Im übrigen gingen die Beschwerden der Bauern kaum über das sonst übliche Maß hinaus. Merkwürdig ist die Forderung nach Aufhebung der Leibeigenschaft, da sie hier tatsächlich nicht mehr bestand.

Schließlich wird Frankenhausen am Fuß des Kyffhäuser Mittelpunkt der Erhebung. Ein Haufe sammelte sich dort, der etwa 6000 Mann stark war. Er tritt mit einem geschickt zusammengefaßten Programm auf und steht mit Müntzer in naher Verbindung. Dieser trifft mit einer Schar von Mühlhausener Männern und Geschütz in Frankenhausen ein. Nun spitzt sich die Lage zu. Denn Landgraf Philipp von Hessen, den wir schon als einen rücksichtslosen, zielbewußten Verfechter der Landesherrenmacht gegen die Bauern kennengelernt haben, zog nach der Eroberung von Fulda über Eisenach und Langensalza auf Frankenhausen. Zur gleichen Zeit brach Herzog Georg von Sachsen

A. Dürer: Die große Kanone

(Albertinische Linie) von Leipzig aus gegen die Bauern auf. Am Morgen des 15. Mai vereinigten sich beide Heere. Ein drittes Heer, das der Ernestinischen Linie von Sachsen, wurde stündlich erwartet, aber Kurfürst Johann, von Luther überredet, sich doch zu den gegen die Bauern vorgehenden Fürsten zu gesellen, traf mit seinen Truppen erst nach der Schlacht von Mühlhausen bei den vereinigten fürstlichen Heeren ein.

Die Bauern hatten auf einer Anhöhe eine günstige Stellung bezogen. Sie schrieben noch einmal an die Fürsten. Aber während man verhandelte, hatten Philipp und die anderen Fürsten die Bauern mit ihrer Artillerie und ihren Reitern umzingelt, und nun war es um die Bauern geschehen. Die Fürsten eröffneten das Feuer mit ihren Geschützen, während die Bauern um Müntzer geschart »Komm heiliger Geist, Herre Gott« sangen. Von Widerstand war keine Rede. Alles floh auf die Stadt zu, Reiter und Fußvolk der Fürsten hinterher, alles niederhauend, was sie fanden. Der Kampf ging in der Stadt weiter, bis etwa 5000 Bauern gefallen waren. Nur 600 wurden gefangen.

Thomas Müntzer selbst war in die Stadt entkommen. Er versteckte sich in einer Kammer und stellte sich krank. Aber er wurde entdeckt, verhört und dem Grafen Ernst von Mansfeld, seinem erbitterten Feind, ausgeliefert.

Mit der Katastrophe von Frankenhausen war der Aufstand der Bauern in ganz Thüringen zu Ende. Überall bemühte man sich, sich in guter Form zu unterwerfen und Gnade bei den Herren zu finden.

Da nun auch Kurfürst Johann mit seinen Truppen zur Stelle war, zog das Heer der Fürsten in der Stärke von 3000–4000 Reisigen und 8000 Fußsoldaten als Sieger in Mühlhausen ein. Niemand dachte an Gegenwehr. 1700 Frauen und Jungfrauen zogen den Fürsten entgegen und beteuerten mündlich und schriftlich, »... das unser menner mit gewalt und mit grossen haufen gedrungen, sich zu der gesellschaft zu gegeben ...³.« Die Stadt mußte 40 000 Gulden Kontribution zahlen und verlor ihre selbständige Stellung. Sie mußte sich in den Schutz der drei Fürsten stellen, d. h. sich ihnen unterwerfen und auf die Herrschaft über ihr Landgebiet mit 19 Dörfern verzichten.

Thomas Müntzer wurde in Mühlhausen und dann im Schloß Heldrungen der Grafen von Mansfeld unter der Folter verhört. Darüber liegen sehr verschiedene Berichte vor, die fast alle von ausgesprochenen Gegnern Müntzers stammen. So wird es wohl nie möglich sein, über seine unter dem Druck der Folter gemachten Aussagen Klarheit zu gewinnen. Ob er wirklich so völlig zusammenbrach, wie behauptet wird, steht nicht fest. Auch kennen wir den Wert von Aussagen, die unter der Folter erzwungen wurden. Am 27. Mai wurden Müntzer, Pfeiffer und 52 andere Männer enthauptet. Wir besitzen eine Liste, der zufolge damals hingerichtet wurden: in Eisenach 20 Bauern, in Langensalza 40, nach der Schlacht von Frankenhausen 300, in Mühlhausen über 100, in Görmar 26, in Tungeda 50, in Sangerhausen 12, in Leipzig 8. Eine gewisse Wahrscheinlichkeit spricht für die Richtigkeit dieser Angaben.

Mit der Schlacht bei Frankenhausen und dem Einzug der Fürsten in Mühlhausen war der Bauernkrieg von 1525 faktisch zu Ende. Nicht wegen des Todes von Thomas Müntzer. Er war nicht der Führer, dessen Tod die Entscheidung herbeigeführt hätte. In Oberschwaben zerstreute das Heer des Schwäbischen Bundes die an der Leubas stehenden Reste der Bauernhaufen. Doch das war nur ein Nachspiel.

Nach Norddeutschland aber griff der deutsche Bauernkrieg nicht über. In Bayern kam es nur zu kaum beachtlichen, rasch niedergeworfenen Erhebungen. Der Grund dafür liegt darin, daß es sowohl in Bayern wie im Norden schon wohlkonsolidierte Landesstaaten gab und sehr viel weniger Klöster, weniger Reichsritterschaft − kurz weniger kleine Herrschaften, die nach eigenem Ermessen die wirtschaftliche und rechtliche Stellung ihrer Bauern bestimmen konnten. Dazu kam, daß die im Südwesten übliche Erbteilung der Höfe eine Zunahme des Kleinbauerntums zur Folge hatte, das der Willkür der Herren mehr preisgegeben war. Hussiten und Waldenser hatten nur hier gewirkt, und die bürgerlichen Ansätze zu einer Sozialrevolution waren auch nur im Süden und Westen zu Hause. Außerdem war der Boden schon vorbereitet durch den »Bundschuh« und den »Armen Konrad«.

Vom Bauernkrieg in Österreich und Tirol und den Unruhen in der Schweiz wollen wir im 9. Kapitel sprechen. Denn sie haben keinen unmittelbaren Zusammenhang mit dem Schicksal der deutschen Bauern. Dort hatte der Bauernkrieg sein eigenes Gesicht.

KAPITEL VIII

DAS »STRAFEN« DER BAUERN

Hinrichtungen und Brandschatzungen folgten unmittelbar auf die Niederlage der Bauern. Am Tage des Einzugs in Würzburg wurden z. B. 64 Bauern und Bürger hingerichtet. 150 Bürger hielt man auf der Festung gefangen. Wenige Tage später zog Bischof Konrad in Begleitung des Henkers von Ort zu Ort. In vielen Fällen überließ man das »Strafen« der Bauern dem Schwäbischen Bund. Denn er war es allein, der die wirkliche Macht in Händen hatte. So konnte der Bund behaupten, in seinem Bereich 10 000 Menschen durch Henkershand getötet zu haben[1]. Das ist wahrscheinlich übertrieben, aber die Zahl war sicherlich sehr hoch. Der Henker des Truchsessen von Waldburg rühmte sich, mit eigener Hand 1200 Köpfe abgeschlagen zu haben[2]. Thomas Zweifel zählt mit Namen und Beruf 11 Männer auf, die zu Rothenburg am 30. Juni hingerichtet wurden und unter dem Datum des 1. Juli noch einmal 14[3]. Von weiteren Hinrichtungen wissen wir in Fulda nach der Eroberung durch den Landgrafen Philipp von Hessen, ebenso in Hersfeld und Eisenach[4]. In einer umfangreichen Liste[5] lesen wir: »... unter andern folgende hingerichtet worden: zu Öttingen 9 Bürger, zu Würzburg der Bauern Obrister Hauptmann, Jacob Keel samt 4 anderen Bürgern auf dem Marckt, 19 vor der Capellen, 36 auf dem Rennweg, 10 bey dem grünen Baum, 10 zu Königshofen, 14 zu Meiningen, 5 zu Mellrichstadt, item 3 Hauptleuthe, 9 zu Fladungen, 14 zu Neustadt und Bischoffsheim, 22 und dann 12 zu Münnerstadt, 9 zu Arnstein, 12 zu Werneck, 6 zu Volckach, 3 zu Schlüsselfeld, 3 zu Au, 4 zu Röttingen, 8 zu Lauda, noch 13 zu Würzburg, 9 zu Carlstadt, 3 zu Heydingsfeld, 4 zu Ballenberg, 9 zu Oehringen, 12 bey Neckars-Ulm ... Zu Kitzingen sind Donnerstags nach Pfingsten 5, von Burg-Bernheim die Köpffe abgeschlagen, Freytags hernach 62 Männern die Augen ausgestochen, dann Samstag darauf noch 4 die Köpffe abgeschlagen und 1 die Augen ausgestochen, zu Hammelburg aber 8 enthauptet, dabey aber von einigen angemercket worden seyn, dass ein mancher unschuldiger Weise angegeben und in der Hitze zum Todt verurtheilet worden.« Diese Aufzählung stammt aus Franken. Die Hinrichtungen begannen aber in Leipheim und Oberschwaben schon im Anfang April. Es müssen also zu der genannten Liste noch viele Exekutionen zugezählt werden. So ließ der Truchseß von Waldburg bei Weinsberg 81 Bauern enthaupten[6]. Meister Augustin, der Scharfrichter von Kitzingen, schickte dem Markgrafen Kasimir von Brandenburg eine Rechnung darüber, daß er

Petrarca-Meister: Exekutionen

80 Mann enthauptet und 69 die Augen ausgestochen und die Finger abgehauen habe[7]. An vielen Stellen und nicht nur bei Thomas Müntzer ist auch von der Anwendung der Folter die Rede[8].

Wie sind nun solche Hinrichtungen, vor allem die durch den Schwäbischen Bund, unmittelbar nach der Schlacht aufzufassen: als gerichtliche Urteile oder als Affekthandlungen im Zusammenhang mit dem Kampf? Sehen wir zunächst einmal von der Frage ab, wieweit das damals geltende Recht Bestimmungen enthielt, die hier den Bauern gegenüber anzuwenden waren, so steht wohl außer Zweifel, daß der Truchseß als Feldherr nach der völligen Ergebung der Bauern kein Recht mehr hatte, gegen sie vorzugehen oder gar sie der Teilnahme am Aufstand wegen zu töten. Ein Feldherr ist kein Richter. Und eine Delegation des Rechts zu strafen an den Truchsessen hat augenscheinlich nie stattgefunden, hätte auch dem geltenden Recht kaum entsprochen.

Die zweite Frage ist die, wieweit das damals geltende Recht Strafen für Untertanen vorsah, die sich gegen ihre Herren erhoben hatten, wieweit auch Bauern gegenüber die Unrechtmäßigkeit solchen Tuns ausgesprochen war, wieweit sie sich also einer Schuld oder doch eines Verstoßes gegen das Recht bewußt sein mußten. Eine Tübinger Dissertation von Eberhard Mayer hat diese Frage nach dem Stand des geltenden Rechts untersucht[9]. Er weist nach, daß in Württemberg, aber auch *nur hier*, anläßlich der Niederwerfung des »Armen Konrad« im Jahre 1514 auf einem Landtag zu Tübingen gesetzliche Bestimmungen getroffen wurden, auf die sich die Bauern, die sich an dieser Erhebung beteiligt hatten, bei ihrer neuen Huldigung verpflichten mußten (»Tübinger Vertrag«). Hiernach wurde Landfriedensbruch mit dem Tode bestraft, und als Landfriedensbruch galt schon das »heimliche Zusammenschlupfen oder Rottieren«. Auch Vorbereitungshandlungen, also Reden, die eine staats- oder obrigkeitsfeindliche Gesinnung verrieten, wurden dem Tübinger Vertrag nach als zum Landfriedensbruch gehörig betrachtet[10].

Eine zweite Landesordnung vom 10. April 1515 und eine vom 20. August 1521 brachten Ergänzungen dazu. In dem damaligen Herzogtum Württemberg war also ein *ad hoc* gegen Bauernunruhen geschaffenes Gesetz vorhanden, auf das man 1525 zurückgreifen konnte. Nur muß man in Betracht ziehen, daß der mittelalterliche Mensch, wie es der Bauer noch war, in der Regel mit altem, ererbtem Recht rechnete, dem gegenüber ganz neue, *ad hoc* erlassene Bestimmungen der Landesherren noch nicht die gleiche Rechtskraft im täglichen Leben erlangt hatten. In Fleisch und Blut waren sie dem Volk noch nicht übergegangen.

Außerhalb Württembergs galt für solche Fälle nur die Goldene Bulle von 1356, und diese betrachtete auch heimliche Zusammenkünfte und unerlaubte Verbindungen als Gefährdung der öffentlichen Sicherheit, ohne aber eine bestimmte Strafe dafür vorzusehen. Die Reformation Kaiser Friedrichs III. von 1442 stellt nur Brennen, Brandschatzen usw. sowie die Beihilfe dazu als gemeinschaftsgefährdend unter Strafe. Ähnlich läßt sich der Ewige Landfrieden Kaiser Maximilians I. von 1495 vernehmen[11].

In Württemberg ging man nach kurzer Zeit der geschilderten Rechtsordnung entsprechend vor. Zunächst war auch hier der Schwäbische Bund, praktisch der Truchseß von Waldburg, ebenso wie in anderen Landschaften, die er unterworfen hatte, als Gerichtsherr aufgetreten. Dann aber hatte er diese Funktion an den damaligen Landesherrn, den Erzherzog Ferdinand von Österreich, abgegeben. Von nun ab wurden die wesentlichen Prozesse vor dem kaiserlichen Hofgericht zu Rottweil verhandelt. Daß dieses Gericht sich an streng rechtliche Normen hielt und sogar menschliches Verständnis bewies, geht aus der Tatsache hervor, daß Matern Feuerbacher, der Führer der aufständischen württembergischen Bauern, freigesprochen wurde.

Außerhalb Württembergs, wo es, wie wir sahen, keine speziellen Bestimmungen über Unruhen der Bauern gab, konnte man nur auf die Gesetze zur Erhaltung des Reichs-

landtfrid
durch Kayser Carol den funfften:
uff dem Reichstag zu Worms.

Anno. M v^c. xxj.
auffgericht.

Titelblatt des Landfriedens Kaiser Karls V., 1521

landfriedens zurückgreifen[12]. Doch diese bekämpften in erster Linie Fehden der Ritter und verwendeten dafür den Begriff des Landfriedens. Kaiser Maximilians Landfriedensgesetz von 1495 machte endlich Ernst mit dem Verbot der ritterlichen Fehden. Hier wird außer dem unerlaubten Befehden und Bekriegen das Gefangennehmen, das Überziehen, Belagern und gewaltsames Einnehmen von Schlössern, Städten und Dörfern als Landfriedensbruch verboten und unter harte Strafe gestellt. Auch der Anstifter zu solcher Tat ist schuldig. Das ließ sich notfalls auch auf Aufstände der Bauern anwenden, wenigstens in ihrem zweiten Entwicklungsstadium. Gegen Zusammenrottungen der Bauern, die nur den Charakter von Demonstrationen hatten, aber konnte man damit schwerlich vorgehen. Doch enthielt ja die Goldene Bulle von 1356 hierüber Bestimmungen. Immerhin ergibt sich, daß eine Möglichkeit bestand, Willkür zu vermeiden, zu einem rechtmäßigen Spruch gegen Bauern zu kommen, soweit sie sich an Plünderungen, Eroberungen etc. beteiligt hatten. Wenn die Urteile teilweise mit einer uns unverständlichen Roheit vollzogen wurden, so ist das — darauf weist Eberhard Mayer mit Recht hin — in den Gewohnheiten des damaligen Strafrechts begründet, die sehr grausam waren.

Doch sah man augenscheinlich manchenorts bald ein, daß das Strafen, wie es der Schwäbische Bund und einige Fürsten handhabten, zu hart war. In Ulm suchte man schon im Jahre 1525 die Maßnahmen des Schwäbischen Bundes abzumildern. Für den Sohn des Ulmer Stadtschreibers Konrad Aitinger legte man Fürbitte bei dem Truchseß ein, weil jener als Amtsschreiber zu Böblingen gezwungen worden war, es mit den Bauern zu halten, und als am 3. Juli ein Adeliger aus der Nachbarschaft den Rat ersuchte, ihm beim Strafen seiner Bauern behilflich zu sein, verwies man ihn wieder an den Truchseß von Waldburg, weil der Rat nichts damit zu tun haben wollte. Am 28. Juli wurden die Bewohner von Riedheim, die man ausgewiesen hatte, begnadigt. Schon kurz vorher hatte man in Ulm die Herrschaftspfleger bevollmächtigt, in ähnlichen Fällen so zu verfahren. Am 28. September wurde bestimmt, in allen von Ulm abhängigen Dörfern sollten die Gerichte wieder an den altgewohnten Orten gehalten werden. Auch die Leipheimer erhielten ihre Freiheiten Zug um Zug wieder[13]. In anderen Städten wird man sich auch so verhalten haben.

Der Schwäbische Bund aber traute der Ruhe im Land noch nicht. Er stellte eine Polizeitruppe von 800 Reisigen auf, die durch das Schwabenland, das Allgäu, das Bodenseegebiet und durch Franken in Gruppen von 100 oder 50 Reitern unterwegs waren, um sich zu überzeugen, daß keine Neigung zu Unruhen mehr bestand. Augenscheinlich kontrollierte der Schwäbische Bund dabei auch, ob die von ihm geforderten Zahlungen geleistet wurden. Die Einquartierung von 50 bis 100 Reisigen, die nach der Niederlage der Bauern wahrscheinlich recht wenig freundlich auftraten, bedeutete eine recht unangenehme Belastung für die Dörfer. Es wird hier sehr deutlich, wie sehr der Schwäbische Bund sich als Obrigkeit dieser Länder betrachtete. Er erscheint hier geradezu als ungekrönter König von Südwestdeutschland[14].

Doch das »Strafen« der Bauern erschöpfte sich nicht in den Bluturteilen über Teilnehmern der Erhebung. Die Kontributionen aber lasteten auf jedermann. Hier trat der

IMP·CAES·MAXIMIL·AVG

1508

·H· BVRGKMAIR

H. Burgkmair d. Ä.: Kaiser Maximilian

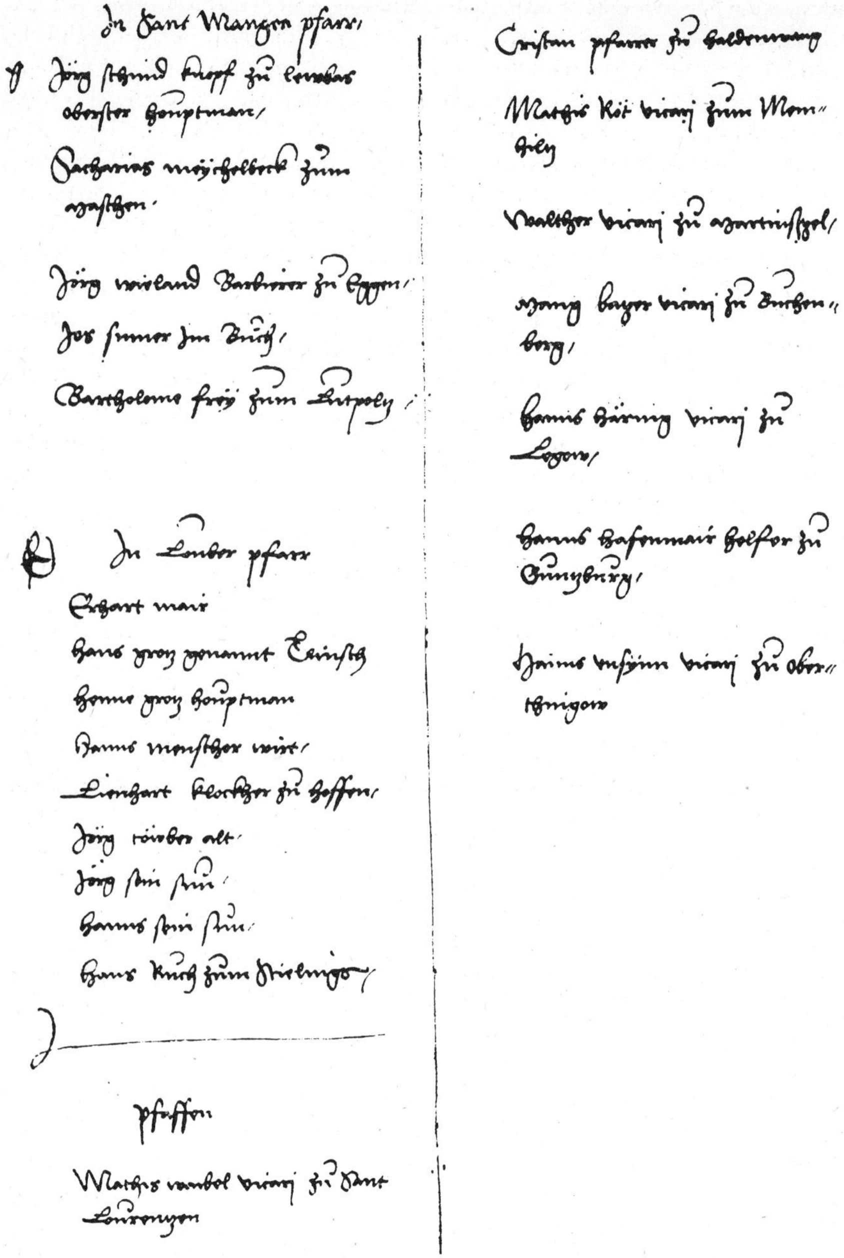

In Sant Mangen pfarr,

Jörg Schmid knopf zu Leubas
oberster haupptman,

Zacharias ... zum ...

Jörg weiland barbierer zu Eggen
Jos ...ner im Bach,

Bartholome frey zum ...poltz

In Leubas pfarr
Erhart mair
Hans groß genannt ...
Hans groß haupptman
Hans ... wirt,
Lienhart ... zu ...
Jörg ... alt,
Jörg sein sun,
Hans sein sun,
Hans ... zum ...

pfaffen

Matheus ... vicarj zu Sant
...

Cristan pfarrer zu ...

Matheus ... vicarj zum ...

Walther vicarj zu ...

... bayer vicarj zu ...
burg,

Hanns ... vicarj zu
...,

Hanns ... helffer zu
...

Haine ... vicarj zu ...
...

Schwäbische Bund an erster Stelle auf und verlangte Auflagen verschiedener Art, um seine Kosten decken zu können. Als allgemeine Norm erhob man von jeder Feuerstelle sechs bis acht Gulden, was nach den Verwüstungen, die der Kampf mit sich gebracht hatte, oft nicht leicht zu entrichten war. Doch ging man an manchen Stellen auch anders vor. So forderte der Bischof von Würzburg von seinen Untertanen eine innerhalb von zwei Jahren zu bezahlende Entschädigung von 220 000 Gulden[15]. In Württemberg drohte der Truchseß von Waldburg, das Land zu plündern, wenn die österreichische Regierung ihm nicht die Erhebung einer Strafkontribution erlaube, um die Kosten, die der Schwäbische Bund gehabt hatte, damit zu decken. Es geschah denn auch. Häufig meldeten sich aber durch den Bauernkrieg Geschädigte noch nach der Eintreibung der normalen Kontribution durch den Schwäbischen Bund. Dann wurde jede Feuerstelle nochmals mit einem halben Gulden belastet. Die Verhandlungen um diese Zahlungen zogen sich jahrelang hin. Dabei kamen auch Schatzungen von gehorsam gebliebenen Bauern oder mehrfache Besteuerung derselben Dörfer vor, da geschädigte Herrschaften auch neben den Strafkontributionen des Bundes noch einmal für sich Strafgelder erhoben[16]. Auch dem Rheingau, wo der Schwäbische Bund keinen Schwertstreich getan hatte, wurde eine Kontribution von 15 000 Gulden auferlegt.

Es ist erstaunlich, daß die Bauern diese Summen überhaupt aufbringen konnten, nachdem der Krieg selbst schon erhebliche Opfer von ihnen verlangt hatte. Jedenfalls lasteten diese Summen noch lange auf den an sich schon kleinen und armen Besitzungen vieler Bauern. Die gehobene Schicht der wohlhabenderen Bauern, die wir in der Bewegung beteiligt sahen, schwand unter solchen Belastungen dahin.

Doch die Bestrafung der Bauern war damit noch nicht zu Ende. Das schlimmste war, daß die Aktion, die im Rahmen des Krieges von 1525 die allergrößte Bedeutung gehabt hatte, zu einem totalen Fiasko führte. Denn nun wurden alle Freiheiten, die die Bauern in den ersten Monaten errungen hatten, alle Verträge, die zu ihrem Vorteil mit den Herrschaften oder Landesherren abgeschlossen worden waren, für null und nichtig erklärt. In diesem Punkt war der Truchseß unerbittlich, denn er wußte genau, daß es um eine höchst wichtige politische Frage ging.

Am Beispiel des Rheingaues wird das Vorgehen des Bundes besonders deutlich. Dort hatte man sich, wie wir sahen, friedlich geeinigt. Die Bauern hatten gemeinsam mit den Bürgern ihre Forderungen ohne Gewalt durchgesetzt, der Adel hatte sich ihnen angeschlossen, Friedrich von Greiffenklau war ihr Führer geworden, auf der Wacholderheide erschien die kurfürstliche Regierung von Mainz und nahm am 18. Mai die vorgelegten Artikel an. Am 19. Mai wurde eine Urkunde für die »ehrnveste und ehrsam unsere liebe besonders und getreue Edelen und Bürger gemeiner landschaft« ausgestellt. Nichts deutet darauf hin, daß man dieses Abkommen nicht ernst genommen und nur als einen augenblicklichen Notbehelf angesehen hätte. – Als aber der Schwäbische Bund in Schwaben und Franken gesiegt hatte, machte er Anfang Juni 1525 Anstalten, nun auch im Rheingau einzurücken, um die Aufhebung des Vertrags zu erzwingen, ohne dazu von dem damaligen Landesherrn von Mainz und dem Rheingau, Bischof Wilhelm von Straßburg, aufgefordert zu sein. Der Bund handelte also aus eigener

Machtvollkommenheit. Bischof Wilhelm, der Statthalter des abwesenden Kurfürsten und Kardinals Albrecht von Brandenburg, trat in Würzburg dem Truchsessen von Waldburg entgegen. Doch ohne Erfolg. Wie dieser den Rheingauern schreibt, hat der Bischof »vielfältig und gnädig angehalten solchen Zug und Straf von euch zu wenden und unser Vornehmen zu mildern«. Der Truchseß lehnt das ab mit der Begründung: »... so ist doch unser Befelch, so wir von den Bundesgenossen haben, so ernst und streng gegen euern Muthwill, Frevel und schwere Fehler und Verantwortung, dass wir seiner Fürstlichen Gnaden Vorbitte nicht haben statt geben können oder mögen[17].« Offenbar hatte Kurfürst Albrecht selber dem Schwäbischen Bund einen solchen Auftrag gegeben. Denn kurz darauf schickt Bischof Wilhelm einen Brief an die Rheingauer Landsgemeinde, in dem er den Beschluß des Schwäbischen Bundes und des Kurfürsten mitteilt. Man spürt diesem Brief seine große Sorge um das Schicksal des Rheingaues in den Händen des Schwäbischen Bundes an[18]. So griff nun der Truchseß durch seinen Beauftragten Frowin von Hutten rücksichtslos durch. Die Rheingauer Landsgemeinde muß sich auf Gnade und Ungnade unterwerfen, eine Reihe von Führern wird zu Eltville hingerichtet, eine Kontribution von 15 000 Goldgulden wird dem Land auferlegt, und — die Hauptsache — alle Abmachungen des Vertrages vom 18. Mai werden für ungültig erklärt und dazu alle alten Rechte und Privilegien des Landes aufgehoben, alle Gerichte suspendiert und alle Bürger und Bauern des Landes entwaffnet. Damit war eine jahrhundertelange Entwicklung abgeschnitten. Das Weistum von 1324 gibt uns Kenntnis davon, welches Maß von Selbständigkeit der Rheingau unter seiner Landsgemeinde damals schon hatte, selbstverständlich unter dem Schutz und der Oberhoheit des Erzbischofs von Mainz[19]. Damit war es nun zu Ende. Aufschlußreich ist die Begründung, die der Truchseß für das Strafgericht gibt. Er wirft den Männern des Rheingaus vor: »merkliche Verkleinerung des Churfürstlichen Standes, Obrigkeit, Hoheit und Gerechtigkeit, Inkommen und Nutzen[20].« Das beweist eindeutig, daß der Schwäbische Bund den Krieg führt, um die Macht der Landesstaaten über ihre Untertanen zu stärken, um jede Selbstverwaltung und jede Freiheit der Untertanen im öffentlichen Leben zu unterbinden. Wir haben vom Rheingau ausführlich geredet, weil wir dort am besten über diese Fragen unterrichtet sind. Aber überall wiederholt sich dasselbe. Die Verträge von Renchen, Freiburg, Fulda, Hersfeld, Mainz, Speyer, Neustadt, Miltenberg, Ortenau u. a. wurden aufgelöst. Nach der Schlacht von Pfeddersheim, in der Ludwig von der Pfalz die Bauern geschlagen hatte, mußten die Abgesandten von Mainz, Frankfurt, Speyer und Worms und des Rheingaus vor dem Kurfürsten erscheinen (Ende Juni), eine große Strafsumme wurde ihnen auferlegt, und vor allem mußten sie auf alle erworbenen Freiheiten und Rechte verzichten, die ihnen in den verschiedenen Abmachungen zugesichert worden waren. Kurz vor diesem Tag hatte der Kurfürst zu Bruchsal eine Zusammenkunft mit Georg von Waldburg. Wir werden darum nicht fehlgehen, wenn wir in diesem Gerichtstag zu Pfeddersheim die Stimme des Truchsessen zu hören glauben. Die Verträge, die die Bauern mit einzelnen Herrschaften, wie den Grafen von Hohenlohe, geschlossen hatten, fielen alle in sich zusammen, sobald nur das Heer des Schwäbischen Bundes im Anmarsch war.

A nfangs/alle die/ So sich/in gemaine Bundts stende/straff/auch gnad vnd vngnad ergeben wöllen/Die selben söllen zůuorderst/ it genötlin/So ainiche betenn auch iebarmherd/vnd all it Büchsen vn geweer/von inen geben xb an ain hauffen legen/Vnd boy welchem daribe weere weere gefunden/der/oß die selben söllen darumb/an leyb/vnd güt gestrafft/vnd soll die selb stiff/so dem/bey dem/wie ob laut die weere gefunden/aufgelegt wirde/halber gemain em Bundt vnnd halber/zeter ordenlichen obertait zůstteen/vnd werden.

Zum andern söllen sy/zren berein von newen dingen sch weeren/inen trew vnd gehorsam / fain/tren/nun zifflic dem vnd schaden zewarnen/vnd zewenden/vnd alles das zethün/so sy inen bieuoz gethan haben/vnd das sy fürter/in eig zevi ain Bruderschafft Bündtnus/oder vereinigüg/mee machen fürnemen vnd haben auch auff fain kirch weyhinzichen/noch gemaind wider it Obergaiten halten/noch sich sunst Roten söllen/noch wöllen/bey verlierung ire lebens.

Zum Dritten/söllen sy/alle Clöster/spaller/Schlösser vnd flecken/wie die namen die sy/men / genntlich vnd gar abtretten/vnd die selben/denen betroffen/denen sy die Entwende/widerumb frey/mit aller Obertait/wie die/voznoschape/zustellen/Defsgleiche alles das/so sy sunst genomen/vnnd noch beyhanden haben/alles (wie ob steet) auch antwurten/vnd sich sunst/ain ieder flecd/vnd die andern zůgefügten vfs auffstenden schoden/mit seiner Obertait/nach zimlichen vnd billichen dingen gütlich vertragen/Wa aber dasselb in der güt/wie sein/vnd die vnderthanen/vnd it Obergaiten/defshalb strittig wurden/ So sollen als dann gemaine Dreissamlung/des Bundts/darumb zůenpschayden haben/vnnd was gemain versamlung/darinnen wirder billichen/oder mitteln/das soll von den Obertaiten/vnd vnderthaumen/angenomen werden.

Zum Dierten/so söllen sie alles dz/so sy/vo den kirchen genomen/oß embnet haben/es sey wenig oß vil/den selben kirchen/vñ zn verordnetn widerüb zůstelli Zum fünfften/so söllen die Redlinfhaure/vnnd die sø sich/voz andern insfrtictig/vnnd vbel gehalten. vnd sollich empeurüg gemacht/vnnd verursacht haben gestund von dem obersten Veldhaurptman/so betretten/vnd nach ains yeden verschulden/vnnd verdienen gestrafft werden

Zum Sechsten. Es soll ain ieder doff/oß flect/gemainem Bundt für Brandschatzüg/vo yedem hauß. Sechs gulbin geben/vñ de Reich dem armen in fsollichem/nichtsfft somen/vnnd welches doff oder flect fain is seyt wie es im die vorhomen aufleger.mr fro geben/die selben fallen gesplunndert vnnd verprennt werden.

Zum Sibenden/ so söllen die/so mit vngehorsam vnd nit in die Bruderschafft gewesst sein vnnd dar/durch sich selbs/oder ander wede haimlich oder offen lich hilff vnnd Zubgethann haben/mit sollicher auflag nit beschwee werden.

Zum achten/So soll allen abgewichnem/die sich/in obgemelt begnadüg/vnnd straff nit ergeben Wyb vnnd kind hinach geschickt/vnnd allie güt genomen/vnnd davon derhalbzeyt gemainem Bundt/vnd der andre halbzay faine ordenlichen Obertait Welche auch der selben abgewichpen ainen Lersfftich oß vmb bringe/des soll darumb nit gestrafft werden oder damit nichtsige freude haben.

Zum Neunten/so söllen auch alle vnderthaumen bey zren ayden schulzg vnd pflichtig sein die abgewichnem/mit mee einzulassen noch zuenthalten/sonde sich mit aller gemainschafft handlüg vnnd wandlüg gro entschlahen was die ankomé vnd betreten mügen fenchlich anzenemen vnd im obertaiten zuberzringe/

Gegen söllichen allumm/vnd damit sich fain vnderthaum zubeklagen hab/ Soll dem vnderthaumen/dem Bundt verwant/ob sy vermeinten/von irm obertaiten vnbillich beschweere/dasselb voz gemaine Versamlung des punds/zetlagen voebehalten sein/vnd was die obertaiten vnd vnderthaumen in dem selben fall von gemainer versamlung emtschaiden/oder gewisen dem selben/soll von yedem tail gelept weeden/doch soll Kainer müst weil/mit der gehozsam so er thu en in allen sachen/seiner obertait getheaun har stillsten/ Sonder die billzist menerüng der sach thün vnd volbristen.

Instruktion des Schwäbischen Bundes betreffs Behandlung der sich ergebenden Bauern, 1525

Die Annullierung der für die Bauern günstigen Verträge war das Ziel des Schwäbischen Bundes und seiner Fürsten. Alles, was die Bauern mit Demonstrationen, Verhandlungen oder auch mit drohenden Aufmärschen gewonnen hatten, war nun vernichtet. Dazu kamen die Verluste an Menschenleben; man hat sie auf 100 000 geschätzt. Mit Hilfe des Schwäbischen Bundes hatten die im Aufbau begriffenen Landesstaaten einen unzweifelhaften Sieg errungen durch Niederwerfung der gefährlichsten Kräfte, die ihrem Streben nach unbeschränkter Macht über die Untertanen entgegentreten konnten. Nicht zu beantworten ist die Frage, ob der Truchseß bei den Strafgerichten wirklich nur die ausführende Hand war, die sich mit Recht – wie etwa im Rheingau – auf die ihm erteilten Instruktionen beruft. Bestimmt hatte er Verständnis für die Nöte der Bauern. Als der Schwäbische Bund im Jahre 1526 einen Tag zu Memmingen ansetzte, um über die Lage der Kemptener Bauern zu entscheiden, und beschloß, auf den Halbteil der Hinterlassenschaft Leibeigener zu verzichten und gewisse Freiheiten, wie erleichterte Heiratserlaubnis und Freizügigkeit, zu gewähren und die Abgaben an das Stift genau festzulegen, war sicherlich Truchseß Georg, der in der Nachbarschaft ansässig war, auch beteiligt[21]. Anderseits aber spricht sein schnelles Vorgehen nach jedem Sieg und die Beseitigung *aller* Privilegien und Freiheiten der Bauern, ebenso wie auch der oben zitierte Brief an die Rheingauer Bürger und Bauern doch dafür, daß er nicht nur auf Befehl, sondern auch nach eigenem Willen und Ermessen gehandelt hat. Man wußte überall, was man von ihm zu gewärtigen hatte. Sobald nur der Schritt der marschierenden Landsknechte seines Heeres zu hören war, verloren die Bauern oft allen Mut gegenüber dem »Bauernjörg«. Augenscheinlich trug er selbst ein gut Teil Verantwortung für sein Handeln, für die Härte und Rücksichtslosigkeit des Strafens. Wir wissen heute aus Erfahrungen der Gegenwart nur zu gut, wie problematisch die Berufung auf einen Befehlsnotstand ist.

KÀPITEL IX

DER BAUERNKRIEG IN DER SCHWEIZ, IN TIROL, SALZBURG UND KÄRNTEN

Ehe wir zum Schluß kommen, müssen wir aber noch die Bauernunruhen in verschiedenen Landschaften vor unserem Auge vorbeiziehen lassen, die zwar nur in lockerem, aber doch wichtigem Zusammenhang mit den deutschen Vorgängen stehen oder eine Parallele dazu bilden. Es sind das die Schweiz, Tirol und Österreich mit Salzburg, Kärnten und die Steiermark.

Schon die Begründung der Schweizer Eidgenossenschaft im Jahre 1291 weist eine enge Verwandtschaft mit den Vorgängen von 1525 auf. Denn Anlaß zum Aufstand und Zusammenschluß der Schweizer war damals die Tatsache, daß eine Reihe der vom Kaiser eingesetzten und mit der Ausübung der Reichsherrschaft betrauten Vögte versuchte, durch Herabdrückung der Untertanen die Grundlage für einen straffen Landesstaat zu schaffen. Dagegen wehrten sich die bäuerlichen Gemeinden mit Berufung auf ihr altes Recht, das sie auch durchzusetzen wußten. Das Bild der Schweizer Entwicklung ist darum für uns aufschlußreich, weil es zeigt, daß das, was im Bauernkrieg 1525 angestrebt wurde, keine Utopie war, war doch dieses Ziel schon zwei Jahrhunderte früher unter ähnlichen Voraussetzungen errungen und zur Grundlage eines blühenden Staatswesens für Jahrhunderte ausgebaut worden.

In den folgenden Jahrhunderten gibt es auch in der Schweiz noch zahlreiche Unruhen. Doch liegen die Dinge insofern anders als in Deutschland, als sich hier die Städte als Stadtstaaten und die von ihnen beherrschten Bauern gegenüberstehen. Wir haben ähnliche Verhältnisse auch in Mühlhausen und Rothenburg vorgefunden. In den meisten Fällen gelang es schnell, die Unruhen durch einen Vertrag zwischen beiden Parteien zu beenden. Allerdings ist der Inhalt dieser Verträge recht verschieden, und nicht immer vermochten die Bauern ihre Forderungen durchzusetzen.

Die erste dieser Unruhen fand im Appenzeller Land statt in den Jahren 1401 bis 1408. Die Ursache war die gleiche wie so oft: der Abt von St. Gallen versuchte im Interesse seiner Landeshoheit die Untertänigkeit der Bauern zu verschärfen. Die Empörung griff schnell um sich. Das Kriegsvolk des Abtes wurde wiederholt geschlagen, und aus den Bauern bildete sich der »Bund ob dem See« (Bodensee), dem sich das Rheintal, Vorarlberg, der Thurgau und Toggenburg anschlossen. Der Sieg der Bauern schien sicher, da brachte eine kleine Niederlage den Umschlag. Alle Bauern mit Ausnahme der

Plünderung eines Dorfes. Aus Stumpfs Schweizerchronik

Appenzeller verblieben in derselben Abhängigkeit wie zuvor. Das Ganze erscheint fast als ein Miniaturabbild des deutschen Kampfes von 1525. Ähnliche Aufstände der Bauern gegen ihre städtischen Herren erfolgten in Luzern, in Bern, Interlaken und Zürich (1411).

Etwas größeren Umfang hatten die Züricher Unruhen von 1489. Damals unternahm es Bürgermeister Hans Waldmann, aus Zürich einen modernen Staat zu machen und zu diesem Zweck durch Beseitigung der Feudalrechte in den Dörfern die Bauern in eine um so größere Abhängigkeit zu bringen. Die Bauern wehrten sich dagegen und verbanden sich mit den Unzufriedenen in der Stadt. Waldmann wurde verhaftet und hingerichtet. Der Sieg schien vollkommen, doch jetzt griff die eidgenössische Regierung ein, und so war die alte Untertänigkeit bald wiederhergestellt, ja, es dauerte gar nicht lange, bis Waldmanns Bestrebungen von neuem aufgenommen wurden.

Etwa zu derselben Zeit kam es zu Unruhen im Appenzeller Land. Sie richteten sich gegen den Abt von St. Gallen, Ulrich Rösch, der die Dorfuntertänigkeit zu verschärfen suchte. Da die Eidgenossen auch hier sich ins Mittel legten, wurden Röschs Absichten trotz des Widerstands der Bauern im wesentlichen ausgeführt.

Gefährlicher ließen sich die Unruhen im Jahre 1513 an. Die Bauern von Luzern, Bern und Solothurn empörten sich gegen neue Steuern, d. h. gegen Übergriffe der Staatsgewalt, auch hier wiederum im Namen des alten ererbten Rechts. Aber diesmal gaben die Städte den vereinigten Bauern nach.

1525 machte sich die Erhebung in Deutschland auch jenseits des Rheines bemerkbar, so wie schon 1513 die Schweizer Bauern mit dem Bundschuh in Verbindung gestanden hatten. Ende April kam es zu Zusammenrottungen und Aufruhr in Zürich, Schaffhausen, St. Gallen, im Thurgau, in Bern, Solothurn, Basel und Biel. Eine Sonderstellung nimmt dabei Zürich ein. Dort verfaßten die Leutpriester unter Leitung von

248

Zwingli ein Gutachten über die eingereichten Beschwerden, die sich auf das göttliche Gesetz beriefen. Zwingli erkannte die Berechtigung der Zinszahlung und aller alten verbrieften Verpflichtungen an, empfahl aber die Aufhebung der Leibeigenschaft (was meist schon geschehen war) und den Verzicht auf den kleinen Zehnten. Die Bauern hatten mehr erhofft und standen im Juni nochmals auf, doch war die Ruhe schnell wiederhergestellt. In allen anderen Kantonen vermittelte die Eidgenossenschaft; sie drang auf Einrichtung eines Schiedsgerichtes, das in der Regel den kleinen Zehnten erließ, aber auf den staatlichen Steuern und Abgaben beharrte. In den meisten Fällen kamen auf Grund solcher Schiedsgerichtssprüche Verträge zustande, welche die Streitigkeiten schlichteten[1]. So blieben der Schweiz Gewalttätigkeiten erspart. Entscheidend

Urs Graf:
Pannerträger von St. Gallen

war, daß die Tagsatzung der Eidgenossen eine vermittelnde, aber doch den Herrschaften nicht abträgliche Stellung einnahm. Dazu kam, daß der Hegauer Aufstand drüben über dem Rhein zu keinem Erfolg führte[2].

Die Schweizer Bauernbewegung von 1525 brachte zwar den deutschen Bauern keine fühlbare Hilfe, wohl aber war sie ein Beispiel dafür, was auf friedlich-schiedliche Weise durch einen Vertrag mit den Herrschaften zu erreichen war. Sie ist eine Parallele zur ersten Phase des Bauernkrieges in Deutschland und zeigt, daß ohne das Eingreifen der Fürstenmacht durchaus die Möglichkeit bestand, auch hier zu einem befriedigenden Ergebnis zu kommen. Insofern ist die Entwicklung in der Schweiz für die Gesamtgeschichte des Bauernkrieges von Bedeutung[3].

Auch im Osten Deutschlands, im Erzstift Salzburg, fanden schon im 15. Jahrhundert Bauernaufstände statt. Die Lage von Salzburg war dadurch gekennzeichnet, daß es eingeschlossen war von zwei starken Territorialstaaten, von Österreich und Bayern, selbst aber nur über geringe Macht verfügte. So war es verständlich, daß der Erzbischof sich bemühte, seine Machtstellung als Landesfürst zu festigen und auszubauen, wenn auch auf Kosten seiner Untertanen. Als er nach schlechten Erntejahren 1458 eine neue Viehsteuer erhob, wehrten sich die Bauern dagegen und sammelten sich bei Werfen. Ein gewisses Entgegenkommen beruhigte sie. Doch schon 1462 erhoben sie sich von neuem, diesmal auch im oberen Salzachtal, im Pongau und Pinzgau sowie in der Gegend von Brixen. Städte dieser Landschaften schlossen sich an. Die Salzburger Truppen vermochten nichts auszurichten, und der Erzbischof mußte schnell einen Waffenstillstand schließen. Ein Schiedsspruch Herzog Ludwigs von Bayern sollte die strittigen Punkte entscheiden. Die Bauern protestierten vor allem gegen eine drückende Weihsteuer, die der neue Herr des Erzstifts ausgeschrieben hatte. Außerdem aber hatten sie politische Forderungen vorzubringen, die ihnen Einfluß auf die Wahl von Beamten und auf das Gerichtswesen verschaffen sollten. Der Schiedsspruch des bayerischen Herzogs verpflichtete den Fürstbischof, die Weihsteuer bedeutend herabzusetzen, aber bäuerliche Freiheiten genehmigte er nur, insoweit sie dem Herrn des Landes »an seiner Obrigkeit und Gerechtigkeit unschädlich« seien. Man sieht in dem Fall deutlich, worauf es dem Erzbischof ankam und wo sich der bayerische Landesfürst auf die Seite des Salzburgischen stellte. Auch hier hatten die Unruhen also in erster Linie ein politisches Ziel: einen größeren Einfluß der Bauern auf die Verfügungen der Obrigkeit und auf das öffentliche Leben zu gewinnen. In finanziellen Dingen gab der Erzbischof nach, in diesem Punkte nicht.

Doch die Frage war damit noch nicht für die Dauer entschieden. Im Jahre 1519 wurde der Kardinal Matthäus Lang Fürstbischof von Salzburg. Er setzte alles daran, eine straffere Landeshoheit in seinem Erzstift aufzurichten. Zunächst wendete er sich gegen die Stadt Salzburg. Im Jahre 1523 mußte sie alle ihre Privilegien herausgeben, wie wir dies im Rheingau und anderwärts schon beobachtet haben, und eine neue Stadtordnung annehmen, die auf römischem Recht statt des altererbten fußte. Als dazu noch die scharfe Verfolgung von Lutheranern kam, brach im Mai 1525 der Bauernaufstand in denselben Gegenden wie früher aus, nur daß jetzt die Knappen des Gasteiner Tales im Vordergrund standen. Der Fürstbischof war nicht in der Lage, sich dagegen mit Erfolg zu wehren, und das Heer der Bauern zog in Salzburg ein. Die Bürgerschaft schloß sich ihnen an.

Von seiten der Bauern lagen zunächst die »Artikel der Landschaft Gastein« vor, eine lockere Zusammenfügung vieler Einzelbeschwerden. Daneben standen die Forderungen der Stadt Salzburg, die ganz anderen Charakter hatten. Sie verlangten, wie anderweitig so oft, freie Pfarrerwahl, dann aber nicht nur die Wiederherstellung der abgeschafften Privilegien, sondern eine beträchtliche Erweiterung des Anteils der Stadt und der »Landschaft« an Verwaltung und Gerichtswesen. Der Landschaft war auch die Verwaltung der Klöster zugedacht. Der Fürstbischof sollte zwar das Oberhaupt des Stiftes bleiben, jedoch festes Gehalt beziehen und in der Hauptsache auf kirchliche Aufgaben beschränkt sein. Die Landschaft war also als die oberste Instanz des Erzstiftes gedacht. Anschließend wurden noch »24 Artikel gemeiner Landschaft Salzburg« eingereicht, die sich mit Berufung auf die »göttliche Gerechtigkeit« vor allem gegen die weltliche Herrschaft der Geistlichkeit wenden, im übrigen aber die Beschwerden der 12 Artikel und die des Salzburger Bauernaufstandes von 1462 wiederholen.

Die Forderungen der Stadt Salzburg sind deshalb so interessant, weil sie auf Vorschläge für eine durchgreifende politische Umgestaltung des ganzen Lebens des Erzstiftes Salzburg hinauslaufen, die sich den Miltenberger Plänen und ebenso der Tiroler Landesordnung zur Seite stellen lassen und ein Beweis dafür sind, daß solche Gedanken nicht eine ausgefallene Sache einzelner Männer wie Hipler und Weygandt oder Gaismaier waren, sondern in vielen Köpfen umgingen, obschon sie nur bei seltenen Gelegenheiten ans Tageslicht kamen.

Von Salzburg griff die Bewegung auf Kärnten über. Dort war schon 1462 im Anschluß an die Salzburger Unruhen ein Aufruhr ausgebrochen. Damals gaben sich die Bauern auf einem Tag zu Villach eine »Ordnung«. An ihrer Spitze sollte ein Bundesrat stehen, dessen Vorsitz Bauern, einigen Handwerkern und einem Bergknappen zugedacht war. Man entwarf den Plan zu einem bäuerlichen Staat unter kaiserlicher Oberhoheit, der jedoch nicht zur Ausführung kam, da ein Einbruch der Türken den Bund vernichtete. Die Bauern wurden bei Tarvis geschlagen.

Im Jahre 1525 waren es wiederum die Salzburger Unruhen, die einen neuen Aufstand in Kärnten auslösten. Doch waren diesmal in der Hauptsache die Bergbaugebiete neben den Salzknappen aus dem Salzkammergut die Träger der Erhebung. Zusammen mit Kärnten rüstete auch die Steiermark. Der steierische Landeshauptmann Siegmund von Dietrichstein zog mit einem Heer gegen die Empörer, wurde aber am 3. Juli 1525 bei Schladming geschlagen und gefangengenommen.

Im ganzen Erzstift Salzburg waren nun die Bauern die Herren der Lage. Matthäus Lang war schon bereit, nachzugeben und einen neuen Erzbischof durch die Landschaft wählen zu lassen, da Österreich wie Bayern nicht gewillt waren, ihm beizustehen. Da erreichte es Leonhard Eck, den wir schon als einen der bedeutendsten und zielstrebigsten Köpfe in seinem Kreis kennen, den Schwäbischen Bund zum Eingreifen zu bewegen, so wie es überall geschehen war, wo die Bauern erfolgreich gewesen waren. Bayern und

Österreich·versuchten als gute Nachbarn von Salzburg, den Einmarsch des Bundesheeres zu verhindern, da sie wußten, was eine Exekution durch den Bund bedeutete. Doch vergeblich. Schließlich sollte ein Landtag über die Beschwerden der Aufständischen entscheiden. Aber der Erzbischof verzögerte die Einberufung, so lange er konnte, und als der Landtag zusammentrat, bewilligte er nur eine neue Steuer und verschob die Erledigung der Beschwerden der Bauern auf unbestimmte Zeit. Jetzt griff die Erbitterung im Land sehr schnell um sich. Im April 1526 nahm der Aufruhr im Gebirge bedenkliche Ausmaße an, und wieder waren die Bergknappen seine Hauptstütze. Dazu fanden sich in Deutschland geschlagene Bauern ein, die noch einmal den Kampf für ihre Sache wagen wollten. Die Führung hatte Michael Gaismair übernommen. Es wurde ein heißes Ringen. Ein bischöfliches Heer wurde von den Bauern geschlagen. Auch ein Aufgebot des Schwäbischen Bundes, der von neuem eingriff, mußte zurückweichen. Erst am 2. Juli 1526 gelang es, den Aufstand niederzuwerfen. Gaismair entkam über die Grenze und trat in die Dienste Venedigs, des alten Widerparts von Habsburg. Die Tiroler Regierung in Innsbruck versuchte lange alles, um diesen gefährlichen Gegner loszuwerden. Ein Preis wurde auf seinen Kopf ausgesetzt. Am Ende fiel Gaismair 1530 durch den Dolch eines gedungenen Spaniers.

Über die Salzburger Beschwerden wurde nochmals auf einem Landtag im Herbst 1526 verhandelt. Doch das Ergebnis war kein Vertrag, sondern ein landesfürstliches Mandat des Erzbischofs, das den bisherigen Rechtszustand festlegte.

Überblickt man das Ganze dieser salzburgischen Kämpfe, so steht hier ein geistlicher, auf die Vergrößerung seiner landesherrlichen Macht auf Kosten seiner Untertanen bedachter Fürst einem kräftigen, selbstbewußten Bauerntum gegenüber, das er ohne fremde Hilfe nicht bezwungen hätte. Die Aufständischen hätten doch wohl ihren klaren Plan, einen Bauernstaat unter kaiserlicher Oberhoheit zu errichten, durchsetzen können, wenn nicht auch hier derselbe Schwäbische Bund, der die deutschen Bauernheere geschlagen und vernichtet hatte, zweimal eingegriffen und die Aufrührer überwunden hätte. Das ergänzt das in Südwestdeutschland gewonnene Bild auf das beste.

Auch in Oberösterreich brach ein Bauernaufstand aus, der im Grunde nur von Salzburg und Kärnten aus über die Grenzen hinübergetragen worden war. Die vorgebrachten Beschwerden waren die gleichen wie überall. Die Stände Österreichs versuchten zu einer vertraglichen Lösung zu kommen, doch Erzherzog Ferdinand entschied sich für eine gewaltmäßige Niederwerfung der Bauern, die Ende Juli 1525 auch erfolgte.

Einen eigenen Charakter und ein eigenes Schicksal hatte die Erhebung in Tirol. Hier lagen die Verhältnisse insofern anders als in anderen Landschaften, da die Bauern als Landstände Mitglieder des Landtages waren und so auf gesetzlichem Weg auf Beseitigung ihrer Beschwerden oder auf Neuordnung des öffentlichen Lebens dringen konnten. Erzherzog Ferdinand fand daher schon bald nach seiner Ankunft eine starke Opposition vor, die sich seinen Absichten auf Verschärfung der Untertanenschaft entschieden widersetzte. Diese Gegnerschaft wandte sich zunächst gegen den Finanzmann des Erzherzogs, den spanischen Juden Gabriel Salamanca, der die Macht im Lande in der Hand hatte. Als der Erzherzog eine neue hohe Steuer ausschrieb, verweigerte man sie. An vielen Orten bezahlten die Bauern ihre Zinsen nicht mehr. Die Ausweisung von Predigern der sozial-religiösen Bewegung in der Bergarbeiterstadt Hall vergrößerte noch die Erregung. Dazu kamen 1525 Botschaften der oberschwäbischen Bauern, die zum Anschluß an ihre Erhebung aufforderten. Erzherzog Ferdinand berief daraufhin am 6. März einen Landtag nach Innsbruck, der aber fast keine Zugeständnisse an die Bauern, sondern noch eine neue Steuer beschloß. Die Unruhe wuchs infolgedessen weiter. Als in Brixen ein Mann, der Streitigkeiten mit der bischöflichen Regierung hatte, hingerichtet werden sollte, wurde er befreit und eine Landsgemeinde begründet, welche die Stadt besetzte. Schnell griff nun der Aufstand weiter um sich, Klöster und Burgen wurden geplündert, in Sterzing, Bozen, Gries, Meran, im Etschtal, im Pustertal, im Vintschgau und in Welschtirol, vor allem im Lägertal und im Valsugan. Es wurde sogar versucht, Trient zu nehmen. Im Inntal wurde die Stadt Hall besetzt und das Haus der Fugger geplündert. Die verhaßten Räte, besonders Salamanca, wurden des Landes verwiesen, desgleichen die Bischöfe von Brixen und Trient. Der Führer der Bauern war Michael Gaismair, von dem wir schon mehrfach gehört haben.

Erzherzog Ferdinand, der sich diesem Aufstand gegenüber machtlos sah, beschied für den Juli einen Landtag nach Innsbruck. Doch die Bauern hatten bereits ein Vorparlament nach Meran einberufen und Gerichte und Städte Tirols dazu eingeladen. Es kamen aber nur die Abgeordneten der Süd- und der Welschtiroler. Am 30. Mai trat der Landtag zusammen, zu einer Zeit, als in Franken und am Rhein die Entscheidung schon gefallen war.

Das in 64 Artikeln zusammengefaßte Programm des Meraner Landtags muß unterschieden werden von der Tiroler Landesordnung, die Michael Gaismair entwarf. Sie sind miteinander verwandt, aber Gaismair wünscht eine republikanische Staatsform für Tirol, während die Meraner Artikel den Erzherzog an der Spitze des Landes belassen wollen. Altes Recht und der »gemeine Nutzen« sind für sie maßgebend, und auf dieser Grundlage wollen sie einen freien Bauernstand auf freiem Eigen schaffen. Die alten Allmenderechte sollen wiederhergestellt, eine einheitliche Rechtsstellung für alle Bauern geschaffen werden mit Aufhebung der Leibeigenschaft und der Roboten. Aber auch das Recht, Richter und andere Beamte einzusetzen, fordern die Meraner Artikel. Als echte Bauernartikel wenden sie sich gegen Wucher, gegen die großen Gesellschaften und auch gegen die Zünfte. An der Spitze soll, wie gesagt, der Erzherzog stehen, und zwar so, daß seine Machtbefugnisse durch Aufhebung der obrigkeitlichen Rechte des Adels und der Geistlichkeit noch erweitert werden.

Gaismairs »Landesordnung«[4] macht dagegen den Versuch, »eine christliche Satzung, die in allen Dingen auf dem heiligen Wort Gottes begründet ist, aufzurichten«. Drei Professoren der Theologie sollen zur Regierung dieses Landes gehören, um das ständig zu überprüfen. Der Zehnte soll zur Fürsorge für die Armen verwendet, Klöster in Krankenhäuser umgewandelt werden. Außerdem sollen alle Menschen gleichgestellt werden, alle ständischen Unterschiede also verschwinden. Kaufmannschaft wird wegen der Gefahr des Wuchers verboten. Alle Handwerker sind an einem einzigen Ort zu vereinigen. Moore und Ödflächen sollen urbar gemacht und bebaut werden, um das

Land möglichst unabhängig von jeglicher Einfuhr zu machen. Weiter fordert er die Verstaatlichung der Bergwerke. Ihre Erträgnisse sollen zur Deckung der öffentlichen Ausgaben dienen. So will er seinen Staat, eine christlich-demokratische Republik, auf der Bauernschaft aufbauen, Bergbau, Handel und Handwerk aber in die zweite Linie verweisen. Die Pläne waren klar durchdacht, ihre Schwäche lag darin, daß Tirol damals schon einen starken Warenhandel als Durchgangsland zwischen Italien und Deutschland hatte und dazu einen bedeutenden Bergbau, die beide in einem Aufbauplan gebührende Berücksichtigung heischten.

Erzherzog Ferdinand hätte damals die Chance gehabt, die für ihn vorteilhaften 64 Meraner Artikel zu benützen, um seine Macht im Lande auf Kosten der geistlichen und weltlichen Herrschaften, so wie die Artikel es vorschlugen, zu verstärken. Doch er war nicht elastisch genug, um sich einen solchen Gedanken anzueignen.

Am 12. Juni trat der Landtag in Innsbruck zusammen. 200 Bauernabgeordnete nahmen teil, aber auch alle benachbarten Fürsten, der Kaiser, der Schwäbische Bund; der Vizekönig von Neapel, die Republik Venedig, die Herzöge von Bourbon und von Mailand u. a. hatten Gesandte geschickt. Für so wichtig erachtete man diesen Landtag. Die Meraner Artikel wurden ergänzt und in feierlicher Sitzung verlesen. Doch die ursprünglich gute Lage der Bauern verschlechterte sich, vor allem dadurch, daß über die Grenze die Nachricht von der Niederwerfung der Bauern in allen Teilen des Reiches kam. Langsam gelang es dem Erzherzog, die Forderungen der Bauern zurückzudrängen, insbesondere jene, die seine landesherrliche Gewalt zu beeinträchtigen drohten. Nur weniges wurde zugestanden, so z. B. die Freiheit des Fischfangs und der Verzicht auf eine Abgabe. Aus alledem wurde eine neue Landesordnung zusammengestellt, die aber erst der Generallandtag der Erblande, der in Augsburg vom 12. Dezember bis zum März 1526 abgehalten wurde, genehmigte. So unnachgiebig der Erzherzog sich gegenüber den politischen Forderungen zeigte, in den wirtschaftlichen Punkten bewies er Entgegenkommen. Abgaben wurden teilweise aufgehoben, teilweise niedriger angesetzt. Kleinzehnt, Besthaupt und Todfall wurden beseitigt. Fischfang und Jagd auf Niederwild wurde frei. Das beweist deutlich, daß es dem Erzherzog, ebenso wie wir das bei den anderen Fürsten und beim Schwäbischen Bund beobachten konnten, auf die wirtschaftlichen Fragen wie Abgaben, Fronden und dergleichen weit weniger ankam als auf die politischen Rechte: die Einsetzung der Richter, der Pfarrer, der Fronboten usw.

Die gemachten Zugeständnisse waren nicht von Dauer. 1532 wurde die Landesordnung wieder aufgehoben. So stark war die Nachwirkung der völligen Niederlage der Bauern in Deutschland.

Gaismair ging zunächst wieder nach Brixen, wo man mit den Innsbrucker Ergebnissen unzufrieden war, so daß es hier noch monatelang gärte. Als er jedoch sah, daß er nicht genug Einfluß hatte, um den Aufstand weiterzuführen, begab er sich nach Trient. Hier dauerten die Unruhen noch eine Weile. Ende September aber flüchtete er mit 300 Aufständischen über die italienische Grenze. Daß er dann den zweiten Salzburger Aufstand leitete und schließlich durch Meuchelmord fiel, haben wir schon geschildert[5].

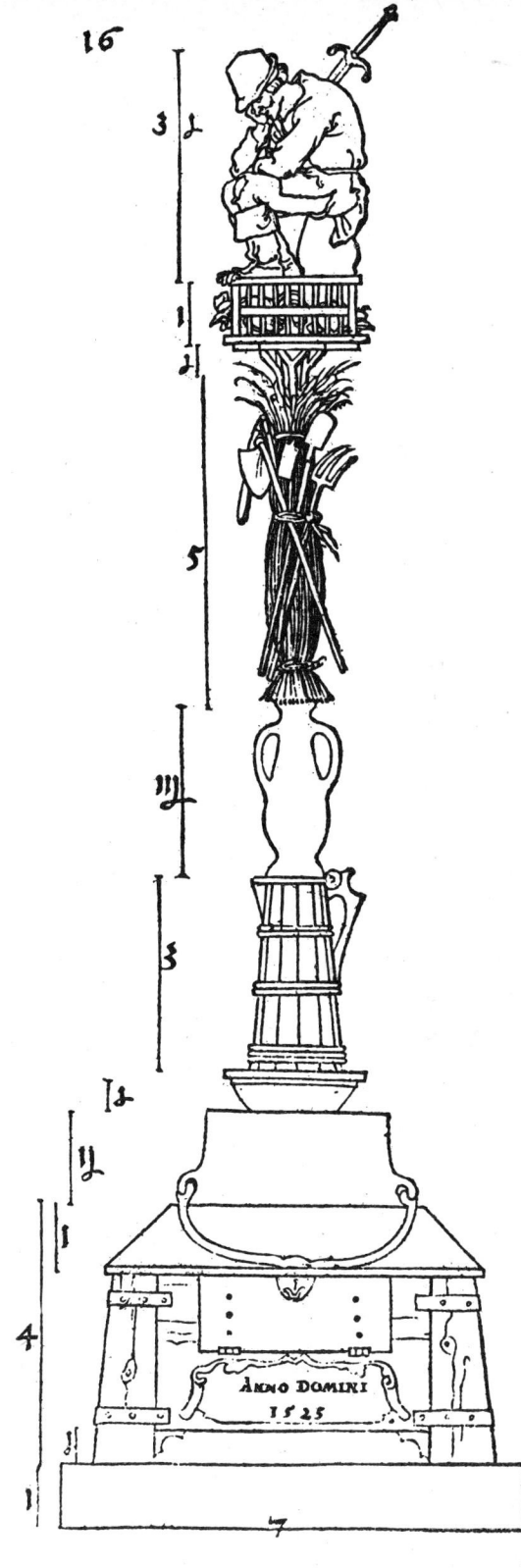

A. Dürer: Entwurf
zu einer Gedächtnissäule

KAPITEL X

DIE FOLGEN DES BAUERNKRIEGES

Von den Folgen des Bauernkrieges haben wir schon gesprochen, als von der »Bestrafung« der Bauern die Rede war, wir müssen jedoch diese Frage noch in den richtigen Zusammenhang stellen. Die erste in die Augen springende Tatsache war der ungeheure Menschenverlust der Bauern. Man rechnet im allgemeinen, daß sie 100000 Mann in den Kämpfen und in den anschließenden Strafaktionen verloren haben. Jakob Fugger schreibt zwar in einem Brief vom 16. Oktober 1525, es seien 50000 Bauern erschlagen worden[1], der Berner Chronist Valerius Anshelm hingegen schätzt die Zahl der Toten auf 130000. Die Wahrheit wird in der Mitte liegen, so wie Jakob Holzwart in seiner Geschichte des Bauernkriegs schreibt: »Es fielen bei diesem Aufstand über 100000 Bauern, an 2000 wurden enthauptet oder gehenkt[2].« Auf den Fanatismus, mit dem man vorging, deutet der Zusatz hin, den Jakob Fugger macht: »... und wa oder wölche ort man nit haufen erschlagen hat, da sind sy noch nicht gar gutt cristen«. Sehr groß scheint auch die Zahl der verhungerten und erfrorenen Frauen und Kinder gewesen sein. Die Weißenhofener Historie berichtet: »... hat ful toter körper gefunden, frauen und kinder, die hunger gestorben sint und erfroren ...«, und sie erklärt es damit, daß »... an etlichen orten in ful meylen kain hauss mer gestanden, alls verprent und verderbt[3]«. Die Zerstörung sehr vieler Dörfer vor allem in den Gegenden, in denen gekämpft wurde, vergrößerte das Elend bedeutend. Eine erschütternde Schilderung der Not des Bauernstandes nach dem Krieg und der »Bestrafung« gibt einer der führenden Männer Nürnbergs zu dieser Zeit in einem Schreiben an Herzog Albrecht von Preußen vom 5. August 1525[4] und ebenso der Bürgermeister von Zwickau, Hermann Mühlpfort, in einem Brief an den Magister Stephan Roth zu Wittenberg[5]. Beide Schriftstücke sind unter dem unmittelbaren Eindruck der Ereignisse abgefaßt. Aus dem Allgäu haben wir einen Brief der »ehelichen Hausfrauen« aus 17 Orten rings um Kempten an die Stadt Memmingen. Hier handelt es sich nicht um erschlagene oder hingerichtete Bauern, aber gerade darum spürt man, wie viel weiter das Elend reichte. Die Frauen schreiben: »... Ihre Ehewirte sind bei derselben und den Ständen des Bundes dieser aufrührerischen Läufe und Empörung halb dermassen verunglimpft worden, dass sie ihres Leibs und Lebens nicht wenig zu besorgen hatten und von ihren Eheweibern und Kindern weichen mussten. Weil aber dieselben an diesem Aufruhre ganz unschuldig und dazu weder Rath noch That gethan haben, so bitten sie in ihrem Namen, die Stadt möge denselben frei Geleit geben und auch vom Bunde verschaffen, auf dass sie sich wie Biederleute verantworten können. Nach ihrer Verantwortung möge man sie bei ihren Eheweibern und kleinen unerzogenen Kindern wohnen und diese ernähren lassen[6].« Schilderungen dieser Art gibt es in Menge. Eine der beredtesten und erschütterndsten ist die des zeitgenössischen Chronisten Lorenz Fries. Er ist vor allem darüber entrüstet, daß das harte Vorgehen gegen die Bauern an vielen Stellen im Namen Gottes geschieht. Er stellt auch den Gegensatz, was die Bauern beinahe erreicht hätten und was nun ihr Schicksal nach dem Kriege war, scharf heraus.

Augenscheinlich hat es da und dort noch nach dem Kriege gegärt, aber die Entwaffnung, die gänzliche Verarmung und Machtlosigkeit der Bauern ließ es zu keinem Ausbruch mehr kommen, wenigstens nicht mehr in Deutschland. Mehrere Quellen bezeugen diese letzten Zuckungen des Krieges. So schreibt Eberlin von Günzburg 1525/26 eine »Getreue Warnung an die Christen in der Burgauischen Mark«, in der es heißt: »Ich höre es gehen viel unruhige Leute im Land um, welche raten, man solle sich durch den Verlust des vorigen Jahres nicht lassen abschrecken, man solle wiederum sich sammeln und fechten wider Gottes Feinde ... So versuchen nun diese unruhigen Leute den gemeinen Haufen durch Hoffnung auf Gewinn wieder zur Empörung zu be-

A. Dürer: Weinende Bäuerin

wegen oder in geheime Anschläge zu verwickeln, damit der Teufel sich wieder in der Menschen Schaden und Blut baden könne[7].«

In gleicher Weise läßt sich Truchseß Wilhelm von Waldburg im März 1526 vernehmen: »Und virwar ich befind noch allerlay böse pracktick under der paurschaft[8].« Auch Erzbischof Albrecht von Mainz, Kurfürst Joachim von Brandenburg, die Herzöge Erich und Heinrich von Braunschweig und Herzog Georg von Sachsen verhandelten schon im Juli 1525 in Dessau über die Bekämpfung neuer Empörungen[9]. Als Gegenmaßnahme setzte man in vielen Herrschaften die volle Entwaffnung der Bauern durch, die Ablieferung von »wer und harnasch«. Vor allem aber greift auch hier wieder der Schwäbische Bund ein, als ob er der Landesherr oder gar der Kaiser wäre. Es ist dies für die Gesinnung der Fürsten dieser Tage kennzeichnend: die Macht bestimmt das Recht. Wir sprachen schon von der Polizeitruppe des Bundes, die einige Jahre hindurch das Land durchstreifte und kontrollieren sollte unter dem Kommando eines Herrn der schwäbischen Reichsritterschaft, Felix von Freyberg, nirgends gern gesehen als unerwünschte Einquartierung in gänzlich verarmten, teilweise zerstörten Dörfern[10].

Die Aufhebung der politischen Rechte der Gemeinden betrifft vor allem die Dorfgerichte[11]. Aber auch das Zusammenrufen der Gemeinde wird verboten, ebenso heimliche Beratungen in irgendeiner Angelegenheit[12]. Manchenorts geht das so weit, daß jedes Gemeinschaftsleben im Dorf unterbunden wird. So bestimmt die Stadt Ulm für seine abgefallenen Dörfer u. a., daß »Kirchweihen, Gastungen, Tänze, verboten und den Frauen Künkelstuben und ›Hairlos‹ untersagt seien[13]«.

Selbstverständlich entfiel auch jede Möglichkeit, Beschwerden bei den Herren einzureichen, wie man dies vor dem Bauernkrieg so häufig getan hatte. Die Versprechungen, die die Herrschaften während des Krieges ihren Bauern gemacht hatten, wurden fast alle nicht erfüllt[14].

Doch zeigen sich auch vereinzelte Spuren von Entgegenkommen angesichts des Elends der Bauern nach dem Ende der Feindseligkeiten. So veranlaßte sogar der Schwäbische Bund, der härteste Gegner der Bauern, am 8.–19. Januar 1526 einen Tag zu Memmingen zur Regelung ihrer Lage, vor allem im Hochstift Kempten, wo ja ein besonders gefährlicher Unruheherd schon lange vor dem Bauernkrieg von 1525 gewesen war. Der Hauptfall wurde auf eine geringe Gebühr ermäßigt, den Leibeigenen Freizügigkeit und weitgehend auch freie Heirat gewährt; ferner wurden die Abgaben und Dienste genau festgelegt, um so der Willkür der Herrschaften einen Riegel vorzuschieben[15]. Noch wichtiger war, daß auf dem Reichstag zu Speyer 1526 ein Antrag eingebracht wurde, der die soziale Stellung der Bauern nicht unwesentlich verbessern sollte: die Leibeigenschaft sollte erleichtert, die persönlichen Frondienste sollten beschränkt, die alten Gemeindenutzungen zurückgegeben werden u. a. Doch der Antrag ging nicht durch. Die Mehrheit hatte noch kein Verständnis für die Lage der Bauern nach 1525. Daß in Tirol, Salzburg und Kärnten die Zugeständnisse an die Bauern bald wieder rückgängig gemacht wurden, haben wir schon gesehen. Auch die Verträge, die von den Herren mit den Bauern nach deren Unterwerfung zustande kamen, enthielten so gut wie nichts mehr von den ursprünglich vorgesehenen Verbesserungen ihrer Lage[16].

Andere bedenkliche Folgen zeigt Jakob Holzwart in seiner im 16. Jahrhundert geschriebenen Geschichte des Bauernkrieges auf. Er beklagt die Vernachlässigung der Jugend und der gelehrten Schulen; er sieht eine Barbarei in Deutschland entstehen, in der auch alle geistlichen und weltlichen Gesetze, alle guten Sitten, alle Kenntnisse der Naturwissenschaft und der Heilkunde verlorengingen[17]: »Jam enim fere per omnes regiones doctissimae scholae collabuntur, juventus ipse miserrime negligitur, simulque universae honestae artes ac disciplinae naufragium facturae videntur. Et certe periculum est, ne aliquando tanta barbaries sit futura, quanta unquam in Germania fuit. Neque vero de literarum interitu deplorandum erat nisi etiam una cum disciplinis et artibus omnes sacrae, honestae ac civiles leges, optimi mores, ritus et consuetudines, omnium naturalium rerum et medicaminum cognitio interciderent et tollerentur ... Idem et nunc aliqua ex parte fieri videmus, paulatim enim artibus cadentibus sensim etiam feraciores homines fieri cernimus ...« Diese drohende Verwilderung und der Kulturverfall, die Holzwart im Auge hatte, behob sich natürlich von selbst, sobald die Zeiten ruhig geworden waren.

Doch die Schädigung des Bauernstandes blieb. Zwar hatte der Aufruhr den Fürsten und Herrschaften insoweit einen Schrecken eingejagt, daß sie neue soziale und rechtliche Belastungen der Bauern nicht zu verhängen wagten, sondern die altererbten Zustände bestehen ließen. Trotzdem hat sich das Bild des Bauern gewandelt, und zwar nicht erst durch die schweren Schäden, die der Dreißigjährige Krieg ihnen zufügte. Und wenn auch manche Belastung, wie z. B. die oft nur noch dem Namen nach bestehende Leibeigenschaft, an vielen Orten ihre Bedeutung verlor und nur zu einer bestimmten Abgabe wurde oder ganz verschwand, wenn auch die Dorfgemeinden meist wieder erstanden und an Bedeutung gewannen, so findet sich doch der Typ des zwar abhängigen, aber dabei seiner Freiheiten stolz bewußten Bauern und der Gemeinden, die ihre Rechte zu behaupten oder gar die Rechtslage der Bauern in Auseinandersetzungen mit den Herren zu verbessern wußten, nicht mehr. Bis ins neunzehnte Jahrhundert hinein ist dieser Stand keine aktive Kraft im sozialen und innerpolitischen Leben Deutschlands.

Die Ritter haben die Erhebung der Bauern nicht aufgehalten. Sie haben die Bauern nicht geschlagen. In vielen Fällen haben sie sich selbst geschlagen gegeben und den Haufen angeschlossen. Ihre Stellung im Reich war schon so erschüttert zu Beginn des 16. Jahrhunderts, daß sie großenteils in die Dienste der Fürsten getreten waren. Darum wurde die Zahl der ritterschaftlichen Herrschaften nach dem Bauernkrieg noch kleiner. Die reichsunmittelbaren Herrschaften der Reichsritter in Franken und Schwaben hielten sich zwar, doch sie bestimmten nicht das allgemeine Bild.

Sieger waren vielmehr die Fürsten, und zwar diejenigen unter ihnen, die eine friedlichschiedliche Beilegung der Konflikte abgelehnt und auf einer gewaltsamen Unterwerfung der Bauern bestanden hatten. Es waren die Fürsten, die ihre Landesstaaten mit allen Mitteln konsolidieren und kräftigen wollten. Das war zu Beginn des 16. Jahrhunderts eine politische Notwendigkeit. Denn die Geschichte der beiden letzten Jahrzehnte hatte gezeigt, daß das Kaisertum nicht imstande war, von sich aus zu der Macht

Petrarca-Meister: Herr und Landsknecht im Dorf

aufzusteigen, die das Leben in Deutschland nach außen hin schützen und im Inneren die notwendigen Entscheidungen treffen und durchführen konnte. Das erkannten Männer wie Leonhard von Eck mit aller Deutlichkeit und traten mit aller Energie dafür ein. Darauf beruht auch ihre Bedeutung und politische Größe in ihrer Zeit.

Aber daneben bestand eine zweite Notwendigkeit in derselben Zeitspanne. Die Bauern hatten sich, zusammen mit großen Teilen der Stadtbevölkerung, zum Wort gemeldet und eine positive Stellung im Ganzen des politischen Lebens verlangt. Sie forderten, daß man ihnen nicht von den Landesstaaten aus das nehme, was sie im Lauf der letzten Jahrhunderte an politischer Kraft gewonnen hatten. Das mußten die maßgebenden Politiker jener Tage sehen, und es durfte auf keinen Fall geopfert werden. Denn es handelte sich um etwa neunzig Prozent der Bevölkerung[17a], die hinter diesen Forderungen standen, und es waren damals jene Volksschichten, die im Aufstieg begriffen waren und von denen man am meisten für die Zukunft erwarten durfte. Aber Eck, Philipp von Hessen und die anderen ihnen gleichgesinnten Männer verschlossen sich dieser Einsicht. Sie waren als Politiker groß geworden in der Vorstellung von der Notwendigkeit eines starken Landesstaats und blickten nicht über dieses, durch die geschichtliche Entwicklung zweifellos dringlich gewordene Ziel hinaus. Sie glaubten, die Bauern niederwerfen zu müssen, ohne Rücksicht auf ihre berechtigten Ansprüche und die Gefahr der schweren Schädigung eines im ganzen Volksleben so gewichtigen Standes, die ein solches Vorgehen zur Folge haben mußte. Gab es aber nicht einen Weg, *beiden* Erfordernissen gerecht zu werden und die neue Macht der Landesstaaten auf einer positiven Stellung der Bauern und Städte aufzurichten, mit oder ohne den Kaiser, und im Gefüge der Landesstaaten den Bauern und Städtern den notwendigen Lebensspielraum zu verschaffen? Jedoch die Männer des Schwäbischen Bundes, so bedeutend sie sonst auch sein mochten, stellten sich diese Frage nicht und verhinderten so eine Entwicklung, die derjenigen der Schweiz hätte ähnlich sein können. Damit war eine schwerwiegende Entscheidung in der deutschen Geschichte gefallen.

Völlig ausgeschaltet war von Anfang an und blieb bis zum Schluß das Haupt des Reiches, der Kaiser. Er war völlig in die auswärtige Politik verstrickt. Sein Stellvertreter in Deutschland, Erzherzog Ferdinand, handelte nur als österreichischer Landesherr. Die sich bietende Chance, gestützt auf den Willen der Bauern, also auf den Willen des größten Teiles des Volkes, seine Macht auf Kosten der Landesstaaten zu vergrößern, ließ er ungenützt, ja ganz unbeachtet. Weite Perspektiven hätten sich hier aufgetan. So aber bedeutete der Sieg der Fürsten durch die Macht des Schwäbischen Bundes auch eine Schwächung der kaiserlichen Autorität. Das spricht sich schon darin aus, daß der Bund gegen Ende des Krieges Rechte für sich in Anspruch nahm, wie die Handhabung der Landfriedensordnung, die zweifellos kaiserliche Rechte waren, und daß niemand dagegen Einspruch erhob.

Gewiß haben die Landesstaaten in dieser 1525 errungenen Stellung Großes geleistet. Denn sie haben im 17. Jahrhundert gegen die vordrängenden, an sich stärkeren Mächte, vor allem gegen Frankreich, aber auch gegen Schweden zwar zuvörderst ihre Eigeninteressen verteidigt, aber letzten Endes doch die Existenz Deutschlands gesichert. Das konnte damals niemand anders als die Landesstaaten. Aber daß es soweit kam, daß kein Kaiser, keine starken Städte, keine Eidgenossenschaften der Bauern Deutschland vor diesen ausländischen Mächten schützen konnten, ist im Bauernkrieg von 1525 entschieden worden.

Auch für das Schicksal der Konfessionen in Deutschland war der Bauernkrieg und sein Ausgang von großer Tragweite. Durch die Absage Luthers an die Bauern büßte seine Sache viel von der Popularität ein, die sie von 1517 bis 1525 gehabt hatte. Die Bauern standen ihm nun feindlich oder doch ablehnend gegenüber. Luther aber wurde durch seine Stellungnahme im Bauernkrieg Bundesgenosse der Fürsten. Lebte er auch vorher schon in ihrem Schutz, z. B. nach dem Reichstag von Worms, so wurde dieses Bündnis noch wesentlich enger. Jetzt wurde der Grundsatz verkündet: »Cuius regio, eius religio.« Jetzt erst bildeten sich Konfessionen, jetzt erst bekamen sie politischen Charakter, jetzt erst spaltete dieser Gegensatz mit politischem Charakter Deutschland in zwei Lager, und zwar im wesentlichen in zwei Lager von Fürsten mit zugehörigen religiösen, kirchlichen Gruppen. Der Fürst wurde »summus episcopus« der evangelischen Landeskirchen. Die katholischen Staaten aber hatten dem Ausgang des Bauernkrieges einen bedeutenden Machtgewinn zu verdanken, da die im Bauernkrieg vorgesehene und da und dort schon durchgeführte Beseitigung der geistlichen Herrschaften und Landesstaaten nicht zur Ausführung kam. Der religiöse sozial-revolutionäre Glaube der Bauern verschwand mit dem Ende des Krieges. In bürgerlichen Kreisen, in denen er sich ja teilweise entwickelt und seine Formulierung gefunden hatte, lebte er unter der Oberfläche weiter, bis er in neuer Gestalt als Erklärung der allgemeinen Menschenrechte, gefördert vom Denken des Auslandes, wieder in Erscheinung trat. Nun hatte er allerdings einen veränderten Sinn bekommen. Er ging zwar noch aus von dem Grundgedanken der »göttlichen Gerechtigkeit«, doch jetzt stand das Individuum im Mittelpunkt solcher Vorstellungen; seine Freiheit, gedacht als Bewegungsfreiheit, soll sichergestellt werden, die Beziehung auf sozial bedrückte Gruppen ist ganz in den Hintergrund getreten. Anderseits haben sich auf die persönliche Frömmigkeit bezogene Reste der religiösen Ideen der »Böhmischen Brüder« (und damit der Hussiten) in der evangelischen Brüdergemeinde erhalten. Doch das sind Reste, die völlig anderen Charakter angenommen haben. Die Frömmigkeit der »göttlichen Gerechtigkeit«, die, wenn auch in einer gewissen Entstellung, im Bauernkrieg die treibende Kraft war, ist verschwunden[18].

ANHANG

Faksimile Seite 17 ff.

DIE BESCHWERDEN DER UNTERTANEN DER
FÜRSTABTEI KEMPTEN, 1492

Eine Transkription dieses sehr charakteristischen Dokuments aus den Beständen des Bayerischen Hauptstaatsarchivs München verdanken wir dem um die Erforschung des Bauernkriegs hochverdienten Günther Franz, der dabei noch einige sachliche Abweichungen aus einer gleichzeitigen zweiten Fassung berücksichtigt hat. Der Text ist veröffentlicht im Aktenband zu seinem Werk. »Der deutsche Bauernkrieg« (Seite 21 ff.), das bei Oldenburg, München, 1934 erschien:

»Item die nachgeschriben clagstuck und artikel hand des gotzhus Kempten armlut zu irem g. h. von Kempten zu clagen und zu sprechen, darumb sy sich dann zusamen versamelt haben gehapt.

Des ersten vermainten wir uns beschwert ze sin der stur und des raißgelts halben. Nachdem der gestiftbrief inhalt und ausweißt, das ain herr und abt von Kempten uns by demselben gestiftbrief beliben lassen sol und nit weiter staigen noch tringen, uber das alles so laßt der abt, u. g. h., uns by solicher stur und unsern gelupten, so wir tun mussen, nit beliben, und tut uns weiter und mer uflegen on unser wissen (und niemand nit hoher noch weiter staigen noch dringen sollen dann allain by solicher stur, was und wievil ainer oder ains vermag beliben lassen sol, und uff solichs und umb das so musen die amptlut gelubt und ayd tun und schweren; uber das alles so laßt der abt, ir g. h., sy die amptlut und sin armlut by solicher gelubt und der stur nit beliben und tut in weiter und mer auflegen, dann sy gelopt und geschworen hand ze sturen und ze geben nach irem vermugen).

2. der fryen zinser halb, die ie und allwegen irn freyen zug gehapt haben und noch hinfur haben sollen nach lut irer fryhait. By solicher irer fryhait will sy ir g. h. der abt von Kempten nit beliben lassen und tut sy fahen, turnen, stoken und blöcken und sy zu unbillichen beschribungen nöten, zwingen und tringen, das sy sich verschriben mussen, von dem gotzhus nit ze weichen und ze stellen, auch kainen andern schirmherren an sich ze nemen. dann allain hinder im und dem gotzhus zu beleiben, das doch wider ir fryhait ist und wider die fryhaitsbrief und die gestift, und strauft den zinser an sinem lib und benugt in nit, so straft er sy an irem gut, auch etlichen umb 40 fl. oder umb 60 fl., nach dem und er hat.

3. der aignen lut halben vermainen sy sich beschwert ze sin. Also nachdem ir g. h. von Kempten, wann ainer oder aine mit tod abgat, der oder die eliche kind hinder in verlassent, so tut ir g. h. des abgangnen und erstorbnen gut glich halb zu sinen handen nemen, wann ir ains oder sy baide mit tod abgangen sind, so tut er das gut zu sinen handen nemen, wann auch ainer oder aine mit tod abgat, der oder die kain libserben hinder in verlassent, so niempt er ir verlassen gut gar zu sinen handen und die geschwistergit enterbt er und die andern erben auch, das doch frömbdt und unbillich, auch wider ir alts herkomen ist und in aller landschaft nit erhört ist worden.

4. so erclagen sy sich und vermainen sich beschwart ze sin ab dem, das vor nie gewesen und erhart worden ist, wann ain fryer zinser ain aigne tochter oder ain frye tochter ain aigen mann zu der ee nimpt, das er oder sy sich dem aigen nach auch zu aigen ergeben mussen, auch kain strauf darauf nie gesetzt noch gestanden ist.

5. so tut er sinen aigen, auch den fryen zinsern verbieten, das sy ire aigne guter, die sy hand, aus der herrschaft nit verkaufen, noch auch kain zins und gulten darus nit verkaufen noch darein nit schlahen sollen, dann allain den sinen das zu kaufen geben, und mussen also by solichen iren gelegenen guten verderben und grosse nott laiden.

6. so verbut er sinen aigen luten und auch den zinsern, das ir kainer vich an kain gemaind oder alb annem noch zu im stellen sol ausserhalb der herrschaft.

[6a] Item wann ainem ain gut verlihen wird, so vermainen sy, man sol sy das bruchen lassen, sy und ire sun, sy haben weiber oder nit, alle die weile der vater lebt.

7. der von Guntzburg halb. Nachdem zwischen irem g. h. und ir durch Herr Marquarten von Schellenberg ain bericht beschehen ist, also das die von Guntzburg irem g. h. dem abt 30 ℔ h. geben sollen, als sy auch getan hand und er sy auch dargeben by irem altem herkomen beleiben lassen sol hinfur in allen stucken und artikeln, dem derselbig ir g. h. in vil stucken und artikeln, die sy muntlich, wann es ir notturft erhaischen wird, wol erzellen kunden, nit nachkomen ist.

8. von der fravel wegen, so vermainen sy, sy sollen kainen urtailen und gerichten nit weiter noch höher gedrungen werden umb die fräflinen dann wie von alter herkommen ist.

Von der obgeschriben und ander artikel halb, die nit beschriben sind, ist die landschaft versamelt zusamen komen, und hand von irer beschwarnus wegen zu einem convent des gotzhus Kempten ir lewt und botschaften darzu verordnet geschickt, red mit i*[n]* ankert und ain solich bett tan, das man sy beliben laussen soll by iren fryhaiten, auch by irem altem herkomen, auch ir gerechtigkaiten und by dem gestift- und fryhaitsbriefen, was die mit irer inhaltung begreifung, so wöllent sy herwiderumb im und dem gotzhus zu allen zimlichen und gepurlichen sachen mit laib und gut verhelfen, warzu er recht hat.

Uf solich ir zusamentun syen sy etlich tag versamelt by ainander beliben. Da sy zu in komen *[...]* herr Marquart von Schellenberg und herr Hanns von Fruntsperg, baid ritter etc., und Ott Zwicker, burger zu Memingen, und hat her Hans von Fruntsperg ain soliche red mit in ankert, als sy das recht darboten und furgeschlagen hand, er sy nit da von rechtens wegen und wöll in auch kains rechten gestatnen, in auch kain recht lassen gan, sonder er wöl sy zu gehorsam bringen und sein schwert uber sy bruchen und ire weiber und kinder zu witwen und waisen machen, auch ir spies mussen ir kierhof und freythof sein. Da hab der gemain man in als diser zyt hoptman des punts umb recht angerufft und gebeten umb raut, was er tun wolte, wann er an ir stat stund. Da hat er geredt und geantwurt: wann er an ir stat stund, so wolte er in uff sin er und riterschaft raten, das ze tun, namlich der stur halb, das sy die ietz geben sollen, wie sy ietz angelegt ist. Dann von der raißstur wegen, die sollen sy geben in jarsfrist und davor sol niemand genot werden; und weiter von der luten wegen, die sich verschriben und dem gotzhus und irem g. h. von Kempten gelupten getan hand, sollen sy hinfur nit dest leichter noch ringer geschatzt noch gehalten werden. Und uff soliche sine wort hat er weiter geredt, welicher solichem bericht nachkomen woll, der sol sich bis morn wol bedenken, so wol er in ain boten schicken, wölicher aber nit gehorsam sein wöll, den oder dieselben woll er zu gehorsam bringen. Und het in also ain brief, darin ain gelait begrifen war, by ainem boten geschickt, den man auf ir darlegen mit siner inhaltung wol vernemen wird. Und auf die geschrift syen sy dem abschaid nachkomen und gen Liebentann gezogen, wie dann das der brief, so in geschickt ist worden, ausweist. Und ist in also von herr Hannsen von Fruntsperg weiter zugesagt worden, kurz tag der sach halb furzunemen, der obgeschriben und aller ander artikel halb, die bis uff der landschaft benugen zu verglichen. Und uber solichs hat er weiter zu in geredt, sy sollen hineinziehen und der abredung, wie die geschehen sy, nachkomen. Uff das und sy hinein komen syen, da hab herr Hanns von Fruntsperg weiter geredt, der wort und reden syen eben fil und ob er die etwas minderte oder merte, so solte in das kain nachtail noch schaden nit bringen. Und solicher abschid sy uffgehept und gesetzt worden, uff das convent des gotzhus Kempten herrn Marquarten von Schellenberg, herrn Hannsen von Fruntsperg und herrn Eglofen von Riethain, alle dry riter, und in sy auch zugesagt worden, das by solicher richtung und dem tag auch etlich graufen sin sollen. Und sy inen verhaissen worden, das man kain arm man furohin nit turnen, blocken noch straufen sol denn mit recht, und von solichem abschid ist u. g. h. von Kempten gangen. Und ob man mainte, das wir anders furgeben, denn an im selbs ist, so begerten sy nit mer denn den stif- und freyhaitsbrief zu verhoren und ob der minder oder mer inhet, dem wolten sy truwlich nachkomen und leben.

Item sy vermainen, es sol inen nit verbotten sein, das sy malen und schmiden mugen, wa es ir nutz und notturft sy und erhaischt.«

In den »Quellen zur Geschichte des Bauernkrieges«, München 1963, gibt G. Franz noch folgende Anmerkungen: Kierhof und Freythof = Kirchhof und Friedhof; Raut = Rat; Raißstur = Reißsteuer, Kriegssteuer; Liebentann = Schloß des Fürstabtes. g. h. bedeutet: gnädiger Herr; u. g. h.: unser gnädiger Herr.

Faksimile Seite 94

DER ODENWÄLDER HAUFE AN DIE

STADT TAUBERBISCHOFSHEIM

Das Konzept dieser »Aufmahnung«, Mitte April 1525, mit der hier kursiv gesetzten Wendung: »wir wollen hern sein«, befindet sich im Bayerischen Staatsarchiv Würzburg. Günther Franz hat in dem 1934 erschienenen Aktenband zu seinem Buch »Der deutsche Bauernkrieg« den entscheidenden dritten Absatz wie folgt, transkribiert:
»Lieben gutten frund, wir haben aus ewr ubergeben instruction vermerkt, wie ire gegen E. H. gehandelt, auch wes er sich gegen euch erpotten hat, wollen euch daruff nit bergen, das gemelter E. H. gegen uns auch gehandelt und sich erpotten hat, uns ein gnediger herr zu sein; wir wollen aber in solicher gestalt inen fur keinen herrn halten, sonder fur unsern ungenedigen herrn haben. Und ist unser entlich furnemens und meynung, alle seine flecken, dhure, schloß und riegel offen zu haben, alle seine schetze zu sehen und wissen, und *wir wollen hern sein*. Darumb wolt ire zu unserm hawfen, wollen wir euch fruntlich annemen, alle bruderliche trewe erzeygen. Wo ire aber ewr gelegenheyt halb lieber gein Mergetheim zu dem selben hawfen ziehen wolt, soll zu ewrm wollen steen, daselbst werdet ire wie bei uns auch bruderlich und fruntliche ufgenommen und gehalten, dan es ist alles ein gleiche sach und hilf. Wo ire aber bei E. H. pleiben wolt und vermeynt, das er euch behalten moge, soll auch zu ewrm willen steen. Darumb wiste, wo ire nit komen, das aber wir komen werden, doch wollen wir euch noch zur zeit ungetroet haben, aber vil besser were euch, ire heftet ewr pferd an eins andern barren, dan das andere ire pferd an ewre heften solten.«
Anmerkung: E. H. = Euer Herr.

Faksimile zwischen Seite 96 und 97

DIE ZWÖLF ARTIKEL DER BAUERN

Dieser wahrscheinlich in Ulm 1525 entstandene Druck ist vollständig faksimiliert in Alfred Weitnauers »Allgäuer Chronik«, Verlag für Heimatpflege, Kempten, Allgäu 1962.

Faksimile Seite 138 f.

SCHREIBEN LEONHARDS VON ECK AN SEINEN HERZOG,

27. FEBRUAR 1525

Dieses Archivale befindet sich im Bayerischen Hauptstaatsarchiv München. Es wurde von W. Vogt entziffert und in dessen Buch »Die bayerische Politik im Bauernkrieg und der Kanzler Leonhard von Eck«, 1883, Seite 398 ff. veröffentlicht. Der Brief lautet: »Genediger furst und herr! in dieser stund ist den stenden des pundts pejligende schrifften zuchomen, welche ich e f g hiemit zuschicke. so hab ich auch e f g nechten geschrieben, das man sich entschlossen hat, des nechsten dem herzogen zuzuzichen und die paurn auf das mall auf ain ort zustellen. gelingt uns dann mit dem herzogen, wollen wir an dem widerzug den paurn also abprenen, das sy wolten, sy hetten es unterwegen lassen.

Die paurn sein warlich wild und seien herr Jorgen, herrn Wilhalmen Truchsessen paurn, desgleichen umb die landtvogtej all auf und sein warlichen aufruren, so pej unsern noch unser voreltern zeyten in vil hundert jaren nit gewest sein. doch so hoffe ich, so wir den herzog von Wirtemberg gestilt heten, die paurn wurden sich demuetigen.

Ich pin ob khainen artigkel mer wunderlicher, dan das sy alle wasser frey haben wellen. ich hab heuer ainen pach eingefangen und mit laxferchen besetzt, gestet mich ob II C fl, hab mir des pachs sorg. das schreyb ich e f g schwanckweys, damit ich nit abermals poß mer schreyb. Aber sej wie ime wel. e f g lassen wol aufsehen und wo dergleichen practica ersteen welte von stundan mit ernst straffen. dan in dergleichen sachen ist das pest zum ersten widerstandt zethen und das gifft nit ausprayten lassen. und muß e f g ainen guten schwankh anzaygen. als dise täg im ratt und außerhalb diser aufruren halbn disputirt und angezaygt worden, das die Luterischen prediger daran schuldig, als auch niemants widersprechen megen, ist mir Cristoff Kres in vil reden zugefallen und darneben auch zuversten geben, das es seinen herrn nit mer muglich sei, wending zethen, und verste wol, das es der neuen leren halb unter den ratherrn nit gleich: ich merk auch, das der Kreß und etlich ander darwider sein, und unter andern reden sagt er, als er yzt alher reyten wellen und ir etlich auf dem platz peieinander gestanden, der und ander sachen halben reden gehalten, wie sich dem zutregt, hete Cristoff Fuerer offentlich angefangen und zu ime dem Kressen gesagt, so er zu mir khome, solte er mir sagen und pitten, das ich und all rate e f g raten wolten, die Luterischen nit eindringen zelassen und das e f g und derselben lantschafft treulich davor verhuet wurden, (das gleichwol nit allen gefallen), denn es were nichts gutes daran. datum montags nach Mathie umb IV ur nachmittag a⁰ 25.«
Anmerkung: e f g bedeutet: Euer fürstlicher Gnaden.

Faksimile Seite 174

ULRICH ARTZT, HAUPTMANN DES SCHWÄBISCHEN BUNDES AN

WILHELM TRUCHSESS VON WALDBURG, 24. FEBRUAR 1525

Die bezeichnende, hier kursiv gesetzte Randglosse Leonhards von Eck findet sich in einem Schreiben des Schwäbischen Bundes an Wilhelm Truchseß von Waldburg, österreichischer Statthalter in Stuttgart. Das Konzept wird im Stadtarchiv Augsburg aufbewahrt. Der Inhalt wird von Wilhelm Vogt (»Die Correspondenz des schwäbischen Bundeshauptmanns Ulrich Artzt von Augsburg a.d.J. 1514 und 1525«, Zeitschrift des Historischen Vereins für Schwaben und Neuburg, 6. Jg., Augsburg 1879, Seite 332 f.) folgendermaßen angegeben: »An die Eidgenossenschaft und besonders an die Rathsboten von Zürich, Schaffhausen und Stein haben wir ein Schreiben ergehen lassen. — Zwei Drittheile der Bundeshilfe ist aufgefordert und die Stände sind zur Eile ermahnt. Mainz Pfalz und Hessen, welche keine Reisige stellen, haben ihren Sammelplatz in Stuttgart. Wir sind des Willens sobald man mit dem Kriegszug in Ulm versammelt ist, »*des wir uns in gar wenig tagen gewisslich versehen*«, alsbald den Anzug zu verordnen. Zum Bundesheer werben wir noch Knechte durch ausgeschickte Hauptleute und haben eine Summe Gelds auf die Stände ausgeschlagen.«

Faksimile Seite 181

DIE SCHWÖRARTIKEL DER CHRISTLICHEN VEREINIGUNG

Transkription Seite 180 Mitte. Das Original liegt im Bayerischen Hauptstaatsarchiv München.

Faksimile Seite 190

SCHLUSS EINES EIGENHÄNDIGEN BRIEFES

GEORGS VON WALDBURG

Der Feldherr des Schwäbischen Bundes berichtet in seinem Brief vom 17. April 1525 an den Schwäbischen Bund die Ereignisse, die an demselben Tag zu der Vereinbarung des Weingartener Vertrags geführt haben. Der Vorentwurf dieses Vertrages, welcher am 22. April 1525 abgeschlossen wurde, wird im Anschluß an den Brief mitgeteilt und stimmt in den wesentlichen Zügen mit dem am 22. April 1525 geschlossenen Vertrag überein. Der endgültige Vertrag ist von G. Franz ediert in: Quellen zur Geschichte des Bauernkrieges (Ausgewählte Quellen zur deutschen Geschichte der Neuzeit, Freiherr von Stein-Gedächtnisausgabe, Bd. II), München 1963, Nr. 63, Seite 216–233 mit Vorrede und Nachrede Luthers. Das Archivale wird im Hauptstaatsarchiv Stuttgart aufbewahrt.

Der Truchseß schildert in dem Brief, wie er, nach der Niederwerfung der Baltringer, sich gegen die Haufen der Bodenseeischen und Allgäuischen Bauern wandte. Als er bei Baienfurt auf sie traf, zogen sie sich nach Kloster Weingarten zurück, so daß er jetzt einen Angriff auf die mit 12 000 Mann überlegenen Haufen nicht mehr wagen wollte und sich auf eine Beschießung beschränkte, durch die er ihnen »etwas Schadens« zufügen konnte.

Unterdessen begannen die Verhandlungen mit den zwei Bauernhaufen, die zu der Vereinbarung des genannten Weingartener Vertrages führten. Diese vertragliche Unterwerfung der Bodenseeischen und Allgäuer Bauern wertet der Feldherr besonders deswegen günstig, weil die Oberallgäuer Bauern in der Stärke von 6000 Mann im Anzug seien und den Bodenseeischen und Allgäuischen Haufen zu Hilfe kommen wollten; weiterhin sei ihm die Nach·
richt »zukomen, wie die purn im Hegew und Schwarzwald auch wider inn Emberung und Zuozug sein, und deshalb zubesorgen, wa die huffen zu samen kommen, das mit grosser geuerlichhait gegen inen hette mussen gehandelt werden, hann ich dem allem vorzusein und, damit die von den Schwarzweldischen und Hewgewischen getrennt, angezegt mittel angenommen und die baid huffen darzu dahin bracht, das ire hauptleut und vendrich mich umb verzeihung und gnad gepetten, auch mir um sechs ur nach mittag alle ir venlin, deren nit mer dann funffe gewesen, uberantwurt und ain usschuz gemacht, morn die verträg mit vollem gewalt dannen zuuerligen. Das alles han ich uch nit wellen verhalten. Datum im veldth leger vor Raffenspurg am xvii tag aprillis ao etc. xxv

Jerg Truchseß
Freiher Oberister etc.
An gemainer pundsstend Bottschaffter,
Hauptleut und Reth zu Ulm«

Faksimile zwischen Seite 192 und 193

DER WEINGARTENER VERTRAG

Druck von Silvan Othmar, Augsburg 1525. Wiedergegeben nach einem Exemplar der Staats- und Stadtbibliothek Augsburg.

Faksimile Seite 242

DES GOTTESHAUSES KEMPTEN AUFRÜHRERISCHE

BAUERN UND RÄDELSFÜHRER

Das sogenannte Blutbuch des Kemptener Fürstabtes, 1526, sechs Seiten mit 173 Namen, ist vollständig reproduziert in A. Weitnauers »Allgäuer Chronik«. Das Original besitzt das Bayerische Hauptstaatsarchiv München.

Faksimile Seite 245

INSTRUKTION DES SCHWÄBISCHEN BUNDES

BETREFFS BEHANDLUNG DER SICH ERGEBENDEN BAUERN

Wiedergegeben nach A. Weitnauers »Allgäuer Chronik«; Original im Archiv Vequel-Westernach auf Schloß Kronburg bei Memmingen.

ANMERKUNGEN

Zu Kapitel 1 (S. 5–107)

1 Bd. 1 S. 328
2 Vorwort des Ausstellungskataloges
3 Artzt VI S. 123
4 Lorenz Fries S. 423 = Barge II S. 81
5 Tübingen 1957
6 Franz (1939) S. 10–13
7 Baumann, Akten 62 S. 51 ff. – 401 S. 335 ff. – Baumann, Geschichte des Allgäus II S. 619 ff.
8 Andreas S. 451
9 Franz (1939) S. 16
10 Bezold S. 7 ff. – Steinhausen II S. 141
11 Fries S. 143 ff. – Franz (1939) S. 136 ff.
12 Franz (1939) S. 153 ff. – Franz (1956) S. 141 ff.
13 Franz (1939) S. 153 ff. – Franz (1956) S. 137 ff.
14 Fries S. 353. – Franz (1939) S. 210
15 Franz (1939) S. 251
15a Franz (1939) S. 146 ff.
15b Barge II S. 114
16 Franz (1939) S. 17 und S. 108
17 Franz (1939) S. 235
18 Franz (1939) S. 242
19 Barge II S. 114. – Vgl. Franz (1939) S. 145
20 Barge I S. 108 f. = Johannes Kessler, Sabbata S. 175 ff.
21 Baumann, Akten S. 335 ff.
22 Barge I S. 100
23 Baumann, Geschichte des Allgäus III S. 27
24 Histor. Vierteljahrsschrift 1902 S. 9–15
25 Lortz Bd. 1 S. 101
26 Andreas S. 477
27 von Bezold S. 22
28 von Bezold S. 32
29 von Bezold S. 34 ff.
30 von Bezold S. 24 ff.

31 Holzwart S. 643 ff.
32 Sachsenspiegel Bd. 3 S. 42 ff.
33 Jeremias 34
34 Schwabenspiegel § 4–7
35 Baumann, Akten 62 S. 60 ff
36 Baumann, Akten 58 b S. 40 (13. März)
37 Rosenkranz S. 18 ff.
38 Rosenkranz, Bundschuh, Urkk. 10 S. 100
39 Rosenkranz, Bundschuh, Urkk. S. 184 Anm.
40 Kaser Bd. 2 S. 502. – Franz (1939) S. 42 f.
41 Baumann, Akten 119 S. 131. Ebenso zu Ulm: Artzt VI S. 83
42 Franz, Aktenband 24 S. 166. – Artzt VI S. 109. – Baumann, Akten 145 S. 143 ff.
43 Artzt VI S. 26. – Franz, Aktenband 42 S. 176
44 Thomas Zweifel S. 288
45 Franz, Aktenband 72 S. 206
46 Franz, Aktenband 70 S. 204
47 Fries S. 29
48 Fuchs, Akten II.1286 S. 179
49 Merx, Akten I,1.53 S. 33
50 Merx, Akten I,1.121 S. 87 und ebd. 250 S. 192
51 Merx, Akten I,1.56 S. 35. – Ebd. 88 S. 62. – Ebd. 117 S. 84. – Ebd. 157 S. 111 und ebd. 202 S. 151
52 Fuchs, Akten II.1201 S. 100
53 Merx, Akten I,1.371 S. 285
54 Merx, Akten I,1.306 S. 234. – Ebd. 273 S. 208
55 Merx, Akten I,1.347 S. 265
56 Müntzer, Briefwechsel 78 S. 113
57 Baumann, Quellen S. 543
58 Artzt V S. 158
59 Artzt VI S. 306. – Vgl. auch ebd. VI S. 123
59a Baumann, Akten S. 286
60 Blarer I S. 68
61 Baumann, Quellen S. 378

61a Baumann, Quellen S. 63
62 Radelkofer S. 543
63 Merx, Akten I,2.439 S. 333
64 Brandt S. 245 ff.
65 Thomas Müntzer, Briefwechsel, Anhang 8 S. 160 ff.
65a Baumann, Quellen S. 70 (Thoman, Weißenhorner Historie)
66 Barge I S. 134 f.
67 Baumann, Quellen S. 643 ff.
68 Merx, Akten I,2.922 S. 573
69 Baumann, Quellen S. 509
70 Baumann, Quellen S. 372
71 Baumann, Quellen S. 794
72 Fuchs, Akten II.1089 a. S. 7
73 Franz, Aktenband 47 S. 185. – Ebd. 46 S. 184. – Baumann, Quellen S. 377 (Fläschütz)
74 Baumann, Quellen S. 479 (Werdenstein)
75 Baumann, Quellen S. 304 (Pflummern)
76 Franz, Aktenband 45 S. 183. – Ebd. 160 S. 335. – Ebd. 197 S. 385
77 Thomas Zweifel S. 13
78 Franz, Aktenband 51 S. 189
79 Franz, Aktenband 182 S. 362
80 Merx, Akten I,1.96 S. 67
81 Barge I 7 b S. 81 ff. = Fries S. 432 ff.
82 Franz (1939) S. 269
83 Radelkofer S. 535
84 Merx, Akten I,2.848 S. 537 f.
85 Th. Müntzer, Briefwechsel S. 215
86 Corp. Reform. I (1834) S. 742 ff. – 778 – 20 (1854) S. 641 ff.
87 Zwingli Werke II S. 344. – Ebd. III S. 387. – Ebd. IV S. 338–360
88 Ebd. Werke III S. 387
89 Franz, Aktenband 34 S. 166
90 Vgl. auch Wilh. Oechsli: Zwingli als Staatsmann = Ulrich Zwingli. Zum Gedächtnis der Züricher Reformation. Zürich 1919 S. 75–200
90a »Ermahnung zum Frieden« S. 274
90b Merx, Akten I, 1.283 S. 217
91 Pirenne, Geschichte Europas S. 371
92 Vgl. Trevelyan, Kultur- und Sozialgeschichte Englands S. 944. – Ernst Troeltsch, Die Soziallehren der christlichen Kirchen S. 393. – Lujo Brentano, Eine Geschichte der wirtsch. Entwicklung Englands Bd. 1, 1927. – Johann

Loserth, Hus und Wiclif 2. Aufl. 1925
93 Vischer, Hus S. 192
94 Vischer, Hus II S. 374 ff.
95 Hus: siehe M. Vischer, Hus Bd. 1 und 2, 1940. – Joh. Loserth, Hus und Wiclif. Zur Genesis der hussitischen Lehre, 1884. – Ders. Der Kirchen- und Klostersturm der Hussiten und sein Ursprung = Zs. für Geschichte und Politik 1888. – A. Rosenkranz, Wiclifs ethisch-soziale Anschauungen, Dissert. Bonn 1901. – Ernst Troeltsch, Die Soziallehren der christlichen Kirchen. – F. Strunz, Johannes Hus, 1927. – Pekar, Ziška und sein Zeitalter, 1927
96 Vischer, Hus S. 39 ff. – Bittner, Deutsche und Tschechen. S. 128 ff. – Lortz, Reformation 1 S. 103. – Pekar, Ziška und sein Zeitalter (tschechisch) 1927
97 Troeltsch, Soziallehren S. 402 ff., 407
98 Höfler, Geschichtsschreiber des Hussitismus in Böhmen I S. 386. – Palacky, Urkundl. Beiträge zur Geschichte des Hussitenkrieges I S. 593. – H. Haupt, Sekten S. 37. – Über die Taboriten im ganzen: Troeltsch, Soziallehren S. 403 ff. – Kaser, Deutsche Geschichte II S. 504
99 Haupt, Die religiösen Sekten vor der Reformation, 1882. – A. Rosenkranz, Der Bundschuh, 1927, Bd. 1 S. 20 ff. – W. Andreas, Deutschland vor der Reformation 4. Aufl. 1943 S. 143 ff.
100 Artzt V S. 123 und 128
101 Forschungen zur deutschen Geschichte Bd. 20, 1880, S. 87
101a Franz, Aktenband 32 S. 166
101b Franz, Aktenband 140 S. 177
102 Baumann, Akten 58 b S. 42
102a Barge I,6 S. 106 f.
102b Franz, Aktenband 173 S. 345 und ebd. 70 S. 204
103 Erster Druck der 12 Artikel: März 1525 zu Augsburg. Dann haben sie sich schnell verbreitet. Wir kennen 22 zeitgenössische Drucke. Beste Ausgabe: Historische Vierteljahrsschrift 1902 S. 9–15
104 Baumann, Akten 167 S. 161. –·Franz, Aktenband 26 S. 247
105 Franz, Aktenband 26 b S. 148 und 26 c S. 149

105a Baumann, Akten 82 S. 97. – Ebd. 104
S. 113. – Ebd. 200 S. 209. – Franz, Aktenband 53 S. 191. – Ebd. 55 S. 193. – Ebd.
63 S. 198. – Merx, Akten I,2.588 S. 405.
– Merx, Akten I,1.365 S. 279. – Ebd. 366
S. 282. – Fuchs, Akten II.1228 S. 139. –
Ebd. 1232 S. 144. – Ebd. 1295 S. 183
105b Fuchs, Akten II.1208 S. 110 ff. – Ebd.
1269 S. 168
106 Franz, Aktenband 28 S. 163: 8000 bischöf-
liche Augsburgische Bauern bei Füssen
und Kaufbeuren
107 Baumann, Akten 200 S. 209
108 Artzt V S. 13
109 Baumann, Akten 200 S. 209. – Franz,
Aktenband 22 S. 134
110 Franz, Aktenband 28 S. 138
111 Franz, Aktenband 78 S. 215
112 Artzt VI S. 34
113 Philipp von Hessen: Fuchs, Akten
II.1495 S. 324. – Merx, Akten I,1.127
S. 92. – Thomas Zweifel S. 13. – Adelige: Franz, Aktenband 24 S. 145. – Ebd.
73 S. 206. – Ebd. 182 c S. 263
114 Fuchs, Akten II.1208 S. 110: Schwarz-
burgische Dörfer
115 Fuchs, Akten II.1128 S. 47. – Ebd. 1202
S. 101. – Ebd. 1327 S. 205. – Ebd. 1412
S. 265. – Ebd. 1463 S. 299. – Merx, Akten
I,1.99 S. 68. – Ebd. 236/181 – Ebd.
I,2.454 S. 341. – Franz, Aktenband 48
S. 186. – Thomas Zweifel S. 119–139. –
Chroniken der deutschen Städte 18
S. 106
116 Franz, Aktenband 3 S. 4. – Ebd. 6 S. 20.
Ebd. 11 S. 32. – Ebd. 13 S. 44. – Ebd. 14
S. 73. – Ebd. 15 S. 77–114. – Ebd. 6 S. 114
117 Fuchs, Akten II.1208 S. 110
118 Franz, Aktenband 261 S. 155
119 Fuchs, Akten II.1228 S. 139
120 Franz, Aktenband 183 S. 161
121 Fuchs, Akten II.1208 S. 110
122 Fuchs, Akten II.1270 S. 169. – Artzt VI
67 b und 67 c. – Franz, Aktenband 26 b
S. 159
123 Artzt VI 29
123a Fries S. 432 f. und 434 ff. = Barge II,7 a
S. 65 und 7 b S. 81
124 Franz (1939) S. 166 ff. und S. 294
125 Franz (1939) S. 146 und 147

126 Franz (1939) S. 148
127 Franz (1939) S. 251
128 Franz (1939) S. 212 f.
129 Rosenkranz, Urkk. S. 125, 182 u. a. Stellen
130 Kaser II S. 497
131 Gothein, Politische und religiöse Volksbewegungen S. 8
132 Gothein a. a. O. S. 65 ff. – Lortz, Reformation I S. 100

Zu Kapitel 2 (S. 108–151)

1 Franz (1939) S. 300
2 Fries S. 143
3 Belege: Egelhaaf, Deutsche Geschichte
im Zeitalter der Reformation S. 225
4 Baumann, Akten 192 S. 181
5 Barge I, 5 S. 99
5a Brandt 7 S. 233
6 Franz (1939) S. 152 ff.
7 Fries S. 143 ff.
8 Franz, Aktenband 35 S. 173
9 Brandt, Th. Müntzer S. 33
10 Baumann, Akten 211 S. 231
11 Fuchs, Akten II,1639 S. 445
12 Holzwart, Seditio = Baumann, Quellen
S. 651
13 Franz (1939) S. 153
14 Franz, Aktenband 73 S. 206
15 Baumann, Quellen S. 64 = Weißenhorner Historie. – Fries S. 143
16 Franz, Aktenband 35 S. 178
16a Franz (1939) S. 225
17 Franz (1939) S. 220
18 Baumann, Geschichte des Allgäus III
S. 63
19 Baumann, Quellen S. 479 (Werdensteiner Chronik)
20 Artzt VI, 132
21 Baumann, Quellen S. 79: Weißenhorner
Historie. – Greiner, Ulm S. 30. – Artzt
VI, 136. – Merx, Akten I,1.38 S. 24. –
Ebd. 181 S. 132
22 Franz, Aktenband 34 S. 166. – Fries
S. 29. – Merx, Akten I,1.53 S. 33. – Ebd.
121 S. 87. – Ebd. 157 S. 111. – Ebd. 250
S. 192

23 Artzt VI, 109. – Franz, Aktenband 73 S. 345. – Merx, Akten I,1.56 S. 35. – Ebd. 117 S. 84. – Ebd. 403 S. 306. – Ebd. 223 S. 169. – Fuchs, Akten II,1201 S. 100

24 Franz, Aktenband 42 S. 176. – Thomas Zweifel S. 288. – Merx, Akten I,1.202 S. 151. – Ebd. 246 S. 189. – Ebd. 306 S. 234. – Franz, Aktenband 72 S. 208

25 Berichte bei G. Blarer an vielen Stellen und Baumann, Quellen S. 62 ff. (Weißenhorner Historie)

26 Baumann, Quellen S. 72 ff. – Blarer I,74 S. 50

27 Merx, Akten I,1.88 S. 62

27a Brandt S. 233

27b Brandt S. 237

27c Brandt S. 217 ff.

28 Ich folge in der Charakteristik G. Franz (1939) S. 165

29 Über den Freispruch siehe: Eberhard Mayer, Die rechtliche Behandlung der Empörer von 1525 S. 69

30 Villinger Chronik = Publikationen des Lit. Vereins Stuttgart 164, 1883. – Vgl. Franz (1939) S. 145

31 Barge II S. 85: Adresse des Schreibens

32 Müntzer, Briefwechsel 96 S. 179

33 Walter Nigg, Buch der Ketzer S. 351

34 Friedrich Engels, Der deutsche Bauernkrieg. Neudruck d. Erstausgabe 1953 S. 52

35 Engels a. a. O. S. 52

36 Smirin, Volksreformation S. 341 ff.

37 Bullinger, Adversus Anabaptistas (1560)

38 Bullinger, Reformationsgeschichte der Schweiz I S. 224

39 Smirin S. 378–380

40 Brandt, Müntzer S. 192 (Hochverursachte Schutzrede)

40a Müntzer, Briefwechsel

41 Müntzer, Briefwechsel 175 S. 109

42 Baumann, Akten 161 S. 158

43 Baumann, Akten 63 S. 85

44 Ernst Bock, Schwäbischer Bund S. 101. – Über den Schwäbischen Bund siehe auch: Greiner, Ulm und Umgebung im Bauernkrieg, 1909. – Karl Klüpfel, Der Schwäbische Bund, 1883. – Ders. Urkunden zur Geschichte des Schwäb. Bundes Bd. 1 und 2, 1846 und 1853. – Fritz Ernst, Reichs- und Landespolitik 1935

45 Artzt S. 291

46 Merx, Akten I, 1. 24 S. 205

47 Wilh. Vogt, Die bayerische Politik ... 1883 S. 398 ff. und 439

48 Artzt VI, 33

49 Franz (1939) S. 205

49a Meusel S. 170

50 Franz (1939) S. 275 f.

51 Bock S. 130. – Klüpfel II. S. 60 ff.

52 Baumann, Akten 58 b S. 41. – Artzt VI, 158

52a Baumann, Quellen S. 510 f.: Jakob Reutliner. Er gibt an, es seien 1500 Mann gewesen, andere aber sprechen von 3000

53 Merx, Akten I, 1. 203 S. 151

54 Baumann, Quellen S. 618 (Tagebuch des Herolds Hans Lutz)

55 Franz, Aktenband 44 S. 177

56 Merx, Akten I, 1. 179 S. 130 ff.

57 Franz, Aktenband 37 S. 175

58 Götz von Berlichingen, Lebenserinnerungen S. 143

59 Merx, Akten I,1.304 S. 232

60 Baumann, Quellen S. 543 (Der Schreiber des Truchsessen Georg von Waldburg)

61 Merx, Akten I,1.87 S. 60

62 Baumann, Akten 55 S. 32 vom 22. Dez. 1524

63 Merx, Akten I,1.146 S. 103

64 Merx, Akten I,1.164 S. 115. – Ebd. 178 S. 129. – Ebd. 203 S. 151

Zu Kapitel 3 (S. 152–169)

1 Herm. Wiesner, Sachinhalt und wirtschaftliche Bedeutung der Weistümer (1934) sowie die Besprechung dieses Buches von W. Merk = Zs. d. Savigny-Stiftung f. Rechtsgesch. germ. Abt. 55 S. 317–332. – Erna Patzelt, Grundherrschaft und bäuerliches Weistumsrecht 1929 S. 1–15. – Dieselbe, Entstehung und Charakter der Weistümer 1924

2 Erna Patzelt a. a. O. S. 52 ff.

3 Baumann, Akten 5 S. 2. – Ebd. 7 S. 4. – Ebd. 8 S. 5. – Ebd. 15 S. 8. – Ebd. 17 S. 9. – Ebd. 21 S. 11. – Ebd. 23 S. 12. – Ebd. 28 S. 15. – Ebd. 29 S. 17. – Ebd. 30 S. 18.

– Ebd. 33 S. 20. – Ebd. 42 S. 23. – Ebd.
91 S. 113. – Ebd. 101 S. 111. – Ebd. 105
S. 117. – Ebd. 139 S. 140. – Ebd. 194
S. 184. – Baumann, Quellen S. 531 ff.:
Der Schreiber des Truchsessen von
Waldburg

4 Baumann, Akten 199 S. 197 Art. 24
5 Peuckert, Die große Wende S. 611 f.
6 Merx, Akten I,1.237 S. 182. – Urkunde
des Koadjutors: Ebd. 236 S. 181
7 Merx, Akten I,1.293 S. 222 f. sowie Anmerkung S. 223
8 Merx, Akten I,1.150 S. 106. – Ebd. 170
S. 122. – Ebd. 213 S. 161. – Ebd. 236
S. 181. – Ebd. 237 S. 182. – Ebd. 238
S. 183. – Ebd. 243 S. 187. – Ebd. 330
S. 251. – Philipp von Hessen: Politisches
Archiv S. 132–139
9 Merx, Akten I,2.550 S. 391. – Ebd. 615
S. 419
10 Merx, Akten I,2.478 S. 357
11 Ph. von Hessen: Politisches Archiv S. 137
11a Franz (1939) S. 240 ff.
12 Johann Peter Schunk, Beyträge zur
Mainzer Geschichte mit Urkunden
(1788) I S. 238
13 Merx, Akten I,1.596 S. 410, v. 4. 5. 1525
13a Franz (1939) S. 149 ff.
13b Franz (1939) S. 231 f.
13c Franz (1939) 230 ff.
14 Franz (1939) S. 230
14a Franz (1939) S. 232 f.
15 Thomas Zweifel S. 158 f. – Gnodelius
Bl. 12
16 Franz, Aktenband 184 S. 367
17 Baumann, Akten 58 b S. 35
18 Baumann, Akten 108 S. 120
19 Ph. von Hessen: Politisches Archiv S. 140
19a Baumann, Akten 24 S. 13. – Ebd. 58 b
S. 38. – Ebd. 59 S. 48. – Ebd. 155 S. 151. –
Baumann, Quellen S. 243 (Annales Wet-
tenhusani). – Franz, Aktenband 39 S. 176
20 Otto Erhard, Kempten S. 60
21 Artzt VI, 131 und 140
22 Baumann, Quellen S. 589 (Der Schreiber
des Truchsessen von Waldburg)
23 Artzt VI, 148
24 Baumann, Quellen S. 594 (Der Schreiber
des Truchsessen von Waldburg)

25 Smirin S. 353
26 Baumann, Akten 62 S. 81. – Ebd. 79
S. 95. – Blarer I,91 S. 65: Kempten,
Weingartener Vertrag empfohlen.
27 Merx, Akten I,1.23 S. 13. – Ebd. 118
S. 85. – Ebd. 155 S. 109. – Ebd. 223 S. 169.
– Ebd. 282 S. 216. – Ebd. 283 S. 217. –
Ebd. I,2.448 S. 339. – Fries I S. 191 ff.
28 Merx, Akten I,1.322 S. 247
29 Baumann, Akten 98 S. 110. – Ebd. 112
S. 127. – Fuchs, Akten II.1486 S. 315. –
Franz (1939) S. 217 f.
30 Artzt VI, 142. – Ebd. IV, 161
31 Franz, Aktenband 178 S. 349 ff.
32 Baumann, Akten 88 S. 102
33 Franz, Aktenband 26 v S. 162. – Artzt VI,
47. – Ebd. VI, 60 ff.
34 Fries S. 191 ff.
35 Baumann, Akten 88 S. 100
36 Vochezer II S. 579 ff.
37 Franz (1939) S. 200
38 Baumann, Akten 32 S. 19
39 Franz, Aktenband 2 S. 2. – Ebd. 4 S. 16
40 Franz, Aktenband 5 S. 17. – Ebd. 19
S. 128. – Württemberg. ländliche Geschichtsquellen III S. 307. – Rosenkranz,
Bundschuh S. 152
41 Franz, Aktenband 192 S. 377
42 Franz, Aktenband 194 S. 381
43 Franz, Aktenband 193 S. 378
44 Franz (1939) S. 243–246
45 Baumann, Akten 58 b S. 38
46 Merx, Akten I,1.327 S. 250
47 Merx, Akten I,1.349 S. 267
48 Franz, Aktenband 182 b S. 362
49 Baumann, Quellen S. 64
50 Fries S. 197 f.
51 Ranke, Deutsche Geschichte im Zeitalter der Reformation II, S. 212 ff.

Zu Kapitel 4 (S. 170–192)

1 Joh. Kessler, Sabbata = Barge I S. 104
2 Barge I.9 S. 132
2a siehe oben Seite 135 ff.
3 Artzt VI, II. – Bock, Schwäb. Bund S. 125
4 Artzt V, 291
5 Artzt VI, 24. – Greiner, Ulm S. 30
6 Artzt VI, 22
7 Artzt VI, 11

8 Artzt VI, 27 und VI, 31
9 Artzt VI, 32 und VI, 37
10 Weißenhorner Historie = Baumann, Quellen S. 64
11 Artzt IV, 61
12 W. Vogt, Die bayerische Politik im Bauernkrieg S. 79
13 Artzt VI, 145
14 Peter Haarer, Kapitel 2 S. 9 ff. – Vgl. dazu auch: Baumann, Gesch. d. Allgäus III S. 28 ff. – Ricarda Huch, Das Zeitalter der Glaubensspaltung S. 210. – Kaser II S. 524. – Erhard, Kempten S. 50. – Greiner, Ulm S. 34, 35, 40 und 44
15 W. Vogt, Die bayerische Politik S. 404 f.
16 Barge I S. 99
17 Baumann, Akten 133 S. 138
18 Merx, Akten I,2.1005 S. 622 f.
19 Die besten Berichte über diese Vorgänge verdanken wir Johannes Kessler, Sabbata, St. Gallen 1902 = Barge I S. 108
20 Barge I S. 110 bis 113
21 Brandt, Bauernkrieg S. 233 ff. – Baumann, Gesch. d. Allgäus III S. 233 ff.
22 Franz, Aktenband 32 S. 166. – Brandt, Bauernkrieg S. 244
22a Historische Vierteljahrsschrift 1902 S. 9 ff. – Barge I S. 138 ff. – Brandt, Bauernkrieg S. 190 ff.
23 Johannes Kessler, Sabbata = Barge I S. 103 ff.
24 Artzt Nr. 166 und Nr. 171
25 W. Vogt, Die bayerische Politik im Bauernkrieg S. 425. – Baumann, Akten 192 und 193 S. 181 ff. gibt die Namen der beteiligten Orte und der Führer an.
26 Artzt Nr. 181
27 Württemberg. ländliche Rechtsquellen III S. 356
28 Vochezer, Allgem. deutsche Biographie Bd. 40 S. 664
29 Franz (1939) S. 143 f.

Zu Kapitel 5 (S. 193–199)

1 Franz (1939) S. 110 ff.
2 Waas, Die große Wendung S. 26 Franz (1939) S. 232 ff.
3 Franz (1939) S. 234

4 Waas, Wendung S. 17 f. – Franz (1939) S. 239 ff.
5 Waas, Wendung S. 18 f. – Franz (1939) S. 236 ff.
6 Franz (1939) S. 243 f.

Zu Kapitel 6 (S. 200–231)

1 Gedruckt: Öhringen, C. F. Erbe 1821 = Voigtländers Quellenbücher Bd. 81 S. 34 ff. – Barge II S. 34–39 (nach Justinus Kerner). – Vgl. auch die Chronik des Thomas Zweifel und die Weißenhorner Historie (Baumann, Quellen)
2 Heinz Kamnitzer, Zur Vorgeschichte des Deutschen Bauernkrieges (1953) S. 109
3 Luther, Ermahnung = Werke (Erlanger Ausgabe) 1. Aufl. Bd. 24 S. 259. Andere Ausgabe: Frankfurt 1883 Bd. 24 S. 269
4 Ricarda Huch, Das Zeitalter der Glaubensspaltung S. 215
5 Joachimsen, Zeitalter der Reformation S. 147. – Fuchs, Akten II S. XXXV
6 Darauf hat Friedrich Bornkamm kürzlich in seinem Buch: Das Jahrhundert der Reformation (1961) aufmerksam gemacht. Ein Exemplar der miteinander verbundenen Fassung war in der Berliner Ausstellung: Der große deutsche Bauernkrieg, als Leihgabe der Kreisbibliothek Rudolstadt zu sehen.
7 Werke Bd. 24 S. 303 ff.
8 Laurentius Surius (=Sauer) (1522–1578) war Konvertit
9 Johann Fündling, Landshut 1526
10 Landesordnung und Bundesordnung: siehe Brandt, Bauernkrieg S. 233 bis S. 236
11 Brandt, Bauernkrieg S. 275
12 Brandt, Bauernkrieg S. 237–242. – Vgl. auch die Kriegsordnung: Brandt, Bauernkrieg S. 237
13 Barge II S. 67
14 Brandt, Bauernkrieg S. 195 bis 216
15 Siehe oben Seite 128
16 Brandt, Bauernkrieg S. 216

Zu Kapitel 7 (S. 232–235)

1 Müntzer, Briefwechsel S. 44 ff. – Brandt, Müntzer S. 77 f.

2 Fuchs, Akten II 1203 S. 105. – Ebd. 1204 S. 106. – Ebd. 1205 S. 107. – Ebd. 1244 S. 151. – Ebd. 1259 S. 160. – Ebd. 1311 S. 194. – Ebd. 1313 S. 196. – Ebd. 1495 S. 324: Landgraf Philipp von Hessen. – Ebd. 1640 S. 450. – Müntzer, Briefwechsel 79 S. 114. – Ebd. 87 S. 121
3 Fuchs, Akten II 1561 S. 366

17 Johann Peter Schunk, Beyträge zur Mainzer Geschichte (1788) I S. 238. – Waas, Die große Wendung S. 16
18 Schunk a. a. O. II S.*241, vom 16. 6. 1525
19 Grimm, Weistümer I S. 534–536
20 Schunk a. a. O. II S. 241
21 Otto Erhard, Der Bauernkrieg ..., Kempten (1908) S. 104. – Franz (1939) S. 302

Zu Kapitel 8 (S. 236–246)

1 Erhard, Kempten S. 82
2 Will Durant VI S. 201
3 Thomas Zweifel S. 552
4 Philipp von Hessen: Politisches Archiv S. 137
5 Burkhard Gotthelf: Struve, Politisches Archiv III S. 155 ff. = Götz von Berlichingen, Lebensbeschr. S. 153 Anm.
6 Will Durant Bd. VI S. 201
7 Stadelmann, Zeitalter der Reformation II S. 90
8 Merx, Akten I,2.617 S. 419. – Ebd. 693 S. 463. – Müntzer, Briefwechsel 78 S. 113. – Zur Zeit des Bundschuhs: Rosenkranz, Urkunden 19 S. 90 und 212
9 Eberhard Mayer, Die rechtliche Behandlung der Empörer von 1525 im Herzogtum Württemberg, Tübingen 1957 = Schriften zur Kirchen- und Rechtsgeschichte, hrsg. von E. Fabian, Heft 3
10 Württembergische Landtagsakten Bd. 1,1.1913 S. 45
11 Vgl. Eberhard Mayer a. a. O. S. 22. – Gedruckt bei Zeumer, Quellensammlung zur Geschichte der deutschen Reichsverfassung in Mittelalter und Neuzeit, 2. Aufl. 1913, Nr. 148, 166 und 173
12 Vgl. Eberhard Mayer a. a. O. S. 68 ff.
13 Greiner, Ulm und Umgebung im Bauernkrieg S. 66
14 P. Gallus Knöringer, Annales Faucenses = Baumann, Quellen S. 411 f.
15 Bock, Schwäbischer Bund S. 134 f.
16 Bock, Schwäbischer Bund S. 134 f. – Artzt IX, 424, 458 – X, 511, 576, 577, 637, 696, 713. – Klüpfel I 301 ff. und 307. – Artzt X, 588, 616, 620, 640, 666, 668, 670, 676 und 307

Zu Kapitel 9 (S. 247–255)

1 Verträge: Franz, Aktenband 109 ff. S. 277 (Dorneck). – Ebd. 110 S. 279 (Solothurner Dörfer). – Ebd. 115 S. 284 (Rotberg). – Ebd. 118 S. 288 (Falkenstein). – Ebd. 121 S. 290 (Nidergösgen, Stüsslingen, Rohr). – Ebd. 123 S. 292 (Kienberg). – Vgl. auch Valentin Lötscher, Der deutsche Bauernkrieg in der Darstellung und im Urteil der zeitgenössischen Schweizer. Diss. Basel 1943 S. 61
2 Lötscher S. 37 und 191 (Aussage des Hegauer Bauernführers Hans Müller)
3 Lötscher a. a. O. – Franz (1939) S. 3 ff. und S. 158 ff.
4 Brandt S. 217
5 Siehe S. 252 oben

Zu Kapitel 10 (S. 256–262)

1 Franz, Aktenband 197 S. 385
2 Jakob Holzwart, Rustica seditio = Baumann, Quellen S. 716
3 Baumann, Quellen S. 112
4 Franz, Aktenband 196 S. 384
5 Fuchs, Akten II 1628 S. 437, vom 4. Juni 1525
6 Baumann, Akten 398 S. 328, vom 18. Sept. 1525
7 Radelkofer, Johann Eberlin (1887) S. 530
8 Franz, Aktenband 198 S. 386
9 Ph. v. Hessen: Politisches Archiv S. 128
10 P. Gallus Knöringer, Annales Faucenses = Baumann, Quellen S. 411 f. – Franz, Aktenband 198 S. 386
11 z. B. Greiner, Ulm S. 63. – Merx, Akten 1,2.915 S. 570

12 Merx, Akten I,2.915 S. 570: »... wollen
hinfort die Gemeinde nicht mehr zu-
sammenläuten auch keinen heimlichen
Rat halten ...«

13 Greiner, Ulm S. 63

14 Fuchs, Quellen II S. XXXV

15 Otto Erhard, Kempten S. 104. – A.
Weitnauer, Die Bauern des Stiftes
Kempten (1949) S. 42–55. – Franz (1939)
S. 302

16 Fuchs, Akten II 1567 S. 373. – Baumann,
Akten 397 S. 327, vom 11. Sept. 1525. –
Merx, Akten I,2.915 S. 570, vom 16. Juni
1525

17 Jakob Holzwart, Rustica seditio = Baumann, Quellen S. 642. Deutsche Übersetzung: »Denn schon waren fast alle
Gebiete des öffentlichen Schulwesens
ins Abgleiten geraten. Die Jugend wird
auf das elendeste vernachlässigt, und
zugleich erleben alle ehrbaren Künste
und Wissenschaften ihren Schiffbruch.
Es besteht mit Sicherheit die Gefahr,
daß einmal eine solche Barbarei ent-
steht, wie sie niemals in Deutschland
bestanden hat. Aber es wäre noch kein
Anlaß, über den Untergang der Wissenschaften zu klagen, wenn nicht zugleich mit Wissenschaften und Kün-
sten auch alle heiligen, ehrbaren und
bürgerlichen Gesetze, die guten Sitten,
Gebräuche und Gewohnheiten und die
Kenntnis aller Kräfte der Natur und
der Heilmittel zu Grunde gingen und
aufgehoben wären. Ebenso aber sehen
wir es in gewissem Maß geschehen, daß
allmählich durch den Verfall der Bildung auch die Menschen in ihrem Sinn
wilder werden ...«

17a Wir haben an früherer Stelle angegeben, daß 80–85 % aller Einwohner
Deutschlands damals Bauern gewesen
seien; hier reden wir von 90 %, da wir
noch die Bundesgenossen der Bauern
in den niederen Schichten der Städte
mitrechnen müssen.

18 Über eine verwandte Entwicklung in
England: Siehe Karl Holl, Luther und
die Schwärmer S. 461

LITERATUR

Andreas, Willy, Deutschland vor der Reformation. Eine Zeitenwende. 4. Aufl. Stuttgart 1943

Ausstellung: Der große deutsche Bauernkrieg. Museum für deutsche Geschichte, Berlin im Zeughaus, Kleiner Katalog. 1955

Baethgen, Friedrich, Europa im Spätmittelalter. Berlin 1951

Barge, Hermann, Florian Geyer, eine biographische Studie. Leipzig. 1920. Beiträge zur Kulturgeschichte des Mittelalters und der Renaissance Bd. 26. Nachträge: Historische Vierteljahresschrift 24, 1928 und Vergangenheit und Gegenwart 19, 1929

Bartels, Adolf, Der Bauer. Leipzig 1900. Monographien zur deutschen Kulturgeschichte, hrsg. von Georg Steinhausen

Baumann, Franz Ludwig, Geschichte des Allgäus. Kempten 1881–1884. 3 Bde.

Beiträge zum neuen Geschichtsbild. Alfred Meusel zum 60. Geburtstag. 1956

Below, Georg von, Die Ursachen der Reformation. Berlin 1917

Bezold, Friedrich von, Die armen Leute. Historische Zeitschrift Bd. 41 S. 1 ff. (N. F. 5, 1879)

Bloch, Ernst, Thomas Münzer als Theologe der Revolution. 2. Aufl. 1960

Bock, Ernst, Der Schwäbische Bund. Untersuchungen zur deutschen Staats- und Rechtsgeschichte. 137, 127

Boehmer, Georg Wilhelm, Kaiser Friedrich III. Entwurf einer Magna Charta für Deutschland oder die Reformation dieses Kaisers vom Jahre 1441. Göttingen 1818. (Enthält auch den Text.)

Boehmer, Heinrich, Studien zu Thomas Müntzer. Leipziger Universitätsprogramm. 1922

Bornkamm, Heinrich, Das Jahrhundert der Reformation. Gestalten und Kräfte. Göttingen 1961

Brandt, Otto H., Thomas Müntzer. Sein Leben und seine Schriften. Jena (1933)

Bühler, Anton, Wald und Jagd zu Anfang des 16. Jahrhunderts und die Entstehung des Bauernkrieges. Rektoratsrede Tübingen 1911

Claassen, Walter, Schweizer Bauernpolitik im Zeitalter Ulrich Zwinglis. 1899. Sozialgeschichtliche Forschungen. Ergänzungshefte zur Zeitschrift für Sozial- und Wirtschaftsgeschichte, Heft 4

Durant, Will, Das Zeitalter der Reformation. Geschichte der europäischen Kultur von Wiclif bis Calvin. 1300–1564. 1957. (= Bd. 6 von The story of civilisation)

Egelhaaf, Gottlob, Deutsche Geschichte im Zeitalter der Reformation. 3. Aufl. Berlin 1893

Ehrhard, Otto, Der Bauernkrieg in der gefürsteten Grafschaft Kempten. 1908

Engels, Friedrich, Der deutsche Bauernkrieg. 1870. Neudruck der Erstausgabe mit Einleitung von Karl Bittel. Neue Rheinische Zeitung. Politisch-ökonomische Revue. 1953

Epštein, A. D., Zur Frage der Reformation und des Bauernkrieges in Deutschland als erste bürgerliche Revolution (russisch). Voprosy istorii 8/1957. S. 118–142

Ernst, Fritz, Reichs- und Landespolitik im Süden Deutschlands am Ende des Mittelalters. Historische Vierteljahrsschrift XXX, 1935. S. 720 ff.

Falckenheiner, Wilhelm, Philipp der Großmütige im Bauernkrieg. 1887

Franz, Günther, Der deutsche Bauernkrieg. München 1933. – Neue Ausgabe 1939.

4. völlig überarbeitete Aufl. 1956. Dazu Aktenband, München 1934 und Quellen zur Geschichte des Bauernkrieges, München 1963

Freund, Michael, Deutsche Geschichte. 1960

Fries, Lorenz, siehe Quellen

Gothein, Eberhard, Politische und religiöse Volksbewegungen vor der Reformation. 1878

–, Die Lage des Bauernstandes am Ausgang des Mittelalters, vornehmlich in Südwestdeutschland. 1895. Westdeutsche Zeitschrift für Geschichte und Kunst. Bd. 4

Greiner, Johannes, Ulm und Umgebung im Bauernkrieg. Wissenschaftliche Beilage zum Programm des k. Gymnasiums in Ulm. Ulm 1909. Mitteilungen des Vereins für Kunst und Altertum in Ulm und Oberschwaben. Bd. 16, 1909

Haller, Johannes, Die Ursachen der Reformation. 1917

Harer, Peter, Vollständige, in deutscher Sprache verfaßte Beschreibung des Bauernkrieges. 1626. Hrsg. von Günther Franz. Veröffentlichungen der Pfälz. Gesellschaft zur Förderung der Wissenschaften. Bd. 25, 1936

Hartfelder, Karl, Zur Geschichte des Bauernkrieges in Südwestdeutschland. Stuttgart 1884

Haupt, Hermann, Die religiösen Sekten in Franken vor der Reformation. Würzburg 1882

–, Ein oberrheinischer Revolutionär aus dem Zeitalter Kaiser Maximilians I. Mitteilungen aus einer kirchlich-politischen Reformschrift des ersten Dezenniums des 16. Jahrhunderts. 1893. Westdeutsche Zeitschrift für Geschichte und Kunst. Ergänzungsheft VIII, 1893

Heerwagen, Heinrich, Die Lage der Bauern zur Zeit des Bauernkrieges in den Taubergegenden. Heidelberger Dissertation 1899

Henner, Theodor, Florian Geyer. Archiv des historischen Vereins von Unterfranken und Aschaffenburg. Bd. 52, 1910. S. 181 ff.

Herold, Richard, Der Bundschuh im Bistum Speyer vom Jahre 1502. Greifswalder Dissertation 1889

Hesselbart, Helmut, Eine Flugschrift aus dem großen deutschen Bauernkrieg. Zeitschrift f. Geschichtswissenschaft. Bd. 1, 1953, H. 4

Hinrichs, Carl, Luther und Müntzer. Ihre Auseinandersetzung über Obrigkeit und Widerstandsrecht. Arbeiten zur Kirchengeschichte. Bd. 29, 1952

Höffner, Josef, Bauer und Kirche im deutschen Mittelalter. Dissert. Freiburg i. B. 1938. Basler Zeitschrift für Geschichte des Oberrheins. Neue Folge. Bd. 53, 1940

Holl, Karl, Die iustitia dei in der vorlutherischen Bibelauslegung des Abendlandes. Gesammelte Aufsätze zur Kirchengeschichte. Bd. III. Festgabe für Otto Harnack. 1921

–, Luther und die Schwärmer. Vortrag gehalten zu Wittenberg 1912. Gesammelte Aufsätze zur Kirchengeschichte. Bd. 1. 1948

Holzwart, Jacob, siehe Quellen

Huch Ricarda, Das Zeitalter der Glaubensspaltung. Berlin 1937

Huizinga, Jan, Herbst des Mittelalters. München 1931

Joachimsen, Paul, Das Zeitalter der Reformation. 1930. Propyläen-Weltgeschichte. Bd. V

Huppertz, Barthel, Räume und Schichten bäuerlicher Kulturformen in Deutschland. Ein Beitrag zur deutschen Bauerngeschichte. Bonn 1939

Kamnitzer, Heinz, Zur Vorgeschichte des deutschen Bauernkrieges. Berlin 1935

Kaser, Kurt, Politische und soziale Bewegungen im deutschen Bürgertum zu Beginn des 16. Jahrhunderts. 1899

–, Deutsche Geschichte im Ausgang des Mittelalters. 2 Bde. 1912

Kelter, Ernst, Die wirtschaftlichen Ursachen des Bauernkrieges. Schmollers Jahrb. 65, 1941

Kiener, Fritz, Zur Vorgeschichte des Bauernkrieges am Oberrhein: Zeitschrift für die Geschichte des Oberrheins. Neue Folge. Bd. 19, 1904. S. 479 ff.

Kluckhohn, August, Über das Projekt eines Bauernparlamentes zu Heilbronn und die Verfassungsentwürfe von Friedrich Weygandt und Wendel Hipler. Nachrichten der kgl. Gesellschaft der Wissenschaften zu Göttingen. 1893. S. 276 ff.

–, Dr. Leonhard Eck, Allgemeine deutsche Biographie. Bd. V. S. 604–606

Klüpfel, Karl, Der Schwäbische Bund. Historisches Taschenbuch. 6. Folge, Bd. 2, 1883. S. 91–135

Knapp, Theodor, Der Bauer im heutigen Württemberg. Verfassung, Recht und Wirtschaft vom Ausgang des Mittelalters bis zur Bauernentlastung des 19. Jahrhunderts. schaft vom Ausgang des Mittelalters bis zur Bauernentlastung des 19. Jahrhunderts. 2. Aufl. Tübingen 1919

Lenz, Max, Florian Geyer. Preußische Jahrbücher. Bd. LXXXIV, 1896. S. 97–129

Lötscher, Valentin, Der deutsche Bauernkrieg in der Darstellung und im Urteil der zeitgenössischen Schweizer. Dissertation. Basel 1943

.Lortz, Joseph, Die Reformation in Deutschland. 1939/40. 3. Aufl. 1949

Loserth, Johann, Doctor Balthasar Hubmaier und die Anfänge der Wiedertäufer in Mähren. 1893

—, Der Kirchen- und Klostersturm der Hussiten und sein Ursprung. Zeitschrift für Geschichte und Politik. 1888. Heft 4

—, Hus und Wiclif. Zur Geschichte der hussitischen Lehre. 2. Aufl. 1925

Mau, Wilhelm, Balthasar Hubmaier. 1912

Mayer, Eberhard, Die rechtliche Behandlung der Empörer von 1525 im Herzogtum Württemberg. Ein Beitrag zur Rechtsgeschichte des sogenannten Deutschen Bauernkrieges. Tübingen 1957

Melanchthon, Philipp, Historie von Thomas Müntzer, des anfengers der döringischen Uffrur. 1525. Abgedruckt in: Otto H. Brandt, Thomas Müntzer. Sein Leben und seine Schriften. (1933)

Merx, Otto, Der Bauernkrieg in den Stiftern Fulda und Hersfeld und Landgraf Philipp, der Großmütige. Festschrift zum Gedächtnis Philipps des Großmütigen. 1904. S. 259 ff.

Meusel, Alfred, Thomas Müntzer und seine Zeit. Berlin 1952

Nabholz, Hans, Zur Frage nach den Ursachen des Bauernkrieges 1525. Aus Sozial- und Wirtschaftsgeschichte. Gedenkschrift für Georg von Below. Stuttgart 1928

Nigg, Walter, Buch der Ketzer. Zürich 1949. S. 351 ff.

—, Heimliche Weisheit (Thomas Müntzer). 1959

Oechsli, Wilhelm, Zwingli als Staatsmann. Ulrich Zwingli, Festschrift zum Gedächtnis der Züricher Reformation. 1919. S. 75 ff.

Ohr, Wilhelm, Die Entstehung des Bauernaufruhrs vom armen Konrad 1514. Württembergische Vierteljahreshefte. Neue Folge, 22. Jahrgang. 1913

Patzelt, Erna, Grundherrschaft und bäuerliches Weistumsrecht. 1929, Archiv für Kulturgeschichte 20, 1929. S. 1 ff.

—, Entstehung und Charakter der Weistümer in Österreich. 1924

Peuckert, Will-Erich, Die große Wende. Das apokalyptische Saeculum und Luther. Geistesgeschichte und Volkskunde. Hamburg 1948

Radbruch, Renate Maria und Gustav Radbruch, Der deutsche Bauernstand zwischen Mittelalter und Neuzeit. Göttingen 1961

Radelkofer, Max, Johann Eberlin von Günzburg und Hans Wehe von Leipheim. 1887

Ranke, Leopold von, Deutsche Geschichte im Zeitalter der Reformation. Historisch-kritische Ausgabe von Paul Joachimsen. 1925

Riggenbach, Bernhard, Johann Eberlin von Günzburg und sein Reformprogramm. Ein Beitrag zur Geschichte des 16. Jahrhunderts. Tübingen 1874

Rinckart, Martin, Monetarius seditionis oder Tragödie von Thomas Müntzer. Leipzig 1625

Ritter, Gerhard, Die Neugestaltung Europas im 16. Jahrhundert. Die neue Propyläen-Weltgeschichte. Bd. III. Berlin 1950

Ropp, G. van der, Sozialpolitische Bewegungen im Bauernstande vor dem Bauernkrieg. Rektoratsrede. Marburg 1899

Rosenkranz, Albert, Der Bundschuh. Die Erhebungen des südwestdeutschen Bauernstandes in den Jahren 1493–1517. 2 Bde. 1927

—, Wiclifs ethisch-soziale Anschauung. Dissertation. Bonn 1901

Schmitt, W., Landgraf Philipp der Großmütige von Hessen und der Schwäbische Bund. Dissertation. Marburg 1914

Schreckenbach, Paul, Luther und der Bauernkrieg. Dissertation. Leipzig 1895

Schunk, Johann Peter, Beyträge zur Mainzer Geschichte, mit Urkunden. Frankfurt und Leipzig 1788

Seidemann, J. K., Thomas Müntzer. 1842

Smirin, M. M., Die Volksreformation des Thomas Müntzer und der große Bauernkrieg. (Aus dem Russischen.) 2. Aufl. 1956

–, Eine anonyme politische Flugschrift aus der Zeit des großen deutschen Bauernkrieges. (Aus dem Russischen.) Beiträge zum neuen Geschichtsbild. Berlin 1956

–, Die Merkmale des ökonomischen Aufschwungs und der revolutionären Bewegung in Deutschland in der Epoche der Revolution (russisch). Voprosy istorii 6/1957. S. 84 ff.)

Sohm, Walther, Territorium und Reformation in der hessischen Geschichte. Veröffentlichungen der historischen Kommission für Hessen und Waldeck. Bd. XI, 1. Marburg 1915

Sommerlad, Theodor, Artikel »Bauernkrieg« im Handwörterbuch der Staatswissenschaften II, 3. Aufl. S. 654

Steinmetz, Max, Zur Entstehung der Müntzer-Legende. Beiträge zum neuen Geschichtsbild. Zum 60. Geburtstag von Alfred Meusel. Berlin 1956. S. 35–70

Steitz, Georg Eduard, Dr. Gerhard Westerburg. Archiv für Frankfurts Geschichte und Kunst. Neue Folge 5, 1872. S. 1–215. Frankfurt 1872

Stern, Adolf, Thomas Müntzer. Allgemeine deutsche Biographie. Bd. 23. S. 41 ff.

Stoffregen, Götz Otto, Thomas Müntzer. In: Revolutionen der Weltgeschichte. München 1933. S. 166 ff.

Strobel, Georg Theodor, Leben, Schriften und Lehren Thomas Müntzers, des Urhebers des Bauernaufruhrs in Thüringen. Nürnberg-Altdorf, 1795

Strunz, F., Johannes Hus, sein Leben und sein Werk. 1927

Trevelyan, George Macauly, Kultur- und Sozialgeschichte Englands. Ein Rückblick auf sechs Jahrhunderte von Chaucer bis Queen Victoria. Hamburg 1948

Troeltsch, Ernst, Die Soziallehren der christlichen Kirchen. Tübingen 1912

Tschaikowskaja, O. G., Über den Charakter der Reformation und des Bauernkrieges in Deutschland. Sowjetwissenschaftliche Gesellschaftswissenschaftliche Beiträge Bd. 6, 1957

Ulmann, Heinrich, Kaiser Maximilian I. 2 Bde., 1884 und 1891

Vischer, Melchior, Jan Hus. Sein Leben und seine Zeit. 2 Bde. Frankfurt 1940

Vochezer, Joseph, Geschichte des fürstlichen Hauses Waldburg in Schwaben. 2 Bde. Kempten 1900

–, Artikel »Georg III. Truchseß von Waldburg, genannt der Bauernjörg«. Allgemeine deutsche Biographie Band 40. 1896. Seite 660 ff.

Vogt, Wilhelm, Die bayrische Politik im Bauernkrieg und der Kanzler Dr. Leonhard von Eck, das Haupt des Schwäbischen Bundes. Nördlingen 1883

Waas, Adolf, Die große Wendung im deutschen Bauernkrieg. Historische Zeitschrift Bd. 158 und 159. München 1939

Weitnauer, Alfred, Die Bauern des Stiftes Kempten 1525/26. Allgäuer Heimatbücher. Bändchen 39. Kempten 1949

–, Allgäuer Chronik. Kempten 1962

Wiesner, Hermann, Sachinhalt und wirtschaftliche Bedeutung der Weistümer. Veröffentlichungen des Seminars für Wirtschafts- und Kulturgeschichte an der Universität Wien 9/10. Wien 1934

Wopfner, Hermann, Die Lage Tirols zu Ausgang des Mittelalters und die Ursachen des Bauernkrieges. Abhandlungen zur mittleren und neueren Geschichte. 4, 1908

Zimmermann, Wilhelm, Allgemeine Geschichte des großen Bauernkrieges, nach handschriftlichen und gedruckten Quellen. 3 Bde. Stuttgart 1843. Neuausgabe mit Kürzungen 1890

Zschäbitz, Gerhard, Zur mitteldeutschen Wiedertäuferbewegung, nach dem großen Bauernkrieg. Leipziger Übersetzungen und Abhandlungen zum Mittelalter. Reihe B. Bd. 1. Berlin 1958

QUELLEN

Sammlungen

Akten zur Geschichte des Bauernkrieges in Mitteldeutschland. I. Abteilung, herausgegeben von Otto Merx. Leipzig 1923 (zit.: Merx, Akten I,1.). – Bd. 1. 2. Abteilung, hrsg. auf Grund des Nachlasses von Otto Merx von Günther Franz (zit.: Merx, Akten I,2.) Leipzig 1934. – Bd. 2. Unter Mitarbeit von Günther Franz hrsg. von Walter Peter Fuchs (zit.: Fuchs, Akten II.)' Jena 1942. Schriften der sächsischen Kommission für Geschichte.

Barge, Hermann, Der deutsche Bauernkrieg in zeitgenössischen Quellenzeugnissen. 2 Bde. Leipzig o. J. Voigtländers Quellenbücher. Bd. 71 und 81

Baumann, Franz Ludwig, Quellen zur Geschichte des Bauernkrieges in Oberschwaben. Bibliothek des Literarischen Vereins Stuttgart. Bd. 129. Tübingen 1876

–, Akten zur Geschichte des Bauernkrieges in Oberschwaben. Freiburg 1877

Brandt, Otto H., Der große Bauernkrieg. Zeitgenössische Berichte, Aussagen und Aktenstücke. Übertragen und eingeleitet von Otto H. Brandt. Jena 1925

Grimm, Jakob, Weistümer. 4 Bde. 1840–1863. Ergänzt 1867 und 1878 (3 Bde.)

Klüpfel, Karl, Urkunden zur Geschichte des Schwäbischen Bundes. 2 Bde. Bibliothek des Literarischen Vereins Stuttgart. Bd. 14 und 31. Stuttgart 1846 und 1853

Künssberg, Eberhard von, Deutsche Bauernweistümer. Jena 1926

Landtagsakten, Württembergische. Hrsg. von der Württembergischen Kommission für Landesgeschichte. I. Reihe. Bd. 1: Wilhelm Ohr und Erich Kober, Württembergische Landtagsakten 1498 bis 1515. Stuttgart 1913

Württembergische ländliche Reichsquellen. Hrsg. im Auftrag der Württembergischen Kommission für Landesgeschichte von Karl Wintterlin. 3 Bde. Stuttgart 1910–1941

Einzelne Quellen

Artikel, Zwölf, hrsg. von Heinrich Böhmer. Kleine Texte für Vorlesungen und Übungen. Heft 50/51. Berlin 1933. Andere Ausgabe: Historische Vierteljahrsschrift 1902. S. 9–15

Artzt, Ulrich, Die Korrespondenz des schwäbischen Bundeshauptmanns Ulrich Artzt, hrsg. von W. Vogt. 1885. Andere Ausgabe: Zeitschrift des historischen Vereins für Schwaben. Bd. 6, 7, 9, 10. 1879–1883

Atrociani, Joannis, Elegia de bello rustico, anno 1525 in Germania exorto. 1528. Andere Ausgabe: Querela missae, Joanne Atrociano authore. Basel 1529

Auszug des Schwäbischen Bundes wider Herzog Ulrich und die Bauern. Franz Ludwig Baumann, Quellen S. 751 ff.

Blarer, Gerwig, Briefe und Akten, Bd. 1: 1518–1547. Bearbeitet von H. Günter. Württembergische Geschichtsquellen Bd. 16. Stuttgart 1914

Butzer, Martin, Gesprechbiechlin neüw Karsthans. Mit einer Einleitung hrsg. von Ernst Lehmann. Halle 1930

Cochläus, Johannes, Ein kurzer Bericht vom Aufruhren und Rotten der Bauern im hohen Deutschland. 1525. Franz Ludwig Baumann, Quellen 781 ff. (Antwort auf Luthers Schrift, Wider die mordischen und reubischen Rotten der Pawren . . .)

Eberlin, Johann aus Günzburg, Die 15 Bundesgenossen. Basel 1521

—, Neues und letztes Ausschreiben der 15 Bundesgenossen (1522/1523)

—, Getreue Warnung an die Christen in der Burgauischen Mark. 1526

Ferdinand, Erzherzog von Österreich: Die Korrespondenz Ferdinands I. (deutschen Kaisers), hrsg. von W. Bauer. Bd. 1: Familienkorrespondenz bis 1526. Veröffentlichungen der Kommission für neuere Geschichte Österreichs. Bd. 11. Wien 1912

Fläschütz: Aus Fläschütz' Chronik des Stiftes Kempten. Franz Ludwig Baumann, Quellen S. 375 ff.

Fries, Lorenz, Die Geschichte des Bauernkrieges in Ostfranken. (Das buch von dem baurnkrieg oder entpörung der unterthanen, die sich in dem stift Wirtzburg vnd dem herzogthumb Francken im jare des herrn 1525 zugetragen hat ...) Hrsg. im Auftrag des Historischen Vereins von August Schäffler und Theodor Henner. 2 Bde. Würzburg 1883

Fündling, Johann, Anzaigung zwayer falschen Zungen des Luthers, wie er mit der einen die Pauren verfüret, und der anderen sy verdammet hat. Landshut 1526

Furtenbach, Martin, Füssener Bericht: Ein kurzer Bericht und anzaigung der handlung, so sich in der bauern empörung gegen der statt Füssen zuegetragen, verloffen und wie die statt vor solchem gewalt on hilf ires herren erredt worden ist. anno 1525 jar. Franz Ludwig Baumann, Quellen S. 417 ff.

Gaismair, Michel, Landesordnung. Hrsg. von A. Hollaender. Der Schlern 13 (1932)

Geyer, Ambrosius, (Hauptmann des Schwäbischen Bundes), Handlung des Bunds wider die Bauern. Franz Ludwig Baumann, Quellen. S. 721 ff.

Götz von Berlichingen: Lebensbeschreibung Herrn Götzens von Berlichingen. Nach der Ausgabe von 1731, hrsg. von Albert Leitzmann. Quellenschriften zur neueren deutschen Literatur. Nr. 2. Halle 1916

Harer, Peter: Siehe Literatur

Hedio, Caspar, Von dem Zehenden, zwuo träffliche Predig ... mit Sendtbrieff an das christliche heuflin im Rinckgaw. 1515.

Nachgedruckt: Nassauische Annalen 17. 1882. S. 20 ff.

Heggbacher Chronik. Stuttgart 1876. Franz Ludwig Baumann, Quellen S. 277 ff.

Histori Thomae Müntzers, des anfengers der Döringischen uffrur, seer nützlich zu lesen. (Geschrieben nach Müntzers Tod.) Hrsg. von Max Steinmetz. Abgedruckt bei Otto H. Brandt, Bauernkrieg S. 38 ff.

Holzwart, Jacob, Rustica seditio totius fere Germaniae. Franz Ludwig Baumann, Quellen S. 639–720

Kessler, Johannes, Sabbata. Hrsg. von E. Egli und R. Schoch. St. Gallen 1902. Andere, bearbeitete Ausgabe: Barge I. S. 101 ff.

Knebel, Johannes, Aus der Donauwörther Chronik des Johannes Knebel, conventuals zu Kaisheim. 1528 und 1529

Knöringer, P. Gallus, Aus den Annales Faucenses des P. Gallus Knöringer, Prior zu Füssen. Franz Ludwig Baumann, Quellen S. 391 ff.

Lotzer, Sebastian, Entschuldigung einer frommen Gemeinde zu Memmingen mitsamt ihrem Bischof und treuen Boten des Herren, Christoph Schappeler, Prediger allda, von wegen der Empörungen, so sich bei uns begeben haben. 1525. Sebastian Lotzer, Schriften, hrsg. von A. Götze (1902) S. 82 ff. Andere Ausgabe: Hermann Barge I. S. 132–138

Luther, Martin: Alle Flugschriften in: Luther Werke. Bd. 24

Müntzer, Thomas, Sein Leben und seine Schriften. Hrsg. und eingeleitet von Otto H. Brandt. Jena 1933

—, Politische Schriften. Mit Kommentar hrsg. von C. Hinrichs. 1950. Hallesche Monographien. Bd. 17

—, Thomas Müntzers Briefwechsel. Auf Grund der Handschriften und ältesten Vorlagen hrsg. von Heinrich Böhmer und Paul Kirn. Leipzig 1931

—, Ausgedrückte Entblößung des falschen Glaubens der ungetreuen Welt durchs Zeugnis des Evangelions Lucae, vorgetragen der elenden erbärmlichen Christenheit zur Erinnerung ihres Irrsals. 1524.

—, Hoch verursachte Schutzrede und Antwort wider das geistlose, sanftlebende Fleisch zu

Wittenberg, welches mit verkehrter Weise durch den Diebstahl der heiligen Schrift die erbärmliche Christenheit also ganz jämmerlich besudelt hat. 1524

—, Die Fürstenpredigt. Auslegung des anderen Unterschiedes Danielis des Propheten auf dem Schloß zu Allstedt vor den tätigen, teuren Herzogen und Vorstehern zu Sachsen durch Thomas Müntzer. 1523

Murer, Jacob (Abt zu Weißenau), Der Bauernkrieg um Weißenau. Franz Ludwig Baumann, Quellen S. 495 ff.

Philipp, Landgraf von Hessen: Politisches Archiv des Landgrafen Philipp des Großmütigen von Hessen. 2 Bde. Leipzig 1904 und 1910. Publikationen aus den k. preußischen Staatsarchiven. Bd. 78 und 85

Reformation Kaiser Sigmunds. Eine Schrift des 15. Jahrhunderts zur Kirchen- und Reichsreform, hrsg. von Karl Beer. Deutsche Reichstagsakten, Beiheft 1, 1933

Reformation Kaiser Friedrichs III. Entwurf einer Magna Charta für Deutschland . . . vom Jahre 1441. Hrsg. von G. W. Boehmer. Göttingen 1818

Reutlinger, Jakob, Überlinger Collectaneen. Franz Ludwig Baumann, Quellen S. 509

Oberrheinischer Revolutionär, Hermann Haupt, Ein oberrheinischer Revolutionär aus dem Zeitalter Kaiser Maximilians I.

Westdeutsche Zeitschrift für Geschichte und Kunst. Bd. VIII 1893 S. 77 ff.

Der Schreiber des Truchsessen von Waldburg, Ausfuerliche aigentliche beschreibung des jämmerlichen und gefärlichen aufstandes und rebellion des gemainen paursmann in vast dem gantzen hayligen reich teutscher nation, anno 1524 und 1525 fürgangen. Franz Ludwig Baumann, Quellen. S. 527 ff.

Thoman, Nikolaus (St. Leonhardskaplan zu Weißenhorn), Weißenhorner Historie. Franz Ludwig Baumann, Quellen S. 1–240

Traum des Hans von Hermannsgrün. Forschungen zur deutschen Geschichte. Bd. 20, 1880

Werdensteiner Chronik: Von dem bawrenkrieg anno 1525 und 1526, was sich fürnemlich mit inen auch im Algew zuegetragen. Franz Ludwig Baumann, Quellen S. 477 ff.

Wiclif: Ausgabe der Wiclif-Society, seit 1884. Hrsg. von Johann Loserth u. a.

Wie der Bauernkrieg Gräfin Martha zu Castell große Not brachte. Geschichtlicher Lesebogen aus dem Landkreis Gerolzhofen, o. O. u. J.

Die Zimmernsche Chronik, hrsg. von August Batack. 2. Aufl. 1881

Zweifel, Thomas, Chronik, hrsg. von Franz Ludwig Baumann. Tübingen 1870

VERZEICHNIS DER ABBILDUNGEN

TEXTABBILDUNGEN

KUNSTDRUCKABBILDUNGEN

Bauernunruhen zu Ummendorf bei Biberach und der Weingartener Vertrag. Aus der »Weißenauer Chronik«, Fürstl. Waldburg-Zeil'sches Gesamtarchiv in Schloß Zeil
Plünderung des Klosters Weißenau. Aus der »Weißenauer Chronik«, Fürstl. Waldburg-Zeil'sches Gesamtarchiv in Schloß Zeil
Urs Graf: Fähnrich, Kupferstichkabinett Basel

Zwischen Seite 200 und 201

Unbekannter Meister: Götz von Berlichingen, Glasbild im Schloß Jagsthausen (Aufnahme der Landesbildstelle Württemberg)
Hans Baldung Grien: Schloß Weinsberg. Aus dem Skizzenbuch in der Staatlichen Kunsthalle Karlsruhe (siehe Seite 200 ff.)
— Deutschordensschloß Stocksberg. Aus dem Skizzenbuch in der Staatlichen Kunsthalle Karlsruhe (siehe Seite 212)
Albrecht Dürer: Matthäus Lang von Wellenburg, Erzbischof von Salzburg, Wien Albertina (siehe Seite 250 ff.)

FAKSIMILEDRUCKE AUF TOSA-BÜTTEN

Die »Zwölf Artikel« nach Seite 96.
Der »Weingartener Vertrag« nach Seite 192.

BEMERKUNG ZU DEN ABBILDUNGEN

Die Auswahl der Abbildungen hält sich so eng wie möglich an den darstellenden Text des Bandes, so daß es auch erlaubt schien, da und dort von den geläufigen Beschriftungen abzuweichen. Sie beschränkt sich jedoch nicht auf das bäuerliche Leben und die beschriebenen Vorgänge, sondern führt als Kontrast auch die bürgerliche und Herrenschicht jener Zeit vor Augen und bietet zugleich einen Querschnitt durch die deutsche Graphik, die damals in höchster Blüte stand.

Bei Vorlagen waren uns die Herren am Hauptstaatsarchiv München, Hauptstaatsarchiv Stuttgart, Bayerischen Staatsarchiv Würzburg, Fürstlich Waldburg-Zeil'schen Gesamtarchiv in Schloß Zeil in liebenswürdigster Weise behilflich und ebenso die Herren an den im Bilderverzeichnis genannten Museen, an der Bayerischen Staatsbibliothek München und der Staats- und Stadtbibliothek Augsburg. Wir dürfen Ihnen an dieser Stelle unseren aufrichtigen Dank für ihre Mühe aussprechen. Sehr wertvolle Anregungen empfingen wir von Professor Franz Winzinger, Regensburg, Peter Halm, Direktor der Graphischen Sammlung München, Alfred Weitnauer, Heimatpfleger von Schwaben, Kempten, Heinz Friedrich Deininger, Direktor des Stadtarchivs Augsburg, und nicht zuletzt von dem Antiquar Helmut Domizlaff, München.

REGISTER

Verwendete Abkürzungen: Bf. = Bischof; Ebf. = Erzbischof; Ehzg. = Erzherzog; Fst. = Fürst; Gf. = Graf; Gf.in = Gräfin; Hzg. = Herzog; K. = Kaiser; Kd. = Kardinal; Kfst. = Kurfürst; Kg. = König.

INHALTSVERZEICHNIS